오직 의인은 믿음으로
말미암아 살리라

– 로마서 설교 –

머리말

하나님의 홍수 심판으로 말미암아 방주에서 새로운 뭍이 드러나기만 기다렸던 노아는 비둘기가 물고 온 그 감람나무의 잎사귀를 보고서는 얼마나 기뻤을까? 하나님을 떠난 인간의 죄악은 그 때 당시이나 지금이나 여전히 세상에 가득하기만 합니다. 그래서 그의 마음으로 생각하는 모든 계획이 항상 악하여 사람들은 자기를 사랑하며 돈을 사랑하며 자랑하며 교만하며 비방하며 쾌락을 사랑하기를 하나님 사랑하는 것보다 더한 시대를 살아가고 있습니다.

이러한 세상에 노아가 여호와께 은혜를 입었던 것처럼, 우리도 예수님의 보혈의 은혜로 말미암아 방주 안에서 발견되어져야만 합니다. 예수님이 이 땅에 평화의 사자로 구원의 기쁜 소식을 전하여 주시기 위하여 인자로 오셨습니다. 이는 마치 방주에서 보냄을 받았던 비둘기가 감람나무의 잎사귀를 물고 노아에게 뭍이 드러났음을 알린 것처럼 죄로 말미암아 심판과 저주 아래에 있었던 우리에게 새 하늘 새 땅이 이미 임하였다는 것을 계시하여 주시는 것입니다. 그렇지만 우리는 아직 완전한 새 하늘 새 땅의 회복을 위한 때를 기다려야만 하는 믿음의 여정을 보내고 있기도 합니다. 이 남아 있는 시간이 우리 인류에게 주어진 마지막 은혜의 시대인 것입니다.

로마서 설교집을 책으로 출간할 것이라고는 애당초에 계획에 없었습니다. 고난 가운데에 있는 성도들에게 복음을 전하는 과정에서 하나님의 영원하신 비밀 가운데에 있었던 하나님의 사랑을 전해야 될 필요성을 강하게 느꼈습니다. 참으로 하나님의 은혜로 말미암아 책이 시작이 되었습니다. 그래서 더욱 이 책으로 하나님의 영광을 드러낼 수 있게 되었습니다. 마침 주 안에서 부르심을 받은 송병주 형제님이 설교집을 정리하여 주었고, 전진주 형제님이 교정을 맡아 주었습니다. 그리고 해외선교를 위하여 김이삭 전도사님이 영어번역의 감수를 맡아 주었습니다. 그리고 아름다운 동행교회 성도님의 동행과 늘 곁에서 함께하는 사랑하는 아내로 말미암아 설교가 잘 마무리 될 수 있었습니다.

로마서를 설교하는 동안 저자는 너무나 크신 하나님의 영원하신 언약의 섭리와 사랑을 만날 수 있었습니다. 저자는 실로 로마서라는 창문을 통하여 하나님이 창세전부터 작정하신 구속언약의 섭리와 그것을 통한 변함없으신 언약적인 사랑을 조금이나마 엿볼 수 있었습니다.

이 책은 로마서의 주석서처럼 모든 구절 하나 하나를 풀이하지는 않았습니다. 그렇다고 하여 이 책의 깊이는 결코 얕지가 않습니다. 이 책은 하나님이 저자에게 주신 달란트에 충실하여, 이 책을 읽는 사람들에게 언약신학의 입장에서 결코 흔들리지 않는 하나님을 향한 경외로운 지식과 믿음으로 이끌어 주기를 늘 기도하면서 설교하고 집필하였습니다.

이 책을 선택하신 독자들에게 마지막 은혜의 시대를 살아가는 동안, 하나님의 크신 사랑과 은혜와 성령의 감동으로 말미암아 더욱 깊은 신앙의 세계로 나아가기를 간절히 바라고 기도합니다.

허물많은 저자에게 로마서를 설교하게 하여 주시고 그 세계를 열어주신 삼위일체 하나님께 모든 영광을 올립니다.

2025. 5.

하나님의 크신 사랑을 묵상하며 한 줄을 덧붙입니다.

CONTENTS

오직 의인은 믿음으로 말미암아 살리라

로마서 1장 1절부터 17절까지 읽도록 하겠습니다.

[1]예수 그리스도의 종 바울은 사도로 부르심을 받아 하나님의 복음을 위하여 택정함을 입었으니 [2]이 복음은 하나님이 선지자들을 통하여 그의 아들에 관하여 성경에 미리 약속하신 것이라 [3]그의 아들에 관하여 말하면 육신으로는 다윗의 혈통에 나셨고 [4]성결의 영으로는 죽은 자들 가운데서 부활하사 능력으로 하나님의 아들로 선포 되셨으니 곧 우리 주 예수 그리스도시니라 [5]그로 말미암아 우리가 은혜와 사도의 직분을 받아 그의 이름을 위하여 모든 이방인 중에서 믿어 순종하게 하나니 [6]너희도 그들 중에서 예수 그리스도의 것으로 부르심을 받은 자니라 [7]로마에서 하나님의 사랑하시는 힘을 받고 성도로 부르심을 받은 모든 자에게 하나님 우리 아버지와 주 예수 그리스도로부터 은혜와 평강 있기를 원하노라 [8]먼저 내가 예수 그리스도로 말미암아 너희 모든 사람에 관하여 내 하나님께 감사함은 너의 믿음이 온 세상에 전파됨이로다 [9]내가 그의 아들의 복음 안에서 내 심령으로 섬기는 하나님이 나의 증인이 되시거니와 항상 내 기도에 쉬지 않고 너희를 말하며 [10]어떻게 하든지 이제 하나님의 뜻 안에서 너에게로 나아갈 좋은 길 얻기를 구하노라 [11]내가 너희 보기를 간절히 원하는 것은 어떤 신령한 은사를 너희에게 나누어 주어 너희를 견고하게 하려 함이니 [12]이는 곧 내가 너희 가운데서 너희와 나의 믿음으로 말미암아 피차 안위함을 얻으려 함이라 [13]형제들아 내가 여러 번 너희에게 가고자 한 것을 너희가 모르기를 원하지 아니하노니 이는 너희 중에서도 다른 이방인 중에서와 같이 열매를 맺게 하려 함이로되 지금까지 길이 막혔도다 [14]헬라인이나 야만인이나 지혜 있는 자나 어리석은 자에게 다 내가 빚진 자라 [15]그러므로 나는 할 수 있는 대로 로마에 있는 너에게도 복음 전하기를 원하노라 [16]내가 복음을 부끄러워하지 아니하노니 이 복음은 모두 믿는 자에게 구원을 주시는 하나님의 능력이 됨이라 먼저는 유대인에게요 그리고 헬라인에게로다

17절은 다 같이 읽도록 하겠습니다.

> ^{17}복음에는 하나님의 의가 나타나서 믿음으로 믿음에 이르게 하나니 기록된 바 오직 의인은 믿음으로 말미암아 살리라 함과 같으니라

올 한 해 하나님께서 교회에 주신 말씀은 "오직 의인은 믿음으로 말미암아 살리라 함과 같으니라"입니다.

로마서는 성경에서 가장 체계적으로 복음을 잘 설명하고 또 어떻게 하면 거룩한 삶을 살아갈 수 있는가를 아주 잘 설명해 놓은 성경입니다. 그래서 많은 목사님들과 신학자들이 로마서에 대해서 주석도 많이 쓰고 많이 읽고 있습니다.

저는 이 로마서를 시작하면서 어떠한 생각을 가지고 있느냐 하면 우리가 이제 논리적으로 지식을 아는 것도 중요하지만 정말 이 말씀 하나하나가 우리에게 살아서, 우리 각자가 이 말씀을 따라서 믿음으로써 살아낼 수 있는 그 본질을 시간이 좀 걸리더라도 차근차근 살펴보고자 합니다.

특히 믿음은 무엇인가? 복음은 무엇인가? 그다음에 거룩한 삶은 어떻게 사는 것인가? 우리가 성경을, 로마서를 그냥 쭉 지식적으로 아는 것으로 끝나지 아니하고 정말 로마서의 말씀을 생각할 때마다 우리 안에서 기쁨이 일어나서 우리가 이 삶을 살아 나가는 그런 한 해가 되게 축원합니다.

예수 그리스도의 종

먼저 1장 1절을 보면, "예수 그리스도의 종 바울은" 이렇게 기록되어 있습니다. 특별히 종이라는 표현을 쓰고 있습니다. 이 바울이라는 분은 AD 5

년경에 지중해 인근의 다소라는 지방에서 태어났습니다. 그리고 청년기 때는 예루살렘으로 유학을 갔습니다. 그야말로 유대 율법에 정통한 가말리엘 문하에서 율법을 배우고 랍비로 생활하기도 하였습니다. 바울은 예수님께서 십자가에서 고난당하시고 부활하신 이후에 스데반이라는 집사가 복음을 전할 때 스데반을 죽이는 데 가장 앞장섰던 사람입니다. 그리고 그것도 부족하여 바울은 다메섹으로 소위 체포영장을 받아가지고 그리스도인을 체포하러 가는 도중에 하늘로부터 오는 빛을 보고 눈이 멀게 되었습니다. 그때 바울은 "사울아! 사울아! 네가 나를 어찌하여 박해하느냐?" "주여! 누구시니이까?" "나는 네가 박해하는 예수다!" 라는 환상과 음성을 직접 들었습니다.

그때 예수님은 아나니아를 보내어 바울을 안수하도록 하셨습니다. 그제서야 바울은 눈에서 비늘 같은 것이 벗겨졌습니다. 그러한 일이 있은 직후에 바울은 예수님을 증거하러 다니다가 아라비아 광야로 가서 한 3년간 살았습니다.

그때 삶이 어떠하였는지는 성경에 나오지는 않습니다. 그렇지만 아마도 이 바울은 정말 예수님을 만나지 않았다면 그야말로 유대인 중에 유대인이요, 바리새인 중에 바리새인인 그 가말리엘의 문하에서 학문을 배웠던 사람으로서 태어날 때부터 로마 시민권자였기에 어느 누구에게 하나 뒤처지는 게 없는 자기를 철저히 믿는 그런 사람이었음을 우리는 충분히 짐작할 수 있습니다. 그런데 이 3년의 기간은 하나님께서는 바울에게 자기를 믿었던 모든 것들을 다 내려놓게 했던 시기가 아닌가 이렇게 보고 있습니다. 정말 그 광야라는 것은 의지할 데가 하나님 외에는 아무것도 없는 그러한 곳입니다.

오직 의인은 믿음으로 말미암아 살리라

바울은 그 광야에서 예수님 안에서 행위로 의지하였던 그 율법이 아니라 믿음으로 의롭게 되는 그 법을 직접 예수님에게 배웠을 것입니다. 바울이 기록한 성경을 보면 이는 사람의 가르침으로 배운 것이 아니라는 것을 우리는 잘 알 수 있습니다.

이후에 바울은 예루살렘에 가서 베드로를 만나고 다시 고향 다소로 돌아갑니다. 고향 다소에서 한 5년 정도 생활을 하다가 이제 동역자 바나바를 만나게 됩니다. 이 바나바는 예수님 살아계셨을 때 그 예수님이 보낸 70명의 제자 중 한 명이라고 전해지기도 합니다.

이 바나바가 안디옥 지방에서 사역을 하고 있었을 때 바울을 초청하였습니다. 그래서 바나바는 바울과 공동으로 안디옥에서 사역을 시작하였습니다. 이 사역의 과정에서 바울은 소아시아, 길리기아, 마게도냐 쪽으로 전도 여행을 1차, 2차, 3차를 거치고 4차에 로마로 압송이 됩니다. 이 로마서는 3차 전도 여행 때 고린도 지방에서 로마교회에 보냈던 편지글입니다.

바울이 그리스도인을 박해한 이유는 무엇인가?

이제 사도 바울이 왜 그리스도인을 박해했느냐? 이걸 이해하는 게 참 중요합니다. 유대인들의 입장에서는 자기들은 오직 유대 율법에 따라서 하나님에게 순종하면 복을 얻고 불순종하면 저주를 받는, 곧 자기의 행위에 의지하는 구원관을 가지고 있었습니다.

그런데 신명기 21장 23절에는 "나무에 달린 자는 하나님께 저주를 받았음이니라"는 율법이 있습니다. 그러니까 바울의 입장에서는 예수라는 사람이 십자가 나무에 달렸고, 나무에 달렸으면 율법에 따라 저주를 받은 자인 것입니다. 그런데 이 저주를 받은 예수를 그리스도인들이 하나님의 아들이라고 하니까 바울의 입장에서는 얼마나 신성모독으로 생각했겠습니까? 그러니까 사도 바울의 입장에서는 자기는 최선을 다해서 하나님 섬기는 일을 했다고 한 것이 그리스도인을 박해하는 일이 되었던 것입니다.

그리고 또 유대인들 입장에서는 복을 받는 것은 오직 내가 하나님의 명하신 바를 철저히 지켜서 순종해서 복을 받는다는 신앙관을 가지고 있었는데, 이 기독교인들은 "우리는 예수 그리스도께서 우리가 담당해야 될 모든 죄를 다 짊어지시고 십자가에서 못 박히셨기 때문에 우리는 그 믿음으로 구원을 받는다"라고 하니까 바울의 입장에서는 얼토당토 않는 것입니다. 도저히 바울의 입장에서는 "저런 이단이 어디 있나?" 하는 것입니다.

그래서 바울이 로마서 1장 16절에 "내가 복음을 부끄러워하지 아니하노니" 하는 이야기가 나오는 것입니다. 이 복음이 바로 그런 것입니다. 이 복음을 제대로 알기 전에는 도저히 십자가에 달려 죽은 사람을 믿는다는 것이 이해가 되지 않는데, 이 복음을 제대로 알게 되면 전혀 그렇지 않습니다. 그래서 바울은 그 전에는 복음을 핍박을 했는데, 이제는 복음을 부끄러워하지 않는다라고 이야기 하고 있는 것입니다. 그러니까 우리는 이제 바울의 입장에서는 그렇게 초기 교회의 그리스도인을 핍박한 것에 대해서 충분히 이해할 수 있는 것입니다.

우리는 오직 믿음으로 구원을 받습니다. 이 부분에 대해서는 앞으로 자세히 살펴볼 것입니다. 그런데 구원을 받은 그리스도인은 오히려 철저히 하나님의 말씀을 따라 순종하며 살아야 합니다. 오늘날 이 말씀을 제대로 이해하는 경우가 참으로 부족합니다. 그래서 "의인은 믿음으로 말미암아 살리라"는 말씀에 대해서 오늘 우리가 깊이 있게 살펴보도록 하겠습니다.

바울은 그 당시 예수님을 십자가에 못 박았던 바리새인이자 가말리엘 문하에서 율법을 배웠기에 구약의 율법에 정통했습니다. 그래서 바울은 예수님을 십자가에 못 박힌 이단으로 보았습니다.

성령의 도우심으로 회심한 바울

그런데 그 바울이 예수님을 계시 중에 봤다는 그 이유 하나만으로 갑자기 이렇게 바뀌었을까? 우리는 한번 생각해 보아야 됩니다. 오늘날 많은 분들이 하나님께서 주시는 이런저런 체험들을 이야기합니다. 물론 이제 그 체험 중에 성령의 체험이 아닌 것들도 있습니다.

그렇지만 그러한 체험을 경험한 사람들의 신앙이 처음부터 온전히 끝까지 지켜내느냐 하면 그러지 않는 경우가 허다합니다. 우리는 바울이 눈이 먼 상태에서 예수님이 이야기하시는 소리를 들었다는 것을 생각하면 '나도 그런 정도의 계시를 받았으면 하나님 잘 믿겠다' 하지만 결코 그렇지 않습니다. 왜냐하면 우리 인간의 육체 가운데 거하는 죄는 계속해서 우리의 믿음을 떨어뜨리는 일을 하기 때문입니다.

아무리 큰 기적을 경험했다고 하더라도 시간이 지나면 '내가 그때 본 것이 맞을까?', '그냥 환청으로 들렸던 게 아닌가?' 이러한 생각들로 말미암아 우리의 믿음은 약해지는 것입니다. 그럼에도 불구하고 이 바울은 신약성경이 27권인데 그 중에 13권을 썼습니다. 히브리서를 바울이 기록하였는지에 대하여는 논쟁이 많이 있습니다. 만일 바울이 히브리서도 기록하였다면 신약성경 14권을 기록한 것이 됩니다. 어떻게 이 구약율법에 정통한 사람이 구약율법을 예수님 안에서 잘 풀어냈을까요?

누가복음 24장 25절부터 27절을 같이 보도록 하겠습니다.

> ²⁵이러시되 미련하고 선지자들이 말한 모든 것을 마음에 더디 믿는 자들이여 ²⁶그리스도가 이런 고난을 받고 자기의 영광에 들어가야 할 것이 아니냐 하시고 ²⁷이에 모세와 모든 선지자의 글로 시작하여 모든 성경에 쓴 바 자기에 관한 것을 자세히 설명하시니라

예수님이 십자가에 못 박히신 후에 예수님의 제자들의 인생은 어떻게 되었을까요? 정말 낙담 속에 있었던 제자들이지만 한편으로는 '예수님이 부활하셨다'는 소문도 들리는 상황속에서 예수님이 제자들에게 나타나신 것입니다. 예수님께서 같이 제자들과 동행하시면서 "미련하고 선지자들이 말한 모든 것을 마음에 더디 믿는 자들이여 그리스도가 이런 고난을 받고 자기의 영광에 들어가야 할 것이 아니냐 하시고 이에 모세와 모든 선지자의 글로 시작하여 모든 성경에 쓴 바 자기에 관한 것을 자세히 설명하시니라"라고 말씀하셨습니다. 즉 성경은 예수님에 관하여 기록한 말씀인 것입니다. 여기에서 말한 모세와 모든 선지자의 글이 바로 구약성경인 것입니다.

그래서 하나님의 계시가 있기 전까지는 구약성경을 아무리 많이 보더라도 사람들은 구약성경이 예수님에 관한 이야기인지를 제대로 알지 못하는 것입니다.

저도 집에 유대인 랍비들이 쓴 책들이 제법 있습니다. 그래서 '이 사람들은 구약성경을 어떻게 해석을 하는가' 궁금해서 여러 권을 구입해서 읽어봤습니다. 역시나 이 분들 중에 그리스도를 제대로 만나지 못한 사람들은 구약성경의 테두리 안에서만 해석을 하고 있었습니다. 그래서 예수님을 제대로 만나지 못했기 때문에 구약성경을 예수님과 연결을 못 시키는 것입니다. 그렇다면 바울이 성경에 정통할 수 있었다는 것은 결국은 누군가의 도움을

받았던 겁니다. 그 분이 바로 예수님의 영이신 성령이십니다. 성령이 바울로 하여금 누가복음 24장 25절부터 27절에서와 같이 모세와 모든 선지자의 글을 풀어서 가르쳐 주신 것이었습니다.

우리는 오늘날 성경을 읽습니다. 저도 때로는 여러 설교들을 보면서 정말 안타까웠던 마음들이 있었습니다. 구약성경에서 왜 예수님의 모습을 찾아내지 못하는가 하는 것입니다. 그야말로 구약의 율법을 읽으면서 복을 받기 위하여 믿음에 의지하는 것이 아니라 율법에 의지하는 행위로 다시 나아가려고 합니다. 그것은 구약성경을 예수님 안에서 풀지 못하고 유대인들이 모두 실패한 구약성경의 테두리안에서 풀려고 하는 것입니다. 이런 사람들은 하나님의 성령에 조명하심이 없는 것입니다.

우리가 구약성경을 읽을 때에는 늘 '이 말씀이 예수님의 어떠한 부분을 가르치는가'하는 부분을 전제로 두고 읽어야만 성경이 눈에 들어오게 됩니다. 저는 이 경험을 제가 신학 공부를 하는 과정에서 성령의 도우심으로 말미암아 알게 되었습니다.

성경이 얼마나 두껍습니까? 1.5배속으로 막 읽어도 10일이나 2주가 걸리는데 또 읽고 나면 뭐 합니까? 앞에 내용 다 잊어버리는데, 그래서 안 되겠다 싶어서 밑 빠진 독에 물을 채우는 방법으로 했습니다. 밑 빠진 독에 물을 채우는 방법은 그 독을 그냥 물에 풍덩 던져버리는 것입니다. 그래서 제가 2개월 동안 성경을 연달아 세 번을, 그냥 물을 들이붓듯이 내리 읽었습니다. 그 과정에서 놀랍게도 하나님께서 구약과 신약을 연결시켜 주셨습니다. 아멘.

신약성경에서 하나님의 말씀을 헬라어로 로고스(Logos)라고 표현하고 있습니다. "태초에 말씀이 계시니라 이 말씀이 하나님과 함께 계셨으니 이 말씀은 곧 하나님이시니라"고 되어 있는데, 이때의 말씀이 바로 로고스입니다.

우리는 성경 전부를 로고스라고 표현을 하는데, 이는 동일한 "말씀"이라는 뜻을 가진 헬라어 레마(Rhema)와는 다릅니다. 한글로는 똑같이 "말씀"으로 표현하지만, 로고스는 하나님의 인류를 향하신 큰 섭리가 들어있는 총체적인 것을 가르킵니다.

그래서 요한복음 1장 1절의 로고스(Logos)는 하나님이 인간을 구원하시기 위하여 인간으로 오시고자 하셨던 섭리인 것입니다. 그런데 성경이 우리 안에서 역사하려고 하면 별도의 중간적인 과정이 좀 필요합니다.

제가 안경을 평생 착용했습니다. 신학공부를 하는데 컴퓨터 앞에 앉으니까 안경에 볼록렌즈하고 오목렌즈가 같이 있다 보니 이렇게 하면 크게 보이고, 저렇게 하면 물체가 흔들려 가지고 도저히 책을 볼 수가 없었습니다. 저는 속으로 '야, 큰일이다', '이래서 내가 어떻게 책을 다 읽지?' 하는 생각이 드는 것입니다. 그래서 공부방에서 거실로 기도하러 나왔습니다.

그리고 "하나님 저를 이렇게 부르신 것 같은데 제가 눈이 이래서 어떻게 책을 보겠습니까?"라고 기도하기 시작하였습니다. 이제 저는 하나님의 말씀이라는 로고스의 섭리 속에서 나 자신이 처한 환경을 성경 말씀 속에 적용하기 시작하였습니다. 그렇게 기도하던 중에 성령의 도우심으로 말미암아 예수님이 맹인의 눈을 뜨게 했던 그 말씀이 제 마음 깊숙이 올려지는 것을 느꼈습니다. "아! 그래, 예수님이 맹인도 눈을 뜨게 하셨는데, 지금 나는 적어도 눈은 보이잖아. 그러면 예수님이 이것을 고치는 것은 아주 쉬운 일이겠네"라는 믿음이 들면서 저는 이 말씀 속에 저를 풍덩 던져넣었

오직 의인은 믿음으로 말미암아 살리라

습니다. "주님! 저는 이 맹인보다 좋은 환경입니다. 저 눈 좀 뜨게 해 주십시오. 잘 보이게 해 주십시오" 하면서 그 로고서(Logos)의 말씀을 제가 확 붙들었습니다. 이때 작용되는 말씀을 레마(Rhema)라고 합니다.

그래서 성경을 많이 읽어야만 우리가 필요할 때 그에 합당한 말씀이 때를 따라 돕는 은혜를 통하여 쑥쑥 마음속에 들어오면서 그 말씀을 확 붙드는 것입니다. 그렇게 믿음은 작동하는 것입니다.

그야말로 믿음은 막연한 것이 아니라 명사(名詞)를 동사(動詞)로 만드는 것입니다. 내 마음에서 작용을 일으키도록 해야 하는 것입니다. 그래서 우리가 말씀을 믿어내는 세계는 그냥 막연히 있는 가운데 생기는 것이 아니라 어려움이 있을 때 지금 나한테 가장 필요한 말씀이 무엇인지를 기도하고 구하는 것입니다. 즉 믿음은 머리에 있는 성경의 지식을 마음으로 내려오게 하는 전쟁인 것입니다.

저는 귀신을 쫓아낸 적이 세 번 있습니다. 저라고 뭐 능력이 있습니까? 그때 마다 저는 늘 기도하였습니다. 귀신들린 사람이 있는 집으로 가는 도중에 "예수님! 이 땅에 오셔서 말씀으로 사탄을 물리치시고 귀신을 다 쫓아내셨습니다. 예수님! 저의 안에 계시지 않습니까? 주님이 저의 안에서 한 말씀만 하십시오"라고 기도만 하는 것입니다. 귀신을 내쫓는 것이 특별한 것이 아닙니다. 바로 믿음으로 귀신을 내쫓는 것입니다. 저는 목회를 하는 것이 참 어려운 일이기도 하지만, 하나님 말씀에 더욱더 가까이 가는 길이기에 감사로 하고 있습니다. 왜냐하면 제가 목회를 하지 아니하고 성경만 읽고 신학 서적을 정독하였다고 해서 이 깊은 세계를 알지 못했을 것이기 때문입니다.

한번은 자매님으로부터 전화가 와서는 "목사님! 자꾸 귀에서 죽어라, 죽어라고 합니다"라고 이야기하는 것입니다. 저는 그 자매님을 집으로 오라고 했습니다. 그리고 집에서 그 자매님을 딱 보니까 눈빛이 다른 것입니다. 그래서 "예수님! 저의 안에 영으로 계시지 않습니까? 제가 예수님 이름으로 외치겠습니다. 주님이 그 귀신을 떠나가게 하여 주십시오"라고 큰소리로 기도하였습니다.

이게 오직 의인은 믿음으로 말미암아 살아내는 방법입니다. 바울은 이 세계를 경험했던 것입니다. 그래서 바울은 이제 구약성경에 있었던 모든 것들을 예수님 안에서 설명을 해낼 수가 있었습니다.

사도행전을 읽어보면 사도 바울이 그렇게 어려운 가운데에서 복음을 전했습니다. 바울이 약 14년 정도 전도 여행을 하면서 죽을 위기가 얼마나 많았습니까? 그런데도 바울이 그 전도 여행을 다 마치고 신약성경을 13권을 기록하고 마지막으로 67년경에 순교하기까지 정말 하나님을 끝까지 붙들 수 있었던 것은 이 세계의 맛을 봤기 때문이었습니다.

사랑하는 우리의 형제자매님!

정말 이 신앙은 막연한 것이 결코 아닙니다. 우리가 신앙의 세계를 잘 모르기 때문에 계속해서 성경을 많이 읽으면 내가 복을 받겠지 하면서 그냥 읽는 경우가 많습니다. 그러나 결코 그렇지 않습니다. 하나님의 말씀은 정말 살아 있는 말씀입니다. 그래서 이 살아 있는 말씀을 내가 마음에 끌고 들어와서 그 로고스의 말씀을 내게 적용을 시켜서 하나님의 말씀이 내 안에서 생명이 되도록 해야만 우리가 진짜 신앙을 하는 것입니다.

사랑하는 형제자매님!

우리가 이 로마서를 배워가는 과정에서 바울은 분명히 이것들을 다 경험하고 쓴 말씀이기 때문에, 그냥 읽는 것으로 끝나지 아니하고 내 인생에 어려움이 올 때마다 '하나님이 어떻게 이야기하셨나?'를 찾으십시오. 그리고 그 말씀을 붙잡고 "하나님 저에게 이런 어려움이 있습니다. 이 성경의 말씀에 있는 이 사람하고 저의 상황이 너무 똑같습니다. 영원하신 하나님 아버지! 제 안에서 지금 함께 하시고 있지 아니하십니까? 제가 이 말씀을 의지하고 주님께 기도합니다. 성령으로 역사하여 이 말씀이 성취되도록 하여 주십시오"라고 기도 하십시오. 하나님의 말씀은 지금도 살아계시기에 우리는 이 싸움에서 반드시 승리할 수 있는 것입니다. 아멘.

예수 그리스도의 종 된 사도 바울

다시 로마서 1장으로 돌아가겠습니다. 로마서 1장 1절에 바울은 "예수 그리스도의 종"이라고 칭하고 있습니다. 이 종이라는 것은 주인의 말을 잘 듣는 노예입니다. 이 종의 히브리어 뜻을 조금 살펴보겠습니다.

히브리어로는 종을 "에베드"라고 합니다. 히브리어 글자는 늘 세 가지의 의미를 가지고 있습니다. 글자가 상형문자로서 뜻도 가지고 있고, 숫자값을 가지고 있습니다. 그리고 그 이면에는 영적인 뜻을 같이 포함하고 있습니다.

이 "에베드"의 첫 글자인 "에"는 히브리어 알파벳으로 "아인"으로 표시되는데 이는 눈을 나타냅니다. 그래서 무엇을 바라보고 있는 것입니다. 다음으로 "베"는 히브리어 알파벳의 "베트"로 집을 나타냅니다. 그리고 마지막

"드"의 히브리어 알파벳은 "달랫"으로서 "문"의 모양을 가지고 있습니다. 결국 "에베드"는 눈, 집, 문의 세가지의 알파벳으로 표현하고 있는 것입니다.

이를 종합적으로 그 의미를 해석하여 보면 종은 늘 주인의 입을 쳐다봐야 되고, 종은 또 그 집에 늘 속해져 있어야 됩니다. 집을 떠나는 순간 그는 주인을 배신하는 것입니다. 그 다음에 종은 주인이 시키면 늘 출입문을 통하여 심부름을 해야 하기 때문에 문 앞에서 주인의 명령을 기다려야만 합니다. 그래서 이 "에베드"라는 "종"은 주인이 무슨 말씀을 하는지 늘 집 안을 돌아다니며 살피다가 주인의 명령이 딱 떨어지는 순간 그 문을 쏜살같이 나와 일을 마치고 오는 것입니다.

정말 바울은 하나도 부족한 게 없었는데 스스로를 "나는 그리스도의 종입니다"라고 하는 것입니다. 이렇게 자기라는 존재가 완전히 무너진 상태에서 예수님의 입만 바라보는 것입니다. 이 종에 대한 구약성경의 규례를 출애굽기 21장 4절부터 6절까지 보겠습니다.

> [4]만일 상전이 그에게 아내를 주어 그 아내가 아들이나 딸을 낳았으면 그의 아내와 그의 자식들은 상전에게 속할 것이요 그는 단신으로 나갈 것이로되 [5]만일 종이 분명히 말하기를 내가 상전과 내 처자를 사랑하니 나가서 자유인이 되지 않겠노라 하면 [6]상전이 그를 데리고 재판장에게로 갈 것이요 또 그를 문이나 문설주 앞으로 데리고 가서 그것에다가 송곳으로 그의 귀를 뚫을 것이라 그는 종신토록 그 상전을 섬기리라

주인이 종을 소유하고 있더라도 정한 햇수가 지나면 내보내 줘야 됩니다. 그런데 이 종이 주인을 너무 사랑하는 것입니다. 그리고 또 주인이 종에게 준 아내를 너무 사랑해서 종이 주인에게 "나는 이제 평생 당신 종이 되겠습니다"라고 이야기 합니다. 이러면 이제 주인이 송곳을 들고, 그 문에 가서 귀를

오직 의인은 믿음으로 말미암아 살리라

뚫는 것입니다. 오늘날 귀걸이하고 있는 자매님들은 이 말씀을 따라서 하나님의 신실한 종이 되기를 바랍니다. 이것이 종의 규례인 것입니다.

또 이 귀를 뚫는다는 것은 특별한 의미를 가지고 있어요. "들으라"라는 말은 히브리어로 무엇이라고 합니까? "쉐마"라고 합니다. 귀담아 들으라는 입니다. "귀"라는 것은 순종을 의미하는 것입니다. 곧 순종은 '내가 주인의 말씀을 완전히 따라서 귀담아듣겠습니다'라는 것입니다. 그래서 귀가 뚫린 종을 보면 사람들은 "야! 저 종은 주인이 얼마나 잘해 주었길래, 그리고 그 아내를 얼마나 사랑하길래 자유인이 될 수 있는데도 집에 가지 아니하고 그 송곳으로 귀를 뚫었을까?" 하면서 궁금해 하는 것입니다.

그리고 또 문에 피를 묻히며 귀를 뚫는다는 것입니다. 우리는 이스라엘 백성들이 출애굽 할 때 유월절에 그 피를 어디에 발랐습니까? 바로 좌우 문설주와 문인방에 발랐습니다. 문에서 귀를 뚫는다는 것은 언약적인 관계로 "저는 이제 평생 당신의 말씀에 순종하고 당신과 영원히 함께 하겠습니다"라는 계약인 것입니다. 이렇게 참된 종의 모습을 보여준 분이 누구입니까? 바로 예수님이십니다.

예수님은 하나님이면서도, 하나님의 종으로 오셔서 십자가에서 못 박히셨습니다. 우리는 예수님을 보면서 "얼마나 하나님 아버지를 사랑하셨으면, 하나님 사랑을 온전히 이 땅에 전하려고 저렇게까지 못 박히셨는가? 그리고 교회를 얼마나 사랑하셨으면 예수님이 부활하셨을 때도 육체를 가지고 부활하셨을까?" 하고 감탄을 자아낼 수 밖에 없는 것입니다. 예수님은 지금 하나님의 우편에 계시지만 그냥 영으로 존재하시는 것이 아니라 부활하신 그 모습 그대로 계시는 것입니다. 아멘.

정말 영원한 하나님이면서도 교회를 너무 사랑하셔서 하나님의 종을 자처하셨던 분이 예수님이셨습니다. 바울은 바로 이 예수님을 만났던 것입니다. 그러면서 바울은 "이렇게까지 예수님이 나를 사랑하셨구나. 내가 그리스도인들을 죽이고 체포하러 갈 때, 예수님께서는 사랑 가운데서 길이 참으셨구나. 내가 이렇게 빚을 많이 졌구나"라고 생각을 하게 된 것입니다. 이렇게 예수님은 바울을 완전히 빚진 자로 만들어 버렸던 것입니다. 그러니까 바울은 이제 그 어려운 가운데서도 예수님만 바라보면서 힘든 믿음의 여정을 다 이겨낸 것이었습니다.

우리가 교회 일을 하다 보면 때로는 "내가 왜 이렇게까지 해야 되지? 그냥 일요일 왔다 갔다 신앙하면 되는데 내가 왜 이렇게까지 해야 되지" 하는 생각에 빠질 수 있습니다. 그럴 때일수록 우리는 바로 예수님이 우리를 사랑하시어 십자가에 못 박힌 그 사랑을 보아야만 합니다. 그러면 우리는 '예수님께서 이렇게 이 죄인을 사랑하셨는데, 내가 받은 사랑이 이렇게 넘치는데, 예수님께서 나를 쓰시자고 하시는데, 내 어차피 죽으면 육신은 흙으로 돌아갈 것인데 내 한 몸 드려야지' 하면서 예수님과 마음이 합쳐지는 것입니다.

사랑하는 형제자매님!

예수님은 진실로 하나님의 참된 종으로서 오셨습니다. 그리고 예수님은 신부되는 교회를 너무 사랑하셔서 죽음을 삼켜버리셨습니다. 그리고 지금도 그 사랑하는 자를 위해서 하나님 우편에서 우리를 위해 간구하고 계십니다.

오직 의인은 믿음으로 말미암아 살리라

예수님의 사랑 가운데서 내가 좀 어려움이 있다 하더라도, 사실 인생은 어려움이 있을 수밖에 없습니다. 왜냐하면 인생이 죄 아래에 있기 때문에 그렇습니다. 이 세상이 그럴수록 우리는 예수님 사랑 가운데서 이 모든 것을 이겨내야 되는 것입니다.

행함과 함께 가는 믿음

창세기 15장 6절을 다 같이 읽어 보겠습니다.

> ⁶아브라함이 여호와를 믿으니 여호와께서 이를 그의 의로 여기시고

이제 믿음이 나옵니다. 여러분들은 말씀을 들을 때에 "아멘"을 하시죠. 그 "아멘"의 어근이 히브리어로 "아만(Aman)"입니다. 그리고 그 "아만"의 히필형(Hiphil form)이라고 하여 영어의 사역동사(Causative verb)와 같이 사용되어진 것이 창세기 15장 6절에 "믿으니"라고 기록된 히브리어 단어가 "헤에멘"인 것입니다.

사역동사는 누구에게 무엇을 시킬 때 사용하는 것입니다. 여기 창세기 15장 6절에 "아브라함이 여호와를 믿으니"라고 하는 것은 그냥 가만히 믿어지는 세계가 아니라 아브라함이 믿기가 어려운 상태에 있는 자기를 쳐서 무너뜨리고 믿게 하는 그것을 믿음이라고 기록하고 있습니다.

그래서 참된 믿음은 그냥 "하나님 저 믿음 주십시오"라고 하는 이런 세계가 아닙니다. 하나님은 지금 이미 모든 말씀과 섭리를 우리에게 다 주셨습니다. 제가 간증을 했듯이 이는 믿어지지 않는 세계입니다. 어떻게 평생을 안경을 착용했는데 그 눈이 그냥 기도한다고 낫겠습니까? 믿어지지 않는 세계입니다. 그런데 내 생각을 쳐서 무너뜨리는 것입니다. "하나님 저 이것

도 못 믿어내면 성경을 어떻게 믿고, 성도들에게 하나님의 말씀을 믿으라고 하겠습니까? 저 도저히 자신 없습니다. 제가 이 말씀을 믿게 해 주십시오" 하면서 전쟁을 벌인 것이 "아브라함이 여호와를 믿으니" 하는 그 믿음인 것입니다.

이해가 되십니까? 이 믿음이라는 싸움은 막연한 것이 아닙니다. 믿음은 믿어질 수 없는 세계를 믿는 것이기 때문에 나를 계속해서 무너뜨리면서 믿어내야 되는 세계입니다. 이 반대되는 것이 아담과 하와가 한 행동이었습니다. 하나님께서 아담과 하와에서 선악을 알게 하는 나무의 열매를 "먹지 말라"고 하셨는데, 사탄이 "먹어라" 하였습니다. 그렇다면 그들은 사탄이 주는 말과 생각을 무너뜨리고 하나님의 말씀으로 나아가야만 했었는데 그렇게 하지 않았던 것입니다.

이게 바로 불신이고 불순종이었어요. 오늘날 많은 사람들이 어려움이 오면 "하나님 이제 알아서 하십시오"라고 하는데 그것은 믿음이 아니라 곧 불신인 것입니다. 우리가 어려움이 오면 올수록 성경에 어떠한 약속들이 기록되어 있는가 그것을 찾아 보면서 나를 계속해서 무너뜨려서 말씀을 붙들어야 되는 것입니다.

계속하여 성장하는 믿음

우리가 창세기 17장 15절부터 27절까지 같이 보도록 하겠습니다.

> [15]하나님이 또 아브라함에게 이르시되 네 아내 사래는 이름을 사래라 하지 말고 사라라 하라 [16]내가 그에게 복을 주어 그가 너에게 아들을 낳아 주게 하며 내가 그에게 복을 주어 그를 여러 민족의 어머니가 되게 하리니 민족의 여

오직 의인은 믿음으로 말미암아 살리라

러 왕이 그에게서 나리라 ¹⁷아브라함이 엎드려 웃으며 마음속으로 아뢰되 백세 된 사람이 어찌 자식을 낳을까 사라는 구십 세니 어찌 출산하리요 하고 ¹⁸아브라함이 이에 하나님께 아뢰되 이스마엘이나 하나님 앞에 살기를 원하나이다 ¹⁹하나님이 이르시되 아니라 네 아내 사라가 네게 아들을 낳으리니 너는 그 이름을 이삭이라 하라 내가 그와 내 언약을 세우리니 그의 후손에게 영원한 언약이 되리라 ²⁰이스마엘에 대하여는 내가 네 말을 들었나니 내가 그에게 복을 주어 그를 매우 크게 생육하고 번성하게 할지라 그가 열두 두령을 낳으리니 내가 그를 큰 나라가 되게 하려니와 ²¹내 언약은 내가 내년 이 시기에 사라가 네게 낳을 이삭과 세우리라 ²²하나님이 아브라함과 말씀을 마치시고 그를 떠나 올라가셨더라 ²³이에 아브라함이 하나님이 자기에게 말씀하신 대로 이 날에 그 아들 이스마엘과 집에서 태어난 모든 자와 돈으로 산 모든 자 곧 아브라함의 집 사람 중 모든 남자를 데려다가 그 포피를 베었으니 ²⁴아브라함이 거의 포피를 벤 때는 구십구 세였고 ²⁵그의 아들 이스마엘이 그의 포피를 벤 때는 십삼 세였더라 ²⁶그날에 아브라함과 그 아들 이스마엘이 할례를 받았고 ²⁷그 집의 모든 남자 곧 집에서 태어난 자와 돈으로 이방 사람에게서 사온 자가 다 그와 함께 할례를 받았더라

이 말씀은 믿음의 싸움을 적나라하게 잘 보여주는 성경입니다. 하나님이 아브라함에게 나타나셨습니다. 아브라함이 그 종 하갈과 낳은 아이가 이스마엘입니다. 즉 아브라함이 육체를 따라 이스마엘을 낳았습니다. 그래서 하나님이 아브라함에게 나타나셔서 "내년 이 시기에, 네가 100세 때에 아들 이삭을 낳을 거다, 네 아내 이름은 이제 사래라 하지 말고 사라라 하라, 만인의 어머니라고 해라"이렇게 약속하셨습니다.

하나님의 말씀은 하나님의 믿음에 근거하고 있습니다. 이게 참 어려운 표현인데 계속 좀 설명을 하겠습니다. 하나님은 분명히 "내년 이 시기에 사라가 네 씨를 통해서 이삭을 낳을 것이다"라고 약속을 주셨습니다. 그런데 아브라함 입장에서는 "하나님, 이것이 도대체 뭡니까. 하나님 상식적으로

한번 생각해 보십시요. 제가 인간으로서 99세인데 저 이제 생식 능력도 없어요. 그리고 우리 아내 사라가 90세인데 그 경수가 끊어진 지도 오래됐습니다. 하나님, 차라리 이스마엘이나 하나님 앞에 잘 살게 해주십시오"라고 처음에 생각하지 않았겠습니까?

이것이 오늘날 우리 고백인 거 같지 않습니까? 하나님은 삼위일체 하나님이십니다. 성부 하나님! 성자 하나님! 성령 하나님! 모든 것을 계획하시고 섭리하시는 성부 하나님!, 그 영원한 계획과 섭리를 순종함으로써 행하시는 성자 하나님! 그리고 우리 가운데에서 더욱 하나님의 자녀임을 알게 하고 자녀답게 살아갈 수 있도록 역사하시는 성령 하나님! 이십니다. 그래서 성경에서 '하나님이 말씀을 하셨다'는 것은 삼위일체 하나님께서 합력해서 이 일을 할 것이라는 삼위일체 하나님 사이의 믿음이 선포가 된 것입니다. 그래서 믿음은 본질적으로 하나님의 것입니다. 이해가 되십니까? 하나님은 아브라함에게 삼위일체 하나님이신 당신의 믿음을 선포하셨던 것입니다. "내년 이 시기에 이제 이삭을 가질 것이다"라고 말입니다.

그런데 아브라함은 웃으면서 "이스마엘이나 좀 하나님 앞에 살게 해 주십시오"라고 정말 인간적인 이야기를 하는 것입니다. 이것이 바로 하나님이 가지신 믿음과 내가 생각하는 이 조건적인 믿음이 충돌할 때의 상황인 것입니다.

그런데 아브라함이 어떻게 했습니까? 창세기 17장 23절에 "이에 아브라함이 하나님이 자기에게 말씀하신 대로 이 날에 그 아들 이스마엘과 집에서 태어난 모든 자와 돈으로 산 모든 자 곧 아브라함의 집 사람 중 모든 남자를 데려다가 그 포피를 베었으니"라고 되어 있듯이 아브라함이 할례를 시행하더라는 것입니다.

오직 의인은 믿음으로 말미암아 살리라

분명히 하나님께서 하신 "내년 이 시기에 아들이 있을 것이다"라는 말씀을 믿지 못했으면 그냥 웃고 말았을 것입니다. "하나님, 이 나이에 제가 할례가 뭡니까? 얼마나 고통스러운데"라고 이렇게 하였을 수도 있었을 텐데, 아브라함이 할례를 시행하더라는 것입니다. 아브라함의 마음이 어떻게 됐습니까? 마음이 어떻게 됐어요? 바뀌었다는 것입니다. 바뀌었어요.

아브라함은 그동안 하나님과 동행하여 살면서 하나님의 신실하심을 돌아봤다는 것입니다. 아브라함이 애굽에 갔을 때 아내 사래가 팔려가고 자기는 죽을 지경에 있을 때도 하나님께서 건져내셨고, 그 조카 롯이 잡혀갔을 때에도 전쟁에서 승리하여 찾아오게 하시고, 그 많은 어려움 가운데서 하나님의 일하심을 스스로 경험을 하고 돌아보았기 때문에 아브라함은 자기 육신의 마음을 바꿨었던 것입니다. 아멘!

사랑하는 형제자매님!

이렇게 이야기 쭉 드리는 것은 우리는 믿음의 전쟁이 필요하다는 것입니다. 믿음은 그냥 막연히 주어지는 것이 아닙니다. '내가 이렇게 하면 믿음을 주시겠지' 하는 것이 아닙니다. 믿음은 전쟁입니다. 믿음의 전쟁을 하는 과정에서 하나님의 신실함에 대해서 우리는 계속해서 찾아가야만 믿음이 생기는 것입니다.

하나님이 창세 전부터 예수님을 우리를 위하여 보내시기로 약속하셨는데 "진짜 예수님이 오셨네, 구약성경에 예수님이 오시면 이렇게 될 것이라고 이야기 하셨는데, 진짜 예수님이 오셔서 이렇게 하셨네!" 하면서 하나님의 신실함을 우리는 계속해서 찾아가야만 믿음이 생기는 것입니다.

그리고 형제자매들이 간증을 합니다. 그 간증들을 그냥 헛되이 흘리지 마시기 바랍니다. 그 간증들 속에 하나님의 역사 하심이 있는 것입니다. 저 형제자매들은 어떻게 하나님의 역사를 경험하였을까? 하면서 귀담아 듣고 배우고 행함의 발을 내디뎌야만 합니다. 예수님이 이 땅에 계셨을 때의 많은 기적들이 있었습니다. 그 기적들이 오늘날 형제자매를 통하여 성령의 역사 하심을 통하여 나타나는 것이 바로 간증인 것입니다.

정말 더 이상 이제는 막연한 믿음은 안 됩니다. 오직 의인은 믿음으로 말미암아 살리라. 우리는 구원도 믿음으로 받고, 우리 삶의 복도 믿음으로 다 받는 것입니다. 그래서 성경에 있는 많은 약속들 속에 우리가 풍덩 뛰어들어가서 우리의 것으로 만들어야 합니다. 그때에 비로소 성경에 기록된 로고스의 말씀이 살아서 역사하는 "레마"(Rhema)의 말씀이 되는 것입니다. 이러한 믿음을 발동하십시오. 아멘!

하나님의 복음

로마서 1장 1절부터 17절까지 읽도록 하겠습니다.

[1]예수 그리스도의 종 바울은 사도로 부르심을 받아 하나님의 복음을 위하여 택정함을 입었으니 [2]이 복음은 하나님이 선지자들을 통하여 그의 아들에 관하여 성경에 미리 약속하신 것이라 [3]그의 아들에 관하여 말하면 육신으로는 다윗의 혈통에 나셨고 [4]성결의 영으로는 죽은 자들 가운데서 부활하사 능력으로 하나님의 아들로 선포되셨으니 곧 우리 주 예수 그리스도시니라 [5]그로 말미암아 우리가 은혜와 사도의 직분을 받아 그의 이름을 위하여 모든 이방인 중에서 믿어 순종하게 하나니 [6]너희도 그들 중에서 예수 그리스도의 것으로 부르심을 받은 자니라 [7]로마에서 하나님의 사랑하심을 받고 성도로 부르심을 받은 모든 자에게 하나님 우리 아버지와 주 예수 그리스도로부터 은혜와 평강이 있기를 원하노라 [8]먼저 내가 예수 그리스도로 말미암아 너희 모든 사람에 관하여 내 하나님께 감사함은 너희의 믿음이 온 세상에 전파됨이로다 [9]내가 그의 아들의 복음 안에서 내 심령으로 섬기는 하나님이 나의 증인이 되시거니와 항상 내 기도에 쉬지 않고 너희를 말하며 [10]어떻게 하든지 이제 하나님의 뜻 안에서 너희에게로 나아갈 좋은 길 얻기를 구하노라 [11]내가 너희 보기를 간절히 원하는 것은 어떤 신령한 은사를 너희에게 나누어 주어 너희를 견고하게 하려 함이니 [12]이는 곧 내가 너희 가운데서 너희와 나의 믿음으로 말미암아 피차 안위함을 얻으려 함이라 [13]형제들아 내가 여러 번 너희에게 가고자 한 것을 너희가 모르기를 원하지 아니하노니 이는 너희 중에서도 다른 이방인 중에서와 같이 열매를 맺게 하려 함이로되 지금까지 길이 막혔도다 [14]헬라인이나 야만인이나 지혜 있는 자나 어리석은 자에게 다 내가 빚진 자라 [15]그러므로 나는 할 수 있는 대로 로마에 있는 너희에게도 복음 전하기를 원하노라 [16]내가 복음을 부끄러워하지 아니하노니 이 복음은 모든 믿는 자에게 구원을 주시는 하나님의 능력이 됨이라 먼저는 유대인에게요 그리고 헬라인에게로다 [17]복음에는 하나님의 의가 나타나서 믿음으로 믿음에 이르게

하나니 기록된 바 "오직 의인은 믿음으로 말미암아 살리라" 함과 같으니라.

특히 오늘 이 설교는 형제자매님들의 평생에 남을 만한 말씀이 되어, 하나님의 동행을 경험하는 계기가 되기를 바랍니다. "오직 의인은 믿음으로 말미암아 살리라"는 이 말씀을 깊이 새기시기를 바랍니다. 그런데 이 믿음으로 사는 방법이 무엇인가? 여러분께서 오늘 이 설교를 들으면서 큰 은혜를 입으시길 바랍니다.

우리가 1절을 지난주에 살펴보면서 종에 대해서 이야기했습니다. "예수 그리스도의 종 바울은 사도로 부르심을 받아" 그다음에 뭐라고 되어 있습니까? "하나님의 복음을 위하여 택정함을 입었으니"라고 되어 있습니다.

하나님의 복음-예수 그리스도

여기서 "복음(福音)"이라는 것은 헬라어 "유앙겔리온"이라는 단어를 번역한 것입니다. 이 단어의 의미는 좋은 소식, 기쁜 소식, 즉 굿 뉴스(Good News)라는 뜻입니다. 그런데 여기에는 "유앙겔리온 데우"라고 되어 있습니다. 즉 복음의 소유격이 붙어 있는데, 이 복음은 누구의 것입니까? 예, 바로 "데우", 즉 하나님이 소유하신 복음이라는 것입니다.

따라서 이 복음은 인간의 철학이나 인간의 종교에 의하여 만들어진 것이 아니라, 오직 하나님으로부터 오는 좋은 소식입니다. 그래서 "하나님의 복음을 위하여 택정함을 입었으니"라고 기록되어 있습니다.

다시 말해, 모든 복음의 원천은 하나님이십니다. 그러므로 인간이 자신의 노력으로 인생의 문제를 해결하겠다고 하는 것은 가짜 복음입니다. 참된

하나님의 복음

복음은 그 출처가 하나님에게서 비롯되느냐, 아니면 인간에게서 비롯되느냐에 따라 결정됩니다. 우리는 여기에서부터 출발해야 합니다.

그렇다면 왜 이 복음, 이 기쁜 소식이 하나님으로부터 와야만 하는가? 인간 스스로 기쁜 소식을 만들 수 없는가? 우리는 이 질문을 깊이 생각해야 합니다. 창세기 2장 7절에 의하면 우리 인간은 본래 하나님께서 흙으로 지으시고 그 코에 생기를 불어넣어 산 영(living being)이 되었습니다.

즉 인간은 하나님과 교제하며 하나님의 말씀을 받아들이고, 그 말씀을 통해 내 생각을 형성하고, 내 혼을 따라 행동하는 존재로 만들어졌습니다. 그러나 아담이 하나님 앞에서 순종하기보다는 자신의 판단으로 살기를 원했기 때문에 하나님과의 관계가 끊어져 버렸습니다.

그 결과 우리 인간에게는 사망이 들어왔습니다. 단순히 육체적인 사망뿐만 아니라, 하나님과의 관계 단절이라는 영적인 사망이 찾아오게 된 것입니다. 그래서 그때부터 우리 인간의 모든 문제가 시작되었습니다.

하나님께서는, 인간이 흙으로 만들어졌기 때문에, 이 모든 피조 세계를 대표하는 존재로서 땅에 저주를 내리셨습니다. 창세기 3장 18절을 보면 "땅은 가시나무와 엉겅퀴를 낼 것이라"고 말씀하셨습니다.

여러분도 가시나무를 보신 적이 있을 것이고 가시나무 밑에 뻗어 있는 뿌리도 아실 것입니다. 또 엉겅퀴를 키워보신 분들은 아실 텐데 그 뿌리가 땅속 깊이 박혀 있어서 손으로 뽑아내기도 쉽지 않습니다.

우리 인간은 이제 흙을 경작하고 이마에 땀이 흘러야만 먹고 살 수 있는 존재가 되었습니다. 수고하지 않으면 우리의 입을 만족시킬 수 없는 현실, 그것이 바로 저주 아래 놓인 땅의 상태입니다.

그런데 우리 인간이 이 저주 아래 있다 보니 무엇이 우리를 통치하게 되었습니까? 공중의 권세 잡은 자, 즉 사탄이 우리를 다스리게 되었습니다. 우리의 옳고 그름을 판단하는 기준을 통해서 사탄이 지배를 하는 것입니다.

우리의 육체적 소욕에서 일어나는 모든 것들은 옳고 그름의 판단에서 비롯됩니다. "내가 옳은데, 당신은 왜 그러시오?" 반대로 "당신이 지금 무슨 말을 하는 겁니까? 내가 옳습니다!" 이처럼 인간 세상의 모든 분쟁과 갈등은 결국 선악의 판단 문제에서 비롯되었습니다.

즉 인간은 하나님을 떠남으로써 영적인 사망에 이르게 되었고, 육체적인 사망도 피할 수 없게 되었으며, 땅도 저주를 받아 평생 땀을 흘려야만 살아갈 수 있는 존재가 되었습니다.

욥기 5장 7절에서는 "인생은 고난을 위하여 태어났나니 불꽃이 하늘로 날아가는 것 같으니라"고 했습니다. 우리가 불을 피우면 불씨는 어떻게 됩니까? 위로 올라갑니까, 아래로 내려갑니까? 예, 불씨는 무조건 위로 올라갑니다.

우리 인생도 마찬가지입니다. 인생 자체가 고난이라는 것입니다. 원래 인생은 축복 가운데 태어났지만 이제는 축복에서 고난으로 바뀌어 버렸습니다. 그리고 이 세상은 옳고 그름의 영, 즉 사탄, 공중의 권세 잡은 자가 우리를 지배하고 있습니다.

하나님은 복음을 어떻게 약속하고 계시하셨는가?

그러므로 하나님께서 친히 구원에 대해서는 개입하실 수밖에 없었습니다. 왜냐하면 인간 스스로는 이 문제를 해결할 수 없기 때문입니다. 그래서 하나님의 복음, 즉 유앙겔리온 데우! 모든 복된 소식의 출처는 하나님께로부터 와야만 합니다.

그러면서 바울은 이 하나님의 복음에 대해 몇 가지 중요한 사실을 이야기합니다. 먼저 2절을 보면, "이 복음은 하나님이 선지자들을 통하여 그의 아들에 관하여 성경에 미리 약속하신 것이라"고 기록되어 있습니다.

즉 구약성경에서 이미 하나님께서 이 기쁜 소식에 대해 선지자들을 통해 약속해 놓으셨다는 사실을 알 수 있습니다. 또한 그의 아들에 관하여 성경에 미리 약속하신 것이라고 하였습니다. 그 아들에 관하여 말하면, 육신으로는 다윗의 혈통에서 나셨고, 성결의 영으로는 죽은 자들 가운데서 부활하사 능력으로 하나님의 아들로 선포되셨으니, 곧 우리 주 예수 그리스도이십니다.

즉 구약에서 하나님께서 복음을 이미 선지자들을 통해 약속해 두셨고, 이 복음은 예수 그리스도를 통해 성취되도록 성경에 기록되어 있다는 것입니다. 여기에서 "성결의 영"이라는 표현이 등장하는데, 우리가 일반적으로 "성령" 하면 "하기온 프뉴마", 즉 "거룩한 영"이라고 합니다. 그러나 여기에서는 "프뉴마 하기오쉬네"라고 표현되어 있기 때문에 "성결의 영"으로 번역되었습니다.

이 표현이 가지는 의미는 무엇입니까? 예수님께서는 세례 요한에게 세례를 받으실 때 하늘에서부터 성령이 비둘기처럼 임하셨습니다. 물론 예수님께서는 성령으로 잉태되셨지만 십자가에 못 박히실 때도 그분 안에 계시는 성령, 즉 아버지 하나님께서 반드시 부활시키실 것이라는 믿음과 성령의 능력을 통해 부활하셨습니다.

헬라어에서 "쉰"이라는 것은 영어의 "with"와 같은 의미로 사용이 됩니다. 그래서 바울이 "하기오쉬네"라는 표현을 사용한 것은 "성령"과 함께한 이 "믿음"을 같이 표현하기 위하여 그렇게 한 것이라고 보여집니다.

바로 이 점을 강조하기 위해 "성결의 영"이라는 표현이 사용된 것입니다. 이 것은 우리 믿는 그리스도인들에게도 동일하게 적용됩니다. 마지막 부활의 날에는 우리 안에 내주하시는 성령으로 말미암아 우리가 새롭게 부활하게 됩니다. 그래서 "성결의 영"이라는 표현을 사용한 것입니다.

그다음으로 이 복음은 어떻게 받게 되는 것입니까? "오직 의인은 믿음으로 말미암아 살리라" 한 것과 같이 이 복음은 믿음으로 받는다는 것을 가르쳐 주고 있습니다.

결국, 하나님의 복음은 세 가지 중요한 요소를 포함합니다. 구약성경에서 미리 약속된 복음이 하나님의 아들 예수 그리스도를 통해 성취되고 이 복음은 믿음을 통해 우리의 것이 됩니다. 이것이 바로 하나님의 복음입니다.

그의 아들이 가져오는 복음은 무엇인가?

그러면 이러한 순서에 따라 우리 인간에게 사망의 저주가 임하였고, 질병과 고통이 왔으며 공중의 권세 잡은 자가 우리를 다스리게 되었지만, 구약성경에서 하나님께서 어떻게 이 문제를 해결할 수 있도록 약속하셨는지 하나하나 살펴보겠습니다.

먼저 이사야 53장 6절을 보겠습니다. 우리 다 같이 읽어 보겠습니다.

> ⁶우리는 다 양 같아서 그릇 행하여 각기 제 길로 갔거늘, 여호와께서는 우리 모두의 죄악을 그에게 담당시키셨도다.

우리가 하나님과 분리된 이유가 죄 때문입니다. 하나님께 순종하지 않고 사탄의 말을 들음으로써 내 옳고 그름이 들어온 것, 그것이 죄입니다. 즉 하나님의 길과 반대되는 것이 죄이며 이로 인해 문제가 발생한 것입니다. 그런데 구약성경에서는 이 죄를 "그에게 담당시키겠다"라고 이미 약속하셨습니다. 그분이 오시면, 죄 문제가 해결될 것입니다.

이제, 이사야 35장 5~6절을 보겠습니다. 우리 다 같이 읽어 보겠습니다.

> ⁵그때에 맹인의 눈이 밝을 것이며 못 듣는 사람의 귀가 열릴 것이며 ⁶그때에 저는 자는 사슴같이 뛸 것이며 말 못하는 자의 혀는 노래하리니 이는 광야에서 물이 솟겠고 사막에서 시내가 흐를 것임이라.

우리 인간은 하나님으로부터 영적인 공급이 단절됨으로써 질병과 사망이 들어왔습니다. 여기에서 맹인과 못 듣는 사람에 대한 언급은 신약에서 더욱 깊은 영적 의미로 확장되지만, 구약에서도 이미 "그분이 오시면, 우리 인생의 모든 어려움과 질병에서 벗어나게 될 것"이라고 약속하고 있습니다.

즉 우리 인생의 첫 번째 문제인 죄와 사망에 대한 해결을 구약에서 약속하셨고, 그다음으로 질병에 대한 문제도 약속하셨습니다.

이제, 이사야 49장 6절을 보겠습니다. 우리 다 같이 읽어 보겠습니다.

> [6]그가 이르시되 네가 나의 종이 되어 야곱의 지파들을 일으키며 이스라엘 중에 보존된 자들을 돌아오게 하는 것은 매우 쉬운 일이라. 내가 또한 너를 이방의 빛으로 삼아 나의 구원을 베풀어 땅끝까지 이르게 하리라.

여기에서 "그분이 오시면, 공중의 권세 잡은 자에게서 우리를 끌어내시고, 땅끝까지 아름다운 소식을 전하게 하실 것"이라는 약속이 나옵니다. 즉 그분이 오시면, 우리는 사탄의 권세에서 벗어나 그 아름다운 소식을 전하는 분에게 속하게 될 것이라는 약속을 주신 것입니다.

그다음에 시편 85편 12절을 보겠습니다. 우리 다 같이 읽어 보겠습니다.

> [12]여호와께서 좋은 것을 주시리니, 우리 땅이 그 산물을 내리로다.

인간이 죄를 지음으로써 땅이 저주를 받았습니다. 그래서 땅이 가시나무와 엉겅퀴를 내도록 되었는데, 이제 그분이 오시면 "우리 땅이 좋은 산물을 내리로다"라고 말씀하셨습니다.

"여호와께서 좋은 것을 주시리니, 우리 땅이 그 산물을 내리로다." 아! 이제 땅도 저주에서 벗어나겠구나! 구약성경에서는 이 땅에서의 물질적인 풍요까지도 약속하고 있습니다.

그분이 오시면, 참된 복음을 전하실 예수님이 오시면, 우리의 죄와 사망의 문제가 해결되고, 우리의 병과 질병의 문제도 해결되며, 이 세상의 고통도 해결되고, 권세 잡은 사탄의 억압에서도 해방되겠구나! 우리는 이 소망을 가지게 되는 것입니다.

하나님의 복음

그래서 구약성경은 그 오실 예수님을, 그 예수님이 오시면 얼마나 좋을지를 계속해서 기다리게 합니다. 즉 구약성경은 우리로 하여금 하나님의 복음을 바라보게 하는 책입니다.

이 복음을 우리는 어떻게 받을 수 있는가?

이제, 성경에 이러한 약속이 있다는 것을 우리는 확인했습니다. 그런데 문제는 이것이 어떻게 하면 "내 것"이 되느냐는 것입니다. 이것이 어떻게 하면 나의 것이 될까요? 이것이 오늘날 우리에게 가장 중요한 문제입니다.

오늘날 인터넷 시대에는 성경에 대한 지식이 차고 넘칩니다. 그런데 문제는 이 말씀이 내 것이 되지 않는다는 것입니다. "아, 그렇구나! 그렇구나!"하며 머리로는 이해가 됩니다.

그런데 이 말씀이 내 삶에서 실제로 역사하지 않는다는 것입니다. 그렇다면 어떻게 해야만 이 말씀이 내 것이 될까요? 이것이 우리가 반드시 해결해야 할 중요한 문제입니다.

예를 하나 들어보겠습니다.

구약성경에서 7월 10일은 "대속죄일"입니다. 이날은 이스라엘 백성들이 1년 동안 지었던 모든 죄를 속죄하는 날입니다. 이날 대제사장은 예복을 벗어 놓고, 죄인의 모습으로 지성소 안에 들어가서 제사를 지냅니다. 대제사장이 지성소 안에서 제사를 지낸 다음에 다시 대제사장의 화려한 옷을 입고 대속죄일의 제사를 마무리합니다.

한편 대제사장이 입은 옷에는 "석류 한 방울, 금방울 한 방울"이 번갈아 가며 달려 있습니다. 그래서 대제사장이 움직일 때마다 밖에서는 그 방울들의 소리가 땡땡땡 하면서 들리는 것입니다.

이 종소리를 듣고 가장 기뻐하는 사람은 누구일까요? 만약 종소리가 들리지 않는다면 대제사장은 어떻게 된 것일까요? 그 안에서 죽어버린 것입니다. 대제사장이 내 죄를 속하는 일을 끝마쳐야 하는데, 그가 죽어버렸다면 내 죄는 해결되지 않은 것입니다.

따라서, 대제사장의 방울 소리가 들리는지 안 들리는지 가장 궁금해하는 사람은 누구일까요? 바로 죄인들입니다. "내 죄가 정말 속죄되었을까? 안 되었을까?" 이것이 그들에게는 가장 중요한 문제였습니다.

그래서 대제사장이 움직이면서 땡그랑 땡그랑 울리는 그 소리는 죄인들에게 진정한 복음이었습니다. "아! 대제사장이 지금 내 죄를 속하는 일을 하고 있구나! 죄로 인하여 하나님과 끊어졌던 내 관계가 회복되고 있구나!" 이 소리는 그들에게 너무나 기쁜 소식이었습니다.

그러나 죄에 대해 둔감하거나, "나는 죄짓지 않고 살았어"라고 생각하는 사람들은 대제사장의 종소리에 관심이 없습니다. 그들에게는 방울 소리가 나든 안 나든 상관이 없는 것입니다.

그러면, 이 일이 나와 상관이 있으려면 어떻게 해야 할까요? 내가 대제사장이 드리는 제사가 얼마나 필요한지 진심으로 깨달아야 하는 것입니다. 그래서 예수님께서 오셨을 때 누가 구원을 받았습니까? 바로 죄인들입니다.

하나님의 복음

예수님께서 마태복음 9장 13절에 보면 "나는 의인을 부르러 온 것이 아니라, 죄인을 부르러 왔노라."라고 하셨습니다. 왜냐하면 죄인들만이 예수님의 오심과 대속함이 얼마나 중요한지를 알기 때문입니다. 그들은 자신이 하나님 앞에서 죽을 수밖에 없는 존재임을 알았습니다. 그들은 구약에서 약속된 하나님의 종, 복음을 전하러 오신 예수님을 간절히 기다렸습니다.

이제 예수님께서 오셨고, 예수님께서 나의 죄를 속하는 일을 하시면 나는 다시 하나님과 함께할 수 있겠구나! 이렇게 예수님과 하나 되는 마음이 들었던 것입니다.

그러므로, 구원과 속죄함의 복음이 누구에게 효력이 있을까요? 바로 자신의 죄를 심각하게 고민한 사람입니다. "내가 어떤 죄를 지었을까?" 이런 차원의 문제가 아닙니다. "나는 근본적으로 하나님을 믿고 있는가? 나는 정말 오늘 저녁에 눈을 감으면 천국에 갈 수 있는가?" 이 문제를 진지하게 고민해 본 사람만이 예수님이 흘리신 피가 자기 것이 될 수 있는 것입니다.

그래서 사도 바울도 로마서 2장 16절에서 "나의 복음"이라고 이야기합니다. 지금 성경에는 하나님께서 복음을 여러 군데에서 약속해 놓으셨습니다. 하지만 이 복음이 나와 아무 상관이 없을 수도 있습니다. 왜일까요? 내가 관심이 없으면 내 것이 되지 않기 때문입니다.

하나님께서는 이 복된 소식을 많이 약속해 놓으셨습니다. 그러나 이 복음이 내 것이 되려면 내가 진정으로 이 위치에 들어가야 합니다. "내가 정말 죽으면 천국에 갈 수 있을까?" "내 안에 정말 성령 하나님이 계신가?" "나는 하나님을 믿는다고 하는데, 왜 세상이 더 좋을까?" "왜 내 삶은 변화가 없을까?" 이런 진지한 고민을 하는 사람들에게만 하나님의 복음이 비로소

"나의 복음"이 되는 것입니다.

의인이란 누구를 가리키는가?

우리가 한국에서 '구원파'라고 불리워지는 계열의 교회들이 있습니다. 이들은 모두 복음을 전한다고 주장합니다. "예수 그리스도께서 우리를 위해 십자가에 못 박히셨습니다. 그래서 우리는 모두 속죄함을 얻었습니다. 이제 우리는 의인이 되었습니다."라고 합니다. 그런데 그들이 선포하는 복음은 여기까지밖에 못갑니다.

그들이 주장하는 복음은 겉으로는 올바른 복음을 전하는 듯 보이지만 궁극적으로는 복음의 완결성을 해치고 있습니다. 로마서에서 말하듯이 "오직 의인은 믿음으로 말미암아 살리라."에서 말하는 의인이란 누구인가요? 우리는 종종 "죄가 없는 사람이 의인이다"라고 생각합니다. 하지만 죄는 사탄이 공중 권세를 잡고 있는 한 없어지지 않습니다.

그렇다면, 하나님께서 우리에게 속죄함을 주셨다는 것은 무엇을 의미할까요? 내가 받아야 할 심판을 예수님께서 대신 받으셨다는 뜻입니다. 즉 예수님의 그 보혈로 우리를 사서 건져내셨다는 것입니다. 그렇지만 내 죄가 완전히 사라진 것이 아니라는 것입니다. 우리가 육체로 존재하고 사탄이 마지막 때에 심판받기까지 여전히 이 땅은 사탄의 권세 아래에 하나님이 인간을 두셨기 때문에 죄의 실체는 남아 있는 것입니다. 이해되시나요?

구원파 계열들은 바로 여기에서 실패하는 것입니다. 그들은 "우리 죄가 없어졌다"라고 생각합니다. 그래서 사람들이 묻습니다. "당신들은 구원받았다고 하면서도 죄를 짓지 않습니까?" 물으면 "죄는 짓지만 믿음으로 의인이 되었습니다"라고 그들의 지식만 강조하는 것입니다. 그래서 그들은 성령의 이끌림에 따른 변화를 받지 못하고 오히려 양심에 화인(火印)을 맞아서 죄를 짓고도 거리낌이 없는 쪽으로 나아가는 것입니다. 만일 그들의 주장이 사실이라면 구원을 받은 후에 그 죄를 짓게 하는 분은 예수님이라는 결론에 이르고 마는 것입니다. 오늘날 이러한 현상을 구원파 계열뿐만 아니라 많은 교회에서도 동일한 실수를 범하고 있는 현실이 너무나 안타까운 것입니다.

성경에서 의인이란 단어는 영어로 righteous person, 즉 오른편에 있는 사람이라는 뜻입니다. 성경은 우리가 하나님의 오른편에 서야 한다고 말합니다. 이것이 진정한 의인의 의미입니다.

구약성경을 보면 하나님께서는 주의 오른손으로 권능을 펼치시고, 정의를 행하시며 주의 백성을 붙들어 주신다는 기록이 많습니다. 또한 예수님께서도 이 땅에 오셨을 때도 마태복음 25장 33절의 "양은 그 오른편에, 염소는 왼편에 두리라"고 말씀하셨습니다. 이렇게 오른쪽과 왼쪽으로 명확하게 나누어 오른쪽은 복된 길을, 왼쪽은 저주의 길을 구별하고 계십니다. 예수님과 함께 십자가에 달린 강도들 중에 우측에 있었던 강도가 예수님으로부터 건짐을 받은 것도 바로 이러한 맥락인 것입니다.

그러므로 의인이란 누구인가? 의인이란 바로 주의 오른편에 있는 사람입니다. 주의 오른편에서 주의 능력과 복이 함께하는 사람이 바로 의인입니다. 의인이란 주의 말씀을 따라 순종하는 사람입니다. 순종을 하기 위해서는 먼저 우리와 하나님 사이에 죄로 인하여 막혀 있던 담이 허물어져야 하는데, 이것을 예수님이 온전히 당신의 보혈로 담을 허물어 주시고 하나님과 하나가 될 수 있도록 중재를 하셨던 것입니다.

그래서 죄 사함을 받은 사람은 반드시 성령의 인도함을 따라서 변화를 받게 되어 있습니다. 죄에 대해서 진지하게 고민했던 사람은 변화됩니다. "하나님, 저 이렇게 살고 싶지 않습니다." 이렇게 죄를 심각하게 고민했던 사람들은 예수님의 복음이 들려올 때 궁극적으로 그 죄를 싫어하게 되고, 더욱 정결한 삶을 추구하는 방향으로, 곧 하나님의 길이신 우측 편으로 걸어가게 되어 있습니다. 이러한 삶이 바로 의인의 삶인 것입니다.

"내가 나의 죄로 말미암아 심판을 받아 죽어야 하는데, 예수님이 대신 십자가에 못 박히셨구나!" "내 죄의 대가가 이렇게도 컸구나!" 이 사실을 깨달으면 죄가 싫어지게 되어 있습니다. 즉 죄에서 멀어지게 되어 있습니다.

우리는 구원을 받았는지, 받지 않았는지 어떻게 알 수 있을까요? "내가 믿었다!"라고 말하는 것으로 끝나지 않습니다. 나의 삶에서 나타나는 결과를 보아야만 우리는 알 수 있습니다. 아멘!

사랑하는 형제자매 여러분!

구원은 단번에 이루어지는 것도 맞고, 계속해서 이루어지는 것도 맞습니다. 구원이 단번에 이루어진다는 것은 하나님을 믿음으로써 성령이 우리 안에 내주하심을 가리키는 것이고, 계속해서 이루어진다는 것은 성령의 인도함을 따라서 이 땅에서부터 하나님의 말씀과 율례를 따라서 점점 하나님의 사람으로 변화를 입는다는 것입니다.

정말 진짜 구원을 받은 사람은 육체의 소욕이 점점 싫어집니다. "언제까지 술을 마시고, 담배에 빠져 살아야 하는가?" "언제까지 남을 욕하며 살아야 하는가?" 진정한 구원을 받은 사람은 자신이 죄 가운데 있는 것이 싫어지게

하나님의 복음

됩니다. 그런 사람들에게만 예수님의 복음이 "나의 복음"이 됩니다.

믿음으로 사는 방법은 무엇인가?

우리가 복음을 듣고 믿었습니다. 그리고 그 복음으로 말미암아 죄 사함을 받았습니다. 그리고 나의 삶에 변화를 받았습니다. 그럼에도 불구하고 여전히 죄를 짓고 있습니다. 이러한 경우에 사탄은 '너는 여전히 죄를 짓고 있으니까 구원받은 것이 아니냐'라고 속입니다. 그러나 구원의 세계는 나의 행위를 보아서는 안 되는 것입니다. 우리가 구원을 받은 것은 오직 예수님이 하신 그 의로운 행위로 구원을 받은 것이기에 나의 행함에서 그것을 찾아서는 안 되는 것입니다.

그럴수록 우리는 더욱더 "내가 예수님의 거룩하신 보혈로 속죄함을 입었는데, 여전히 죄 아래에 있구나! 참으로 나라는 존재는 여전히 육체에 있어서 끝까지 하나님의 은혜를 입어야 되는 자구나" 하면서 자신의 존재를 더욱 부인하는 세계로 나아가야 합니다. 그러면서 "사탄이 바로 이러한 허물로 나와 하나님과 사이에 담을 또 쌓고 있구나! 그렇지만 예수님의 보혈은 하나님의 성전에서 영원히 뿌려졌기에 나는 그 예수님의 피를 의지하고 하나님 앞에 더욱 담대하게 나가서 죄를 짓지 않도록 성령의 인도함을 받도록 기도하고 구해야 되겠구나" 하면서 하나님의 말씀을 믿고 따라가야 하는 것입니다.

이것이 곧 하나님의 우편에 있는 의인이 걸어가는 길입니다. 내가 믿음으로 발을 내디딜수록 내 육체의 소욕은 점점 작아지게 됩니다.

이사야 35장 5절에서 6절은 "그 때에 맹인이 눈이 밝을 것이며 모든 사람의 귀가 열릴 것이며 그 때에 저는 자는 사슴 같이 뛸 것이며 말 못하는 자의 혀는 노래하리니"라고 약속하고 있습니다. 예수님께서 베드로의 장모를 찾아가셨습니다. 베드로의 장모가 열병으로 앓아누워 있었습니다. 그때, 예수님은 어떻게 하셨습니까?

우리 마태복음 8장 14~17절을 보겠습니다.

> [14]예수께서 베드로의 집에 들어가서 그의 장모가 열병으로 앓아누운 것을 보시고 [15]그의 손을 만지시니 열병이 떠나가고 여인이 일어나서 예수께 수종 들더라 [16]저물매 사람들이 귀신 들린 자를 많이 데리고 예수께 오거늘 예수께서 말씀으로 귀신들을 쫓아내시고 병든 자들을 다 고치시니 [17]이는 선지자 이사야를 통하여 하신 말씀에

다음 구절은 다 같이 읽어 보겠습니다.

> 우리의 연약한 것을 친히 담당하시고 병을 짊어지셨도다 함을 이루려 하심이더라

예수님이 오셨습니다. 예수님은 우리의 연약함과 질병을 모두 담당하셨습니다. 언제 이루어졌습니까? 십자가에서 이미 다 이루어졌습니다. 이제 이루어질 것이 아니라 이미 이루어진 것입니다.

저는 지난주에 하나님이 주신 믿음을 의지하여 안경을 벗었다는 간증을 나누었습니다. 그러나 제가 안경을 벗었다고 하여서 시력이 즉시 돌아오지는 않았습니다. 내 현실은 여전히 안 보였습니다.

그러나 하나님께서는 말씀으로 "예수님이 오시면, 눈먼 자가 눈을 뜨게 될 것이다!"라는 믿음을 주셨습니다. 이제 이 말씀과 나의 현실이 함께 존재

하고 있습니다. 그래서 저는 현실이 아닌 말씀을 선택한 것입니다.

"하나님께서 예수님을 통해 눈먼 자도 눈을 뜨게 하셨는데, 나는 왜 보이지 않는가?" 그렇다면 내 현실을 무시하고 하나님의 말씀을 따라가야 한다! 이것이 바로 "의인은 믿음으로 말미암아 살리라"는 의미입니다.

내 현실을 보는 것이 아니라, 하나님의 약속된 말씀이 무엇인지 바라보는 것입니다. 2,000년 전 예수님께서 십자가에서 이미 우리의 연약함을 다 담당하셨습니다. 그래서 저는 그냥 안경을 벗었습니다. 그 말씀을 믿고 행동한 것입니다. 그러자 그 말씀이 내 안에서 역사하기 시작했습니다. 계속해서 시력이 돌아오고 그렇게 많은 책을 읽는데도 더 이상 나빠지지 않았습니다. 오직 의인은 믿음으로 말미암아 살리라! 아멘.

우리 변 자매님도 현재 허리가 아프신 것이 현실입니다. 그런데 말씀은 무엇이라고 하십니까? "예수님께서 우리의 연약한 것을 친히 담당하시고, 우리의 병을 짊어지셨도다.", "저는 자가 사슴같이 뛰리라." 누가 병을 짊어지셨습니까? 이미 2,000년 전에 예수님께서 우리의 질병을 다 담당하셨습니다.

그러므로 이제 문제는 내가 이 사실을 믿음으로 받아들이느냐, 받아들이지 않느냐는 것에 달려 있습니다. 즉 예수님의 일하시는 때(Kairos)가 올 수 있도록 믿음의 발을 내디뎌야 하는 것입니다. 오직 의인은 믿음으로 말미암아 살리라! 허리는 여전히 아프지만, 나는 이미 나았다고 믿는 것입니다. 왜냐하면, 2,000년 전에 예수님이 나의 질병을 다 짊어지셨기 때문입니다. 믿음은 이렇게 한 걸음 한 걸음 나아가는 것입니다.

그다음으로, 오늘날 우리가 물질적인 부분에 대해서는 어떻게 믿음을 가져야 할까요?

고린도후서 9장 8절을 보겠습니다. 우리 다 같이 읽어 보겠습니다.

> ⁸하나님이 능히 모든 은혜를 너희에게 넘치게 하시나니 이는 너희로 모든 일에 항상 모든 것이 넉넉하여 모든 착한 일을 넘치게 하게 하려 하심이라

하나님께서는 구약에서는 사람들이 하나님께 순종하고 있는지 여부를 이세상의 축복을 통해 판단할 수 있도록 하셨습니다. 그러나 신약에서는 땅의 축복뿐만 아니라 하늘의 축복까지 예수님 안에서 다 들어 있습니다. 하나님께서 천지를 창조하시고 우리가 그분의 자녀가 되었는데, 그 자녀가 이 땅에서 잘 살기를 원하시는 것은 너무나 당연한 것 아닙니까?

하나님께서 아브라함에게 약속하셨습니다. "네 씨로 말미암아 천하 만민이 복을 얻을 것이다." 이는 율법이 오기 430년 전의 약속입니다. 그래서 하나님은 당신이 하신 이 약속을 반드시 이루십니다. 하나님께서는 아브라함과 그의 후손들, 곧 의인들이 복을 받고 이 땅에서 잘 살기를 원하십니다. 아멘!

그러므로 우리는 하나님 앞에서 어떠한 일을 하든지 간에 부지런히 행해야 합니다. 또한, 우리는 하나님께 구체적으로 구해야 합니다. "하나님, 저 잘되게 해주십시오." 이것은 믿음이 아닙니다. 이런 막연한 믿음으로는 우리의 기도가 믿음에 바탕을 두고 있는 것인지를 판단할 수 없습니다.

그러면 어떻게 해야 할까요? "하나님, 제가 이런 일이 있는데 이렇게 해주시기를 간절히 원합니다." "하나님, 저 잘되기를 원하시지 않습니까? 저는

하나님의 복음

지금 너무 어렵습니다. 이렇게 어려운 상황이 어떻게 하나님께 영광이 되겠습니까?" "그래서 이런 부분은 이렇게 저런 부분은 저렇게 되게 하여 주십시오"라고 우리는 구체적으로 마음을 정하고 기도해야 합니다. 그렇게 해야만 우리는 믿음을 바탕으로 한 걸음 한 걸음 나아갈 수 있습니다.

믿음은 전쟁입니다. 여호수아가 가나안 땅에 들어갔을 때 이미 그곳에는 일곱 족속이 살고 있었습니다. 그러나 여호수아는 믿음으로 싸워 승리했습니다.

우리도 마찬가지입니다. 하나님의 성령께서 우리 안에 내주하시지만 우리 육체 안에는 여전히 욕망과 소욕이 가득합니다. 우리는 믿음으로 이 싸움을 하나하나 이겨 나가야 합니다.

그런데, "하나님, 알아서 해주십시오." 이것은 믿지 않겠다는 것과 다를 바 없습니다. 또한, 우리는 종종 너무 막연한 믿음을 가지고 있습니다. "하나님, 이렇게 되면 좋겠습니다… 그런데, 아휴… 되겠나?" 이렇게 의심이 들어가 있으니, 응답을 받지 못하는 것입니다.

이미 하나님께서는 예수 그리스도 안에서 모든 것을 이루셨습니다. 언제 이루어졌습니까? 2,000년 전 십자가에서 이루어졌습니다! 십자가에서 모든 것이 허락된 것입니다. 그러므로 내가 지금 어렵고 형편이 힘들다 하더라도 내 기도하는 바를 믿고 나아가야 합니다. "하나님, 지금은 어렵지만 당신의 정하신 때, 당신의 역사하시는 그 '카이로스'의 때가 오면 분명히 저를 이렇게 해주실 것을 믿습니다!"

그리고 믿음으로 선언하십시오.

끝으로, 마가복음을 보면서 우리가 어떻게 믿음으로 나아가야 하는지 정리하겠습니다.

마가복음 9장 21~23절까지 읽겠습니다.

> ^{21}예수께서 그 아버지에게 물으시되 언제부터 이렇게 되었느냐 하시니 이르되 어릴 때부터니이다 ^{22}귀신이 그를 죽이려고 불과 물에 자주 던졌나이다 그러나 무엇을 하실 수 있거든 우리를 불쌍히 여기사 도와주옵소서

23절은 다 같이 읽겠습니다.

> ^{23}예수께서 이르시되 할 수 있거든이 무슨 말이냐 믿는 자에게는 능히 하지 못할 일이 없느니라 하시니

"할 수 있거든이 무슨 말이냐?" 예수님께서 하신 말씀입니다. "하나님, 가능하시다면 이렇게 해주십시오…" 이것은 믿음이 아닙니다. 이것은 안 믿는 것입니다.

내가 정말 진심을 다해 하나님의 약속을 붙들고, "오직 의인은 믿음으로 말미암아 살리라!" 이 말씀을 붙들고, 나의 모든 것을 던져야 합니다. "주님, 제가 믿고 나아갑니다. 주님께서 책임져 주십시오!" 우리는 이렇게 담대하게 나아가야 합니다. 그때, 하나님께서 바로 그 믿음을 기뻐하십니다.

남녀 간의 사랑도 마찬가지입니다. 그냥 말없이 묵묵하게 "저 사람이 날 좋아하겠지…" 이렇게 생각만 하고 있으면 그 사랑이 이루어지지 않습니다. 사랑하면 말도 걸어보고 싶고, 상대가 무엇을 좋아하는지도 알고 싶고, 그 사람의 작은 말 한마디에도 기뻐하게 됩니다. 다른 사람이 그와 같

하나님의 복음

은 말을 하면 웃기지도 않는데 사랑하는 사람이 하면 너무 기쁘고 감동이 됩니다. 하나님께서 우리에게 원하시는 믿음도 이와 같습니다.

우리는 믿음으로 나아가야 합니다. 아멘!

마음에 하나님 두기를 싫어하매

로마서 1장 8절부터 15절까지 읽겠습니다.

> [8]먼저 내가 예수 그리스도로 말미암아 너희 모든 사람에 관하여 내 하나님께 감사함은 너의 믿음이 온 세상에 전파됨이로다 [9]내가 그의 아들의 복음 안에서 내 심령으로 섬기는 하나님이 나의 증인이 되시거니와 항상 내 기도에 쉬지 않고 너희를 말하며 [10]어떻게 하든지 이제 하나님의 뜻 안에서 너에게로 나아갈 좋은 길 얻기를 구하노라 [11]내가 너희 보기를 간절히 원하는 것은 어떤 신령한 은사를 너희에게 나누어 주어 너희를 견고하게 하려 함이니 [12]이는 곧 내가 너희 가운데서 너희와 나의 믿음으로 말미암아 피차 안위함을 얻으려 함이라 [13]형제들아 내가 여러 번 너희에게 가고자 한 것을 너희가 모르기를 원하지 아니하노니 이는 너희 중에서도 다른 이방인 중에서와 같이 열매를 맺게 하려 함이로되 지금까지 길이 막혔도다 [14]헬라인이나 야만인이나 지혜 있는 자나 어리석은 자에게 다 내가 빚진 자라 [15]그러므로 나는 할 수 있는 대로 로마에 있는 너에게도 복음 전하기를 원하노라

작년에 우리는 요한복음을 배우면서, 개인적으로 저는 보혜사 성령님과 하나님께서 우리를 향한 사랑에 대해 정말 큰 은혜를 받았습니다. 올해는 저에게 큰 소망이 있습니다. 우리가 하나님 안에서 로마서를 깊이 배우며 흔들리지 않는 믿음과 복음에 대한 하나님의 원대한 계획이 우리 가운데 깊이 심겨질 것을 강하게 믿고 있습니다.

그러므로 여러분도 올해 로마서를 차근차근 묵상하며 로마서를 통해 성경 전체를 조망하는 문이 열리기를 소망합니다.

로마교회에 편지를 보내게 된 배경

사도 바울은 지금 로마서를 기록하고 있습니다. 그런데 로마교회는 어떻게 세워졌을까요? 예수님께서 부활하신 후 40일 동안 이 땅에 계시다가 하늘로 승천하셨습니다. 그리고 오순절 날, 성령님께서 강림하셨습니다.

그때 성령이 불같이 임한 사람들은 방언을 말하며, 수많은 사람이 회개하는 역사가 일어났습니다. 베드로가 설교했을 때 하루에 3,000명이나 되는 사람들이 구원받는 역사가 사도행전 2장 41절에 기록되어 있습니다.

당시 로마에서 온 유대인들도 있었는데, 그들을 "디아스포라(diaspora)"라고 부릅니다. 이들이 로마로 돌아가면서 자생적으로 형성된 교회가 바로 로마교회입니다. 따라서 역사적으로 볼 때 로마교회는 특정 사도가 직접 세우거나 개척한 교회가 아닙니다. 이는 역사적 자료를 통해서도 확인할 수 있습니다.

그렇다면 사도 바울은 로마교회를 어떻게 알게 되었을까요? 또한, 그 교회의 문제점은 어떻게 파악했을까요? 이것이 바로 우리가 로마서를 읽을 때 출발점으로 삼아야 할 질문입니다. 이제 그 부분을 살펴보겠습니다.

먼저, 사도행전 18장 1절을 찾아보겠습니다. 다 함께 읽어보겠습니다.

> ¹그 후에 바울이 아덴을 떠나 고린도에 이르러 ²아굴라라 하는 론도에서 난 유대인 한 사람을 만나니 글라우디오가 모든 유대인을 명하여 로마에서 떠나라 한 고로 그가 그 아내 브리스길라와 함께 이달리야로부터 새로 온지라 바울이 그들에게 가매

여기에서 우리는 중요한 사실을 발견할 수 있습니다. 바울이 고린도에서 아굴라와 브리스길라를 만났는데, 이들은 어떻게 해서 고린도까지 오게 되었을까요?

당시 로마 황제 클라우디우스는 AD 49년경 "모든 유대인을 로마에서 추방하라"는 칙령을 내렸습니다. 이로 인해 유대인들은 로마를 떠나야 했고, 아굴라와 브리스길라도 고린도로 피신하게 되었습니다.

이 추방령은 AD 49년부터 52년까지 시행되었습니다. 그리고 이 시기에 바울은 고린도에서 이들과 만나게 됩니다. 그렇다면, 로마에서는 왜 유대인들이 쫓겨났을까요?

이 질문은 로마서가 기록된 배경과도 밀접한 관련이 있습니다. 오순절 날, 예루살렘에서 하나님의 복음을 들은 유대인들이 각자의 고향으로 돌아가 복음을 전했습니다. 로마로 돌아간 유대인들도 예외는 아니었습니다.

그러나 유대인들은 여호와 하나님 한 분만을 믿는 단일신 신앙을 철저히 지키고 있었습니다. 반면, 로마 사회는 다신교(폴리테이즘)를 기반으로 한 문화를 가지고 있었습니다. 즉 자기에게 이익이 된다고 생각하면 어떤 신이든 섬기는 종교적 관습이 있었습니다.

뿐만 아니라, 유대인들은 안식일을 철저히 지켰습니다. 그들에게 안식일은 어떤 일이 있어도 반드시 쉬어야 하는 날이었습니다. 설령 전쟁이 일어난다 해도 그날은 쉬어야 했습니다.

이러한 차이로 인해 로마 사회와 유대인들 간에 갈등이 발생했고, 결국 클

마음에 하나님 두기를 싫어하매

라우디우스 황제의 유대인 추방령으로 이어졌던 것입니다. 이러한 배경 속에서 사도 바울은 로마교회의 상황을 알게 되었고, 그들에게 편지를 쓰게 된 것입니다.

당시 유대인들은 로마 군대에 징집되지 않았습니다. 군 복무 대신 세금을 내도록 요구받았습니다. 이는 유대인들을 군인으로 징집하더라도 안식일에는 전쟁을 하지 않으려 해 전투에서 도움이 되지 않았기 때문입니다.

또한 유대인들은 음식도 특별히 가려 먹었습니다. 정결한 음식과 부정한 음식, 제사에 바쳐진 음식과 그렇지 않은 음식을 철저히 구별했기 때문에 로마 사람들과 쉽게 어울리지 못했습니다.

그런데 또 다른 문제가 발생했습니다. 예루살렘에서 별도로 예수 그리스도를 믿게 된 유대인 그리스도인들과 기존에 로마에 있던 유대인들 사이에서 충돌이 발생한 것입니다.

그들은 만날 때마다 "예수가 그리스도, 즉 메시아인가 아닌가"를 두고 논쟁이 벌어졌습니다. 마치 사도 바울이 아시아 지역, 마케도니아 지역을 지나며 유대인 회당에서 논쟁했던 것과 같은 상황이었습니다.

당시 기록에 따르면, 로마에는 수만 명의 유대인이 거주하고 있었습니다. 이로 인해 도시의 안정이 흔들리게 되었고, 결국 클라우디우스 황제는 "유대인은 모두 로마에서 떠나라!"라고 명령하며 그들을 추방했던 것입니다.

그러나 클라우디우스가 죽은 AD 52년 이후부터 유대인이 다시 로마로 돌아오게 되었습니다. 그런데 이때 새로운 문제가 발생했습니다. 본래 이방인 기독교 신자들은 로마에서 추방되지 않았고, 가정 단위로 교회를 지키며 예배를 드리고 있었습니다.

로마서 16장 6절을 보면, 사도 바울이 "너희를 위하여 많이 수고한 마리아에게 문안하라"며 여러 사람에게 인사를 전하고 있는데, 당시 로마교회는 그 정도 규모의 가정 교회 형태를 유지하고 있었습니다.

그런데 다시 로마로 돌아온 유대인 신자들이 "율법을 지켜야 한다", "안식일을 지켜야 한다"고 주장하면서 이방인 신자들과 충돌을 빚게 되었습니다. 돌아온 유대인 신자들은 "우리는 할례를 받았고, 음식도 가려 먹어야 한다"며 강한 자부심을 가졌고, 반면 기존의 이방인 신자들은 "우리는 예수 그리스도를 믿음으로써 자유함을 얻었다"라며 또 다른 우월 의식을 가지게 되었습니다. 이처럼 유대인 신자들과 이방인 신자들 사이의 갈등이 로마교회 내에서 점점 커져 갔던 것입니다.

이 소식을 사도 바울은 아굴라와 브리스길라, 그리고 로마서 16장에 등장하는 자매 뵈뵈 등을 통해 듣게 됩니다. 그렇기 때문에 바울은 로마교회에 닥친 문제를 해결해야 할 사명감을 가지게 된 것입니다.

그래서 바울은 율법이 무엇인지, 우리는 어떻게 구원을 받는지, 구원을 받은 후에는 어떻게 거룩한 삶을 살아야 하는지, 음식 문제는 어떻게 그리스도 안에서 해결이 되는지, 로마를 통치하는 국가에 대해 어떻게 복종해야 하는지 등을 차근차근 정리하여 기록하였습니다. 바로 그 편지가 로마서입니다.

마음에 하나님 두기를 싫어하매

우리가 로마서를 읽는 자세는 어떠해야 하는가?

한편, 오늘날을 살아가는 우리에게도 로마서는 매우 중요한 말씀입니다. 오늘날 많은 교회를 보면, 결국 '믿음으로 갈 것이냐, 행위로 갈 것이냐' 하는 문제가 여전히 남아있기 때문입니다.

믿음으로 살아간다고 할 때, 이것이 자칫 잘못 오용되면 다음과 같은 생각을 하게 될 수도 있습니다. "그래, 나는 예수님의 피로 구원을 받았으니, 내 삶이야 어떻게 살든지 어차피 다 십자가에서 속죄함을 받았잖아?"하면서 죄로의 방종으로 흐를 위험이 있습니다.

반면, 행위를 의지하는 사람들은 어떻게 될까요? 자신의 옳음을 의지하게 되면서 두려움 속에 갇히게 됩니다. "내가 착하게 살지 못하면 하나님이 나를 벌하시지나 않을까?" "이렇게 변하지 않는데 정말 나는 구원받은 것이 맞을까?" "이렇게 살아서 과연 천국에 갈 수 있을까?"하는 두려움 속에서 신앙생활을 하는 경우가 많습니다.

따라서 우리는 로마서를 읽으며 올바른 신앙의 맥락을 정확히 이해해야 합니다.

로마서 1장 8절을 다시 한번 살펴보겠습니다.

> [8]먼저 내가 예수 그리스도로 말미암아 너희 모든 사람에 관하여 내 하나님께 감사함은 너희 믿음이 온 세상에 전파됨이로다

즉 로마교회의 믿음이 바울에게까지 전해진 것입니다.

⁹내가 그의 아들의 복음 안에서 내 심령으로 섬기는 하나님이 나의 증인이 되시거니와 항상 내 기도에 쉬지 않고 너희를 말하며

바울이 이제 로마교회의 문제를 듣게 되었으니 그들을 위해 기도하고 있는 것입니다

¹⁰어떻게 하든지 이제 하나님의 뜻 안에서 너희에게로 나아갈 좋은 길을 얻기를 구하노라 ¹¹내가 너희 보기를 간절히 원하는 것은 어떤 신령한 은사를 너희에게 나누어 주어 너희를 견고하게 하려 함이니 ¹²이는 곧 내가 너희 가운데서 너희와 나의 믿음으로 말미암아 피차 안위함을 얻으려 함이라

바울은 로마교회를 직접 방문하여 그들의 신앙을 더욱 견고하게 세우기를 간절히 바라고 있는 것입니다. 그가 편지를 쓰는 목적도 바로 이러한 신앙적 교제를 이루기 위함입니다.

이제 사도 바울은 로마교회를 방문하고 싶은 간절한 마음을 품고 있었습니다. 그러나 직접 가기 전에 먼저 로마서를 기록하였고, 실제로 로마에 가서는 로마교회가 더욱 든든히 서고, 하나님의 크신 은혜를 받을 수 있도록 해야겠다는 마음을 가졌습니다.

그래서 로마서 1장 13절에서 이렇게 말합니다.

¹³형제들아 내가 여러 번 너희에게 가고자 한 것을 너희가 모르기를 원하지 아니하노니 이는 너희 중에서도 다른 이방인 중에서와 같이 열매를 맺게 하려 함이로되 지금까지 길이 막혔도다

마음에 하나님 두기를 싫어하매

다 내가 빚진 자라

이제 14절을 다 함께 읽어보겠습니다.

^{14}헬라인이나 야만인이나 지혜 있는 자나 어리석은 자에게 다 내가 빚진 자라

사도 바울은 자신이 빚을 졌다고 말하고 있습니다. 복음을 전하는 길은 결코 쉬운 길이 아닙니다. 왜냐하면 이 세상은 이미 죄 아래에 놓여 있기 때문입니다.

우리는 세상의 관점에서 보면 마치 간첩과 같은 존재입니다. "그냥 세상 속에 묻혀 살지, 뭐 하러 하나님 나라 이야기를 해?" 사탄이 보기에는 복음을 전하는 우리가 불편한 존재, 마치 간첩과도 같은 존재인 것입니다.

그러므로 복음을 전하는 길은 결코 쉽지 않습니다. 사도 바울이 얼마나 많은 고난을 겪었습니까? 고린도후서 11장을 보면 바울이 얼마나 역경 가운데에서 복음을 전했는지 알 수 있습니다. 그래서 고린도전서 15장 31절에는 "단언하노니 나는 날마다 죽노라"라고 고백하고 있습니다. 우리는 이 말씀을 신앙적으로 '자기 부인'의 의미로 이해하지만, 사실 사도 바울은 복음을 전하는 순간마다 실제로 생명의 위협을 받으며 살아갔습니다. 그는 바다를 건널 때도 파선의 위험을 겪었고, 돌에 맞아 죽을 뻔한 경우도 한두 번이 아니었습니다.

그렇다면, 사도 바울이 이렇게 험난한 복음의 여정을 어떻게 감당할 수 있었을까요? 그 답이 바로 여기에 있습니다. "내가 빚진 자다!" 사도 바울은 도대체 누구에게 빚을 졌는가? 이것이 바로 복음을 전하는 자의 마음 자

세라고 할 수 있습니다.

사도행전 6장 8~10절을 함께 살펴보겠습니다.

> [8]스데반이 은혜와 권능이 충만하여 큰 기사와 표적을 민간에 행하니 [9]이른바 자유민들 즉 구레네인, 알렉산드리아인, 길리기아와 아시아에서 온 사람들의 회당에서 어떤 자들이 일어나 스데반과 더불어 논쟁할새 [10]스데반이 지혜와 성령으로 말함을 그들이 능히 당하지 못하여

사도행전 7장 54~60절을 읽어 보겠습니다.

> [54]그들이 이 말을 듣고 마음에 찔려 그를 향하여 이를 갈거늘 [55]스데반이 성령 충만하여 하늘을 우러러 주목하여 하나님의 영광과 및 예수께서 하나님 우편에 서신 것을 보고 [56]말하되 보라 하늘이 열리고 인자가 하나님 우편에 서신 것을 보노라 한 대 [57]그들이 큰 소리를 지르며 귀를 막고 일제히 그에게 달려들어 [58]성 밖으로 내치고 돌로 칠새 증인들이 옷을 벗어 사울이라 하는 청년의 발 앞에 두니라 [59]그들이 돌로 스데반을 치니 스데반이 부르짖어 이르되 주 예수여 내 영혼을 받으시옵소서 하고 [60]무릎을 꿇고 크게 불러 이르되 주여 이 죄를 그들에게 돌리지 마옵소서 이 말을 하고 자니라 사울은 그가 죽임 당함을 마땅히 여기더라

사울(후에 바울)은 스데반을 죽이는 데 가장 앞장섰던 사람이었습니다. 만약 스데반이 그때 죽지 않았다면, 그는 앞서 언급했던 구레네인, 알렉산드리아인, 길리기아와 아시아에서 온 사람들에게 복음을 전하며 다녔을 것입니다.

그런데 사울은 예수 믿는 그리스도인들을 핍박하는 과정에서 예수님을 만나게 됩니다. 사도행전 9장 4절에는 "사울아 사울아 네가 어찌하여 나를

박해하느냐"라고 예수님이 말씀하시는 내용이 기록되어 있습니다.

사울은 이 사건을 통해 예수님을 정확하게 만나게 되었고, 그의 마음은 완전히 변화되었습니다. 사울(바울)이 예수님을 만난 후, 그는 자기 자신을 돌아보며 깨닫게 된 것입니다. 아마도 바울의 마음은 다음과 같았을 것입니다.

"아! 내가 정말 천지를 창조하신 하나님을 대적했구나." "내가 스데반을 죽이지 않았다면, 스데반이 아시아와 알렉산드리아 등지에서 복음을 전했을 텐데…" "내가 예수 믿는 자들을 핍박하지 않았다면, 그들이 더욱더 많은 사람에게 복음을 전했을 텐데…"

바울은 자신을 돌아보면 돌아볼수록, 그는 하나님께 큰 빚을 진 존재라는 사실을 깊이 깨닫게 되었습니다. 바울은 스데반을 죽이는 데 앞장섰고, 예수 믿는 사람들을 핍박했던 사람이었습니다. 그러므로 그는 당연히 하나님 앞에서 심판받고 죽어야 마땅한 존재였습니다. 그러나 하나님께서는 바울을 심판하지 않으시고, 오랫동안 참아주셨습니다. 하나님은 바울이 완전히 무너지고 깨져서 결국 '빚진 자'가 되기를 기다리셨던 것입니다.

그래서 하나님께서는 바울을 "이방인을 위해서 택정한 그릇"이라고 부르셨습니다. 이처럼 바울은 하나님 앞에 큰 빚을 진 사람이 되었습니다. 그래서 그는 고린도전서 9장 16절에서 이렇게 고백합니다. "만일 복음을 전하지 아니하면 내게 화가 있을 것이로다!" 우리가 이 복음을 전하려면, 이런 '빚진 자'의 마음을 가져야 합니다.

우리는 누구에게 빚을 졌는가?

저도 이 말씀을 읽으며 제 자신을 돌아보았습니다. 때로는 삶이 너무 힘들 때가 있습니다. 그래서 속으로 이런 생각을 하기도 합니다. "하나님, 도대체 제가 언제까지 이렇게 복음을 전해야 합니까?" 육체적으로 힘들 때, 이런 생각들이 문득문득 떠오를 때가 있습니다. 그러면서 다시 한번 제 자신을 돌아보게 됩니다.

나는 하나님을 믿는다고 하면서도, 참 많은 사람들을 힘들게 했고, 참 많은 죄를 지었구나! 어쩌면 나도 바울과 같은 존재였을지도 모른다. 물론 바울과 비교할 수는 없겠지만, 하나님께서는 언제든지 나를 심판하셔도 마땅한 자였는데, 끝까지 오래 참아주셨구나! 그렇게 미련한 가운데 있을 때도, 하나님께서는 이렇게 은혜를 베푸셨구나! 말씀의 깊은 세계를 알게 하시고, 영적인 세계를 깨닫게 해주셨구나!

이제 이 모든 것을 깨닫고 나니, 저도 '빚진 자'라는 사실을 깊이 실감하게 됩니다. 내가 예수님께 빚을 졌구나! 만약 예수님께서 지금 살아 계셨다면, 세상을 다니며 복음을 전하셨을 것입니다.

그런데 이제는 그 일을 나에게 맡겨주셨구나. "그래, 나는 하나님께 쓰임 받는 존재다. 내 인생을 하나님께서 사용하시겠다면 내가 감히 무슨 말을 할 수 있겠는가?" 이렇게 마음을 다잡고, 또 다시 주어진 사명을 감당하기 위해 나아가는 것입니다.

여러분은 누구에게 빚을 졌습니까? 가장 먼저, 우리는 예수님께 빚을 졌습니다. 그리고 저에게도 작지만 빚을 졌습니다. 제가 여러분에게 이 말씀

마음에 하나님 두기를 싫어하매

을 전하기 위해서는 정말 많은 시간과 기도가 필요합니다. 그리고 이제 여러분도 빚을 졌습니다. 이중으로 빚을 진 것입니다.

여러분의 삶을 다시 한번 돌아보십시오. 우리는 얼마나 많은 사람을 아프게 했는가? 고슴도치가 서로를 안으면 가시로 서로를 찌르는 것처럼, 우리도 살아가면서 서로를 아프게 하고, 때로는 상처를 주고받으며 살아갑니다.

"나는 남에게 피해를 준 적이 없어!" 이렇게 말하는 사람이야말로, 어쩌면 가장 많은 피해를 준 사람일지도 모릅니다. 왜냐하면, 자기중심적으로 살아왔기 때문입니다.

사실 우리는 하나님께서 언제든지 심판하셔도 마땅한 존재들입니다. 그럼에도 불구하고, 하나님께서 지금까지 우리를 참고 기다려 주신 이유는 무엇일까요? 그것은 우리가 '빚진 자'라는 사실을 깨닫게 하시기 위함이 아닐까요? 그러므로 우리는 복음을 전할 때, 반드시 '빚진 자'의 마음을 가져야 합니다.

이 마음이 있어야만, 우리가 다른 사람을 진정으로 섬길 수 있습니다. 한 사람을 교회로 인도하고, 한 사람에게 예수님의 이야기를 꺼내는 것이 결코 쉬운 일이 아닙니다. 정말 나를 부인해야만 가능합니다. 세상 속에서 복음을 전하는 것은 쉽지 않습니다. 그러나 우리가 나를 부인하지 않으면, 예수님을 전할 수 없습니다.

우리의 삶이 흠 없이 완전하다면, 어떤 사람이 우리를 보고 "그래, 저 사람이 말하는 걸 보니 나도 교회에 가야겠다. 예수님을 믿어야겠다." 이렇게 생각할 수도 있을 것입니다.

그러나 현실적으로 우리의 삶은 허물투성이입니다. 그래서 우리가 예수님을 이야기하려고 할 때, "내가 이런 삶을 살면서 무슨 자격으로 예수님을 전할 수 있을까?" 이런 마음의 부담을 느끼게 되는 것입니다. 그렇기 때문에 이런 부담을 극복하고 나아가기 위해서는 '빚진 자'의 마음을 가져야 합니다.

또한, 이곳에 오신 분들 중에는 누군가의 인도로 오신 분들도 계실 것입니다. 그렇다면, 그분은 자신을 인도해 준 사람에게 또 빚을 진 것입니다. 결국, 우리는 서로 사랑의 빚을 지고 있으며, 그 빚을 갚기 위해 복음을 전하는 기쁨에 함께 동참해야 합니다.

하나님의 일반계시(一般啓示)

이제 로마서 1장 18~20절을 함께 읽어보겠습니다.

> [18]하나님의 진노가 불의로 진리를 막는 사람들의 모든 경건하지 않음과 불의에 대하여 하늘로부터 나타나나니 [19]이는 하나님을 알 만한 것이 그들 속에 보임이라 하나님께서 이를 그들에게 보이셨느니라 [20]창세로부터 그의 보이지 아니하는 것들 곧 그의 영원하신 능력과 신성이 그가 만드신 만물에 분명히 보여 알려졌나니 그러므로 그들이 핑계하지 못할지니라

이제부터 사도 바울은 '복음을 어떻게 전해야 하는가'에 대해 기록하고 있습니다. 복음을 전하는 것은 단순히 한 사람을 믿게 하는 수준에 그치는 것이 아닙니다. 인간의 마음에는 하나님을 믿으려는 본성이 없습니다.

마음에 하나님 두기를 싫어하매

그렇다면, 하나님께서 심판하시는 날 "너는 왜 나를 믿지 않았느냐?" 이렇게 물으실 때, 사람들이 "하나님, 저는 당신을 직접 본 적이 없습니다. 가시적(可視的)으로 보여주셨다면 믿었을 텐데요!" 이렇게 핑계할 수 없도록, 하나님께서는 이미 우리에게 당신을 보여주셨습니다.

이것을 '일반계시'라고 합니다. 즉 하나님께서 모든 사람에게 그 존재를 나타내 보이셨다는 것입니다. 그렇다면 하나님께서 모든 사람에게 보여주신 것은 무엇일까요?

로마서 2장 14~15절을 함께 읽어보겠습니다.

> [14](율법이 없는 이방인이 본성으로 율법의 일을 행할 때에는 이 사람은 율법이 없어도 자기가 자기에게 율법이 되나니 [15]이런 이들은 그 양심이 증거가 되어 그 생각들이 서로 혹은 고발하며 혹은 변명하여 그 마음에 새긴 율법의 행위를 나타내느니라)

로마서 1장 19절에서 말하는 "하나님을 알 만한 것이 그들 속에 보임이라" 이것은 무엇을 의미할까요? 바로 '양심'을 의미합니다.

헬라어로 '양심'은 '시네이데시스'입니다. 이 단어는 두 개의 어근으로 구성되어 있습니다. 시네이(syn)는 '함께', 에이데나이(eidenai)는 '알다'라는 의미입니다. 즉 선과 악을 함께 구분하여 아는 능력, 이것이 바로 양심입니다. 영어 단어 'conscience(양심)' 역시 라틴어와 헬라어에서 유래한 단어로, '함께 아는 것'이라는 의미를 가지고 있습니다.

이처럼 양심은 하나님께서 모든 사람에게 주신 내면의 법이며, 이를 통해 사람들은 스스로 선과 악을 구분할 수 있습니다. 결국, 하나님께서는 이 양심을 통해 당신의 존재를 나타내 보이셨으며, 사람들이 그분을 믿지 않았다는 핑계를 대지 못하도록 하신 것입니다.

인간은 참으로 특별한 존재입니다. 만약 짐승에게 양심이 있었다면 어떻게 되었을까요? 짐승들이 벌거벗고 다니는 것을 부끄럽게 생각하거나 다른 짐승을 잡아먹는 것에 대하여 죄책감을 가진다면 결국 그들은 모두 굶어 죽고 말았을 것입니다.

그러나 하나님께서는 특별하게도 인간에게만 양심을 심어주셨습니다. 설령 양심에 화인(火印)을 맞아 무뎌진 사람이라 할지라도, 옳고 그름을 구별하고, 부끄러움을 느끼는 본능은 여전히 남아 있습니다.

구약성경에서 마음(양심)을 뜻하는 단어는 '레브'입니다. '레브'의 첫 자음은 "라메드"로서 목자가 양을 인도할 때 사용하는 막대기를 가리킵니다. 즉 하나님께서 우리의 마음을 올바른 방향으로 인도하시는 역할을 합니다. 이처럼 구약성경에서는 마음과 양심을 연결하여 설명하고 있습니다.

우리 인간은 살아가면서 자신이 죄를 저지르는 것을 아무도 본 사람이 없음에도 불구하고 "내가 왜 이렇게 찔리는 기분이 들지?"라는 감정을 느낍니다. 이러한 감정은 우리가 원해서 생기는 것이 아닙니다. 즉 하나님께서 우리의 마음속에 양심을 심어 놓으셨기 때문에 이러한 감정을 느끼는 것입니다.

역사적으로 볼 때, 각 나라와 문화권에 따라 법과 도덕은 다를 수 있습니다. 그러나 공통적인 윤리적 기준은 늘 존재해 왔습니다. 이는 하나님께서 모든 인간의 마음속에 양심과 이성을 심어 놓으셨기 때문입니다.

결국, 양심만 보더라도 우리는 창조주가 누구인지 궁금해할 수밖에 없습니다. "나는 내 인생의 주인이라고 생각하는데, 왜 내 안에서 끊임없이 양심의 소리가 들리는 걸까?" 그 이유는 하나님께서 우리의 마음속에 그분을 찾을 수 있는 길을 심어 놓으셨기 때문입니다.

이제 로마서 1장 20절을 다시 살펴보겠습니다.

> [20]창세로부터 그의 보이지 아니하는 것들 곧 그의 영원하신 능력과 신성이 그가 만드신 만물에 분명히 보여 알려졌나니 그러므로 그들이 핑계하지 못할지니라

이 말씀을 통해 하나님께서 자연을 통해 당신을 계시하셨음을 알 수 있습니다. 창조과학에서 다루고 있는 바를 한번 보겠습니다.

욥기 36장 30~31절을 함께 읽어보겠습니다.

> [30]보라 그가 번갯불을 자기의 사면에 펼치시며 바다 밑까지 비치시고 [31]이런 것들로 만민을 심판하시며 음식을 풍성하게 주시느니라

이 구절은 참으로 신비로운 말씀입니다. 번개와 음식이 어떻게 연결되는지 쉽게 이해하기 어려울 수도 있습니다. 아마도 현대과학이 발전하기 전까지는 이 구절을 읽으며 "이게 도대체 무슨 뜻일까?"라고 궁금해했을 것입니다.

그러나 자연과학적으로 보면, 이 말씀은 놀라운 의미를 가지고 있습니다. 우리 대기에는 질소(N_2)와 산소(O_2)가 풍부하게 존재합니다. 그런데 번개가 칠 때, 질소와 산소가 결합하여 NO_x(질소산화물) 형태로 변하게 됩니다.

이 질소산화물은 물에 잘 녹아 비에 섞여 땅으로 내려오게 됩니다. 그 결과, 토양에 자연스럽게 질소 비료가 공급되는 것입니다. 이 과정은 곧 식물이 성장하는 데 필수적인 영양소를 제공하는 역할을 합니다.

즉 하나님께서는 번개를 통해 땅을 비옥하게 하시고, 우리에게 풍성한 음식을 공급해 주고 계시는 것입니다. "참으로 신비롭지 않습니까?" 과거에는 이해할 수 없던 성경의 말씀이, 오늘날 과학을 통해 더욱 분명하게 증명되고 있습니다.

이제, 욥기 38장 33절을 함께 읽어보겠습니다.

> [33]네가 하늘의 궤도를 아느냐 하늘로 하여금 그 법칙을 땅에 베풀게 하겠느냐

우주는 질서의 본질을 가장 선명하게 보여주는 존재입니다. 따라서 하나님은 혼돈의 하나님이 아니라 질서의 하나님이십니다.

우리가 우주를 바라보면, 수많은 별이 떠다니고 있음에도 지구는 놀랍도록 안정적으로 유지되고 있습니다. 이는 하나님께서 처음부터 우주를 질서 가운데 창조하셨다는 증거입니다.

하나님께서는 하늘과 땅에 공통되는 자연의 법칙을 통해 세상을 다스리고 계십니다. 예를 들어, 만유인력의 법칙을 생각해 봅시다. 과거 인류는 땅에서 일어나는 현상과 하늘에서 일어나는 현상이 다르다고 생각했습니다. 그러나 과학이 발전하면서 하늘과 땅의 법칙이 동일하다는 사실을 깨닫게 되었습니다.

마음에 하나님 두기를 싫어하매

욥기서는 창세기와 비슷한 시기에 기록된 성경입니다. 그렇기 때문에 하나님께서 천지를 창조하시면서 이미 모든 법칙을 세워 놓으셨음을 알 수 있습니다. 이것이 바로 우리가 하나님을 '무질서의 하나님'이 아니라 오직 '질서의 하나님'으로 알게 되는 이유입니다.

우리가 천지를 바라볼 때, "아, 이 세상에는 창조주가 반드시 계시겠구나!" 이런 생각을 하지 않을 수 없습니다. 그래서 로마서 1장 25절에는 '조물주(造物主)'라는 표현을 사용하고 있습니다. 이는 모든 피조물이 창조주 하나님을 통해 존재한다는 사실을 강조하기 위함입니다. "어떻게 이 세상이 이렇게 질서정연하게 돌아갈 수 있을까?" 이 질문을 진지하게 고민해 보면, 자연스럽게 창조주의 존재를 깨닫게 됩니다.

그리고 우리가 무언가를 보려면 반드시 빛이 필요합니다. 빛이 없으면 우리는 아무것도 볼 수 없습니다. 이것은 영적으로도 동일합니다. 우리가 자신의 죄를 깨닫고 하나님을 믿기 위해서는 '참 빛'이신 예수 그리스도가 우리 안에 들어와야 합니다.

마치 우리가 빛을 통해 세상을 인지하듯이, 하나님께서는 천지 만물을 통해 당신의 능력과 계획을 우리에게 미리 보여주셔서 창조주의 존재를 알 수 있도록 해 주셨습니다. 그러므로 사람들은 하나님 앞에 섰을 때 더 이상 변명할 수 없습니다. 그들이 하나님을 알지 못한 이유는 하나님을 알려고 하는 관심이 없었기 때문입니다.

만약 조금이라도 자신의 양심의 소리에 귀를 기울여 보았다면, 아니면 단순히 자연을 바라보며 깊이 생각해 보았다면, "어떻게 이 별들은 끝없이 빛을 내고 있는데도, 지구의 온도는 이렇게 일정하게 유지될까?" 이런 질문 하나만으로도 창조주의 존재를 깨닫는 것은 어렵지 않습니다.

인간의 어리석음

그러면 우리 인간은 어떻게 나아가야 합니까? 하나님을 찾고, 창조주를 찾아 나아가야 합니다. 그런데 인간은 어떻습니까?

로마서 1장 21~27절을 읽도록 하겠습니다.

> [21]하나님을 알되 하나님을 영화롭게도 아니하며 감사하지도 아니하고 오히려 그 생각이 허망하여지며 미련한 마음이 어두워졌나니 [22]스스로 지혜가 있다고 하나 어리석게 되어 [23]썩지 아니하는 하나님의 영광을 썩어질 사람과 새와 짐승과 기어 다니는 동물 모양의 우상으로 바꾸었느니라 [24]그러므로 하나님께서 그들을 마음의 정욕대로 더러움에 내버려 두사 그들의 몸을 서로 욕되게 하게 하셨으니 [25]이는 그들이 하나님의 진리를 거짓 것으로 바꾸어 피조물을 조물주보다 더 경배하고 섬김이라 주는 곧 영원히 찬송할 이시로다 아멘 [26]이 때문에 하나님께서 그들을 부끄러운 욕심에 내버려 두셨으니 곧 그들의 여자들도 순리대로 쓸 것을 바꾸어 역리로 쓰며 [27]그와 같이 남자들도 순리대로 여자 쓰기를 버리고 서로 향하여 음욕이 불일 듯 하매 남자가 남자와 더불어 부끄러운 일을 행하여 그들의 그릇됨에 상당한 보응을 그들 자신이 받았느니라

인간은 분명히 일반계시를 통해 하나님을 알 수 있습니다. 하나님께서는 우리 안에 있는 양심과 이 천지만물을 통해 당신의 존재를 나타내셨습니다.

그렇다면 인간은 그 창조주이신 하나님을 향해 나아가야 하지만, 오히려 어떻게 하고 있습니까? 하나님을 영화롭게 하지 않고, 오히려 하나님이 만

드신 피조물을 더 숭배하는 방향으로 나아가고 있습니다.

인간의 마음이 참으로 신기하고도 어리석습니다. 아담의 행동을 보면, 사탄이 인간에게 어떻게 역사하는지 알 수 있습니다.

사탄이 처음에 하와에게 다가와 하나님께서 주신 말씀을 왜곡시킨 것을 창세기 3장 1절을 통해서 볼 수 있습니다. "하나님이 참으로 너희에게 동산 모든 나무의 열매를 먹지 말라 하시더냐" 하와가 하나님의 말씀에 대한 확신이 없자, 사탄은 거짓말로 하와를 속였습니다. "너희가 결코 죽지 아니하리라 너희가 그것을 먹는 날에는 너희 눈이 밝아져 하나님과 같이 되어 선악을 알 줄 하나님이 아심이니라" 이렇게 하나님의 말씀을 왜곡했습니다.

그러자 하와의 마음에 하나님에 대한 불신이 들어왔습니다. 그 결과 인간은 하나님을 떠나게 되었습니다. 하나님께서 서늘한 바람이 부는 가운데 아담과 하와를 찾으셨을 때, 그들은 두려워하며 숨었습니다. 불신이 들어오고, 옳고 그름을 스스로 판단하기 시작한 순간부터, 인간은 하나님을 마음에 두기 싫어하게 되었습니다.

그 결과가 바로 우상숭배입니다. 왜 우상숭배가 하나님을 마음에 두기 싫어하는 것과 연결될까요? 인생에 어려움이 닥치면 사람들은 그 어려움을 해결해 줄 누군가를 찾아가서 빌고, 절하고, 도움을 구하려 합니다.

이것은 인간에게만 있는 아주 특별한 특징입니다. 전도서 3장 11절의 말씀과 같이 하나님께서는 인간에게 영원을 사모하는 마음을 주셨기 때문에, 사람들은 영원한 세상, 영적인 존재가 있을 것이라는 막연한 생각을 가지고 있습니다. 그런데 하나님을 믿지 않는 사람들은 그 마음을 우상숭배로 채웁니다. 즉 창조주를 찾지 않고 피조물을 섬기게 되는 것입니다. 이것이 바로 하나님을 떠난 인간의 영적 상태입니다.

눈에 보이지 않는 하나님을 믿으려 하지 않고, 유형의 우상을 만들어 그것을 숭배하는 것은 결국 인간의 타락한 본성에서 비롯된 것입니다. 눈에 보이는 우상을 섬긴다는 것은 그저 보이는 대로 받아들이면 되기 때문에, 내 마음을 꺾을 필요가 없습니다. 그러나 보이지 않는 하나님을 믿기 위해서는 내 생각을 꺾고, 하나님께서 무슨 말씀하셨는지 귀 기울여야 합니다.

하지만 아담과 하와를 보십시오. 그들은 하나님을 마음에 두기 싫어하자, 두려워하며 숨어버리고 하나님을 떠났습니다. 그리고 옳고 그름을 스스로 판단하려 하면서 아담은 하와와 하나님을 원망하고 하와는 뱀에게 비난을 돌리는 모습이 나타났습니다.

우상을 숭배하는 것은 단순한 종교적 행위가 아닙니다. 그것은 본질적으로 하나님을 마음에 두기 싫어하는 마음의 전형적인 표상입니다.

더 나아가, 우상숭배란 마치 신을 섬기는 것처럼 보이지만 실상은 신이 나를 섬기도록 요구하는 행위입니다.

"내가 이 제물을 드릴 테니, 풍년이 들게 해 주시고, 자식도 잘되게 해 주시고, 사업도 번창하게 해 주십시오." 결국 누가 누구를 섬기는 것입니까? 인간이 작은 제물을 바치면서도 신에게 엄청난 보상을 기대하는 것입니다. 이것이 바로 우상숭배의 본질입니다.

마음에 하나님 두기를 싫어하매

하나님을 섬긴다는 것은 나의 뜻을 꺾고 하나님의 뜻에 순종하는 것이지만, 우상을 섬기는 것은 신을 나의 뜻대로 움직이려는 것입니다.

인간이 하나님을 떠나게 되면, 자연스럽게 하나님의 계획도 마음에 들지 않게 됩니다. 하나님께서는 인간을 창조하시고 창세기 2장 24절의 "이러므로 남자가 부모를 떠나 그의 아내와 합하여 둘이 한 몸을 이룰지로다"라고 명령하셨습니다. 남자와 여자가 하나가 되는 것이 하나님의 질서입니다. 그러나 사탄은 인간의 마음을 왜곡시킵니다. "남자끼리도 욕구를 해결할 수 있어." "여자가 여자와 함께하는 것이 더 편하고 좋지 않아?"

이처럼 사탄은 인간의 욕망을 왜곡하여 하나님이 정하신 창조 질서를 어그러뜨립니다. 오늘날 동성애 문제가 심각하게 대두되는 것도 이러한 영적 왜곡과 연관이 있는 것입니다.

교회에서는 이 문제에 대해 다양한 시각을 가지고 접근하고 있습니다. 중요한 점은, 우리가 동성애를 한다고 해서 그들을 비인간적으로 대하는 것은 옳지 않다는 것입니다. 그들도 우리와 동일한 인간이며, 누구든지 사탄의 거짓된 유혹에 빠질 수 있다는 사실을 인식해야 합니다.

그렇다면, 이러한 왜곡된 마음을 어떻게 바로잡을 수 있을까요? 해답은 질서의 하나님이 부여하신 성령의 은혜로 마음을 새롭게 하는 것입니다. 동성애를 포함한 모든 죄의 문제는 복음을 통해 변화될 수 있습니다. 그렇기 때문에 우리는 그들을 정죄하는 것이 아니라, 복음을 전할 대상자로 바라보아야 합니다. "동성애자는 지옥 간다!"라는 식의 현수막을 걸고 정죄하는 것은 결코 성경적이지 않습니다.

성경 어디에 "동성애자의 죄는 예수 그리스도의 보혈로 용서받을 수 없다"는 말씀이 있습니까? 예수 그리스도의 피는 모든 죄를 용서하십니다. 결국, 우리의 사명은 사람을 정죄하는 것이 아니라, 복음을 전하여 그들의 마음이 하나님의 뜻 안에서 회복될 수 있도록 돕는 것입니다.

우리는 동성애를 비롯한 다양한 삶의 모습을 가진 사람들을 볼 때, 이상하게 여기거나 정죄할 것이 아닙니다. 오히려 "사탄이 인간의 마음을 왜곡시키면 이렇게 되는구나. 그렇다면 나는 더욱 하나님을 붙잡아야겠구나! 저 사람들을 불쌍히 여기고, 힘들더라도 복음을 전해야겠구나!"라는 마음가짐을 가져야 합니다.

사탄이 우리를 하나님으로부터 멀어지게 만들면, 그다음에는 자연스럽게 사람들에 대한 미움이 생깁니다. 즉 하나님과의 관계가 끊어지면, 결국 인간관계도 무너집니다. 사람들을 판단하고 정죄하는 마음이 자리 잡게 됩니다.

그러므로 우리가 이웃을 사랑하기 위해서는 먼저 하나님의 사랑을 받아야만 합니다. 하나님이 나를 사랑하셨고, 하나님이 저 형제도 창조하시고 부르셨다는 것을 깨달을 때, "우리는 주님 안에서 하나가 되었으니, 서로 더욱 사랑하자."라는 마음이 생깁니다. 즉 하나님과의 관계가 끊어지면, 인간에게서는 남을 사랑하는 마음이 사라지게 됩니다.

그래서 이러한 죄의 결과는 두 가지로 나타납니다. 하나님에 대한 죄는 우상숭배와 창조 질서의 위반으로, 사람에 대한 죄는 사랑이 사라지고 서로 미워하게 됩니다.

마음에 하나님 두기를 싫어하매

하나님을 떠난 인간에게 나타나는 죄의 모양

이러한 인간의 타락한 본성은 로마서 1장 28~31절에서 잘 드러납니다.

> [28]또한 그들이 마음에 하나님 두기를 싫어하매 하나님께서 그들을 그 성실한 마음대로 내버려 두사 합당하지 못한 일을 하게 하셨으니 [29]곧 모든 불의, 추악, 탐욕, 악의가 가득한 자요 시기, 살인, 분쟁, 사기, 악독이 가득한 자요 수군수군하는 자요 [30]비방하는 자요 하나님께서 미워하시는 자요 능욕하는 자요 교만한 자요 자랑하는 자요 악을 도모하는 자요 부모를 거역하는 자요 [31]우매한 자요 배약하는 자요 무정한 자요 무자비한 자라

이것이 바로 인간의 육체의 본성입니다. 이 사실을 깨닫는 것만으로도 우리는 신앙생활을 더욱 쉽게 할 수 있습니다. 하지만 많은 사람들이 자신이 어떤 존재인지 모르기 때문에 자신의 옳음을 주장하며 타인을 정죄합니다.

"나는 옳은데, 당신은 왜 그래요? 나는 하나님을 따르는데, 당신은 왜 그러지 않습니까?" 이런 태도가 우리의 마음속에 자리 잡을 수 있습니다. 그러나 사실 우리는 모두 동일한 죄의 본성을 가진 존재입니다.

갈라디아서 5장 19~21절을 읽어 보도록 하겠습니다.

> [19]육체의 일은 분명하니 곧 음행과 더러운 것과 호색과 [20]우상숭배와 주술과 원수 맺는 것과 분쟁과 시기와 분냄과 당 짓는 것과 분열함과 이단과 [21]투기와 술 취함과 방탕함과 또 그와 같은 것들이라 전에 너희에게 경고한 것과 같이 다시 경고하노니 이런 일을 하는 자들은 하나님의 나라를 유업으로 받지 못할 것이요.

이것이 바로 인간의 본성에서 나오는 죄악의 열매입니다. 우리는 이러한 죄의 속성을 깨닫고, 오직 성령의 도우심으로 변화될 수 있어야 합니다.

특별히 21절에서 술 취함에 대해 언급하고 있습니다. 성경에서는 "술을 마시지 말라"고 직접적으로 금지하는 말씀은 없지만, 술 취함을 경계하고 있습니다.

여기서 사용된 헬라어 단어는 '메테'로, 단순한 음주가 아니라 과도한 술로 인해 방탕한 삶을 사는 것을 의미합니다. 즉 술 자체를 마시는 것은 죄가 아니지만 술에 취하여 절제력을 잃고 죄악된 행동을 하게 되는 것이 문제입니다. 술을 마심으로써 정신적인 판단력을 잃고, 올바른 결정을 내리지 못하는 상태를 성경에서는 술 취함이라고 표현합니다. 이 술 취함은 사소한 문제가 아니라 우상숭배와 같은 죄입니다.

왜 사람들이 우상을 숭배합니까? 자신을 기쁘게 하고 인생의 어려움을 피하기 위해서입니다. 마찬가지로 술을 마시는 것도 내 기쁨을 술에서 찾고, 인생의 고난과 어려움을 술로 피하려고 하는 것과 같습니다. 결국 이것은 우상숭배와 동일한 마음의 태도입니다. 그래서 저는 여러분께 웬만하면 술을 먹지 말라고 권하는 것입니다. 술 취함이 계속되면 어떻게 되는가?

갈라디아서 5장 21절에서 다음과 같이 경고하고 있습니다.

> 21전에 너희에게 경고한 것과 같이 다시 경고하노니 이런 일을 하는 자들은 하나님의 나라를 유업으로 받지 못할 것이요

이는 술 취함이 지속될 경우, 하나님의 나라를 유업으로 받지 못한다는

마음에 하나님 두기를 싫어하매

것입니다. 우리에게 어려움이 닥칠 때 우리는 하나님을 의지해야 합니다. 하지만 술을 사업의 수단으로 삼거나, 인생의 고통을 잊기 위한 방법으로 삼는 것은 성령을 의지하는 삶과는 정반대의 방향에 있는 것과 같습니다.

로마서 8장 14절은 "무릇 하나님의 영으로 인도함을 받는 사람은 곧 하나님의 아들이라"고 말씀합니다. 그렇다면 어떻게 우리가 계속해서 술 취한 상태로 살아갈 수 있겠습니까?

물론 한두 번의 실수는 그럴 수 있습니다. 그러나 중요한 것은 죄의 지속적인 반복이 문제라는 것입니다. 성경에서 구원받은 그리스도인들에게서 죄의 문제는 "계속 반복적으로 짓는 죄"에 있습니다.

우리는 연약한 인간이기 때문에, 실수하고 죄를 지을 수 있습니다. 그러나 하나님께서 보시는 것은 그 죄에 대한 우리의 태도입니다.

창세기 3장에 기록된 아담을 생각해 봅시다. 그가 선악과를 먹었을 때, 즉시 하나님께 나아가 "하나님, 제가 잘못했습니다."라고 회개했다면 어땠을까요? 그러나 그는 하나님을 피했고, 변명하며 회개하지 않았습니다.

우리 역시 마찬가지입니다. 우리가 죄를 지었더라도, 즉시 하나님 앞에 나아가 "하나님, 제가 또 당신의 말씀을 어겼습니다. 저를 회복시켜 주십시오."라고 기도하면, 하나님께서는 우리를 다시 회복시켜 주십니다. 그러나 계속 반복적으로 죄를 짓는 것은 하나님을 경멸하는 증거입니다. 결국 아담이 하나님을 떠난 것과 같은 결과를 가져오게 됩니다.

우리 인간이 진짜 믿음이 있는지 없는지는 결과를 통해 판단할 수밖에 없습니다. 아무리 "믿습니다, 믿음이 있습니다."라고 말해도, 그것이 단순한 인지적 또는 의지적인 고백일 뿐이라면 참된 믿음이 아닐 수 있습니다.

우리가 성령의 인도함을 받기 위해서는 하나님의 말씀 앞에서 내 자신을 온전히 무너뜨려야 합니다. 그럴 때 비로소 우리는 하나님 앞에서 진정한 믿음의 사람이 될 수 있습니다.

우리 자신이 그동안 살아온 삶을 돌아보며 부끄러워해야 합니다. 그리고 "하나님, 저 이제 어떻게 해야 합니까?" "하나님 나라를 유업으로 얻지 못한다고 하셨는데, 저는 이제 어떻게 해야 하나요?" 정말 애통해하며, 하나님 앞에 더욱 간절히 나아가야 합니다.

그러나 사탄이 우리의 마음을 왜곡시키면 어떻게 됩니까? "다음부터 술을 끊지, 이번 한 번만 더 먹지." 이러한 생각은 결국 하나님을 떠난 삶의 모습입니다. 우리가 육체의 죄를 가볍게 여기면 안 됩니다. 하나님께서는 우리에게 경고하셨고, 이미 자연과 양심을 통해 하나님 당신의 존재를 보여 주셨습니다.

그렇다면 우리는 어떻게 살아야 합니까? "나는 하나님을 믿고 따르는 자로서 이런 삶을 살아서는 안 되지!" 이렇게 애통해하며 더욱 하나님께 나아가야 합니다.

왜 하나님은 우리를 그렇게 내버려 두셨는가?

왜 하나님께서는 사람을 거짓된 마음속에 내버려 두시는가? 왜 하나님을 마음에 두기 싫어하는 마음을 그냥 두시고, 그 마음속에 온갖 악이 가득하도록 내버려 두시는가? 그 이유는 바로 그 죄를 통해 자신을 돌아보고 회개하게 하시기 위해서입니다.

사랑하는 형제자매 여러분!

우리의 신앙은 어떻게 보면 아주 쉽습니다. 내 자신이 무너지면 그때부터 하나님의 말씀이 자연스럽게 쌓입니다.

그러나 반대로 내 옳음이 살아 있는 한, 신앙생활은 가장 어려운 것이 됩니다. 왜냐하면 신앙은 나를 죽이는 것이기 때문입니다.

오늘 로마서 1장의 마지막 말씀들을 묵상하면서, 우리 안에 이런 죄악들이 가득하다는 사실을 깊이 깨닫고, "이래도 내가 나를 믿을 것인가? 아니면 하나님의 말씀을 믿을 것인가?" 깊이 회개하는 한 주가 되기를 소망합니다. 아멘!

하나님의 심판

로마서 2장 1절부터 24절부터 함께 살펴보겠습니다.

¹그러므로 남을 판단하는 사람아 누구를 막론하고 네가 핑계하지 못할 것은 남을 판단하는 것으로 네가 너를 정죄함이니 판단하는 네가 같은 일을 행함이라 ²이런 일을 행하는 자에게 하나님의 심판이 진리대로 이루어지는 줄 우리가 아노라 ³이런 일을 행하는 자를 판단하고도 같은 일을 행하는 사람아 네가 하나님의 심판을 피할 줄로 생각하느냐 ⁴혹 네가 하나님의 인자하심이 너를 인도하여 회개하게 하심을 알지 못하여 그 인자하심과 용납하심과 오래 참으심이 풍성함을 멸시하느냐 ⁵다만 네 고집과 회개하지 아니하는 마음을 따라 진노의 날 곧 하나님의 의로운 심판이 나타나는 그날에 임할 진노를 네게 쌓는도다 ⁶하나님께서 각 사람에게 그 행한 대로 보응하시되 ⁷참고 선을 행하여 영광과 존귀와 썩지 아니함을 구하는 자에게는 영생으로 하시고 ⁸오직 당을 지어 진리를 따르지 아니하고 불의를 따르는 자에게는 진노와 분노로 하시리라 ⁹악을 행하는 각 사람의 영혼에는 환난과 곤고가 있으리니 먼저는 유대인에게요 그리고 헬라인에게며 ¹⁰선을 행하는 각 사람에게는 영광과 존귀와 평강이 있으리니 먼저는 유대인에게요 그리고 헬라인에게라 ¹¹이는 하나님께서 외모로 사람을 취하지 아니하심이라 ¹²무릇 율법 없이 범죄한 자는 또한 율법 없이 망하고 무릇 율법이 있고 범죄한 자는 율법으로 말미암아 심판을 받으리라 ¹³하나님 앞에서는 율법을 듣는 자가 의인이 아니요, 오직 율법을 행하는 자라야 의롭다 하심을 얻으리니 ¹⁴(율법 없는 이방인이 본성으로 율법의 일을 행할 때에는 이 사람은 율법이 없어도 자기가 자기에게 율법이 되나니 ¹⁵이런 이들은 그 양심이 증거가 되어 그 생각들이 서로 혹은 고발하며 혹은 변명하여 그 마음에 새긴 율법의 행위를 나타내느니라) ¹⁶곧 나의 복음에 이른 바와 같이 하나님이 예수 그리스도로 말미암아 사람들의 은밀한 것을 심판하시는 그날이라 ¹⁷유대인이라 불리는 네가 율법을 의지하며 하나님을 자랑하며 ¹⁸율법의 교훈을 받아 하나님의 뜻을 알고, 지극히 선한 것

을 분별하며 ¹⁹맹인의 길을 인도하는 자요 어둠에 있는 자의 빛이요 ²⁰율법에 있는 지식과 진리의 모범을 가진 자로서 어리석은 자의 교사요 어린아이의 선생이라고 스스로 믿으니 ²¹그러면 다른 사람을 가르치는 네가 네 자신은 가르치지 아니하느냐 도둑질하지 말라고 선포하는 네가 도둑질하느냐 ²²간음하지 말라고 말하는 네가 간음하느냐 우상을 가증히 여기는 네가 신전 물건을 도둑질하느냐 ²³율법을 자랑하는 네가 율법을 범함으로 하나님을 욕되게 하느냐 ²⁴기록된 바와 같이 하나님의 이름이 너희 때문에 이방인 중에서 모독을 받는도다

로마서가 기록된 이유는 로마교회 내에서 유대인 그리스도인과 이방인 그리스도인이 함께 신앙생활을 하면서도 율법과 복음의 관계가 정리되지 않았기 때문입니다. 율법이 정리되지 않을 수밖에 없었던 이유는 예루살렘 성전이 완전히 무너진 시점이 AD 70년이었기 때문입니다.

그전까지는 성전에서 제사를 드리며 율법을 지켰고, 동시에 예수님의 복음도 전해지고 있었습니다. 예수님께서 십자가에 매달리신 시기가 약 AD 33년경이므로, 율법과 복음이 한동안 공존하는 상황이 계속되었습니다. 이런 배경에서 유대 그리스도인들은 여전히 율법을 지켜야 하며, 할례를 받아야 하고, 음식 규정을 따라야 한다고 주장했습니다.

반면, 이방인 그리스도인들은 "우리는 예수님께서 이루신 구원을 믿기만 하면 된다. 율법을 지킬 필요가 없다."라고 주장하면서 서로 충돌이 발생했습니다. 이러한 상황 속에서 바울은 예수 그리스도 안에서 하나됨을 강조하기 위해 로마서를 기록한 것입니다.

우리 인간이 얼마나 죄악된 존재인가에 대해 생각해 봅시다. 하나님께서는 당신을 계시하시기 위해 천지 만물을 창조하시고, 그 속에서 하나님의 능

력을 나타내셨습니다. 또한, 우리 인간의 양심을 통해 조물주가 존재하심을 느끼도록 하셨습니다.

그러나 인간은 창조주를 영화롭게 하지 않고, 오히려 피조물을 숭배하며 하나님의 질서를 깨뜨렸습니다. 또한, 하나님을 떠난 인간은 이웃을 미워하고 죄악으로 가득한 상태에 빠지게 되었습니다. 그렇다면 하나님께서는 어떤 사람에게 복을 주시고 구원하시기로 하셨을까요?

아담과 맺은 행위언약

하나님께서는 아담과 언약을 맺으셨습니다. 어떤 언약을 맺으셨습니까? 명령을 주셨습니다. "선악을 알게 하는 나무의 열매를 먹지 말라." 이것은 하나님의 명령이자 율법이며 규범이었습니다. 그러나 아담은 이 명령을 어겼고, 그 결과 인간은 죄 아래에 들어가게 되었습니다.

우리는 아담의 후손으로서 죄의 열매를 맺으며 살아가고 있습니다. 죄가 뿌리부터 자리 잡고 있어 언제든지 죄가 드러날 수밖에 없는 존재입니다. 이제 어떤 사람이 이렇게 반문할 수 있습니다. "왜 아담이 지은 죄 때문에 우리가 책임을 져야 합니까? 그건 아담의 문제 아닙니까?"

그러나 하나님께서는 이스라엘과 언약을 맺으실 때 신명기 6장에서 기록된 바와 같이, "네가 이 언약을 지키면 복을 받고, 어기면 저주와 심판을 받게 될 것이다."라는 취지로 말씀하셨습니다. 이를 "행위언약"이라고 합니다. 즉 인간의 행위에 따라 복과 저주가 결정되는 원칙이 처음부터 주어졌던 것입니다.

하나님께서는 처음 아담과 맺은 언약을 통해, 선악과의 열매를 먹지 않으면 생명나무의 열매를 허락하시고, 영원히 하나님과 동행할 수 있도록 하셨을 것입니다. 그러나 아담은 이 언약을 어겼고, 그 결과 모든 인간이 죄 아래 놓이게 되었습니다.

행위언약의 갱신

이제 이 문제가 오늘날 우리와 어떤 관련이 있는지 생각해 보겠습니다. 우리 인간에게는 양심이 있습니다. 우리는 선악을 구별할 수 있는 양심을 가지고 있으며, 죄를 지으면 스스로 "이건 잘못된 일이다."라고 느낍니다. 또한, 어려운 일을 겪으면 "내가 과거에 잘못한 일이 있어서 벌을 받는 게 아닐까?"라고 생각하기도 합니다.

이러한 양심은 누가 주신 것입니까? 바로 하나님께서 주신 것입니다. 따라서 하나님께서 아담에게 "선악과를 먹지 말라"라고 명령하셨던 그 말씀은 오늘날에도 동일하게 우리에게 적용됩니다. 즉 하나님께서는 모든 인간과 아담과 동일한 언약을 맺고 계시며, 인간은 여전히 하나님의 법 아래에서 살아가고 있는 것입니다.

결국 "아담이 지은 죄를 왜 우리에게 책임을 묻습니까?" 이 질문에 대해 하나님께서는 이렇게 답하시는 것입니다. "내가 너희 각 사람의 양심 속에 나의 법을 새겼고, 너희와 개별적으로도 언약을 맺었다." 즉 하나님께서는 단순히 아담과만 계약을 맺은 것이 아니라, 모든 인간과도 그 언약을 갱신하시며 하나님의 법이 여전히 살아 있음을 선포하십니다.

이 사실을 깨달으면 우리는 자연스럽게 "아, 그렇다면 율법을 잘 지키면 복을 받겠구나! 그러니 율법을 지켜야겠다!"라는 생각을 하게 될 수 있습니다. 그러나 인간이 율법을 지킬 수 있는 존재인가? 하는 문제를 깊이 생각해 봐야 합니다.

죄의 본질은 무엇인가?

우리가 죄라는 개념을 이해할 때, 히브리어로는 "하타트", 헬라어로는 "하마르톨로스"라고 합니다. 이 단어들은 모두 "과녁에서 벗어남", 즉 "길을 벗어남"을 의미합니다.

하타트에 사용되어진 히브리어 알파벳 중 첫 번째 자음인 '헤트'는 울타리를 의미합니다. 인간이 죄를 짓는 순간, 하나님과의 관계에 울타리가 생겨 단절됩니다. 즉 죄는 하나님과 인간 사이에 벽을 세우는 것입니다. 두 번째 자음인 '타브'는 뱀의 모습을 상징합니다. 히브리어 상형문자에서 뱀이 웅크리고 있는 형상입니다. 뱀이 웅크린다는 것은 자신을 보호하고 독을 품고 있는 상태를 의미합니다. 즉 죄를 지은 인간은 독을 품고 있는 뱀과 같이 하나님께 반항하려는 본성을 가지게 됩니다. 그리고 마지막 자음에는 '알레프'가 사용이 됩니다. 이는 성경에서 하나님을 엘로힘이라 부를 때의 첫 번째 자음인 '알레프'인 것입니다. '알레프'는 황소의 모습이며, 강한 지도자나 우두머리를 의미합니다. 결국 인간이 죄 아래에서는 자신이 왕이 되어 있는 모습을 뜻하고 있습니다. 즉 하타트라는 글자에 인간의 죄의 속성이 모두 포함되어 있음을 우리는 알 수 있습니다.

이것이 바로 창세기 3장 15절에서 아담과 하와가 죄를 지은 이후의 모습입니다. 하나님께서 아담과 하와를 부르시며 심판을 선언하셨을 때, "여자의 후손을 통해서 사탄의 머리를 상하게 할 것이다."라고 약속하셨습니다.

하나님의 심판

선악과를 먹은 그 순간부터 인간은 죄의 독을 품고 살아가는 존재가 되었습니다. "걸리기만 해 봐! 독을 쏠 거야!" "하나님? 그런 분 필요 없어! 내 마음대로 살 거야!" 이것이 바로 죄의 본질입니다. 창세기 4장 23절의 라멕이 아내들에게 "라멕의 아내들이여 내 말을 들으라 나의 상처로 말미암아 내가 사람을 죽였고 나의 상함으로 말미암아 소년을 죽였도다"라고 기록되어 있는데 우리 안의 죄의 상태를 너무나 잘 보여주는 말씀이라고 할 것입니다. 즉 죄는 단순한 실수가 아니라, 하나님을 거부하고 반역하는 상태입니다.

아담과 하와가 선악과를 먹고 난 후 어떤 변화가 생겼습니까? 창세기 3장을 잘 보십시오. "눈이 밝아졌습니다." 이전에도 아담과 하와는 눈을 뜨고 있었지만, 이제는 자기 자신을 독립된 존재로 인식하게 되었습니다. "나는 하나님과 상관없는 존재다."라는 자의식(自意識)이 생긴 것입니다.

마치 어린아이가 사춘기가 되면 부모와 거리를 두려는 것과 비슷한 원리입니다. 어린아이가 어릴 때는 아빠, 엄마가 세상의 전부입니다. 하지만 중학생쯤 되면 '나는 나고, 부모님은 부모님이다.'라는 독립적인 사고가 생깁니다. 그와 같은 변화가 죄를 지은 인간에게서 나타난 것입니다. 죄를 짓는 순간, 인간은 '하나님은 하나님이고 나는 나다.', 즉 '내가 내 인생을 책임져야 한다.'라는 생각을 하게 되었습니다.

아담과 하와는 선악과를 먹은 후 그들이 벌거벗었음을 알게 되었습니다. 죄를 짓기 전에도 그들은 옷을 입지 않았습니다. 그러나 죄를 지은 후, 스스로의 연약함과 수치를 깨닫게 되었습니다. 하나님 앞에서 더 이상 당당할 수 없었고, 두려움과 불안 속에 빠지게 되었습니다.

무화과나무 잎으로 자신을 가렸습니다. 그러나 무화과나무 잎은 일시적인 해결책일 뿐, 죄의 근본적인 문제를 해결할 수 없습니다. 왜냐하면 죄에 대해서는 반드시 심판을 받아야 하기 때문입니다. 이 모든 것은 죄가 인간의 삶을 얼마나 철저히 망가뜨리는지 보여주는 중요한 장면입니다.

선악의 열매의 소극적인 측면에서의 열등감

그래서 인간이 스스로를 가리는 이유는 내면에 있는 열등의식과 허물들이 드러나는 것을 막기 위한 방어기제(防禦機制) 때문입니다. 죄가 들어오는 순간부터 인간은 공격할 상대가 누구인지 끊임없이 찾으며 살아가게 됩니다.

그렇다면 아담은 어떻게 했습니까? 하나님께서 아담을 부르시며 "내가 먹지 말라고 한 선악과를 먹었느냐?"라고 물으셨을 때, 아담은 이렇게 대답했습니다. "하나님이 주셔서 나와 함께 있게 하신 여자 그가 그 나무 열매를 내게 주므로 내가 먹었나이다."

이는 사실이지만, 어떻게 이렇게 변명을 잘하는지 모를 정도입니다. 아담은 하나님을 원망했고, 이전에는 "내 뼈 중의 뼈요, 내 살 중의 살이라!"라고 고백했던 하와조차 원망해 버렸습니다.

결국, 인간 안에는 죄로 인해 이러한 본성이 깊이 자리 잡게 되었습니다. 죄가 들어오는 순간부터 인간은 죄의 존재로서 독을 품은 채 살아가며, 눈이 밝아지자마자 타인과 자신을 비교하고, 자신의 약점이 드러나지 않도록 방어하려는 본능이 자리 잡게 되었습니다.

"이걸 건드리면 가만히 있지 않겠어." "내가 비난을 받을 수는 없어." 이러한 심리가 인간 내면에 자리 잡게 된 것입니다. 그 후 하나님께서는 창세기 3장 16절에 하와에게 심판을 선언하시며 "너는 남편을 원하고 남편은 너를 다스릴 것이니라"라고 말씀하셨습니다.

죄가 들어오자 인간은 스스로를 지키려는 본능을 가지게 되었고, 결국 타인을 통제하고 지배하고 싶은 욕구가 생겨났습니다. 이는 곧 인간의 본성입니다. 이것을 깨닫는다면, 우리가 인간에게 무엇을 기대할 수 있겠는가? 그런 본성을 지닌 우리가 과연 하나님의 율법을 온전히 지킬 수 있겠는가? 결코 그럴 수 없습니다.

그럼에도 불구하고 여전히 "나는 율법을 잘 지켜서 하나님 앞에 복을 받을 것이다!"라고 생각하는 사람이 있다면, 그는 스스로를 모르는 사람입니다. 이런 사람은 율법의 복 아래가 아니라, 저주 아래 있는 사람입니다. 자신이 누구인지조차 알지 못한 채, 스스로를 속이고 있는 것입니다.

이제 이런 생각들이 가득한 사람은 결국 선악과 열매의 반대 측면을 경험하게 됩니다. 즉 열등감에 사로잡히는 것입니다. 선악과를 먹으면 눈이 밝아진다 하지 않았습니까? "눈이 밝아져서 하나님처럼 될 것이다." 그런데 정작 눈이 밝아졌는데, 자신은 하나님처럼 높아지지 않았고 능력도 없었습니다.

오히려 자신의 연약함과 허물들이 더욱 선명하게 보이기 시작했습니다. 그 결과, 인간은 자신을 방어하기 위해 하나님과 타인을 비난하고 공격하는 존재가 되었습니다. "내가 부족한 게 드러나면 안 돼." "누가 나를 비판하면 가만히 있을 수 없어." 이 모든 것이 열등감의 표출입니다. 다른 사람의 말을 듣지 않는 것도, 결국 열등감 때문입니다. 이것이 바로 선악과 열매의 속성입니다.

저 역시 사람들과 대화를 나눌 때 가장 어려운 순간이 열등감이 강한 사람을 만날 때입니다. 그런 사람과의 대화는 쉽지 않습니다. 사실 따지고 보면, 인간이란 하나님의 섭리 속에서 각기 다른 환경 속에 태어나 살아가는 존재일 뿐입니다.

어떤 사람은 부유한 가정에서 태어나 부자가 되고, 어떤 사람은 어려운 환경에서 태어나 힘겹게 살아갑니다. 그러나 인간의 본질은 동일합니다. 그럼에도 불구하고 인간은 자신이 만든 인격과 자아 속에서 열등감을 느끼며 살아갑니다.

이 설교를 준비하면서 문득 고등학교 1학년 때의 일이 떠올랐습니다. 그때 한 친구와 짝이 되어 함께 공부했는데, 그 친구는 수학을 잘하지 못했습니다. 그래서 그 친구는 나에게 계속 질문을 했고, 나는 짜증이 나서 서둘러 대충 풀이 방법을 알려주었습니다. 그때는 아무렇지도 않게 생각했습니다.

그런데 어느 날, 공부를 잘하던 또 다른 친구가 와서 질문을 했습니다. 나는 그 질문에 관심이 있었기 때문에 기꺼이 더 자세히 설명해 주었습니다. 그 순간, 평소에 질문을 자주 하던 그 친구가 갑자기 말이 없어졌습니다. 나는 대수롭지 않게 생각했지만, 시간이 지나도 그 친구는 나와 말을 하지 않았습니다. 아무리 말을 걸어도 반응이 없었고, 마치 나를 피하는 것 같았습니다.

몇 달이 지난 후, 나는 그 친구에게 "왜 그러느냐?"고 물었습니다. 그러자 친구는 이렇게 말했습니다. "내가 공부를 못한다고 내가 질문할 때는 대충 설명해 주더니, 다른 친구가 물어보니 자세히 알려주더라. 어떻게 사람을 그렇게 차별할 수 있느냐?"

여러분, 이 말을 들으며 웃고 있습니까? 하지만 이 모습이 바로 우리 인간의 본성입니다. 이것이 바로 열등감입니다. 다른 사람의 이야기를 듣지 않는 것도, 결국 내 안에 있는 열등감의 표출입니다. 열등감이 강한 사람은 하나님의 말씀을 들어도 자신의 기준에서 받아들입니다.

다른 사람이 이야기해도, 자신의 기준에서 판단합니다. 그런데 생각해 보십시오. 우리 인간에게 정말 잘난 사람과 못난 사람이 따로 있습니까? 우리의 본질은 다 똑같지 않습니까? 결국, 우리는 흙에서 왔고, 하나님께서 주신 달란트를 바탕으로 살아가는 존재일 뿐입니다.

열등감에서 완고함으로

이 사실을 그대로 받아들이면, 누가 뭐라고 하든 흔들릴 이유가 없습니다. 하지만 이것을 받아들이지 못하면, 큰 문제가 발생합니다. 열등감이 커지면 결국 완고함으로 변하게 됩니다.

히브리어에서 "싸라르"라는 단어가 있는데, 이는 "완고함"을 의미합니다. 이 단어의 구성 요소를 분석하면, 완고함이 무엇인지 더욱 깊이 이해할 수 있습니다.

먼저, 싸라르의 첫 번째 자음인 "싸멕"이라는 글자는 둥근 원을 의미합니다. 이것은 마치 울타리를 둘러싸는 것처럼, 자신만의 세계를 구축하는 모습을 나타냅니다. 즉 완고한 사람은 자기만의 세계를 만들고, 그 속에서 벗어나지 않으려는 성향을 가지게 됩니다. 그다음 "레쉬"라는 글자는 우두머리를 의미합니다. 즉 완고한 사람은 자신이 최고라고 생각하는 경향이 강합니다. 누군가 자신의 약점을 건드리면, 분노하고 방어적으로 반응합니다. 마지막으로 "바브"라는 글자는 연결을 의미하는데, 완고한 사람은 자신을 하나님과 같은 위치에 두려고 하며, 끝까지 자기 자신을 붙잡고 내려놓지 않으려 합니다. 이것이 바로 완고함의 본질입니다.

그래서 우리가 복음을 들을 때, 먼저 "나"라는 존재를 정확히 인식해야 하는 것입니다. 내 본성은 근본적으로 죄로 가득 차 있으며, 내 안에는 독이 가득하여 언제든지 남을 공격할 수 있는 존재라는 사실을 깨달아야 합니다. 이것을 인정하고 받아들일 때, 우리는 변화될 수 있습니다. 그러나 우리가 신앙생활을 하면서도 자신의 완고함을 붙잡고 있다면, 결코 변화될 수 없습니다.

이러한 사람은 교회에 와도 불편함을 느낍니다. 왜냐하면 영적인 기운은 서로 느껴지기 때문입니다. 누군가 완고한 태도를 유지하고 있다면, 그 사람은 말씀을 받아들이지 못할 뿐만 아니라, 다른 사람들에게도 영향을 미치게 됩니다.

마태복음 13장을 보면 씨 뿌리는 자의 비유가 나옵니다. 씨는 참으로 특별한 존재입니다. 씨가 땅에 심겨지고 싹이 나고 열매를 맺고 수확을 합니다. 하나님의 말씀은 씨앗과 같습니다. 하나님의 말씀이 우리 안에 심겨지고, 성령께서 역사하시면, 그 말씀이 싹이 돋아나고, 양육을 받으며, 결국 열매를 맺게 됩니다.

그러나 완고한 사람들은 어떻게 됩니까? 그들에게는 씨앗이 심겨지지 못합니다. 말씀이 전파되어도 다 튕겨 나와 버립니다. 아무리 복음을 전하고, 아무리 "예수님께서 우리의 죄를 용서하셨다."라고 이야기해도, 완고한 사람들은 그 말씀을 단지 머리로만 이해할 뿐입니다.

그래서 그들의 삶은 변하지 않습니다. 그들은 "예수님이 나의 죄를 용서하셨다."라는 말을 믿는 것이 곧 구원이라고 생각합니다. 그러나 구원이란 단순한 지적 동의가 아닙니다. 구원은 하나님의 말씀이 내 영혼에 뿌려지고 싹이 나고 자라나서 열매를 맺는 과정입니다. 말씀을 통해 내 육체가 부드러워지고, 내 성품이 변화되는 것이 구원의 증거입니다. 이것이 없으면, 참된 구원이라고 할 수 없습니다.

저는 지금 이렇게 여러분에게 말씀을 전하고 있습니다. 여러분은 듣는 위치에 있기 때문에 조용히 있는 것입니다. 그러나 만약 세상에 나가서 "너는 독사의 자식이야!"라고 말하면 어떻게 되겠습니까? 아마도 큰 싸움이 일어나겠지요. 이것이 우리 인간의 본성입니다.

그래서 우리가 정확하게 복음을 이해하기 위해서는, 먼저 '나'라는 이 육체적 존재가 얼마나 더럽고 타락한지를 인식하는 것이 신앙의 출발점입니다. 그렇다면, 하나님께서 이 부분에 대해 어떤 말씀을 하시는지 함께 살펴보겠습니다.

로마서 2장 5~11절을 읽어보겠습니다.

> [5]다만 네 고집과 회개하지 아니하는 마음을 따라 진노의 날 곧 하나님의 의로운 심판이 나타나는 그 날에 임할 진노를 네게 쌓는도다 [6]하나님께서 각 사

람에게 그 행한 대로 보응하시되 ^{7}참고 선을 행하여 영광과 존귀와 썩지 아니함을 구하는 자에게는 영생으로 하시고 ^{8}오직 당을 지어 진리를 따르지 아니하고 불의를 따르는 자에게는 진노와 분노로 하시리라 ^{9}악을 행하는 각 사람의 영에는 환난과 곤고가 있으리니 먼저는 유대인에게요 그리고 헬라인에게며 ^{10}선을 행하는 각 사람에게는 영광과 존귀와 평강이 있으리니 먼저는 유대인에게요 그리고 헬라인에게라 ^{11}이는 하나님께서 외모로 사람을 취하지 아니하심이라

여기서 하나님께서 강조하시는 부분이 무엇입니까? 바로 "네 고집과 회개하지 않는 마음"입니다. 이것이 바로 우리의 완고한 마음입니다. 사도 바울이 로마서에서 말하고자 하는 핵심은, "율법을 지키지 않으면 지옥에 간다."라는 단순한 논리가 아닙니다.

바울은 로마교회 성도들에게 이렇게 묻고 있습니다. "너희가 자꾸 남을 판단하는데, 정말 남을 판단할 수 있는 위치에 있는가?" "너희 자신을 제대로 알고 있는가?" 사람이 자신의 상태를 모르는 이유는 바로 "고집과 완고함" 때문입니다. 바울은 이러한 전제를 바탕으로, "너희는 사실 전부 다 심판받아 마땅한 존재들이다."라고 선언하는 것입니다.

우리 육체가 본래 그런 존재임을 인정하십니까? 우리는 원래부터 심판 아래에 놓인 존재들입니다. 우리 양심이 증거하지 않습니까? 아담이 선악과를 먹고 하나님 앞에서 어떻게 반응했습니까? 그는 "하나님이 주셔서 나와 함께 있게 하신 여자 그가 그 나무 열매를 내게 주므로 내가 먹었나이다."라고 변명했습니다.

그러나 하나님께서는 양심을 우리 마음에 새겨놓으셨습니다. 그렇기 때문에 마지막 심판의 날, 누군가가 "하나님, 저는 율법을 배운 적이 없습니

하나님의 심판

다!"라고 변명할지라도, 하나님께서는 "내가 네 마음에 율법을 새겨 두지 않았느냐?"라고 말씀하실 것입니다. 결국, 인간은 심판의 날에 하나님 앞에서 아무 변명도 할 수 없게 될 것입니다.

양심과 율법의 차이

이제 조금 더 나아가 보겠습니다. 로마서 2장 10절 이후의 내용을 설명하려면, 양심과 율법에 대한 추가적인 이해가 필요합니다. 지난주에도 잠시 말씀드렸지만, 양심이라는 개념을 다시 한번 살펴보겠습니다.

히브리어에서 "쉬네이데시스"라는 단어가 사용되는데, 이 단어는 "함께 (syn), 알다(eidesis)"라는 의미를 가집니다. 즉 "선과 악을 한꺼번에 구별하여 아는 것"이 바로 양심입니다.

그런데 양심은 어떤 특징을 가질까요? 양심은 사람마다 다릅니다. 막연하게 "마음이 찜찜하다"라고 느낄 수 있지만, 어떤 사람은 "나는 돈이 최고야! 남을 속이더라도 돈을 많이 벌어 좋은 일을 하면 되는 거야."라고 생각할 수도 있습니다.

즉 양심은 사람마다 기준이 다르고, 문화마다 다를 수 있습니다. 예를 들어, 아랍 문화에서는 법적으로 몇 명의 아내를 둘 수 있습니까? 보통 최대 4명까지 허용됩니다. 그러나 돈이 많은 사람들은 더 많은 아내를 두기도 합니다. 우리 한국의 기준으로 보면, "어떻게 그런 일이 가능할까?"라는 생각이 들 수 있습니다.

그러나 시대가 변하면서, 세상의 도덕 기준도 점점 변하고 있습니다. 저는 법률 관련 소송을 진행하다가, 실제로 부인이 4명 있는 사람의 소송을 맡았던 적이 있습니다. 부인마다 자녀들이 있었고, 양육비 문제를 도와주어야 했습니다. 그 남성은 참으로 능력이 대단한 사람이었습니다. 4명의 부인을 두고, 자녀가 10명이 넘었으니 말입니다. 이 말을 듣고 여러분은 어떤 생각이 드십니까? 혹시 "부럽다."라는 생각이 드십니까? 아니면 "도대체 어떻게 그런 삶을 살 수 있을까?"라는 생각이 드십니까?

이방인들의 양심은 어느 정도 선한 요소를 가지고 있습니다. 그러나 사람마다 다르고, 문화마다 그 기준이 다릅니다. 이방인의 양심은 하나님께서 심어 두셨지만, 막연하고 흐릿한 것입니다.

그러나 하나님께서는 유대인들에게는 특별히 율법을 주셨습니다. 시내산에서 율법을 주셨을 때, 그것은 기록된 법이었습니다. 즉 변하지 않는 절대적인 기준이었습니다. 뿐만 아니라, 막연한 것이 아니라 명확했습니다. 이방인들은 각자의 양심을 따라 살아가지만, 유대인들은 하나님께서 명확한 법을 주셨기 때문에 반드시 그것을 지켜야 했습니다.

또한, 이 율법 안에는 하나님의 인격적인 속성이 담겨 있습니다. 하나님께서는 율법을 돌판에 새기면서 "이것이 바로 내가 기뻐하는 것이다."라고 분명히 못을 박으셨습니다. 따라서 유대인들은 이방인보다 훨씬 우월한 위치에 있었습니다. 그 이유는 단순히 유대인이라는 민족적 정체성 때문이 아니라, 하나님께서 직접 율법을 주셨기 때문이었습니다.

혹자는 이렇게 말할 수도 있습니다. "율법을 맡았다는 것이 그렇게 우월한 일인가?" 그렇습니다. 이방인의 양심은 흐릿한 기준에 의존하지만, 율법은 명확하게 기록된 하나님의 법이기 때문입니다. 그러므로 판단하기에도 훨

하나님의 심판

씬 명확하고, 기준이 확고합니다. 또한, 율법에는 하나님께서 인간에게 원하시는 것이 무엇인지가 담겨 있습니다.

이 율법을 "토라"라고 하는데, 히브리어에서 "화살을 쏘다"라는 의미의 "야라"와 같은 어원을 가지고 있습니다. 죄는 "하타트"라고 하며, 이는 "과녁에서 벗어나다"라는 뜻을 가진 반면, "토라"는 "과녁을 정확히 향해 쏘는 것"을 의미합니다.

즉 율법이란 하나님께서 가르치시는 방향을 따라가도록 지시하는 역할을 합니다. 그렇다면, 하나님께서 율법을 통해 무엇을 지시하시는가? 바로 하나님이 기뻐하시는 것이 무엇인지를 알 수 있도록 하신 것입니다.

결국, 율법을 요약하면 두 가지로 압축됩니다. 하나님을 사랑하는 것 그리고 이웃을 사랑하는 것입니다. 그러나 어떤 사람은 이렇게 반문할 수도 있습니다. "율법에 '눈에는 눈, 이에는 이'라고 되어 있는데, 이것이 사랑입니까?" 그렇습니다. 사랑입니다.

왜냐하면, 인간은 죄로 인해 마음에 독을 가득 품고 있는 존재이기 때문입니다. 본성적으로 인간은 "내가 한 대만 맞아봐! 가만두지 않겠어! 너를 반드시 죽이고 말 거야!" 하는 마음을 품습니다. 그러나 율법은 그러한 복수를 제한하며, 오히려 피해를 입은 정도와 동일한 가해만 할 수 있도록 규제합니다. 따라서 이는 하나님의 사랑의 원칙입니다.

하나님은 왜 이스라엘에게 율법을 주셨는가?

오늘 이 말씀을 들으면서 웃고 있는 분들이 있다면, 그것은 자신의 모습을 돌아보기 때문일 것입니다. 그것이 바로 우리 인간의 본성입니다. 그렇다면, 왜 하나님께서는 유대인들에게만 율법을 주셨는가? 유대인은 참으로 특별한 민족입니다. 그들은 하나님의 말씀을 문자 그대로 보존하는 역할을 해왔습니다.

예를 들어, 유대인들은 안식일을 철저하게 지켰습니다. 그들은 안식일을 너무 철저하게 지킨 나머지, 전쟁 중에도 안식일에는 전투를 하지 않았습니다. 그 결과 로마 군대가 유대인을 징집해 가더라도 아무 소용이 없는 것입니다. 왜냐하면 적군이 안식일에 쳐들어오면, 그들은 칼을 들지도 않고 모두 죽임을 당하기 때문입니다. 하나님께서는 이렇게까지 철저하게 유대인들을 율법의 보존자로 삼으셨습니다. 그러면, 이런 의문이 생길 수 있습니다. "왜 하나님은 유대인들에게만 특별히 율법을 주셨는가?" "나도 율법을 미리 알았더라면, 잘 지켰을 텐데!"

이 질문에 대한 답을 찾기 위해 신명기 7장 6~7절을 보겠습니다.

> [6]너는 여호와 네 하나님의 성민이라 네 하나님 여호와께서 지상 만민 중에서 너를 자기 기업의 백성으로 택하셨나니 [7]여호와께서 너희를 기뻐하시고 너희를 택하심은 너희가 다른 민족보다 수효가 많기 때문이 아니니라 너희는 오히려 모든 민족 중에서 가장 적으니라

하나님께서는 유대인이 특별한 능력이 있어서, 혹은 숫자가 많아서 선택하신 것이 아닙니다. 오히려 그들은 모든 민족 중에서 가장 작은 민족이었지만, 하나님께서는 그들을 특별한 백성으로 삼으시고, 율법을 맡기셨습니다.

히브리어로 "메하트"라는 단어는 "아주 작고 보잘것없는, 미약한"이라는 의미를 가집니다. 이스라엘은 그야말로 별 볼 일 없는 민족, 소수의 작은 민

하나님의 심판

족이었습니다. 이것이 율법과 무슨 관계가 있는가? 별 볼 일 없었기 때문에, 그들은 오직 하나님만을 의지할 수밖에 없었던 것입니다.

애굽에서 압제 받았을 때도 하나님께서 역사하셨고, 홍해를 건널 때도 하나님께서 역사하셨고, 가나안 땅에서 살아갈 때도 하나님께서 그들을 보호하셨습니다. 이처럼 하나님을 바라볼 수밖에 없는 민족이었기 때문에, 하나님께서는 그들에게 율법을 주셨습니다. 가장 약한 민족이었기에, 하나님의 권능이 더욱 뚜렷하게 나타날 수 있었던 것입니다.

이스라엘은 하나님만 의지할 수밖에 없었습니다. 그래서 하나님께서 가장 약한 민족을 선택하셔서 율법을 맡기신 것입니다. 그렇다면, 이스라엘이 율법을 잘 지켰는가? 그렇지 않았습니다. 율법을 받은 이스라엘도 결국 지키지 못했습니다.

그렇다면, 더 강한 민족이라면 하나님을 더 잘 믿을 수 있을까요? 아닙니다. 자신이 강한 민족이면, 스스로를 의지하지 결코 하나님을 의지하지 않습니다. 군사력이 강하면, 하나님을 찾기보다 전쟁을 선택할 것입니다. 자기 능력이 있으면, 하나님이 필요하지 않다고 생각할 것입니다.

그러므로 하나님께서는 가장 약한 민족에게 율법을 주셨습니다. 그들을 통해 하나님의 능력이 온전히 나타나도록 하신 것입니다. 오늘날 우리는 그리스도인입니다. 그렇다면 우리는 누구를 믿어야 하는가? 구약 시대의 이스라엘을 보면 답을 찾을 수 있습니다.

고린도전서 1장 26절부터 29절을 보면, 하나님께서 택한 사람들은 대부분 연약한 자들이었습니다. 세상의 지혜로운 자들을 부르지 않으셨습니다.

세상의 강한 자들을 부르지 않으셨습니다. 도리어 부족하고 연약한 자들을 부르셨습니다.

실제로 교회에 오는 사람들을 보면, 대부분 고난을 통해 하나님을 만나게 된 경우가 많습니다. 큰 시련을 겪고, 삶의 벼랑 끝에서 하나님께 도움을 구하는 이들이 많습니다. 이것이 참된 교회의 모습입니다.

그래야만 우리가 하나님을 온전히 믿을 수 있기 때문입니다. 그러므로 교회 안에서는 부끄러워할 것이 없습니다. 서로가 서로를 소통하고, 자유롭게 나눌 수 있어야 합니다. 서로의 허물을 안아주고, 함께 걸어갈 수 있어야 합니다. 이것이 진정한 공동체의 모습입니다.

이제까지 들은 말씀을 다시 정리해 보겠습니다. 이방인들은 본래 양심을 통해 살아갑니다. 이 양심은 선악과를 먹은 후에 생긴 것입니다. 선악과를 먹고 나서 생긴 인간의 지식이 양심으로 자리 잡은 것입니다.

즉 인간은 죄를 지었지만, 하나님은 그 죄를 선하게 사용하셔서 양심을 통해 하나님을 찾도록 섭리하셨습니다. 그러나 문제는 이방인도 결국 죄 아래 있으며, 율법을 지킬 수도 없고, 양심만으로도 온전한 삶을 살 수 없다는 점입니다. 즉 이방인도 심판받아 마땅한 존재들인 것입니다.

이방인이나 유대인이나 모두 죄 아래에 있음

그렇다면 유대인들은 어떠합니까? 그들은 하나님의 말씀을 맡았고, 율법을 직접 받았습니다. 그렇다면 율법을 온전히 지켰습니까? 그들도 똑같이 죄를 범했습니다. 그래서 바울은 로마교회에 편지를 보내면서 이렇게 말하

하나님의 심판

고 있습니다. "너희가 왜 서로 다투느냐?" "이방인이나 유대인이나 똑같은 죄인이다!"

로마서 2장 12~13절을 살펴보겠습니다.

> ¹²무릇 율법 없이 범죄한 자는 또한 율법 없이 망하고 무릇 율법이 있고 범죄한 자는 율법으로 말미암아 심판을 받으리라 ¹³하나님 앞에서는 율법을 듣는 자가 의인이 아니요 오직 율법을 행하는 자라야 의롭다 하심을 얻으리니

이제 14절과 15절을 살펴보겠습니다.

> ¹⁴(율법 없는 이방인이 본성으로 율법의 일을 행할 때에는 이 사람은 율법이 없어도 자기가 자기에게 율법이 되나니 ¹⁵이런 이들은 그 양심이 증거가 되어 그 생각들이 서로 혹은 고발하며 혹은 변명하여 그 마음에 새긴 율법의 행위를 나타내느니라)

즉 율법이 없는 이방인들에게도 하나님께서 양심을 주셨으며, 예수님께서 다시 오실 때 그 양심을 근거로 심판하실 것이라는 말씀입니다.

이제 17절을 보겠습니다.

> ¹⁷유대인이라 불리는 네가 율법을 의지하며 하나님을 자랑하며 ¹⁸율법의 교훈을 받아 하나님의 뜻을 알고 지극히 선한 것을 분간하며 ¹⁹맹인의 길을 인도하는 자요 어둠에 있는 자의 빛이요 ²⁰율법에 있는 지식과 진리의 모본을 가진 자로서 어리석은 자의 교사요 어린아이의 선생이라고 스스로 믿으니 ²¹그러면 다른 사람을 가르치는 네가 네 자신은 가르치지 아니하느냐 도둑질하지 말라 선포하는 네가 도둑질하느냐 ²²간음하지 말라 말하는 네가 간음하느냐 우상을 가증히 여기는 네가 신전 물건을 도둑질하느냐 ²³율법을 자랑하는 네

가 율법을 범함으로 하나님을 욕되게 하느냐

여기서 유대인과 이방인이 결국 똑같다는 것이 드러납니다. 우리는 선악과를 먹은 이후, 죄의 속성이 우리 안에 그대로 남아 있습니다. 따라서 유대인이든 이방인이든 모두 동일한 죄인입니다. 그러므로 우리는 우리의 육체가 본래 어떤 본성을 가지고 있는지를 정확히 알아야 합니다.

우리는 우리의 행위를 보고 판단하면 안 됩니다. 우리의 행위를 기준으로 하면, 마지막 심판 때 우리는 지옥에 갈 수밖에 없는 존재입니다. 그런데 예수님께서 어떻게 하셨습니까? 예수님께서 우리의 모든 죄를 담당하셨습니다. 그리고 예수님께서는 지금 하늘에서 무엇을 하고 계십니까? 하나님 우편에서 중보하고 계십니다. 우리가 어려움에 처했을 때 우리는 늘 예수님께서 어떻게 하셨는가를 주목해야 합니다.

요한복음 5장에 보면 38년 된 병자가 있었습니다. 예수님께서 그에게 "일어나 네 자리를 들고 걸어가라"고 말씀하심으로써 그를 치유하셨습니다. 그렇다면 예수님께서 하신 일은 우리도 예수님의 이름으로 기도할 수 있는 것 아닙니까? 우리 안에 성령이 계시기 때문입니다.

그러므로 우리는 "예수님, 저도 이 서른여덟 해 된 병자와 같습니다. 평생을 나를 믿고 살아왔지만 결국은 이렇게 죽을 날만 기다렸던 병자와 제가 다를 바가 없습니다. 그렇지만 주님 저에게도 말씀하여 주십시오. 저도 일어나 걷겠습니다"라고 믿음으로 기도하는 것입니다.

결국 모든 신앙의 기초는 '내가 나를 정확히 아는 것'에서 출발합니다. 만약 자신의 내면에 조금이라도 선이 있다고 생각하는 사람은 결국 남을 판단하게 됩니다. 그러나 우리의 본성은 동일합니다. 그러므로 우리는 오직 예수님만 바라보아야 합니다. 그리고 우리가 맺게 되는 선한 열매는 모두 예수님께서 이루신 것입니다. 아멘!

모두 죄 아래에 있다

로마서 2장 25절부터 3장 18절까지 보도록 하겠습니다.

[25]네가 율법을 행하면 할례가 유익하나 만일 율법을 범하면 네 할례는 무할례가 되느니라 [26]그런즉 무할례자가 율법의 규례를 지키면 그 무할례를 할례와 같이 여길 것이 아니냐 [27]또한 본래 무할례자가 율법을 온전히 지키면 율법 조문과 할례를 가지고 율법을 범하는 너를 정죄하지 아니하겠느냐 [28]무릇 표면적 유대인이 유대인이 아니요 표면적 육신의 할례가 할례가 아니라 [29]오직 이면적 유대인이 유대인이며 할례는 마음에 할지니 영에 있고 율법 조문에 있지 아니한 것이라 그 칭찬이 사람에게서가 아니요 다만 하나님에게서니라

[1]그런즉 유대인의 나음이 무엇이며 할례의 유익이 무엇이냐 [2]범사에 많으니 우선은 그들이 하나님의 말씀을 맡았음이니라 [3]어떤 자들이 믿지 아니하였으면 어찌하리요 그 믿지 아니함이 하나님의 미쁘심을 폐하겠느냐 [4]그럴 수 없느니라 사람은 다 거짓되되 오직 하나님은 참되시다 할지어다 기록된 바 주께서 주의 말씀에 의롭다 함을 얻으시고 판단 받으실 때에 이기려 하심이라 함과 같으니라 [5]그러나 우리 불의가 하나님의 의를 드러나게 하면 무슨 말 하리요 (내가 사람의 말하는 대로 말하노니) 진노를 내리시는 하나님이 불의하시냐 [6]결코 그렇지 아니하니라 만일 그러하면 하나님께서 어찌 세상을 심판하시리요 [7]그러나 나의 거짓말로 하나님의 참되심이 더 풍성하여 그의 영광이 되었다면 어찌 내가 죄인처럼 심판을 받으리요 [8]또는 그러면 선을 이루기 위하여 악을 행하자 하지 않겠느냐 어떤 이들이 이렇게 비방하여 우리가 이런 말을 한다고 하니 그들은 정죄 받는 것이 마땅하니라 [9]그러면 어떠하냐 우리는 나으냐 결코 아니라 유대인이나 헬라인이나 다 죄 아래에 있다고 우리가 이미 선언하였느니라 [10]기록된 바 의인은 없나니 하나도 없으며 [11]깨닫는 자도 없고 하나님을 찾는 자도 없고 [12]다 치우쳐 함께 무익하게 되고 선을 행하는 자는 없나니 하나도 없도다 [13]그들의 목구멍은 열린 무덤이요 그 혀로는 속임을 일

모두 죄 아래에 있다

삼으며 그 입술에는 독사의 독이 있고 ¹⁴그 입에는 저주와 악독이 가득하고 ¹⁵그 발은 피 흘리는 데 빠른지라 ¹⁶파멸과 고생이 그 길에 있어 ¹⁷평강의 길을 알지 못하였고 ¹⁸그들의 눈 앞에 하나님을 두려워함이 없느니라 함과 같으니라

로마서 3장 1절부터 8절까지는 읽어도 이게 무슨 말인가? 하는 부분들이 있는데, 오늘 차근차근 한번 살펴보겠습니다.

우리가 지금 로마서 2장 24절까지에서 보았듯이 이방인들은 양심을 가지고 있음에도 불구하고 그 양심에 따라 살아갈 수 없고, 유대인들은 하나님이 율법을 주셨는데, 이 율법은 막연한 양심이 아니라 구체적인 행동 지침으로서 돌에 새겨 주셨음에도 불구하고 유대인들이 이를 지켜내지 못하더라는 것입니다.

할례

로마서 2장 25절을 보면,

> ²⁵네가 율법을 행하면 할례가 유익하나 만일 율법을 범하면 네 할례는 무할례가 되느니라

라고 되어 있고, 창세기 17장 9절부터 14절까지 보면 다음과 같습니다.

> ⁹하나님이 또 아브라함에게 이르시되 그런즉 너는 내 언약을 지키고 네 후손도 대대로 지키라 ¹⁰너희 중 남자는 다 할례를 받으라 이것이 나와 너희와 너희 후손 사이에 지킬 내 언약이니라 ¹¹너희는 포피를 베라 이것이 나와 너희 사이의 언약의 표징이니라 ¹²너희의 대대로 모든 남자는 집에서 난 자나 또는 너희 자손이 아니라 이방 사람에게서 돈으로 산 자를 막론하고 난 지

팔 일 만에 할례를 받을 것이라 [13]너희 집에서 난 자든지 너희 돈으로 산 자든지 할례를 받아야 하리니 이에 내 언약이 너희 살에 있어 영원한 언약이 되려니와 [14]할례를 받지 아니한 남자 곧 그 포피를 베지 아니한 자는 백성 중에서 끊어지리니 그가 내 언약을 배반하였음이니라

할례를 히브리어로는 "밀라"라고 합니다. 먼저 "밀라"의 첫 번째 자음 "멤"은 물을 나타냅니다. 물이라는 것은 더러운 것을 깨끗하게도 하고, 때로는 혼돈을 나타내기도 합니다. 또한 물은 모든 생명의 원천이 되기 때문에, 생명을 나타낼 때에도 "멤"이라는 철자를 사용하고 있습니다.

그래서 남자가 포경 수술을 할 때처럼 그 포피를 베어내는 이유가 남자의 성기 부분에 더러운 이물질이 계속 쌓이기 때문입니다. 포피를 벗겨냄으로써 불결했던 것을 정결하게 한다는 것이 바로 첫 번째 뜻입니다.

다음에 사용된 자음은 "요드"인데, 이는 하나님의 손을 나타냅니다. 이는 할례가 인간의 손에 의해 그 표피를 벗겨내지만, 실제로는 하나님의 지시하심에 의해 이루어지는 언약의 징표를 나타내는 것입니다. 그다음에 사용되는 "라메드"라는 철자는 양치기 소년이 가지고 있는 막대기를 나타냅니다.

이상의 글자가 가진 뜻을 잘 표현하면, 하나님의 택한 백성은 언약의 백성으로서 세상과 구별되며, 이 구별된 삶을 살기 위해 죄로 향하는 자신의 마음의 가죽을 벗겨내며 살아가야 함을 나타내는 징표가 바로 하나님이 주신 할례의 목적인 것입니다.

그래서 남자들이 일을 볼 때마다 할례받은 생식기를 보면서, '아! 나는 하나님의 택한 백성이지', '내가 하나님과 언약을 맺었지' 하며 하나님과의 관계를 상기하는 것입니다.

모두 죄 아래에 있다

이제 로마교회에는 유대인 그리스도인과 이방인 그리스도인이 함께 있습니다. 그런데 유대인들은 자신들이 할례를 받았다는 사실을 자랑하며, 이방인 그리스도인들을 은근히 깔보는 태도를 보였습니다.

이들은 "우리는 하나님의 백성이야. 나는 이런 언약의 징표를 가지고 있어"라고 말했지만, 정작 율법에 따라 살지 못하고 있었던 것입니다. 그러면 율법을 받았음에도 불순종하는 유대인들에게 어떠한 일이 일어나는지 살펴보겠습니다. 로마서 2장 26절, 28~29절을 보면 다음과 같습니다.

> [26]그런즉 무할례자가 율법의 규례를 지키면 그 무할례를 할례와 같이 여길 것이 아니냐 [28]무릇 표면적 유대인이 유대인이 아니요 표면적 육신의 할례가 할례가 아니라 [29]오직 이면적 유대인이 유대인이며 할례는 마음에 할지니 영에 있고 율법 조문에 있지 아니한 것이라 그 칭찬이 사람에게서가 아니요 다만 하나님에게서니라

유대 그리스도인들이 "나는 할례를 받았어"라며 자랑하지만, 정작 율법을 지키지 않는다면, 이방인 그리스도인들이 이렇게 말할 것입니다. "당신들은 할례를 받았다고 하면서 왜 율법을 안 지키나요? 그렇다면 결국 당신들도 할례받지 않은 우리와 똑같은 것 아닙니까?"

오히려 이방인들이 예수 그리스도를 믿음으로 성령의 인도하심을 받아 율법과 하나님의 말씀에 순종한다면, 하나님 보시기에 누가 참된 할례를 받은 것입니까? 예, 바로 그 이방인들이 오히려 참된 할례를 받은 것이 되는 것입니다. 그래서 바울은 로마서 2장 26절에서 "그런즉 무할례자가 율법의 규례를 지키면 그 무할례를 할례와 같이 여길 것이 아니냐?"라고 이야기합니다.

그러면서 바울은 로마교회의 유대인들에게 다시 한번 강조합니다. "너희가 육체에 있는 할례를 받았다고 해도, 그것은 단지 하나의 징표일 뿐이다. 하나님은 영적인 세계를 말씀하신다. 영적인 세계는 보이지 않기에, 하나님께서 육체를 통해 그림자처럼 보여주신 것일 뿐이다. 참된 할례는 마음의 가죽을 벗겨내는 것이다. 너희가 죄를 향하고자 하는 그 마음의 가죽을 벗겨내는 것이 하나님이 원하시는 참된 할례이다." 이렇게 바울은 유대 그리스도인들이 그렇게 자랑하던 할례조차도 다시 그리스도 안에서 새롭게 설명하고 있는 것입니다.

그러면서 바울은 이제 로마서 3장 1~2절에서 이렇게 말합니다. "그런즉 유대인의 나음이 무엇이며 할례의 유익이 무엇이냐? 범사에 많으니, 우선은 그들이 하나님의 말씀을 맡았음이니라."

즉 바울은 유대 그리스도인들에게 묻고 있습니다. "유대인들이 이방인보다 하나님을 믿는 가운데에서 특별히 우월한 것이 무엇이냐?" 그것은 바로 유대인들이 하나님의 말씀을 맡았다는 점입니다.

유대인들은 하나님의 율법을 받았고, 할례도 언약의 징표로 받았습니다. 이 율법을 받았다는 것이 얼마나 중요한가에 대해 앞서 설명드렸습니다. 양심은 막연합니다. 그러나 율법은 아주 구체적입니다. 율법은 우리의 행동 지침으로서 명확하게 기록되어 있으며 변하지 않습니다.

또한 할례를 통해, 매일 할례의 표징을 보며 '나는 언약의 백성이다'라는 구별된 정체성을 가질 수 있도록 하셨습니다. 그런데 바울은 다시 한번 유대인들에게 경고합니다. "너희가 율법을 가졌지만 준행하지 못한다면, 하나님 앞에서 아무런 변명도 할 수 없다." 이것이 바로 로마서 3장 3~8절에

모두 죄 아래에 있다

서 바울이 강조하는 핵심입니다.

하나님의 신실하심과 인간의 불의함

로마서 3장 3절과 4절 앞부분을 보겠습니다.

> [3]어떤 자들이 믿지 아니하였으면 어찌하리요 그 믿지 아니함이 하나님의 미쁘심을 폐하겠느냐 [4]그럴 수 없느니라 사람은 다 거짓되되 오직 하나님은 참되시다 할지어다

여기서 "미쁘심"이라는 단어가 나옵니다. 오늘날 우리가 이 단어를 거의 사용하지 않지만, "미쁘심"의 헬라어 단어는 "피스티스"로서 신실하심, 신뢰할 만함을 나타냅니다. 이는 히브리어로 "에무나"라고 하며 우리가 "아멘"이라고 할 때 사용하는 "아만"에서 유래되었습니다. 즉 미쁘심이란 하나님의 신실하심, 변하지 아니하심을 의미합니다.

이를 두고 야고보서 1장 17절에서는 이렇게 표현합니다. "그는 변함도 없으시며 회전하는 그림자도 없으시니라." 아무리 밝은 보름달도 회전을 하다 보면 빛의 반대편에서는 어둠이 생기고 그림자가 드리워집니다. 그러나 하나님께는 어떠한 변화도 없으며, 그림자조차 없다는 것입니다.

지금 이 로마서에서 기록된 (가상적인)질문의 상황을 보면 참으로 우스운 주장이 펼쳐지고 있음을 알 수 있습니다. 하나님의 말씀을 순종하지 않고 믿지 않는 사람들이, "이제 우리는 하나님을 믿지 않겠습니다! 나는 믿지 않기로 하였으니, 하나님과의 언약은 무효입니다!"라고 말하는 것입니다.

그러나 계약(언약)이란 일방적으로 파기한다고 무효가 되는 것이 아닙니다.

본래 이 언약이 무엇입니까? 언약이란 히브리어로 "베리트"입니다. 이는 "바타르", 즉 "칼로 쪼개다"에서 유래되었습니다.

구약 시대에 언약을 맺을 때는 두 사람이 짐승을 반으로 쪼개 놓고, 그 사이를 함께 지나갔습니다. 이것은 곧, "계약을 맺은 자 중 누구라도 언약을 지키지 않으면, 이 짐승처럼 쪼개져 죽임을 당할 것이다!"라는 무서운 심판을 의미하는 것이었습니다.

그러면 유대인들이 하나님의 말씀을 지키지 않고, 믿음으로 나아가지 못하면 본래 계약대로라면 어떻게 되어야 합니까? 네, 바로 짐승을 쪼개듯이 죽음의 심판을 받아야 하는 것입니다. 이것이 바로 언약의 본질입니다.

그런데 지금 이 사람들은 뻔뻔스럽게도 "계약이라는 것은 두 사람의 의사가 합치되어야 성립하는 것 아닙니까? 나는 이제 그 계약을 체결할 의사가 없습니다. 그러니까 하나님! 이제 저의 인생에 관여하지 마십시오!"라고 말하는 것입니다.

그러나 하나님은 변하지 않으시는 분, 곧 미쁘신 분이십니다. 그래서 바울은 강하게 반문합니다. "어떤 자들이 믿지 아니하였으면 어찌하리요 그 믿지 아니함이 하나님의 미쁘심을 폐하겠느냐?" 결국 이렇게 주장하는 사람들도 하나님의 심판을 비켜 갈 수 없다는 것입니다.

이제 로마서 3장 5~6절을 보겠습니다.

> ⁵그러나 우리 불의가 하나님의 의를 드러나게 하면 무슨 말 하리요 (내가 사람의 말하는 대로 말하노니) 진노를 내리시는 하나님이 불의하시냐 ⁶결코 그

모두 죄 아래에 있다

바울은 또 (가상의)질문을 던지고 있습니다. "아, 좋습니다. 우리가 하나님과 맺은 계약을 무효로 할 수 없다고 합시다. 그런데 우리가 계약을 안 지키면 하나님께서 우리를 심판하시겠죠? 그럼 결국 하나님의 공의가 온 세상에 드러나는 것 아닙니까? 이렇게 보면, 모든 것이 합력하여 선을 이루고, 결국 하나님의 영광이 나타나는 것이니 좋은 것 아닙니까?"

이 말이 그럴듯해 보이지 않습니까? 하지만 만약 이 논리가 사실이라면, 무엇이 문제가 되겠습니까? 바로, 하나님은 공의가 없으신 분, 곧 불법을 용인하는 분으로 만들어 버리는 것입니다. 즉 하나님을 "어떤 불법도 괜찮다! 내 영광만 드러나면 된다!"라고 하시는 분으로 왜곡해 버리는 것입니다.

우리가 복음을 전할 때 "예수님께서 우리의 죄를 다 속죄하셨습니다. 이것을 믿으십시오! 그러면 당신은 죄 사함을 받고 천국에 갑니다!"라고 말하면, 믿지 않는 사람들은 이렇게 대꾸하는 경우가 많습니다. "하나님이 사랑의 하나님이라면, 믿고 안 믿고 그게 왜 중요합니까? 그냥 다 용서해 주시면 하나님의 사랑이 더욱더 드러나는 것 아닙니까?"

혹시 이런 질문을 들어본 적 있으십니까? 아니면, 혹시 여러분의 마음속에도 이러한 의문이 있습니까? 그러나 이 질문 자체가 하나님을 불의한 분으로 만들어 버리는 것입니다.

그래서 로마서 3장 6~7절에 이렇게 기록되어 있습니다.

[6]결코 그렇지 아니하니라 만일 그러하면 하나님께서 어찌 세상을 심판하시리

요 ⁷그러나 나의 거짓말로 하나님의 참되심이 더 풍성하여 그의 영광이 되었
다면 어찌 내가 죄인처럼 심판을 받으리요

우리가 복음을 전할 때 가장 어려운 대상이 누구인지 아십니까? 바로, 세
상에서 자기 기준에 따라 선하게 살아온 사람들입니다. 이런 분들에게 복
음이 잘 받아들여지지 않는 이유는, 그들이 자신이 죄인이라는 사실을 인
정하지 않기 때문입니다.

예를 들어 우리가 "모든 인간은 죄 아래에 있습니다"라고 설명하면, 그들
은 이렇게 반문합니다. "목사님은 그런 죄도 지었습니까? 저는 살아오면서
남을 미워하거나 남의 물건을 탐낸 적도 없습니다. 우리가 좋은 마음을 먹
기도 바쁜데 왜 남을 미워합니까?" 이런 분들에게 복음을 전하기가 참 어
렵습니다.

또한, 우리가 죄와 복음에 대해 이야기할 때 일부 사람들은 이렇게 반응하
기도 합니다. "죄가 많은 곳에 은혜가 넘친다고요? 그러면 죄를 많이 지을
수록 예수님의 피를 더 잘 믿을 수 있는 거네요? 그렇다면 우리는 죄를 많
이 지어도 되겠네요!"

바로 이러한 입장이 로마서 3장 8절 앞부분에서 말하는 말씀인 것입니다.

⁸또는 그러면 선을 이루기 위하여 악을 행하자 하지 않겠느냐

특히 유대인들은 "율법을 잘 지켜야 하나님께 복을 받는다"라는 신앙관을
가지고 있었습니다. 그런데 사도 바울과 그리스도인들은 "예수님이 우리의
죄를 속죄하셨으며, 그것을 믿는 믿음으로 구원을 받는다!"라고 전파했습

모두 죄 아래에 있다

니다. 이 말을 들은 유대인들은 크게 오해했습니다. "그럼 우리가 굳이 율법을 지킬 필요가 없는 건가? 마음대로 살아도 된다는 건가?"

그래서 로마서 3장 8절 뒷부분에서 바울은 이렇게 말합니다.

> [8]이렇게 비방하여 우리가 이런 말을 한다고 하니 그들은 정죄 받는 것이 마땅하니라

즉 이러한 태도와 질문은 믿지 않는 사람들뿐만 아니라, 자기 나름대로 양심에 따라 정직하고 성실하게 살아온 사람들이 하는 질문과 동일합니다. 그렇다면, 복음을 믿으면 죄를 지어도 되는 것입니까?

이제 여러분에게 질문을 하나 하겠습니다. "우리가 복음을 듣고 믿으면, 죄를 지어도 되는 것입니까? 아니면, 죄를 지으면 안 되는 것입니까?" 여러분은 "당연히 죄를 지으면 안 된다"라고 답하고 싶을 것입니다.

그런데 이 대답을 하면 문제가 생깁니다. "이방인도 유대인도 모두 율법을 지키지 못했는데, 나는 지킬 수 있다?" 만약 우리가 죄를 짓지 않을 수 있다면, 율법을 지킬 수 있다는 말이 됩니다. 그러나 성경은 그렇게 말하지 않습니다.

자, 이제 우리는 잘 구분해야 합니다. 이 땅에 살아가는 모든 사람들은 어디 아래에 있습니까? 바로 "죄 아래"에 있습니다. 그리고 죄 아래에 있기 때문에 죄의 통치가 우리 안에 존재하는 것입니다.

예를 들어, 인간은 산소를 호흡하며 살아갑니다. 그러므로 산소가 없는 순간 우리는 죽습니다. 또한, 물고기는 물에서 살아갑니다. 그러므로 물을 벗어나면 죽습니다.

마찬가지로, 우리는 죄 아래 있기 때문에 우리의 육체는 늘 죄를 지을 수밖에 없는 존재입니다. 이러한 존재에게 "당신은 율법을 따라 살아야 합니다"라고 말하는 것은, 불가능한 전제를 요구하는 것입니다.

죄 아래 있는 사람은 죄의 열매를 맺을 수밖에 없습니다. 그렇다면, 우리가 죄를 짓지 않기 위해서는 어떻게 해야 합니까? 바로, 죄 아래에 있지 않도록 해야 합니다!

그러나 이 땅에서 율법을 온전히 지킨 분이 단 한 분 계십니다. 그분이 누구십니까? 바로 예수 그리스도이십니다! 예수님은 완전한 인간으로 오셨습니다. 그런데 예수님은 또한 완전한 하나님이십니다.

그래서 예수님을 "God-Man", 즉 완전한 하나님이시며, 완전한 인간이라고 표현합니다. 하나님은 천지를 창조하신 창조주이시기 때문에 예수님이라는 인간의 육체 안에 제한될 수 없는 분이십니다.

그러므로 예수님은 육체로 오셨지만 그분은 기도를 통해 하나님과 하나가 되셨고, 그 가운데 성령께서 역사하셨습니다. 즉 삼위일체 하나님이 동시에 역사하셨던 것입니다. 예수님은 율법을 온전히 지키셨습니다. 그러므로 우리가 죄를 짓지 않으려면 예수님 안에 거해야 합니다.

좀 더 들어가면, 성령께서 우리를 이끌어 주셔야만 비로소 우리는 율법을 온전히 지킬 수 있습니다. 이때, 율법이 우리의 행위규범이 됩니다. 그러나 그 이전까지 율법은 우리 안에 있는 죄를 드러내는 역할을 합니다.

우리가 거울을 보면 얼굴에 무엇이 묻었는지, 화장이 잘 되었는지 볼 수 있습니다. 그러나 거울을 통해서는 우리의 영혼을 볼 수 없습니다. 우리 영혼 안에 있는 죄의 속성은 어디에서 확인할 수 있습니까? 바로 율법을 통해서입니다. 율법을 보면, "아, 내 안에 이런 죄가 가득했구나!" 하면서 비로소 자신의 죄를 깨닫게 됩니다.

그래서 구원을 받기 전까지 율법은 계속해서 우리의 죄를 드러내는 역할을 합니다. 율법은 우리를 죄인으로 정죄하는 기능을 합니다. 그러므로 이 비참한 상황 속에서, 우리를 구원하실 분을 간절히 원하게 만드는 것이 율법의 역할입니다.

하나님과 동행하기 위한 전제로서의 속죄함

그렇다면 우리가 복음을 전하는 이유는 무엇입니까? "예수님이 우리 죄를 속죄하셨습니다. 여러분 이제 마음껏 살아가십시오~!" 이것이 복음의 끝입니까? 아닙니다. 하나님께서 우리를 구원하시고자 하는 궁극적인 목적은 무엇입니까? 하나님이 우리를 구원하신 목적을 아는 것이 중요합니다.

이제 다시 차원을 바꾸어 생각해 보겠습니다. 하나님께서 아담을 창조하신 목적은 무엇입니까? 에덴동산에서 아담이 하나님과 영원히 동행하면서, 하나님 안에서 기뻐하고, 하나님께 영광을 올리는 것, 바로 이 목적을 위해 하나님께서 아담을 창조하셨습니다.

그렇다면, 지금 하나님께서 예수 그리스도 안에서 우리를 구원하시는 목적도 동일합니다. 즉 예수님 안에서, 예수님의 통치 아래에서, 하나님과 영원히 동행하며 하나님께 영광을 올리는 것, 이것이 바로 우리 구원의 목적입니다. 만약 속죄함이 궁극적인 목적이었다면, 우리는 죄 사함을 받자마자 곧바로 천국에 가야 했을 것입니다.

두 사람이 함께 동행하려면 그들의 마음이 같아야 합니다. 마찬가지로, 우리가 하나님과 동행하려면 우리의 마음이 하나님과 같아야 합니다. 그래서 우리는 하나님 앞에서 순종해야 하는 것입니다. 순종할 때, 비로소 우리는 하나님과 동행할 수 있습니다.

그런데 이 동행의 전 단계에서 반드시 필요한 것이 바로 '속죄'입니다. 왜냐하면, 우리가 하나님의 심판 아래 있다고 생각하면 하나님 앞에 나아가는 것이 두려워질 것이기 때문입니다. 아담이 죄를 지은 후 하나님을 피해 숨었던 것처럼, 우리도 죄 가운데 있으면 하나님을 피해 숨게 됩니다.

그러나 예수님께서 우리의 죄를 담당하심으로, 우리는 순전한 의의 옷을 입고 하나님 앞에 나아갈 수 있게 되었습니다. 이것이 바로 예수님의 십자가 사역의 본질입니다. 그러므로 "나는 죄사함을 받았어! 나는 이제 천국 갈 거야! 나는 이제 괜찮아!"라는 상태에서 머무는 신앙은 참된 신앙이 아닙니다.

이런 신앙이 바로 이단적인 신앙입니다. 하나님께서 우리를 구원하신 목적은 단순히 죄사함을 받는 것이 아닙니다. 하나님께서 원하시는 것은 예수 그리스도를 통해 우리의 죄를 사하시고, 예수님이 우리의 중보자가 되어

모두 죄 아래에 있다

하나님과의 관계를 회복시키시고, 우리가 성령의 인도하심을 따라 하나님과 계속해서 동행하는 삶을 사는 것입니다.

요한계시록 22장 2절을 보겠습니다.

> ²길 가운데로 흐르더라 강 좌우에 생명나무가 있어 열두 가지 열매를 맺되 달마다 그 열매를 맺고 그 나무 잎사귀들은 만국을 치료하기 위하여 있더라

예수님께서 재림하시고 마지막 심판이 있어도, 우리는 인간으로 남아 있게 됩니다. 우리는 천사처럼 떠다니는 영적인 존재가 아닙니다. 물론, 지금의 이 육신 그대로 있는 것은 아니지만 부활된 몸을 입고 인간으로서 영생을 누리게 됩니다.

즉 예수님이 부활하신 모습을 보면 알 수 있습니다. 예수님이 첫 열매가 되셨기 때문에 우리도 그와 같이 되는 것입니다. 그러므로 우리는 이 땅에서부터 하나님의 말씀에 순종하는 동행의 삶을 배워야 합니다.

전적인 타락(Total Depravity)

로마서 3장 9절을 같이 읽겠습니다.

> ⁹그러면 어떠하냐 우리는 나으냐 결코 아니라 유대인이나 헬라인이나 다 죄 아래에 있다고 우리가 이미 선언하였느니라

우리는 어디 아래 있습니까? 네, 우리는 죄 아래에 있습니다. 그래서 우리가 성령을 받기 전까지, 율법은 내가 진짜 어떤 존재인지 밝혀 주는 역할을 합니다. 그리고 우리가 이러한 회개를 정확히 이루게 되면, 자연스럽게

하나님으로부터 은혜를 입어야 되는 존재임을 알게 됩니다. 왜냐하면, 더이상 자신을 의지할 수 없기 때문에, 스스로 구원할 수 없음을 깨닫고 자연스럽게 메시야를 찾게 되기 때문입니다.

이어서 로마서 3장 10~18절을 보겠습니다.

> [10]기록된 바 의인은 없나니 하나도 없으며 [11]깨닫는 자도 없고 하나님을 찾는 자도 없고 [12]다 치우쳐 함께 무익하게 되고 선을 행하는 자는 없나니 하나도 없도다 [13]그들의 목구멍은 열린 무덤이요 그 혀로는 속임을 일삼으며 그 입술에는 독사의 독이 있고 [14]그 입에는 저주와 악독이 가득하고 [15]그 발은 피 흘리는 데 빠른지라 [16]파멸과 고생이 그 길에 있어 [17]평강의 길을 알지 못하였고 [18]그들의 눈 앞에 하나님을 두려워함이 없느니라 함과 같으니라

여러분, 이 말씀에 아멘 되십니까? 이것이 우리 육체의 본성입니다. 이제 여기서 대단히 중요한 신학적인 주제가 등장합니다. 인간의 상태를 어떻게 보느냐에 따라서, 우리는 대한예수교장로회(합동)는 개혁주의 신앙을 따르고 있습니다. 이 개혁주의 신앙은 종교개혁 시대의 신학으로 거슬러 올라갑니다.

그렇다면, 이 개혁주의 신학을 정립한 사람은 누구입니까? 바로 장 칼뱅(Jean Calvin)입니다. 또한, 이 신앙은 스코틀랜드의 존 녹스(John Knox)에 의해 이어졌습니다. 그렇다면, 칼뱅이 16세기 중·후반에 갑자기 이런 신학을 만든 것입니까? 아닙니다. 칼뱅은 이전까지의 신학을 바탕으로 정리한 것입니다. 특히, 어거스틴(Augustine)이 AD 400년경을 전후하여 신학적으로 정리한 내용을 바탕으로 하였고, 어거스틴은 다시 성경과 초대교회 교부들의 신학을 집대성하였습니다. 따라서, 오늘날 개신교는 단순히 천주교에서 분파된 것이 아닙니다.

오히려 본래의 교회를 다시 회복한 것입니다. 개혁주의 신학에서는 인간의 상태를 '전적으로 타락했다(Total Depravity)'라고 봅니다. 그러나 이와 약간의 입장차이가 있는 것이 카톨릭과 웨슬레의 신학을 추구하는 감리교의 신학입니다.

카톨릭 신학에서는 "인간이 타락하긴 했지만, 여전히 스스로 선을 행할 가능성이 남아 있다"라고 봅니다. 그래서 카톨릭 교회에서는 사회봉사와 같은 선한 행위에 적극적인 것입니다. 그러나 본질은 크게 다르지 않다고 저는 봅니다. 다만 개혁주의 신학은 하나님의 전적인 은혜를 더 강조하고, 카톨릭이나 웨슬레의 신학은 하나님의 은혜에 인간의 의지적인 결단을 더 강조하는 것입니다. 어떠한 부분을 더 강조하느냐의 차이인 것입니다.

그렇기 때문에 개혁주의 신앙을 가진 이외의 교회에는 구원이 없다고 단정해서는 안 됩니다. 왜냐하면, 구원은 전적으로 하나님의 주권적인 선택에 달려 있기 때문입니다.

예를 들어, 바울은 스데반을 죽이는 데 가장 앞장섰고, 초기 기독교인을 박해하는 데 정말 열심이었습니다. 그렇기 때문에 바울이 사도로 부름을 받을 것이라고 그 당시 유대인들이 예상했을까요? 전혀 예상하지 못했습니다! 그래서 바울이 예수님을 증거할 때, 사람들은 처음에는 그를 의심했던 것입니다.

그러나 개혁주의 신학의 관점에서 보면, 우리가 하나님을 진실로 찾는 데 훨씬 유리한 면이 있습니다. 왜냐하면 인간의 전적인 타락 상태를 깊이 이해하면, 자연스럽게 하나님을 더 의지할 수밖에 없기 때문입니다.

우리는 이렇게 고백하게 됩니다. "하나님, 이제 저는 제 자신을 보니 도저히 안 되겠습니다. 저는 스스로 구원을 받을 수 없습니다. 하나님의 은혜가 필요합니다!" 이 고백이 바로 참된 믿음의 출발점입니다. 성경은 곳곳에서 인간의 전적인 타락을 명확히 증거합니다.

"다 죄 아래에 있다고 우리가 이미 선언하였느니라"(롬3:9), "그의 마음으로 생각하는 모든 계획이 항상 악할 뿐임을 보시고"(창6:5), "만물보다 거짓되고 심히 부패한 것은 마음이라 누가 능히 이를 알리요마는"(렘17:9)

이 말을 들으면 사람들은 이렇게 질문할 수 있습니다. "목사님! 그래도 우리가 항상 악한 것만은 아니고, 때로는 선한 일도 하지 않습니까?" 맞습니다! 그러나 '전적 타락'이라는 개념은, "인간이 100% 항상 죄만 짓는다"는 뜻이 아닙니다.

전적 타락이 의미하는 것은, "우리는 본래 죄 아래에 있기 때문에, 우리의 모든 부분이 죄의 영향력 아래에 있다"는 것입니다. 즉 우리의 의지, 감정, 이성까지도 죄로 인해 오염되었기 때문에, 깨닫는 자도 없고, 하나님을 찾는 자도 없고, 다 치우쳐 무익하게 되고, 선을 행하는 자는 하나도 없다는 것입니다.

이러한 내면의 타락된 상태는 결국 외적인 행동으로 드러납니다. "그들의 목구멍은 열린 무덤이요" 무덤이 얼마나 썩은 냄새가 나고 더럽습니까? 우리의 입에서 나오는 말들이 바로 그런 것입니다. "그들의 혀로는 속임을 일삼으며" 에덴동산에서 뱀이 하와를 속일 때를 기억하십니까? 뱀의 혀가 갈라져 있는 것처럼, 우리의 말도 양면성을 가지며 사람을 속입니다.

모두 죄 아래에 있다

그래서 예수님께서 마태복음 15장 11절에서 이렇게 말씀하셨습니다. "입으로 들어가는 것이 사람을 더럽게 하는 것이 아니라, 입에서 나오는 그것이 사람을 더럽게 하느니라" 이 말씀이야말로 우리의 본성을 너무나 정확하게 지적하는 말씀입니다.

로마서 3장 15~18절을 보겠습니다.

> [15]그 발은 피 흘리는 데 빠른지라 [16]파멸과 고생이 그 길에 있어 [17]평강의 길을 알지 못하였고 [18]그들의 눈 앞에 하나님을 두려워함이 없느니라 함과 같으니라

악을 저지르는 데는 너무나도 민첩하면서, 하나님을 두려워하는 마음은 없습니다. 세상의 많은 사람들이 이렇게 말합니다. "하나님이 어디 있어? 죽으면 다 흙이 되는 거야. 한평생 즐기다가 가는 게 최고지!" 그러나 이런 삶의 끝에는 파멸과 고생의 길이 기다리고 있으며, 참된 평강의 길이 없습니다.

자, 이제 우리 영혼의 거울인 율법을 통해 우리의 모습을 바라보십시오. 여러분은 어떠십니까? 그럼에도 불구하고, 아직도 "나는 선한 행위를 통해 하나님을 믿고 천국에 가야지"라는 마음이 드십니까?

이제 더 이상 나 자신을 의지하려는 마음을 내려놓아야 합니다. 우리의 육체에 사형을 선고해야 합니다. 오히려 이렇게 고백해야 합니다. "하나님, 율법을 통해 저를 바라보니, 천국은 고사하고 지옥이 이미 예정되어 있는 것 같습니다. 저는 이제 어떻게 해야 합니까?" 이렇게 간절히 우리의 구원자 예수님을 바라보아야 하는 것입니다.

예수 그리스도 안에서의 평안

이제 요한복음 14장 27절을 함께 읽겠습니다.

> ²⁷평안을 너희에게 끼치노니 곧 나의 평안을 너희에게 주노라 내가 너희에게 주는 것은 세상이 주는 것과 같지 아니하니라 너희는 마음에 근심하지도 말고 두려워하지도 말라

우리가 육체 가운데 있을 때는 파멸과 고생의 길만 있을 뿐입니다. 그렇다면, 누구 안에 거해야 평안의 길이 있을까요? 바로 예수 그리스도 안에 거해야 합니다!

그래서 사도 바울은 로마교회 형제자매들에게 이렇게 말하고 싶었던 것입니다. "하나님께서 율법을 주신 이유는, 너희가 구원을 받기 전까지 너희의 본질을 깨닫게 하기 위함이다. 아담에게 '선악을 알게 하는 나무의 열매를 먹지 말라'고 하신 것도 사탄의 존재를 알게 하시려는 것이었다. 마찬가지로, 우리에게 율법과 선한 양심을 주신 것은 우리가 죄 아래에 있다는 것을 가르쳐 주기 위함이다. 그래서 우리는 자아를 철저히 부인하고, 오직 예수님만 바라보아야 한다! 그때, 비로소 성령의 인도하심 속에서 참된 평안이 있는 것이다!" 아멘!

모두 죄 아래에 있다

하나님의 의

로마서 3장 19절부터 31절까지의 말씀을 함께 살펴보겠습니다.

[19]우리가 알거니와 무릇 율법이 말하는 바는 율법 아래에 있는 자들에게 말하는 것이니 이는 모든 입을 막고 온 세상으로 하나님의 심판 아래에 있게 하려 함이라 [20]그러므로 율법의 행위로 그의 앞에 의롭다 하심을 얻을 육체가 없나니 율법으로는 죄를 깨달음이니라 [21]이제는 율법 외에 하나님의 한 의가 나타났으니 율법과 선지자들에게 증거를 받은 것이라 [22]곧 예수 그리스도를 믿음으로 말미암아 모든 믿는 자에게 미치는 하나님의 의니 차별이 없느니라 [23]모든 사람이 죄를 범하였으매 하나님의 영광에 이르지 못하더니 [24]그리스도 예수 안에 있는 속량으로 말미암아 하나님의 은혜로 값 없이 의롭다 하심을 얻은 자 되었느니라 [25]이 예수를 하나님이 그의 피로써 믿음으로 말미암는 화목제물로 세우셨으니 이는 하나님께서 길이 참으시는 중에 전에 지은 죄를 간과하심으로 자기 의로우심을 나타내려 하심이니 [26]곧 이때에 자기의 의로우심을 나타내사 자기도 의로우시며 또한 예수 믿는 자를 의롭다 하려 하심이라 [27]그런즉 자랑할 데가 어디냐 있을 수가 없느니라 무슨 법으로냐 행위로냐 아니라 오직 믿음의 법으로니라 [28]그러므로 사람이 의롭다 하심을 얻는 것은 율법의 행위에 있지 않고 믿음으로 되는 줄 우리가 인정하노라 [29]하나님은 다만 유대인의 하나님이시냐 또한 이방인의 하나님은 아니시냐 진실로 이방인의 하나님도 되시느니라 [30]할례자도 믿음으로 말미암아 또한 무할례자도 믿음으로 말미암아 의롭다 하실 하나님은 한 분이시니라 [31]그런즉 우리가 믿음으로 말미암아 율법을 파기하느냐 그럴 수 없느니라 도리어 율법을 굳게 세우느니라

로마서 3장이 도리어 어떻게 보면 일반적으로 이해하기가 어렵습니다. 다 아는 것 같지만 문구를 하나하나 뜯어보면, 이것을 제대로 이해하는 것은 쉽지 않습니다.

우리가 설교를 들어야 하는 이유는 성경에 나오는 단어들이 우리가 살고 있는 시대와 다르기 때문입니다. 신약성경이 기록된 시대는 약 2,000년 전이고, 당시의 풍습과 지역적 배경도 현재와 다릅니다.

그렇기 때문에 우리는 각자의 언어로 번역된 성경을 읽지만, 본래 의미를 제대로 이해하기 위해서는 그 시대적 배경을 먼저 파악해야 합니다. 그런 후에야 오늘날 우리 삶에 어떻게 적용해야 하는지를 알 수 있습니다.

그래서 단순히 단어를 머리로 아는 것과 그 말씀을 마음으로 받아들이는 것은 차원이 다른 문제입니다. 여러분은 이 말씀을 차근차근 많이 들으셔야 합니다. 듣다 보면 변화됩니다. 듣지 않고서는 신앙이 설 수 없습니다.

우리가 지난주까지 나누었던 이야기의 핵심은 첫째, 하나님께서 천지를 창조하시고, 당신을 이 세상에 나타내셨다는 것입니다. 양심을 통해 우리가 죄를 지으면 내면에서 가책을 느낍니다. 아무도 보지 않았어도, 내 마음 안에서 "너 그렇게 살아야 되겠느냐?"라는 찔림이 옵니다. 이는 하나님께서 우리 안에 심어 놓으신 양심 때문입니다.

또한 자연을 보면 우연히 생긴 것이 아니라 정교한 질서 속에서 운영된다는 것을 알 수 있습니다. 사실 진화론을 믿는 사람이 오히려 더 큰 믿음을 가지고 있는 것일 수도 있습니다. 이 세상이 확률적으로 우연히 저절로 생겨났다고 믿는 것은 확률적으로도 우리가 신앙을 통해 믿는 창조보다 더 큰 믿음을 필요로 합니다. 이 세상의 질서를 보면 하나님이 살아 계심을 알 수 있습니다.

그렇다면 인간들은 창조주를 찾아가야 하지만, 현실은 그렇지 않았습니

하나님의 의

다. 오히려 우상을 숭배하고 창조 질서를 어기며, 하나님을 마음에 두기 싫어하여 죄에 빠졌습니다. 그렇다면 죄란 무엇입니까? 죄란 하나님께서 원하시는 길이 아니라, 내가 보기에 좋은 길로 가는 것입니다. 결국 하나님의 말씀을 받았던 유대인이나, 유대인이 개처럼 여기던 이방인이나 모두 죄 아래 있다는 것이 결론이었습니다. 그런데 유대인들은 사도 바울이 이를 지적하면 "그러면 어떻게 해야 합니까?"라고 반응해야 했습니다.

하지만 오히려 더욱 뻔뻔하게 "나는 이제 하나님과의 약속을 지키지 않겠다. 하나님과의 계약 관계는 끝났으니 관여하지 마십시오. 내가 죄를 짓더라도, 하나님께서 불의하시다면 오히려 하나님이 살아 계시고 공의로우심이 드러나는 것 아닙니까?"라며 변명하며 죄를 짓는 데로 나아갔습니다.

다윗의 회개

그런데 똑같은 삶을 살았던 사람 중에 다른 반응을 보인 사람이 있었습니다.

로마서 3장 4절을 보겠습니다.

⁴주께서 주의 말씀에 의롭다 함을 얻으시고 판단받으실 때에 이기려 하심이라

이것은 시편 51편의 내용을 인용한 것입니다. 성경을 펼쳐 시편 51편으로 가보겠습니다. 그 표제는 무엇이라고 되어 있습니까?

"다윗이 밧세바와 동침한 후, 선지자 나단이 그에게 왔을 때." 즉 다윗이 나단 선지자로부터 책망을 받고 기록한 시편입니다.

시편 51편 1~4절을 보겠습니다.

> [1]하나님이여 주의 인자를 따라 내게 은혜를 베푸시며 주의 많은 긍휼을 따라 내 죄악을 지워주소서 [2]나의 죄악을 말갛게 씻으시며 나의 죄를 깨끗이 제하소서 [3]무릇 나는 내 죄과를 아오니 내 죄가 항상 내 앞에 있나이다

4절은 다 같이 읽어 보도록 하겠습니다.

> [4]내가 주께만 범죄하여 주의 목전에 악을 행하였사오니 주께서 말씀하실 때에 의로우시다 하고 주께서 심판하실 때에 순전하시다 하리이다

사도행전 13장 22절에서는 다윗을 "내 마음에 맞는 사람이라"고 합니다. 예수님도 육체로는 다윗의 자손으로 오셨습니다. 그런데 그런 다윗이 어떻게 그런 죄를 저지를 수 있었을까요?

다윗의 이야기를 사무엘하 11장을 통해서 살펴보겠습니다. 그의 부하 장수 우리야는 전쟁에 나가 있었고, 그의 아내 밧세바는 집에서 목욕을 하고 있었습니다. 당시 이스라엘의 집 구조는 지붕이 평평했는데 아마도 그 지붕이나 집 밖의 잘 보이는 곳에서 목욕을 한 것이 아닌가 싶습니다.

궁궐에서 이를 본 다윗은 음욕이 일어나 신하에게 "저 여자가 누구냐?"라고 물었습니다. 신하는 "우리야의 아내, 밧세바입니다."라고 대답했습니다. 그러자 다윗은 밧세바를 자기에게로 데려오라고 명령했습니다. 결국 다윗은 밧세바와 동침하게 되었습니다. 밧세바도 조심해야 할 텐데, 오히려 마음을 다윗에게 열어버립니다. 그래서 간음을 저지르게 됩니다. 그런데 간음으로 끝날 수도 있었지만, 마침 밧세바가 임신을 하게 됩니다. 그러자 다윗이 꾀를 냅니다. 우리야 장수를 불러 "집으로 내려가서 발을 씻으라"고

하나님의 의

하면서 밧세바와 동침할 것을 넌지시 이야기했습니다. 그러면 밧세바가 임신을 해도 그의 아들로 생각하겠죠? 그런데 하나님께서 이를 막으셔서 우리야가 밧세바와 동침하지 않도록 하셨습니다. 결국 다윗은 편지를 써서 우리야를 지휘하는 요압에게 보내 "우리야를 맹렬한 싸움에 앞세워 두고 너희는 뒤로 물러가서 그로 맞아 죽게 하라"고 하였습니다. 그렇게 우리야는 전쟁터에서 죽음을 맞이합니다.

이렇게 다윗은 간음과 살인을 저지른 것입니다. 율법에 따르면, 다윗은 돌에 맞아 죽어야 합니다. 그런데도 그는 살아 있습니다. 나단 선지자로부터 책망을 받고서는 하나님께 "나의 죄악을 말갛게 씻으시며, 나의 죄를 깨끗이 제하소서. 나는 내 죄과를 압니다. 내 죄가 항상 내 앞에 있습니다."라고 간절히 기도합니다.

하나님은 율법에 따라 그를 심판해야 하지만, 다윗은 특별한 은혜를 입습니다. 그는 "하나님, 나는 죽어야 마땅하지만, 제 죄를 말갛게 씻어 주시겠습니까?"라고, 율법의 행위가 아니라 은혜의 길로 나아갔습니다.

반면, 이스라엘 백성들은 율법의 행위로 복을 받으려 했습니다. 다윗은 "내가 주께만 범죄하여 주의 목전에 악을 행하였사오니."라고 고백합니다. 다윗은 누구에게 죄를 지었습니까? 우리야와 밧세바에게 죄를 지었습니다. 그런데도 그는 "주께만 범죄하였다."라고 말합니다. 이것이 회개의 본질입니다.

죄를 짓는다는 것은 누구의 종이 되는 것입니까? 사탄의 종, 죄의 종이 되는 것입니다. 죄를 지었다는 것은 하나님을 떠났다는 뜻입니다. 즉 하나님을 떠나 사탄과 한마음이 되었던 것입니다.

그렇기 때문에 궁극적으로 모든 죄는 하나님을 향한 죄입니다. 죄의 결과로 간음과 살인이 일어난 것입니다. 다윗은 이 사실을 깨달았습니다. 그는 "내가 죄악 중에서 출생하였으며, 어머니가 죄 중에서 나를 잉태하였나이다."라고 고백합니다.

이는 "나는 태어날 때부터 죄인이었습니다."라는 의미입니다. 그렇다면 율법을 지킬 수 있겠습니까? 아닙니다. 인간은 율법을 지켜서 하나님 앞에 설 수 없습니다. 다윗은 이렇게 하나님 앞에서 철저히 자신의 죄를 인정하였습니다.

"나는 착한 일을 했습니다."라고 주장하는 것도 죄입니다. 왜냐하면, 그것은 자기 의를 세우는 것이고, 자기 의를 세우면 필연적으로 하나님을 떠나게 됩니다. 신앙의 기본은 '나는 나의 의로움으로는 결코 하나님 앞에 설 수 없는 존재'라는 깨달음입니다. 이것이 바로 다윗이 한 회개입니다. 하나님 앞에 서서 "하나님, 저를 심판하셔도 할 말이 없습니다."라고 고백하는 것, 이것이 참된 회개입니다. 그래서 다윗은 "주께서 말씀하실 때 의로우시다 하고, 주께서 심판하실 때 순전하시다 하리이다."라고 고백합니다.

반면, 이스라엘 백성들은 "하나님, 왜 심판하십니까? 내가 심판을 받으면 당신의 영광이 드러나는데, 내가 잘못한 게 무엇입니까?"라고 반발하였습니다. 하지만 다윗은 "하나님의 심판이 너무나도 공의롭습니다."라고 인정합니다. 유대인들의 태도와는 전혀 다릅니다. 우리도 다윗처럼 나아가야 합니다.

하나님의 의

참된 회개란 무엇인가?

오늘날 그리스도인들이 가장 어려워하는 부분이 바로 이것입니다. "여러분은 죄인입니다."라고 하면, 대부분 "제가 잘못한 일이 이것저것 있습니다."라고만 회개합니다. 그러나 참된 회개는 "나는 태어날 때부터 죄인입니다. 주님이 지금 저를 심판하셔서 지옥에 보내셔도 할 말이 없습니다. 그 심판이 공의롭습니다. 그러나 하나님! 은혜를 구할 길이 없겠습니까?"라고 나아가는 것입니다. 이것이 바로 참된 회개입니다. 아멘!

율법의 역할

이제 로마서 3장 19절과 20절을 보겠습니다.

> [19]우리가 알거니와 무릇 율법이 말하는 바는 율법 아래에 있는 자들에게 말하는 것이니 이는 모든 입을 막고 온 세상으로 하나님의 심판 아래에 있게 하려 함이라 [20]그러므로 율법의 행위로 그의 앞에 의롭다 하심을 얻을 육체가 없나니 율법으로는 죄를 깨달음이니라

하나님께서 본래 이스라엘에 율법을 주실 때, 그것을 지키라고 주셨습니까? 아니면 지키지 말라고 주셨습니까? 지키라고 주셨습니다. 그래서 율법은 하나의 법이며, 행위규범이었습니다. "너희가 이것을 잘 지키면 복을 줄 것이요, 지키지 아니하면 저주를 내릴 것이다." 이것이 본래 법의 목적이었습니다.

그러나 사도 바울은 "율법으로는 죄를 깨달음이라."라고 말합니다. 그렇다면 율법의 목적이 서로 충돌합니까? 그것은 아닙니다. 율법은 두 가지 성격을 모두 가지고 있습니다. 첫째, 율법은 "너희가 지켜야 한다."는 것으로

주어진 것이고, 둘째, 율법으로는 궁극적으로는 죄를 깨닫게 하는 역할을 한다는 것입니다.

이것을 이해하려면 하나님께서 법을 세우실 때의 모습을 살펴봐야 합니다. 이를 위해 출애굽기 15장을 보겠습니다.

출애굽기 15장 22~26절까지 읽겠습니다.

> [22]모세가 홍해에서 이스라엘을 인도하매 그들이 나와서 수르 광야로 들어가서 거기서 사흘길을 걸었으나 물을 얻지 못하고 [23]마라에 이르렀더니 그 곳 물이 써서 마시지 못하겠으므로 그 이름을 마라라 하였더라 [24]백성이 모세에게 원망하여 이르되 우리가 무엇을 마실까 하매 [25]모세가 여호와께 부르짖었더니 여호와께서 그에게 한 나무를 가리키시니 그가 물에 던지니 물이 달게 되었더라 거기서 여호와께서 그들을 위하여 법도와 율례를 정하시고 그들을 시험하실새 [26]이르시되 너희가 너희 하나님 나 여호와의 말을 들어 순종하고 내가 보기에 의를 행하며 내 계명에 귀를 기울이며 내 모든 규례를 지키면 내가 애굽 사람에게 내린 모든 질병 중 하나도 너희에게 내리지 아니하리니 나는 너희를 치료하는 여호와임이라

쓴 물 마라에 도착하기 전까지 이스라엘 백성은 어떤 경험을 했습니까? 하나님께서 홍해를 가르시고 애굽 군대를 몰살시키신 후, 백성들은 하나님을 찬양했습니다.

그러나 단 사흘 길을 걸은 후, 그들은 다시 하나님을 원망하기 시작했습니다. "하나님, 우리를 이곳으로 인도하셨으면 마실 물이라도 주셔야 하지 않습니까?"

하나님께서 쓴 물을 주신 데에는 이유가 있었습니다. 바로 이스라엘 백성

하나님의 의

이 애굽에서 얻은 질병을 치료하기 위함이었습니다. 그래서 출애굽기 15장 26절에는 "나는 너희를 치료하는 여호와임이라"라고 기록되어 있습니다. 하지만 이스라엘 백성은 이 하나님의 뜻을 이해하지 못하고 불평하기만 했습니다.

그런데 하나님을 원망한다는 것은 어떤 의미입니까? 이스라엘 백성이 하나님보다 높은 위치에 서는 것입니다. "하나님! 당신이 정말 살아 계시다면, 왜 이런 일이 벌어집니까?"라고 말하는 것은 하나님을 판단하는 태도입니다. 이 태도가 바로 죄의 열매이며, 불순종의 결과입니다.

이제 출애굽기 16장 4절을 보겠습니다.

> ^{4}그 때에 여호와께서 모세에게 이르시되 보라 내가 너희를 위하여 하늘에서 양식을 비같이 내리리니 백성이 나가서 일용할 것을 날마다 거둘 것이라 이같이 하여 그들이 내 율법을 준행하나 아니하나 내가 시험하리라

하나님께서는 만나(하늘의 양식)를 주시면서, 또한 율례를 주셨습니다. 하나님은 백성들이 하루에 한 오멜씩만 거두도록 명령하셨습니다. 하지만 욕심이 생긴 일부 사람들은 하루 이상 먹을 것을 저장하려 했지만, 결국 만나가 썩어버렸습니다. 또한 여섯째 날에는 두 오멜씩 거두라고 명령하셨지만, 일부 사람들은 일곱째 날에도 만나를 거두러 나갔습니다.

이는 아담이 하나님이 "선악과의 열매를 먹지 말라"고 말씀하신 그 한 가지 명령을 지키지 못했던 것과 같은 것입니다. 이스라엘 백성도 하나님의 율법을 온전히 지키지 못했습니다. 하루에 한 오멜만 거두라는 약속조차 지키지 못했던 것입니다. 하나님께서 이스라엘 백성에게 율례를 주신 이유는 그들 안에 무엇이 있는지를 보여주기 위함이었습니다.

그렇다면, 하나님은 이스라엘 백성이 율법을 온전히 지킬 것이라고 기대하셨을까요? 아닙니다. 신명기 31장 16절을 보겠습니다.

> [16]또 여호와께서 모세에게 이르시되 너는 네 조상과 함께 누우려니와 이 백성은 그 땅으로 들어가 음란히 그 땅의 이방 신들을 따르며 일어날 것이요 나를 버리고 내가 그들과 맺은 언약을 어길 것이라

하나님께서는 이미 이스라엘 백성이 율법을 지키지 못할 것을 알고 계셨습니다. 그렇다면 율법을 주신 목적은 무엇이었을까요? 그것은 바로 자신들의 죄를 깨닫게 하기 위함이었습니다.

율법을 주셨지만, 하나님은 이 백성이 율법을 지키지 못할 것을 아셨습니다. 그런데 왜 율법을 주셨습니까? 그것은 그들 안에 무엇이 있는지를 드러내기 위해서입니다.

우리 인간은 자신이 선한 존재라고 생각합니다. 하지만 그것이 착각이라는 것을 모릅니다. 이것이 여러분과의 전쟁입니다. 전쟁이기 때문에 목회자는 욕을 먹어야 정상적인 목회자입니다. "여러분 잘하십니다. 집사님 참 훌륭하십니다."라고만 말하는 것은 거짓입니다. 설령 성도들이 잘하더라도 "왜 그런 마음과 태도로 하나님을 섬깁니까? 당신 안에 나는 옳다는 마음이 있지 않습니까?"라고 지적해야 합니다. 마치 의사가 수술하듯이, 여러분 안에 병든 영혼을 지적하여 빛 앞으로 인도해야만 하는 것입니다.

그러므로 하나님은 이스라엘 백성이 율법을 지킬 수 없다는 것을 알고 계셨습니다. 그러나 그들은 스스로를 택한 백성이며 율법을 잘 지킨다고 여겼습니다. 그들의 의로움 때문에 자신이 죄 아래 있다는 사실을 깨닫지 못

하나님의 의

했습니다.

그래서 하나님은 "너희가 율법을 지켜보라." 하신 것입니다. 그러나 율법을 지키려고 하면 할수록 탐심과 음욕이 일어나는 자신을 발견하게 됩니다. 결국 다윗처럼 "내 안에 죄가 있구나."라고 깨닫는 것이 율법의 두 번째 역할입니다.

그러면 이제 이 죄를 깨닫게 되면, 우리는 어디로 가야 하겠습니까? 다윗이 했던 것처럼 "나를 구원해 줄 분이 없겠는가?"를 찾아가야 합니다.

갈라디아서 3장 24절을 보겠습니다.

> [24]이같이 율법이 우리를 그리스도께로 인도하는 초등교사가 되어 우리로 하여금 믿음으로 말미암아 의롭다 함을 얻게 하려 함이라

율법이 주어진 목적이 무엇입니까? "나는 죄 아래 있구나."를 깨닫게 하는 것입니다. 우리의 삶이 나의 육체의 연장선인 내 가족을 위해, 내 성공을 위해 결국 살아온 것에 지나지 않는다는 것을 인정하는 것입니다.

내가 나를 지으신 창조주를 찾았는가? 내가 정말 남을 내 몸처럼 사랑했는가? 아니다, 나는 죽어 마땅한 존재구나! 이것이 율법을 깨달을 때 얻는 현실적인 고백입니다.

그러면서 이제 하나님께 "저를 도와주십시오. 저에게 구원의 길이 있습니까? 심판받는 길 외에 다른 길이 있습니까?"라고 간절히 찾게 됩니다. 이때 누가 보이기 시작합니까? 예수님입니다. 율법은 우리를 어디로 인도합

니까? 예수님 앞으로 인도합니다.

요한복음 8장을 보면 간음하다가 현장에서 잡힌 여자가 있었습니다. 율법에 따르면, 그녀는 돌에 맞아 죽어야 합니다. 그런데 그녀가 간음으로 인해 어디로 끌려갔습니까? 예수님 앞으로 왔습니다. 예수님 앞에서 용서를 받았습니다. 이것이 본래 하나님께서 율법을 주신 첫 번째 목적이었습니다.

이제 로마서 3장 21~24절을 함께 읽겠습니다.

> [21]이제는 율법 외에 하나님의 한 의가 나타났으니 율법과 선지자들에게 증거를 받은 것이라 [22]곧 예수 그리스도를 믿음으로 말미암아 모든 믿는 자에게 미치는 하나님의 의니 차별이 없느니라 [23]모든 사람이 죄를 범하였으매 하나님의 영광에 이르지 못하더니 [24]그리스도 예수 안에 있는 속량으로 말미암아 하나님의 은혜로 값 없이 의롭다 하심을 얻은 자 되었느니라

유대인들은 율법을 통해 자신의 의로 하나님 앞에 가서 복을 받으려 했습니다. 그러나 그것이 가능했습니까? 불가능합니다. 본래 우리는 죄인입니다. 우리가 아무리 몸을 씻고 깨끗하게 한다고 해도 피부색이 변하지 않습니다. 그래서 예레미야 13장 33절에는 "구스인이 그의 피부를, 표범이 그의 반점을 변하게 할 수 있느냐 할 수 있을진대 악에 익숙한 너희도 선을 행할 수 있으리라"라고 기록하고 있습니다.

그런데 유대인들은 자기 위치도 모르고, 마치 자신이 의로운 것처럼 행하며 하나님의 앞에 나아가려 했습니다. 그러나 결국 끝장났습니다.

하나님의 의

하나님의 한 의(義)

이제 하나님의 한 의(義)가 나타났습니다. 나의 행위로 의로워지는 것이 아니라, 하나님이 주시는 의입니다. 하나님께서 우리 인간의 더러운 의를 받으실 수 있겠습니까? 받으실 수 없습니다.

그래서 하나님이 준비하신 것이 하나님의 한 의입니다. 그 의를 누가 이루셨습니까? 예수님이 이루셨습니다.

구약 시대에는 율법을 온전히 지키면 복을 받는 위치였습니다. 그러나 지금은 어떤 시대입니까? 믿음으로 구원을 얻는 시대입니다. 우리의 천국과 지옥이 결정되는 기준은 착한 일을 했느냐가 아닙니다. 하나님의 의를 믿었느냐, 믿지 않았느냐에 따라 갈리는 것입니다.

이제 요한복음 3장 16절부터 21절까지 읽어보겠습니다. 특별히 3장 16절은 우리 다 같이 읽도록 하겠습니다.

> ^{16}하나님이 세상을 이처럼 사랑하사 독생자를 주셨으니 이는 그를 믿는 자마다 멸망하지 않고 영생을 얻게 하려 하심이라 ^{17}하나님이 그 아들을 세상에 보내신 것은 세상을 심판하려 하심이 아니요 그로 말미암아 세상이 구원을 받게 하려 하심이라 ^{18}그를 믿는 자는 심판을 받지 아니하는 것이요 믿지 아니하는 자는 하나님의 독생자의 이름을 믿지 아니하므로 벌써 심판을 받은 것이니라 ^{19}그 정죄는 이것이니 빛이 세상에 왔으되 사람들이 자기 행위가 악하므로 빛보다 어둠을 더 사랑한 것이니라 ^{20}악을 행하는 자마다 빛을 미워하여 빛으로 오지 아니하나니 이는 그 행위가 드러날까 함이요 ^{21}진리를 따르는 자는 빛으로 오나니 이는 그 행위가 하나님 안에서 행한 것임을 나타내려 함이라 하시니라

자, 이제 이 세상에서 천국과 지옥은 무엇에 달려 있습니까? 예수님을 믿느냐, 믿지 않느냐에 의해 결정됩니다. 이것이 하나님이 준비하신 의입니다. 히브리어로 "체다카"라고 합니다. 이 "체다카"는 완전한 의를 의미합니다.

하나님은 완전하시기 때문에, 하나님이 인정하시는 완전한 의만이 하나님 앞에서 받아들여질 수 있습니다. 그렇다면 예수님은 누구십니까? 하나님의 독생자이십니다. 하나님께서 예수님을 십자가에 못 박으신 이유는 무엇입니까? 바로 우리를 위한 최대의 사랑을 보여주시기 위함입니다.

부모가 자식보다 먼저 떠나는 것은 감당할 수 없는 아픔입니다. 그런데 하나님께서는 당신의 독생자이신 예수님을 우리에게 주셨고, 그 예수님을 십자가에 못 박으셨습니다. 이보다 더 큰 사랑이 있겠습니까?

우리는 죄인이었고, 하나님과 분리된 존재였습니다. 그런데 하나님께서는 당신의 아들을 인간으로 보내셨고, 우리의 모든 죄를 예수님에게 담당시키셨습니다. 이것이 바로 하나님의 사랑입니다.

히브리어로 하나님의 사랑을 나타낼 때 "아하브", "헤세드"라는 단어를 사용합니다. 아하브는 "아버지와 같은 집에서 거하면서 함께 숨을 나누며 동행하는 사랑"을 의미합니다. 헤세드는 "한 번 맺은 언약을 변하지 않고 지키는 사랑"을 의미합니다.

하나님께서는 우리에게 예수님을 주셨습니다. 왜 주셨습니까? 우리를 향해 "이제 나에게로 돌아오라. 나와 함께 동행하자."라고 말씀하시기 위함입니다. 그러므로 이제 남아 있는 것은 오직 하나, 예수님을 믿느냐, 믿지 않느냐입니다.

하나님의 의

우리는 하나님께서 주신 독생자를 바라보며 하나님의 사랑을 알게 됩니다. 그러면서 그 하나님의 사랑 가운데에서 닫혔던 우리의 마음이 열리고, 하나님을 향한 믿음이 들어오게 됩니다. 이것이 믿음입니다. 자신의 존재를 정확히 알게 될 때, 우리는 하나님의 사랑 앞에서 마음을 열게 됩니다. 이때, 믿음이 들어오는 것입니다.

사람이 죽음 앞에 설 때, 사탄은 끊임없이 정죄하며 속삭입니다. "너 죄를 많이 짓지 않았느냐?" 하지만 우리는 예수님의 보혈을 의지하며 외칩니다. "하나님! 저는 죄 아래에서 태어났고 삶 자체가 죄였다고 해도 할 말이 없습니다. 그렇지만 이 모든 죄악에 대한 심판은 우리 주 예수님의 피로 만족하십시오. 오직 예수님의 보혈만을 의지합니다" 이것이 예수님의 보혈을 믿는 믿음의 소리입니다.

현재 우리나라의 상황이 대단히 어지럽습니다. 다니엘서 9장을 보면 다니엘이 기도하는 모습이 나옵니다. 다니엘은 자신의 죄뿐만 아니라 민족의 죄를 회개하며 기도했습니다. 이처럼 우리가 이 나라를 위해서 기도할 때도, "하나님, 우리가 잘못했습니다. 교회가 사랑을 제대로 가르치지 못했습니다. 하지만 우리가 의지할 것은 오직 예수님의 피밖에 없습니다. 예수님의 보혈로 만족하시고 이 나라를 긍휼히 여겨 주십시오"라고 기도해야 합니다.

이것이 예수님을 믿는 것입니다. 단순한 관념적인 믿음이 아닙니다. 하나님의 사랑을 깊이 깨닫고, 예수님의 십자가만을 의지하는 것입니다.

그렇다면, 우리가 예수님을 믿고 구원받았음에도, 죄를 지으면 어떻게 됩니까? 죄를 지으면 천국에 가지 못합니까? 아닙니다. 예수님을 믿는 순간,

우리의 죄에 대한 심판은 이미 십자가에서 해결되었습니다.

우리의 육체는 여전히 죄의 영향을 받을 수 있지만, 우리의 심판은 이미 끝났습니다. 그러므로 사탄이 우리를 참소할 때, 우리는 예수님의 십자가를 바라보며 외쳐야 합니다. "사탄아, 물러가라! 나의 죄는 이미 예수님께서 담당하셨다. 나는 하나님의 은혜만을 의지할 것이다."

은혜를 히브리어로 "헨"이라고 합니다. 이것은 "울타리 안에 씨앗을 보호하며 생명을 자라게 하는 것"을 의미합니다. 하나님은 구원받은 백성을 성령으로 보호하시고, 말씀을 주셔서 생명이 자라도록 하십니다.

그러므로 우리는 은혜로 구원받았으니, 죄를 더 지어야 하겠습니까? 아닙니다. 예수님을 사랑하면 할수록 우리는 죄 아래에 머물 수가 없게 되어 있습니다. 아멘!

하나님의 의

차별이 없는 하나님의 은혜

로마서 3장 19절부터 보겠습니다.

[19]우리가 알거니와 무릇 율법이 말하는 바는 율법 아래에 있는 자들에게 말하는 것이니 이는 모든 입을 막고 온 세상으로 하나님의 심판 아래에 있게 하려 함이라 [20]그러므로 율법의 행위로 그의 앞에 의롭다 하심을 얻을 육체가 없나니 율법으로는 죄를 깨달음이니라 [21]이제는 율법 외에 하나님의 한 의가 나타났으니 율법과 선지자들에게 증거를 받은 것이라 [22]곧 예수 그리스도를 믿음으로 말미암아 모든 믿는 자에게 미치는 하나님의 의니 차별이 없느니라 [23]모든 사람이 죄를 범하였으매 하나님의 영광에 이르지 못하더니 [24]그리스도 예수 안에 있는 속량으로 말미암아 하나님의 은혜로 값 없이 의롭다 하심을 얻은 자 되었느니라 [25]이 예수를 하나님이 그의 피로써 믿음으로 말미암는 화목제물로 세우셨으니 이는 하나님께서 길이 참으시는 중에 전에 지은 죄를 간과하심으로 자기 의로우심을 나타내려 하심이니 [26]곧 이때에 자기의 의로우심을 나타내사 자기도 의로우시며 또한 예수 믿는 자를 의롭다 하려 하심이라 [27]그런즉 자랑할 데가 어디냐 있을 수가 없느니라 무슨 법으로냐 행위로냐 아니라 오직 믿음의 법으로니라 [28]그러므로 사람이 의롭다 하심을 얻는 것은 율법의 행위에 있지 않고 믿음으로 되는 줄 우리가 인정하노라 [29]하나님은 다만 유대인의 하나님이시냐 또한 이방인의 하나님은 아니시냐 진실로 이방인의 하나님도 되시느니라 [30]할례자도 믿음으로 말미암아 또한 무할례자도 믿음으로 말미암아 의롭다 하실 하나님은 한 분이시니라 [31]그런즉 우리가 믿음으로 말미암아 율법을 파기하느냐 그럴 수 없느니라 도리어 율법을 굳게 세우느니라

이제 지난주까지 하나님께서 우리 인간의 행위가 아닌 하나님 당신이 준비하신 그의 의, 즉 하나님이 창세 전부터 미리 계획하시고 준비하신 그 의를 이제 우리에게 덮어주시려는 이야기를 나누었습니다. 저의 목표는 로마

서를 누구든지 읽었을 때 복음의 기초에서부터 신학적으로 흔들리지 않는 토대를 마련할 수 있도록 돕는 것입니다.

제가 구치소와 교도소를 방문하여 접견할 때마다 느끼는 안타까움이 있습니다. 더 자세히 설명해 주고 싶지만, 그분들은 안에 갇혀 있다 보니 외부에서 사람이 오면 반가워하며 이야기를 잘 듣습니다.

그러나 문제는 그것이 마음에 깊이 새겨지지 않는 것입니다. 순간적으로 "아, 그렇구나" 하고 이해하지만, 돌아서면 다시 원래대로 돌아가는 경우가 많습니다. 그래서 그분들에게 꼭 책을 전달해야겠다는 생각을 하게 되었습니다. 진정으로 그들이 죄의 굴레에서 벗어날 수 있기를 바랍니다.

율법과 선지자들에게 받은 증거

로마서 3장 21절을 보면, "이제는 율법 외에 하나님의 한 의가 나타났으니, 율법과 선지자들에게 증거를 받은 것이라." 그래서 결국 구약성경은 누구를 가리키고 있습니까? 바로 오실 예수님을 가리키고 있습니다. 누가복음 24장에 보면, 예수님께서 엠마오로 가는 제자들에게 "모세의 율법과 선지자의 글과 시편에 나를 가리켜 기록된 모든 것"이라고 말씀하셨습니다.

그렇다면 구약성경이 왜 예수님을 가리키는 것일까요? 율법은 곧 사랑입니다. 하나님은 사랑이시라 하셨으며, 그 사랑의 본체로 오신 분이 예수님이십니다. 또한, 출애굽기를 지나 레위기를 보면 제사 제도가 등장합니다. 제사를 드리는 것은 무엇입니까? 우리가 영화를 보면, 흔히 무당이 굿을 할 때 닭의 목을 베어 피를 흘리도록 하는 장면을 볼 수 있습니다. 이는 내가 죽어야 하지만 대신 닭이 죽는 것입니다. 제사도 마찬가지입니다. 내가 지

차별이 없는 하나님의 은혜

은 죄 때문에 내가 죽는 대신에 가장 아끼던 소나 양을 가져와 그 목을 베는 것입니다. 즉 내가 죽어야 하는데 대신 예수님께서 죽으신 것입니다. 그렇기에 제사 제도 전체가 예수님을 가리키고 있는 것입니다.

출애굽기를 읽다 보면 성막에 대한 구체적인 규정이 나옵니다. "길이와 높이는 몇 규빗으로 하고, 밑받침은 동으로 하고…" 등의 내용이 나옵니다. 그렇다면 성막은 무엇을 의미합니까? 성막은 예수님께서 이 땅에 오셔서 우리 마음 가운데 그 장막을 치시는 모습을 미리 보여주는 것입니다. 그러므로 성막도 예수님, 제사도 어린양 되신 예수님을 가리킵니다.

그다음에 여호수아가 가나안 땅에 들어갑니다. 그리고 그 땅에 살고 있던 가나안 족속들을 믿음으로 다 정복해 나갑니다. 그렇다면 이것은 무엇을 의미합니까? 이것은 바로 예수님께서 우리 안에 성령으로 오셔서, 우리가 성령과 함께 육체의 소욕을 이겨내고 정복하는 모습을 미리 보여주는 것입니다.

그다음에 열왕(列王)에 대한 역사서는 무엇을 이야기합니까? 이 땅의 왕들을 보면 사울, 다윗, 솔로몬 등 여러 왕들이 등장합니다. 하지만 이 땅의 왕들은 모두 실패하였습니다. 그러나 진정한 왕으로 오시는 예수님은 우리를 참으로 지켜주시고 다스려 주시는, 우리가 그렇게 기다리던 참된 왕이십니다. 그러므로 우리는 그 왕을 기다려야 합니다. 결국 역사서도 예수님을 기다리게 만들어 줍니다.

그렇다면 선지서는 무엇을 의미합니까? 선지서는 하나님 안에서의 삶을 보여줍니다. 이스라엘 백성이 가나안 땅에 들어갔지만, 하나님의 말씀을 온전히 순종하지 못할 경우, 하나님께서 징계를 내리셨습니다. 이것이 무엇을 의미합니까? 오늘날 그리스도인들이 "저는 하나님을 믿습니다. 저는 성령을 받았습니다"라고 고백하지만, 하나님이 원하시는 순종함으로 나아가지 못할 경우에는 참된 선지자이신 예수님께서 우리에게 훈계하시고 책망하시는 모습을 미리 보여주신 것입니다. 결국 선지서도 예수님께서 우리를 이끌어 가시는 모습을 가르쳐 주는 것입니다. 그러므로 모세의 율법과 선지자들이 기록한 모든 것들이 누구를 가리킵니까? 바로 예수님을 가리키는 것입니다.

그렇기 때문에 우리는 구약성경을 읽을 때 반드시 예수님 안에서 다시 읽어야 합니다. 구약성경을 읽으면서, "이것이 예수님 안에서 어떻게 적용되는가?"를 생각하며 읽어야만 구약의 참된 의미가 드러납니다. 그렇지 않으면, 구약의 율법을 단순히 문자적으로 해석하게 됩니다.

예를 들어, 구약에서는 "돼지고기는 부정한 짐승이다"라고 기록되어 있습니다. 이것을 오늘날 우리가 잘못 해석하면, "아, 돼지고기를 먹으면 안 되는가? 피를 먹으면 안 되는가? 순대를 좋아하는데 먹으면 안 되는가?"라고 생각할 수도 있습니다.

그러나 구약의 율법을 단순히 문자적으로만 보면 안 됩니다. 하나님께서 이스라엘 백성에게 음식조차도 정결한 것과 부정한 것으로 구별하게 하신 이유는, 우리가 말씀을 생각하며 우리의 삶을 돌아보도록 하기 위함이었습니다.

마태복음 15장 11절을 보면 예수님께서 "입으로 들어가는 것이 사람을 더럽게 하는 것이 아니라 입에서 나오는 그것이 사람을 더럽게 하는 것이니라"라고 말씀하셨습니다. 그리고 사도행전 10장을 보면, 베드로가 황홀한

차별이 없는 하나님의 은혜

중에 환상을 봅니다. 즉 하늘이 열리며 한 그릇이 내려오는데 그 안에는 각종 네 발 가진 짐승과 기는 것과 공중에 나는 것들이 있었습니다. 이때 소리가 들려 베드로에게 "일어나 잡아먹어라"고 하시자, 베드로가 "주여, 그럴 수 없나이다. 속되고 깨끗하지 아니한 것을 내가 결코 먹지 아니하였 나이다"라고 말합니다. 그러자 또 소리가 들려 "하나님께서 깨끗하게 하신 것을 네가 속되다 하지 말라 하더라"고 말씀하셨습니다. 이 말씀을 통해, 오늘날에는 부정한 짐승과 정한 짐승을 구별하는 율법이 폐지되었음을 알 수 있습니다.

그렇다면 오늘날 우리가 구약성경을 읽을 때는 음식에 대한 규례를 어떻게 읽어야 합니까? 구약에서 음식 규정을 주신 이유는 단순한 음식 문제가 아니라, 우리의 삶을 늘 돌아보게 하기 위함이었습니다. 따라서 우리는 구약의 율법을 문자적으로 해석할 것이 아니라, 예수님 안에서 다시 해석해야 합니다. 즉 단순히 돼지고기를 먹지 않는 것이 중요한 것이 아니라, 우리 입에서 나오는 말과 행동이 거룩한지를 살피는 것이 더 중요하다는 것입니다. 이제 신약과 구약이 어떻게 연결되는지 이해되시죠?

이제 하나님께서 하나님의 의에 대해 어떻게 말씀하셨는지 살펴보겠습니다. 예레미야 23장 5~6절을 합독하겠습니다.

> [5]여호와의 말씀이니라 보라 때가 이르리니 내가 다윗에게 한 의로운 가지를 일으킬 것이라 그가 왕이 되어 지혜롭게 다스리며 세상에서 정의와 공의를 행할 것이며 [6]그의 날에 유다는 구원을 받겠고 이스라엘은 평안히 살 것이며 그의 이름은 여호와 우리의 공의라 일컬음을 받으리라

여기서 중요한 단어가 나옵니다. "여호와 우리의 공의(차다케)" 구약에서 이미 하나님의 의가 어떤 분인지 밝히고 있습니다. "차다케"라는 단어는 바늘과

실의 관계처럼, 하나님과 예수님께서 하나로 묶여 있음을 의미합니다.

즉 예수님은 하나님께서 원하시는 모든 것을 온전히 순종하셨기 때문에, 하나님 앞에서 완전히 받아들여지셨습니다. 그리고 그 의를 우리에게 전가해 주신 것입니다. 그것이 바로 하나님의 공의이며, 하나님의 의입니다.

그렇다면 왜 하나님께서 이렇게 공의를 준비하셨을까요? 그 이유는 바로 우리 인간이 죄 아래 있기 때문입니다. 우리는 하나님의 율법을 지킬 수 있습니까? 없습니다.

그런데 하나님께서는 율법을 주시고 나서, "너희는 왜 약속을 어겼느냐? 내가 율법을 주었는데 왜 지키지 못하느냐? 심판을 받아야 한다! 너희는 모두 지옥에 가는 것이 마땅하다!"라고 말씀하시는 것이 과연 합당한 것일까요? 우리는 한번 이러한 의문을 가져볼 수 있습니다.

만약 우리가 하나님 앞에서 변론할 기회가 있다면, 이렇게 대답할 수도 있겠죠. "하나님, 솔직히 우리는 죄 아래 태어나지 않았습니까? 그런데 우리가 율법을 지킬 수도 없는데, 지킬 수 없는 율법을 주시고 지키지 못했다고 심판하시고 지옥에 보내신다면, 그것은 너무 가혹한 것이 아닙니까?" 이렇게 대꾸할 수도 있을 것입니다.

그러나 하나님께서는 우리의 이런 변명을 미리 아셨습니다. 그래서 하나님께서 우리 입을 막기 위해 이렇게 말씀하십니다. "나는 너희의 행위를 바란 것이 아니다. 나는 내가 준비한 의를 너희가 믿음으로 받아들이길 원했다. 너희가 그것을 믿었느냐, 믿지 않았느냐? 너희의 마음이 내 마음과 합치되었느냐, 그렇지 않느냐? 나는 그것만 본다."

차별이 없는 하나님의 은혜

이렇게 하나님께서 말씀하시면, 우리가 할 말이 있겠습니까? 없습니다.

다시 로마서로 돌아가 보겠습니다. 로마서 3장 25~26절입니다.

> 25이 예수를 하나님이 그의 피로써 믿음으로 말미암는 화목제물로 세우셨으니 이는 하나님께서 길이 참으시는 중에 전에 지은 죄를 간과하심으로 자기 의로우심을 나타내려 하심이니

26절은 다 같이 읽어 보도록 하겠습니다.

> 26곧 이때에 자기의 의로우심을 나타내사 자기도 의로우시며 또한 예수 믿는 자를 의롭다 하려 하심이라

이제 이해가 되셨습니까? 하나님께서 이렇게 말씀하시는 것입니다. "그래 맞다. 나는 너희가 죄 아래 있기 때문에 율법을 온전히 지킬 수 없다는 것을 이미 알고 있었다. 그래서 율법을 통해 너희가 죄를 깨닫고, 내가 준비한 의를 받아들이길 원했다."

이 말씀 앞에서 우리는 할 말이 없게 됩니다. 하나님께서는 철저하게 모든 것을 준비하셨습니다. 그러므로 우리는 하나님 앞에서 변명할 것이 하나도 없습니다.

그래서 하나님께서는 예수님이 오시기 전까지 오래 참으셨던 것입니다. "내가 구약성경에서부터 약속한 나의 의인 예수가 오더라도 너희가 이 예수를 믿지 않는다면 나는 심판할 것이다." 하나님께서는 이렇게 인류를 오래 참아 오셨던 것입니다. 그러므로 예수님이 이 땅에 오신 것은 하나님도 기다리셨고, 우리 인간도 기다려 온 사건이었습니다.

이신칭의, 이신득의

이제 더 중요한 부분으로 들어가 보겠습니다. 로마서 3장 22~24절입니다.

> ²²곧 예수 그리스도를 믿음으로 말미암아 모든 믿는 자에게 미치는 하나님의 의니 차별이 없느니라 ²³모든 사람이 죄를 범하였으매 하나님의 영광에 이르지 못하더니 ²⁴그리스도 예수 안에 있는 속량으로 말미암아 하나님의 은혜로 값 없이 의롭다 하심을 얻은 자 되었느니라

여기서 속량이라는 단어가 나옵니다. 이 단어의 헬라어 원어는 "아폴리트로시스"입니다. 이것을 한자로 표현하면 좀 더 의미가 명확해집니다. 속량(贖良)은 값을 지불하고 되찾아 온 것을 의미합니다. 즉 구속(救贖)이라는 뜻입니다.

하나님이 우리를 돈을 주고 사신 것입니다. 그렇다면 우리의 구원은 누가 값을 치르셨습니까? 바로 예수님께서 값비싼 대가를 치르셨습니다. 이사야 55장 1절에는 "오호라 너희 모든 목마른 자들아 물로 나아오라 돈 없는 자도 오라 너희는 와서 사 먹되 돈 없이, 값 없이 와서 포도주와 젖을 사라."

이 표현이 의미하는 바가 무엇입니까? 우리의 구원은 그냥 쉽게 주어진 것이 아니라는 것입니다. 천지를 창조하신 하나님께서 인간이 되어 이 땅에 오셨고, 우리를 대신하여 모든 율법을 완벽하게 순종하셨으며, 우리가 받아야 할 죄의 형벌을 대신 짊어지셨습니다.
그것이 바로 속량(贖良)의 의미입니다. 이것이 얼마나 귀한 것입니까?

로마서 3장 25절을 보겠습니다.

차별이 없는 하나님의 은혜

²⁵이 예수를 하나님이 그의 피로써 믿음으로 말미암는 화목제물로 세우셨으니 이는 하나님께서 길이 참으시는 중에 전에 지은 죄를 간과하심으로 자기 의로우심을 나타내려 하심이니

여기서 화목제물이라는 단어가 중요합니다. 헬라어로 "힐라스테리온"라고 합니다. 영어 성경에서는 두 가지로 번역됩니다. 하나는 "속죄의 희생 (Sacrifice of Atonement)"이고 또 하나는 "하나님의 진노를 가라앉히는 희생 (Sacrifice of Propitiation)"입니다.

제가 왜 굳이 영어까지 언급하느냐 하면, "화목제물"이라는 단어를 들으면 우리는 단순히 "화목하다"라는 개념만 떠올릴 수 있습니다. 그러나 "힐라스테리온"의 본래 의미는 단순히 화목하는 것이 아니라, "속죄하는 희생"과 "하나님의 진노를 가라앉히는 희생"이라는 개념을 포함하고 있습니다.

즉 예수님의 십자가는 단순히 우리의 죄를 용서하기 위한 것만이 아니라, 하나님의 공의를 이루고, 하나님의 진노를 완화시키는 희생이었습니다. 우리는 값없이 구원을 받았지만, 하나님께서는 결코 값없이 주신 것이 아닙니다.

하나님께서 자신의 아들을 희생제물로 내어주심으로써, 하나님의 공의와 사랑을 동시에 이루셨던 것입니다.

이제 구원의 의미가 더욱 깊이 다가오시죠? "속량"과 "화목제물"이라는 개념이 얼마나 중요한지를 이해하셨으리라 믿습니다.

많은 사람들은 "화목제물"이라는 단어를 듣고, 단순히 "하나님과 사이좋게 지내는 것"이라고 생각할 수 있습니다. 그러나 원어적 의미는 그렇지 않습니다. 예수님께서 우리가 져야 할 모든 죄의 형벌을 대신 짊어지셨고, 십자가에서 죽으심으로써 진정한 희생제물이 되셨습니다.

하나님께서는 원래 우리의 죄를 즉시 심판하셔야 하지만, 예수님께서 순종하시어 자신의 피를 하나님께 드리심으로써 하나님의 진노가 완화되었습니다. 그래서 영어로 "Propitiation(속죄)"이라는 단어가 사용됩니다.

즉 하나님의 진노를 가라앉히는 희생제물이 되신 것입니다. 그렇게 됨으로써 우리가 하나님과 화목하게 된 것입니다. 그렇다면 우리는 어떻게 이 하나님의 의를 취해야 합니까?

오직 믿음으로! 우리는 이것을 "이신칭의(以信稱義)"라고 부릅니다. 즉 믿음으로 의롭다 함을 받는다는 것입니다. 이것은 하나님의 관점에서 보면, "너희는 원래 더러웠으나, 나는 예수 그리스도의 피로 인해 너희를 의롭다고 선언한다!"라는 뜻입니다.

반면, 우리 입장에서 보면 우리는 믿음으로 의를 받았습니다. 이것을 "이신득의(以信得義)"라고 합니다. 즉 같은 개념이지만 하나님의 관점과 우리의 관점에 따라 표현이 달라지는 것입니다.

그러므로 믿음으로 받는다는 것이 핵심입니다. 진정한 믿음이란 무엇입니까? 우리는 흔히 "하나님을 믿는다."라는 말을 너무 가볍게 사용합니다. 복음을 전하면, 어떤 사람들은 이렇게 말합니다. "그래요, 한 번 믿어 보죠." 그런데 이것이 정말 믿음일까요? 그렇지 않습니다.

히브리어로 "아만"이라는 단어가 있습니다. 이 단어는 단순히 "믿는다"라는 뜻이 아니라, "하나님 아버지의 말씀에 나를 못 박아서 그 말씀에 온전히 신뢰하고, 그 말씀에 따라 사는 것"을 의미합니다. 아브라함이 바로 이 믿음을 가졌습니다. 오늘 우리는 아브라함이 어떻게 이 믿음을 가졌는지를 깊이 있게 살펴볼 것입니다.

차별이 없는 하나님의 의

로마서 3장 22절을 다 같이 읽어보도록 하겠습니다.

> 22곧 예수 그리스도를 믿음으로 말미암아 모든 믿는 자에게 미치는 하나님의 의니 차별이 없느니라

로마서 3장 29~30절도 읽어보도록 하겠습니다.

> 29하나님은 다만 유대인의 하나님이시냐 또한 이방인의 하나님은 아니시냐 진실로 이방인의 하나님도 되시느니라 30할례자도 믿음으로 말미암아 또한 무할례자도 믿음으로 말미암아 의롭다 하실 하나님은 한 분이시니라

여기서 중요한 질문이 있습니다. 예수님을 믿는 믿음은 유대인만을 위한 것입니까? 아니면 이방인을 위한 것입니까? 모두를 위한 것입니다.

사도 바울이 로마서를 기록할 당시, 로마교회에는 유대인뿐만 아니라 이방인 그리스도인도 있었습니다. 당시에는 헬라인과 야만인이라는 개념이 있었습니다. 즉 헬라인이 아닌 사람을 "야만인"이라고 부른 것입니다.

그렇다면 우리도 원래는 "야만인"에 해당했겠죠? 그러나 하나님 앞에서는

이 모든 차별이 없습니다. 왜냐하면, 하나님의 의는 믿음으로 받는 것이기 때문입니다. 내가 유대인이든, 이방인이든, 내가 할례를 받았든, 받지 않았든, 오직 믿음으로만 의를 받는 것이기 때문에 차별이 없습니다.

로마서 4장 10~12절을 보겠습니다.

> [10]그런즉 그것이 어떻게 여겨졌느냐 할례시냐 무할례시냐 할례시가 아니요 무할례시니라 [11]그가 할례의 표를 받은 것은 무할례시에 믿음으로 된 의를 인친 것이니 이는 무할례자로서 믿는 모든 자의 조상이 되어 그들도 의로 여기심을 얻게 하려 하심이라 [12]또한 할례자의 조상이 되었나니 곧 할례받을 자에게뿐 아니라 우리 조상 아브라함이 무할례시에 가졌던 믿음의 자취를 따르는 자들에게도 그러하니라

이제 창세기 17장 9절부터 11절까지 한번 보겠습니다.

> [9]하나님이 또 아브라함에게 이르시되 그런즉 너는 내 언약을 지키고 네 후손도 대대로 지키라 [10]너희 중 남자는 다 할례를 받으라 이것이 나와 너희와 너희 후손 사이에 지킬 내 언약이니라 [11]너희는 포피를 베어라 이것이 나와 너희 사이의 언약의 표징이니라

아브라함은 언제 할례를 받았습니까? 그가 믿음으로 의롭다 함을 받은 후입니다. 이것이 중요한 이유가 무엇입니까? 당시 로마교회에는 유대인과 이방인들이 함께 있었습니다. 그러나 유대인들은 할례를 매우 중요하게 생각했기 때문에, 이방인 그리스도인들을 차별하는 경향이 있었습니다.

그래서 사도 바울은 "할례가 중요한 것이 아니다!"라고 강조하는 것입니다. 아브라함이 의롭다 하심을 받은 것은 할례를 받기 전이었습니까? 후였습니까? 할례를 받기 전이었습니다! 아브라함은 하나님께서 의로 여기신 후

차별이 없는 하나님의 은혜

에 할례를 받았습니다. 그러므로 의로움이 먼저 온 것입니까, 할례가 먼저 온 것입니까?

그렇습니다. 할례를 받은 것도 사실은 의롭다 함을 나타내는 표시인 것이었습니다. 따라서 할례를 받았든 받지 않았든 그것이 중요한 것이 아닙니다. 하나님의 의라는 것은 이방인이든 유대인이든 하나님을 믿는 것에 있어 차별이 없습니다.

그러면서 유대인들에게 다시 이야기해 주는 것입니다. "너희가 할례를 받았는데, 이 할례를 받을 때 왜 받았느냐?" 아버지가 자녀에게 할례를 행해 줄 때, 자녀가 성장하여 "아버지, 제 몸에 있는 이 할례의 표식이 무엇입니까?"라고 묻는다면, 아버지는 무엇이라 대답했겠습니까?

"우리 조상 아브라함이 하나님을 믿으매 그 믿음을 의로 여기심을 받았고, 그 의를 기억하라고 주신 징표가 할례이다." 이렇게 대답할 것입니다. 그러면 믿음으로 의롭다 여겨진 것과 할례의 표식이 함께 전해지겠지요. 그렇다면 유대인들이 받은 할례도 결국 믿음을 나타내는 표식인 것입니다.

그러므로 하나님을 믿는 우리에게 차별이 있습니까? 전혀 없습니다. 유대인이든 이방인이든, 할례를 받았든 받지 않았든, 그 어떤 차별도 없습니다. 따라서 우리는 오직 예수를 믿는 믿음으로 하나님 앞에 나아가는 것입니다.

이제 하나님을 믿는 의에 대해 다시 살펴보겠습니다. 로마서 4장 1절~8절을 보겠습니다.

¹그런즉 우리 육신으로 우리 조상인 아브라함이 무엇을 얻었다 하리요 ²만일 아브라함이 행위로써 의롭다 하심을 받았으면 자랑할 것이 있으려니와 하나님 앞에서는 없느니라 ³성경이 무엇을 말하느냐 아브라함이 하나님을 믿으매 그것이 그에게 의로 여겨진 바 되었느니라 ⁴일하는 자에게는 그 삯이 은혜로 여겨지지 아니하고 보수로 여겨지거니와 ⁵일을 아니할지라도 경건하지 아니한 자를 의롭다 하시는 이를 믿는 자에게는 그의 믿음을 의로 여기시나니 ⁶일한 것이 없이 하나님께 의로 여기심을 받는 사람의 복에 대하여 다윗이 말한 바 ⁷불법이 사함을 받고 죄가 가리어짐을 받는 사람들은 복이 있고 ⁸주께서 그 죄를 인정하지 아니하실 사람은 복이 있도다 함과 같으니라

그러므로 우리가 믿는 의는 오직 은혜입니다. 시편 6편으로 가겠습니다.

¹여호와여 주의 분노로 나를 책망하지 마시오며 주의 진노로 나를 징계하지 마옵소서 ²여호와여 내가 수척하였사오니 내게 은혜를 베푸소서 여호와여 나의 뼈가 떨리오니 나를 고치소서 ³나의 영혼도 매우 떨리나이다 여호와여 어느 때까지니이까 ⁴여호와여 돌아와 나의 영혼을 건지시며 주의 사랑으로 나를 구원하소서 ⁵사망 중에서는 주를 기억하는 일이 없사오니 스올에서 주께 감사할 자 누구리이까 ⁶내가 탄식하므로 피곤하여 밤마다 눈물로 내 침상을 띄우며 내 요를 적시나이다 ⁷내 눈이 근심으로 말미암아 쇠하며 내 모든 대적으로 말미암아 어두워졌나이다 ⁸악을 행하는 너희는 다 나를 떠나라 여호와께서 내 울음소리를 들으셨도다 ⁹여호와께서 내 간구를 들으셨음이여 여호와께서 내 기도를 받으시리로다 ¹⁰내 모든 원수들이 부끄러움을 당하고 심히 떨리여 갑자기 부끄러워 물러가리로다

다윗이 어떠한 마음으로 이 기도를 올렸는지는 정확히 알 수 없지만, 그는 하나님 앞에서 자신이 죽을 수밖에 없는 운명임을 인식했습니다. 그는 죄 아래 있는 자신의 모습을 보았던 것입니다. 그래서 그는 떨리는 마음으로 하나님께 기도를 올렸습니다.

차별이 없는 하나님의 은혜

"여호와여 내가 수척하였사오니 내게 은혜를 베푸소서 여호와여 나의 뼈가 떨리오니 나를 고치소서 나의 영혼도 매우 떨리나이다 여호와여 어느 때까지니이까 여호와여 돌아와 나의 영혼을 건지시며 주의 사랑으로 나를 구원하소서"

유대인들은 율법을 통해 선한 행위로 하나님의 의를 얻으려 했지만, 다윗은 자신의 상태를 정확하게 알고 오직 하나님의 사랑을 구했습니다. 그러므로 우리가 믿는 하나님의 의에는 자랑할 것이 있습니까? 하나도 없습니다.

하나님의 의는 오직 믿음으로 구하며, 오직 은혜로 받는 것입니다. 이방인이든 유대인이든, 할례를 받았든 받지 않았든, 그 어떤 차별도 없습니다. 이것이 하나님의 의의 속성인 것입니다.

이제 다시 로마서로 돌아가겠습니다. 로마서 3장 31절을 합독하겠습니다.

> [31]그런즉 우리가 믿음으로 말미암아 율법을 파기하느냐 그럴 수 없느니라 도리어 율법을 굳게 세우느니라

그렇다면 율법의 목적은 무엇입니까? 우리의 죄를 깨닫기 위함이었습니다. 우리가 복음을 전하면 많은 사람이 "나는 구원을 받았습니다. 나는 하나님을 믿습니다."라고 고백하는 모습을 볼 수 있습니다.

그런데 그중에서도 내가 정말 구원을 받았는지, 받지 않았는지 계속해서 의문을 품는 분들이 있습니다. 어떤 때는 마음에 기쁨이 충만할 때 "내가 구원을 받은 것이 확실하다"고 느끼지만, 어떤 때는 세상적인 생각이 들어

오거나 죄를 지을 때 "내가 진짜 구원을 받았는가?"라는 의문이 듭니다. 이러한 고민을 하는 사람들이 많습니다.

저는 28년 동안 그러한 의문 속에서 살았습니다. 여러분도 내면의 깊은 고민을 쉽게 표현하지 않아서 그렇지 아마 비슷한 경험을 하신 분들이 많을 것입니다.

이제, 왜 이러한 의문이 드는지 설명해 드리겠습니다. 우리는 어릴 때는 부모님을 닮았는지 잘 모릅니다. 그래서 어른들이 장난삼아 "너는 왜 아빠를 하나도 안 닮았니? 너 다리 밑에서 주워 온 거 아니니?"라고 놀리면, 아이는 속상해서 웁니다.

그러나 아이가 성장하면서 변성기도 오고, 얼굴과 체형이 부모와 점점 닮아 가면 어떻습니까? 털이 나는 위치도 비슷하고, 표정도 닮고, 목소리도 닮아 갑니다. 그러면 그 아이가 아버지를 보고 "아빠, 저는 정말 아빠의 아들 맞아요?"라고 물어볼까요? 아닙니다. 물어볼 이유가 없습니다. 왜냐하면 점점 자연스럽게 아버지를 닮아가기 때문입니다.

이와 마찬가지로, 구원을 받은 사람들이 왜 자꾸 의문을 가지느냐 하면 예수 그리스도의 삶의 모습이 자신의 삶 속에서 나타나지 않기 때문입니다. 구원을 받은 사람 안에는 성령이 있으며, 생명의 씨앗이 심겨졌습니다. 생명의 씨앗이 우리 안에 심어지면 반드시 그리스도의 모습이 나타나게 되어 있습니다.

그러나 이 모습이 나타나려면, 우리가 자기 자신을 부인하고 믿음으로 걸어가야 합니다. 그런데 문제는, 그렇게 걷지 않는다는 것입니다. "나는 구

차별이 없는 하나님의 은혜

원받았어." 많은 사람이 이렇게 말하지만, 정작 삶은 변화되지 않습니다. 그러니 시간이 지나면서 "내가 진짜 구원받은 거 맞아?"라고 스스로 묻게 됩니다. 처음에는 구원을 받은 것 같은데, 시간이 지날수록 확신이 흐려지는 것입니다.

그래서 복음을 접한 후에도 구원에 대해 의문을 가지는 사람들이 많습니다. 왜냐하면 그 삶 속에 행함이 없기 때문입니다. 믿음으로 받은 구원은 삶 속에서 나타나야 합니다.

어떻게 하면 "우리가 율법을 굳게 세우느니라."의 말씀을 이루어 갈 수 있습니까? 구약의 율법을 보면서, "아, 이것이 나의 죄된 모습이구나!"라고 깨닫고, 성령 안에서 기도하며 "하나님, 저는 더 이상 이런 모습으로 살고 싶지를 않습니다. 예수님, 저와 동행하고 계시지 않습니까. 그렇다면 예수님의 모습이 제 삶에서 나타나야 되지 않습니까. 예수님 당신은 율법의 일점, 일 획도 어기신 적이 없으신데, 저도 성령 안에서 예수님처럼 주님의 말씀에 순종하도록 이끌어 주십시요. 은혜를 베풀어 주십시오!" 이렇게 기도하고 행함의 발걸음을 걸어가야만 합니다. 그렇게 나아가야만 우리의 삶이 변화됩니다.

저는 이런 이야기를 할 때 간절한 마음이 있습니다. 누군가가 저에게 이런 이야기를 일찍 해 주었다면, 젊은 날 제 삶이 왜곡되지 않았을 것입니다. 저는 어떻게 하면 예수님의 모습을 닮아갈 수 있을까? 늘 그것이 평생의 숙제였고, 그것이 저를 힘들게 했습니다.

그러므로 여러분께서는 복음을 듣고 나서 "이제 나는 하나님의 자녀가 되었고, 천국 간다!"라고 생각하고 끝내서는 안 됩니다. 그것은 시작점일 뿐입니다. 우리 마음 안에 믿음의 씨앗이 뿌려진 시작점입니다.

거기서부터 계속해서 말씀을 듣고, 기도하고, 찬양하면서, 예수님의 삶을 따라 살아가려는 노력이 필요합니다. 그렇게 해야만 우리 안에서 율법이 더욱더 굳게 세워지는 것입니다.

아브라함을 통하여 본 이신칭의

로마서 4장 1~3절을 보겠습니다.

> [1]그런즉 우리 육신으로 우리 조상인 아브라함이 무엇을 얻었다 하리요 [2]만일 아브라함이 행위로써 의롭다 하심을 받았으면 자랑할 것이 있으려니와 하나님 앞에서는 없느니라 [3]성경이 무엇을 말하느냐 아브라함이 하나님을 믿으매 그것이 그에게 의로 여겨진 바 되었느니라

아브라함의 이야기가 계속해서 등장합니다. 아브라함은 어떻게 해서 의롭다 여겨졌는가? 우리는 이를 추적해서 살펴보아야 합니다. 아브라함이 하나님을 믿으매, 그것이 그에게 의로 여겨졌습니다. 이 내용을 우리는 구약성경을 통해 반드시 확인해야 합니다. 그래야만 믿음의 실체가 무엇인지 알 수 있습니다.

우리는 성경의 내용을 더욱 자세히 살펴볼 필요가 있습니다. 창세기 11장 29~32절을 보겠습니다.

> [29]아브람과 나홀이 장가들었으니 아브람의 아내의 이름은 사래며 나홀의 아내 이름은 밀가니 하란의 딸이요 하란은 밀가의 아버지이며 또 이스가의 아버지더라 [30]사래는 임신하지 못하므로 자식이 없었더라 [31]데라가 그 아들 아

차별이 없는 하나님의 은혜

브람과 하란의 아들인 그의 손자 롯과 그의 며느리 아브람의 아내 사래를 데리고 갈대아인의 우르를 떠나 가나안 땅으로 가고자 하더니 하란에 이르러 거기 거류하였으며 [32]데라는 나이가 이백오 세가 되어 하란에서 죽었더라

그리고 창세기 12장 1~9절입니다.

[1]여호와께서 아브람에게 이르시되 너는 너의 고향과 친척과 아버지의 집을 떠나 내가 네게 보여줄 땅으로 가라 [2]내가 너로 큰 민족을 이루고 네게 복을 주어 네 이름을 창대하게 하리니 너는 복이 될지라 [3]너를 축복하는 자에게는 내가 복을 내리고 너를 저주하는 자에게는 내가 저주하리니 땅의 모든 족속이 너로 말미암아 복을 얻을 것이라 하신지라 [4]이에 아브람이 여호와의 말씀을 따라갔고 롯도 그와 함께 갔으며 아브람이 하란을 떠날 때에 칠십오 세였더라 [5]아브람이 그의 아내 사래와 조카 롯과 하란에서 모은 모든 소유와 얻은 사람들을 이끌고 가나안 땅으로 가려고 떠나서 마침내 가나안 땅에 들어갔더라 [6]아브람이 그 땅을 지나 세겜 땅 모레 상수리나무에 이르니 그때에 가나안 사람이 그 땅에 거주하였더라 [7]여호와께서 아브람에게 나타나 이르시되 내가 이 땅을 네 자손에게 주리라 하신지라 자기에게 나타나신 여호와께 그가 그곳에서 제단을 쌓고 [8]거기서 벧엘 동쪽 산으로 옮겨 장막을 치니 서쪽은 벧엘이요 동쪽은 아이라 그가 그곳에서 여호와께 제단을 쌓고 여호와의 이름을 부르더니 [9]점점 남방으로 옮겨갔더라

우리는 아브라함이 갈대아 우르와 하란 지방을 떠날 때의 모습을 주의 깊게 살펴봐야 합니다. 그 당시 메소포타미아 지방의 수메르 문명, 메소포타미아 문명은 매우 발달해 있었습니다. 이 문명은 인류 초기 문명 중 하나로, 경제와 문화가 번성한 지역이었습니다.

이 지역은 가나안 땅과 비교하면 훨씬 풍요로운 곳이었습니다. 유대 전승에 따르면, 아브라함의 아버지 데라는 우상을 만들어서 파는 직업을 가지고 있었다고 합니다.

즉 갈대아 우르와 하란 지방은 우상숭배가 만연한 곳이었고, 경제적으로도 부유한 지역이었습니다. 사람들이 왜 우상을 섬기는 것일까요? 더 많은 재산을 지키고, 비를 내려 달라고, 풍성한 수확을 달라고 기원하기 위해서였습니다.

바로 그 지역에서 아브라함이 하나님의 부르심을 받은 것입니다. 아브라함이 하나님의 부르심을 받을 당시, 그는 75세였고, 그의 아내 사래는 65세였습니다. 사래는 이미 아이를 낳지 못하는 상태였습니다. 생리가 끊어졌다면, 인간적으로 볼 때 자녀를 얻을 가능성이 없는 것입니다.

그런데 하나님께서 아브라함에게 약속하십니다. "내가 너를 큰 민족이 되게 하겠다." "내가 이 땅을 네 자손에게 주겠다." 그런데 현실적으로 보면 아브라함에게는 자식도 없고, 가나안 땅에는 이미 사람들이 살고 있습니다. 도저히 믿기 어려운 이야기입니다.

어떤 사람이 이런 말을 하면 "사기꾼" 취급을 받을 수도 있습니다. 그런데 아브라함이 어떻게 했습니까? 그는 하나님의 말씀을 믿고 떠났습니다. 이것이 믿음의 본질입니다. 그래서 이 믿음이라는 것은 반드시 그에 따른 행함이 따르는 것입니다.

그래서 야고보서 2장 17절에는 "행함이 없는 믿음은 그 자체가 죽은 것이라."고 말씀하신 것입니다. 믿음에 반드시 행함이 따라야 합니다. 그리고 이 믿음이라는 것이 "베헤민"에서 앞에 "베트"라는 단어가 붙습니다. 이 "베트"는 영어로 하면 "안에(in)", "위에(on)"라는 의미를 함께 가지고 있습니다.

즉 하나님께서 주신 약속 안에서, 그리고 하나님께서 주신 약속 위에, 내가 이 믿음을 두는 것입니다. 이것을 "베헤민(믿으매)"라고 이야기하는 것입니다. 그래서 우리가 막연히 "저는 하나님을 믿습니다."라고 말하는 것이 전부가 아닙니다. 하나님의 존재를 믿는 것을 뛰어넘어야 합니다. "하나님께서 뭐라고 말씀하셨지?" "이 말씀이 내게 반드시 이루어질 것이다." 이렇게 믿고 내가 실제로 발을 내딛는 것이 "아브라함이 하나님을 믿으매"에 이르게 된 과정입니다.

우리가 복음을 전할 때 절에 다니는 사람들에게 복음을 전하면서 "예수님 믿으십시오, 믿으십시오." 하면, 그들이 "이렇게 믿으라고 하시니, 한 번 믿어보죠."라고 말할 수도 있습니다. 그런데 그들의 인식 수준이 어디에 머물러 있습니까? 단순히 창조주 하나님이 계신 것 같다는 정도의 믿음입니다.

그들은 "아, 하나님이 계시구나. 내가 그 사실을 인정한다." 정도에서 멈추어 있는 것입니다. 그러나 믿음은 거기에서 멈추어서는 안 됩니다. 믿음은 더 나아가야 합니다. 그런데 많은 사람들이 거기에서 멈춘 채, "아이고, 한 번 믿어줄게요."라고 하는 것입니다. 자녀가 부모에게 와서 "교회 가자."라고 하면, "그래, 한번 가주마."라고 합니다. 이것이 믿음입니까? 아닙니다. 믿음은 그것을 뛰어넘어야 합니다.

제가 여러분에게 10억 원을 빌려주고 싶다고 가정해 보겠습니다. 제가 누구에게 돈을 빌려주겠습니까? 단순히 "저 사람이 존재한다는 이유"만으로 돈을 빌려주지는 않습니다. 저도 나름대로 계산이 있는 사람입니다. 그 사람이 10억 원을 감당할 능력이 있는가? 평소에 어떻게 살아왔는가? 신뢰할 만한가? 이 모든 것을 따져보고 결정할 것입니다.

그것이 바로 "나는 그 사람을 믿는다."는 의미입니다. 마찬가지로 하나님을 믿는다는 것은 단순한 감정이 아닙니다. 하나님의 약속이 반드시 이루어진 다는 것을 확신하는 것입니다.

이제 로마서 4장 20~22절을 보겠습니다.

> ²⁰믿음이 없어 하나님의 약속을 의심하지 않고 믿음으로 견고하여져서 하나 님께 영광을 돌리며 ²¹약속하신 그것을 또한 능히 이루실 줄을 확신하였으니 ²²그러므로 그것이 그에게 의로 여겨졌느니라

여기에 조금 전에 말씀드린 믿음의 본질이 담겨져 있습니다. 많은 사람이 "나는 하나님이 천지를 창조하신 것을 믿습니다."라고 말합니다. 그러나 진 정한 믿음은 그 이상입니다. "하나님이 나에게 무엇을 약속하셨는가?" "그 약속이 반드시 이루어질 것을 나는 확신하는가?"

아브라함 믿음의 성숙함

"아브라함이 하나님을 믿으매…" 그의 믿음은 단순한 인지적인 차원에 머무 는 것이 아니었습니다. 그는 하나님의 약속을 믿었고, 그 약속을 붙들고 걸 어갔습니다. 그러나 아브라함의 믿음이 처음부터 완전했던 것은 아닙니다.

창세기 15장 1~7절을 보겠습니다.

> ¹이 후에 여호와의 말씀이 환상 중에 아브람에게 임하여 이르시되 아브람아 두려워하지 말라 나는 네 방패요 너의 지극히 큰 상급이니라 ²아브람이 이르 되 주 여호와여 무엇을 내게 주시려 하나이까 나는 자식이 없사오니 나의 상 속자는 이 다메섹 사람 엘리에셀이니이다 ⁴여호와의 말씀이 그에게 임하여 이르시되 그 사람이 네 상속자가 아니라 네 몸에서 날 자가 네 상속자가 되리

라 하시고 ⁵그를 이끌고 밖으로 나가 이르시되 하늘을 우러러 뭇별을 셀 수 있나 보라 또 그에게 이르시되 네 자손이 이와 같으리라 ⁶아브람이 여호와를 믿으니 여호와께서 이를 그의 의로 여기시고

이제 창세기 17장 15~19절로 돌아가 보겠습니다.

¹⁵하나님이 또 아브라함에게 이르시되 네 아내 사래는 이름을 사래라 하지 말고 사라라 하라 ¹⁶내가 그에게 복을 주어 그가 네게 아들을 낳아 주게 하며 내가 그에게 복을 주어 그를 여러 민족의 어머니가 되게 하리니 민족의 여러 왕이 그에게서 나리라 ¹⁷아브라함이 엎드려 웃으며 마음속으로 이르되 백 세된 사람이 어찌 자식을 낳을까 사라는 구십 세니 어찌 출산하리요 하고 ¹⁸아브라함이 이에 하나님께 아뢰되 이스마엘이나 하나님 앞에 살기를 원하나이다 ¹⁹하나님이 이르시되 아니라 네 아내 사라가 네게 아들을 낳으리니 너는 그의 이름을 이삭이라 하라 내가 그와 내 언약을 세우리니 그의 후손에게 영원한 언약이 되리라

여기서 우리는 하나님께서 아브라함의 믿음을 점진적으로 성장시키셨다는 것을 알 수 있습니다. 하나님께서 아브라함을 가나안 땅으로 부르신 후, 그가 곧바로 자녀를 얻었습니까? 아닙니다.

아브라함은 이집트로 내려가서 자기의 부인을 누이라고 칭하면서 자기의 목숨을 구하려고 했습니다. 심지어 자신의 방법으로 사라의 종인 하갈을 통해 자녀를 낳기도 했습니다. 그러나 하나님께서는 약속을 이루시기 위해 오랜 시간을 두고 아브라함의 믿음을 성장시키셨습니다.

하나님께서는 아브라함과 사라의 이름을 변경하십니다. 아브람에서 아브라함(많은 민족의 아버지)", 사래에서 사라(여러 민족의 어머니)"로 변경합니다. 그리고 아이의 이름을 이삭(웃음)이라 하라고 합니다. 이것은 하나님의

언약이 더욱 구체적으로 이루어질 것을 의미합니다.

하나님께서 아브라함에게 이렇게 한 이유가 무엇일까요? "만약 아브라함이 가나안 땅에 도착하자마자 자녀를 얻었다면, 그는 어떤 생각을 했을까요?" 그는 하나님에게 감사를 드리면서도 이렇게 생각했을지도 모릅니다. "아직까지 내 육체를 통해서 아이를 낳을 수도 있구나."

그러나 하나님께서는 완전히 인간적으로 불가능한 상황에서 하나님의 능력으로만 이루어지게 하셨습니다. 이것이 믿음의 본질입니다. 즉 하나님의 시각에서 바라보는 그 약속을 붙드는 것입니다.

우리도 신앙생활을 하면서 처음부터 완전한 믿음을 가지기는 어렵습니다. 그러나 중요한 것은, 우리가 하나님의 약속을 점점 더 신뢰하고, 그 약속을 붙들며 살아가는 것입니다.

하나님은 아브라함의 믿음을 점진적으로 성장시키셨듯이, 우리의 믿음도 많은 과정을 통해 자라게 하십니다. 우리가 하나님의 약속을 온전히 신뢰하고, 그 약속을 따라 살아갈 때, 하나님께서는 우리를 의롭다 여기시고, 그분의 계획을 이루어 가십니다.

아브라함이 처음에는 "하나님께서 내 육체를 통해서 자손을 주시려는 것인가?"라고 생각했습니다. 그러나 하나님이 진정으로 아브라함에게 주고 싶으셨던 믿음은 무엇이었습니까? 바로 "오직 하나님만 의지하는 믿음"입니다.

로마서 5장 3~4절에서는 이렇게 말씀합니다.

차별이 없는 하나님의 은혜

³다만 이뿐 아니라 우리가 환난 중에도 즐거워하나니 이는 환난은 인내를 ⁴인내는 연단을, 연단은 소망을 이루는 줄 앎이로다

하나님이 아브라함을 연단하신 이유는 무엇입니까? 오직 하나님만 남기기 위해서였습니다. 아브라함이 이러한 연단을 겪고 나서, 그의 믿음은 어떻게 성장했습니까? 그 믿음이 어디까지 흘러갔는지 함께 살펴보겠습니다.

창세기 21장 1~7절을 보겠습니다.

¹여호와께서 말씀하신 대로 사라를 돌보셨고 여호와께서 말씀하신 대로 사라에게 행하셨으므로 ²사라가 임신하고 하나님이 말씀하신 시기가 되어 노년에 아브라함에게 아들을 낳으니 ³아브라함이 그에게 태어난 아들 곧 사라가 자기에게 낳은 아들의 이름을 이삭이라 하였고 ⁴그 아들 이삭이 난 지 팔 일 만에 하나님이 명령하신 대로 할례를 행하였더라 ⁵아브라함이 그의 아들 이삭이 그에게 태어날 때에 백 세라 ⁶사라가 이르되 하나님이 나를 웃게 하시니 듣는 자가 다 나와 함께 웃으리로다

창세기 22장 1~5절을 보겠습니다.

¹그 일 후에 하나님이 아브라함을 시험하시려고 그를 부르시되 아브라함아 하시니 그가 이르되 내가 여기 있나이다 ²여호와께서 이르시되 네 아들 네 사랑하는 독자 이삭을 데리고 모리아 땅으로 가서 내가 네게 일러 준 한 산 거기서 그를 번제로 드리라 ³아브라함이 아침에 일찍 일어나 나귀에 안장을 지우고 두 종과 그의 아들 이삭을 데리고 번제에 쓸 나무를 쪼개어 가지고 떠나 하나님이 자기에게 일러 주신 곳으로 가더니 ⁴제삼일에 아브라함이 눈을 들어 그 곳을 멀리 바라본지라

5절은 다 같이 읽어보도록 하겠습니다.

⁵이에 아브라함이 종들에게 이르되 너희는 나귀와 함께 여기서 기다리라 내가 아이와 함께 저기 가서 예배하고 우리가 너희에게로 돌아오리라 하고

이제 아브라함의 믿음이 어디까지 성장했는지 보십시오. 아브라함과 사라는 처음에는 하나님의 약속을 사실상 비웃었습니다. "하나님, 나의 상속자는 이 다메섹 사람 엘리에셀이니이다" 그다음에는 "하나님, 이스마엘이나 하나님 앞에 살기를 원하나이다"

그러나 하나님께서 실제로 이삭을 주셨을 때, 그들은 기쁨과 감탄 속에서 웃었습니다. 이삭의 이름 자체가 "웃음"을 의미합니다. 하나님의 약속이 실제로 이루어지는 순간이었습니다.

그런데 하나님께서는 또다시 아브라함의 믿음을 시험하셨습니다. "네 아들, 네 사랑하는 독자 이삭을 번제로 바치라." 이제 아브라함이 믿음이 없었다면 어떻게 반응했겠습니까? "하나님, 큰 민족을 이루어 주신다고 해놓고, 이제 와서 겨우 아들 이삭 하나를 얻었는데 이 아들을 바치라고 하십니까?"

그러나 아브라함은 이제 달라져 있었습니다. 아브라함은 분명히 이삭을 번제로 바치라는 명령을 받았습니다. 이 번제가 무엇입니까? 완전히 몸에 각을 떠서 불로 태우는 제사인 것입니다. 그럼에도 그는 "우리가 너희에게로 돌아오리라"고 말합니다. 즉 하나님께서 이삭을 다시 살려주실 것을 믿었던 것입니다. 이것이 아브라함의 믿음이 성장한 결정적인 순간입니다.

우리가 하나님을 믿는다는 것은 단순히 "하나님이 살아계심을 인정하는 것"이 아닙니다. "하나님이 정말 내 인생을 창조하셨고, 내 인생의 모든 것들을 주관하시며, 그분이 약속하신 것은 반드시 이루어진다!" 이러한 확

차별이 없는 하나님의 은혜

신을 가지고 한 걸음 내딛고, 또 내딛는 것이 믿음입니다. 우리가 넘어지면 하나님께서 위로하시고 다시 세워 주십니다. 그리고 또 한 걸음 내딛고, 또 넘어지고, 다시 일어섭니다. 이렇게 믿음이 자라가다 보면, 결국 아브라함이 이삭을 바칠 수 있었던 그 믿음까지 가게 됩니다.

예수님을 믿는다는 것은 무엇인가?

우리는 "예수님을 믿습니다"라고 말합니다. 그렇다면, 그 예수님에 대해 다시 한번 돌아보아야 합니다. 하나님께서는 천지창조 이후, 인간이 죄를 지었을 때 즉시 약속을 주신 것을 창세기 3장 15절을 통해 알 수 있습니다. "여자의 후손은 네 머리를 상하게 할 것이다"라고 약속하셨습니다. 그리고 아브라함에게 창세기 22장 18절에서 약속하셨습니다. "네 씨로 말미암아 천하 만민이 복을 얻을 것이다" 그리고 다윗에게도 사무엘하 7장 12절 내지 13절에서도 약속하셨습니다. "네 씨를 네 뒤에 세워 그의 나라를 견고하게 하리라 그는 내 이름을 위하여 집을 건축할 것이요 나는 그의 나라 왕위를 영원히 견고하게 하리라." 그렇게 오신 분이 누구입니까? 바로 예수 그리스도입니다.

예수님이 오셔서 우리의 모든 죄를 담당하시고 우리를 위해 십자가에 못 박히셨습니다. 그래서 그 믿음 가운데 내 자신을 던지는 것입니다. "하나님, 여전히 제 자신을 보면 죄 많은 인간이지만, 하나님의 예수 그리스도 안에서 세우신 이 영원한 속죄함의 약속 안에서 저의 마음을 온전히 내어 드립니다. 그리고 이 인생을 하나님께 맡깁니다." 이것이 바로 "베헤민(믿으매)"입니다.

그러므로 예수님께서 십자가에 못 박히신 것이 이제 나의 것이 되는 것입니다. 이것이 우리가 하나님으로부터 말미암아, 하나님께서 준비하신 의를 나의 것으로 만드는 과정입니다. 아멘!

전적인 은혜로서의 믿음

그렇다면 이 믿음이 하나님 것입니까? 내 것입니까? "당신은 하나님을 믿습니까?" "예, 믿습니다." 그래서 나는 믿기 때문에 천국에 간다고 생각하고 그 자신의 믿음을 의로 여깁니다. 하지만 이는 잘못된 생각입니다.

아브라함이 처음부터 강한 믿음을 가진 것은 아닙니다. 그 처음의 믿음은 매우 연약했습니다. 그런데 하나님께서 아브라함에게 계속 말씀하시고 넘어져도 일으켜 세워 주시고, 또 말씀하시고 복을 주셨습니다. 그렇게 해서 결국 이삭을 바치는 믿음까지 가게 된 것입니다.

그렇다면 믿음의 궁극적인 주체는 누구입니까? 바로 하나님이십니다. 그래서 우리가 믿는 것에 대해 하나님 앞에서 자랑할 것은 하나도 없습니다. 전부 다 하나님의 은혜입니다.

그러면 "목사님, 우리는 그냥 가만히 있어야 합니까?" 아닙니다. 여기서 중요한 것이 있습니다. 우리가 씨를 밭에 뿌립니다. 밭이 없으면 씨는 열매를 맺을 수 없습니다. 씨가 밭에 뿌려지고 흙에 묻혀야 합니다. 씨가 어둠 속에 덮이고, 습기를 머금고, 따뜻해지면서 발아하여 수분을 흡수하고 햇빛을 받으며 자랍니다. 이것이 바로 하나님께서 우리에게 성장시키시는 믿음의 성장 과정과 동일한 것입니다.

차별이 없는 하나님의 은혜

하나님은 말씀으로 일하시는 분입니다. 하나님은 우리의 마음밭에 말씀을 심습니다. 밭이 하는 일은 무엇입니까? 말씀이 잘 들어와 받아들여지도록 하는 것입니다. 하나님께서 회개하는 마음을 주실 때, 우리는 마음을 깨뜨려야 합니다. 그러면 우리의 마음 밭이 좋은 밭이 됩니다. 그곳에 말씀이 심겨지고, 하나님께서 역사하시면 믿음이 자라납니다.

그래서 우리가 해야 할 일은 자기를 부인하는 참된 회개입니다. 회개할 때 마음이 부드러워지고, 하나님의 말씀이 심겨지며, 그 말씀이 열매를 맺으면서 아브라함이 가졌던 믿음처럼 성장해 나갑니다. 결국 믿음의 발원지는 바로 하나님의 말씀입니다. 그래서 로마서 10장 17절에는 "그러므로 믿음은 들음에서 나며 들음은 그리스도의 말씀으로 말미암았느니라"라고 기록되어 있는 것입니다. 하나님으로 말미암아 믿음이 시작되며, 우리를 회개하게 하시는 분도 하나님이십니다. 그러므로 우리는 오직 우리 자신을 하나님의 말씀에 맡기고 의지해야 합니다. 이것이 바로 하나님께서 보시는 참된 믿음의 성장인 것입니다. 아멘!

하나님과의 화평

로마서 4장 25절부터 5장 10절까지 읽겠습니다.

²⁵예수는 우리가 범죄한 것 때문에 내줌이 되고 또한 우리를 의롭다 하시기 위하여 살아나셨느니라

¹그러므로 우리가 믿음으로 의롭다 하심을 받았으니 우리 주 예수 그리스도로 말미암아 하나님과 화평을 누리자 ²또한 그로 말미암아 우리가 믿음으로서 있는 이 은혜에 들어감을 얻었으며 하나님의 영광을 바라고 즐거워하느니라 ³다만 이뿐 아니라 우리가 환난 중에도 즐거워하나니 이는 환난은 인내를, ⁴인내는 연단을, 연단은 소망을 이루는 줄 앎이로다 ⁵소망이 우리를 부끄럽게 하지 아니함은 우리에게 주신 성령으로 말미암아 하나님의 사랑이 우리 마음에 부은 바 됨이니 ⁶우리가 아직 연약할 때에 기약대로 그리스도께서 경건하지 않은 자를 위하여 죽으셨도다 ⁷의인을 위하여 죽는 자가 쉽지 않고 선인을 위하여 용감히 죽는 자가 혹 있거니와 ⁸우리가 아직 죄인 되었을 때에 그리스도께서 우리를 위하여 죽으심으로 하나님께서 우리에 대한 자기의 사랑을 확증하셨느니라 ⁹그러면 이제 우리가 그의 피로 말미암아 의롭다 하심을 받았으니 더욱 그로 말미암아 진노하심에서 구원을 받을 것이니 ¹⁰곧 우리가 원수되었을 때에 그의 아들의 죽으심으로 말미암아 하나님과 화목하게 되었은즉 화목하게 된 자로서는 더욱 그의 살아나심으로 말미암아 구원을 받을 것이니라 ¹¹그뿐 아니라 이제 우리로 화목하게 하신 우리 주 예수 그리스도로 말미암아 하나님 안에서 또한 즐거워하느니라

그가 계신 것과 또한 그가 자기를 찾는 자들에게 상 주시는 하나님

우리가 지난주에 특별히 아브라함의 믿음에 대해서 이야기했습니다. 아브

라함이 하나님을 믿었다는 것은 정확하게 무엇일까요? 오늘 말씀에서도 읽었던 것처럼, 하나님께서 아브라함을 부르실 때 그의 나이는 75세였습니다.

하나님께서는 "내가 네게 아들도 주고, 너와 동행할 것이며, 이 가나안 땅도 다 네게 주겠다"고 약속하셨습니다. 그러나 하나님께서 실제로 아브라함이 살아 있을 때 주신 것은 이삭 하나뿐이었습니다. 그것도 아브라함이 백 세가 되었을 때였습니다. 믿지 않는 사람의 시각으로 보면, "이게 뭐야? 하나님이 약속을 안 지키신 것 아닌가?"라고 생각할 수도 있습니다.

가나안 땅을 주겠다고 하셨지만, 정작 아브라함이 가졌던 땅은 창세기 23장에 나오는 막벨라 굴, 곧 사라를 장사 지낸 그곳뿐이었습니다. 믿지 않는 사람의 입장에서 보면, "도대체 하나님의 약속이 지켜진 것인가?"라고 의문을 가질 수도 있습니다.

그러나 하나님은 영원하신 분이십니다. 인간은 몇십 년 혹은 백 년을 살지만, 하나님께서는 영원 속에서 일하십니다. 처음에 아브라함은 자신의 시각으로 하나님을 바라봤습니다. 그래서 "하나님, 엘리에셀이나 잘 지켜주십시오." "내 몸에서 난 이스마엘이나 잘되게 해 주십시오."라고 했던 것입니다. 그는 자기 생각으로 하나님을 이해하려고 했습니다.

하지만 하나님께서는 아브라함이 백 세가 되었을 때 아들을 주셨습니다. 그때 아브라함은 자신의 몸이 죽은 것이나 다름없었고, 사라는 경수가 끊어진 상태였지만 하나님께서는 언약대로 이삭을 주셨습니다.

그제야 아브라함은 생각을 바꾸게 되었습니다. "하나님은 못하시는 일이 없으시구나! 하나님은 정말 신실하시구나! 하나님은 전능하신 분이시구나!"라고 그의 믿음이 확고해진 것입니다. 그리하여 하나님께서 아브라함에게 "이삭을 번제로 바치라"고 하셨을 때, 아브라함은 아무 말 없이 아침 일찍 일어나 장작을 나귀에 싣고 모리아 산으로 출발했습니다. 모리아 산 가까이에 도착했을 때, 종들에게 "우리가 함께 예배드리고 오겠다"라고 말하며 떠났습니다. 이제 그의 믿음은 그 단계까지 이른 것이었습니다.

그래서 우리는 지금 눈앞에서 일어나는 현상을 볼 것인가, 아니면 하나님의 약속을 바라볼 것인가? 결국, 믿음을 판가름하는 기준은 이것뿐이라는 것입니다.

창조주를 믿는 신앙은 많습니다. 사도행전 17장 23절을 읽어보시면 아시겠지만, 당시 아덴 사람들은 다양한 신을 섬기고 있었습니다. 혹시라도 빠진 신이 있을까 싶어서 '알지 못하는 신에게'라고 새긴 제단까지 만들어 섬겼습니다.

이는 전도사 3장 11절에서도 기록되어 있듯이, 인간은 하나님께서 주신 영원을 사모하는 마음을 가지고 있기 때문입니다. 즉 인간은 본능적으로 영원한 존재를 인식하고 있습니다. 그렇기에 사람은 인생의 허망함을 깨닫고, 삶의 주인이 누구인가를 고민하게 됩니다. 이러한 마음이 있기 때문에 이러한 질문이 나오는 것입니다.

그렇다면, 아덴에 있던 사람들이 하나님을 믿었던 것입니까? 그들은 분명 창조주와 같은 존재를 어렴풋이 인식하고 있었습니다. 그러나 그것을 하나님에 대한 믿음이라고 표현하지는 않습니다. 하나님을 믿는다는 것은 단순히 하나님의 존재를 인정하는 것 이상을 의미합니다.

하나님과의 화평

이를 확인하기 위해 히브리서 11장을 보겠습니다. 히브리서 11장 6절은 이렇게 말합니다.

> ⁶믿음이 없이는 하나님을 기쁘시게 하지 못하나니 하나님께 나아가는 자는 반드시 그가 계신 것과 또한 그가 자기를 찾는 자들에게 상 주시는 이심을 믿어야 할지니라

여기에서 믿음이 무엇인지 명확하게 나타나 있습니다. 저는 2007년 서울에 왔습니다. 당시 제 통장을 정리해 보니 마이너스 2,000만 원이었습니다. 왜 그랬을까 돌아보니, 대학을 졸업하자마자 시골에서 집을 짓는다고 가족을 위해 2,000만 원을 대출해 준 것이었습니다. 그렇게 제 인생에서 경찰관으로서 10년은 재정적으로 무의미한 시간이 되어버렸습니다. 마이너스 2,000만 원으로 시작하여 서울에서 새로운 출발을 할 때도 마이너스 2,000만 원이었습니다. 그때는 그 의미를 깊이 생각하지 못했지만, 시간이 지나면서 깨달았습니다. "내 인생의 10년이 완전히 부인되는 것이나 다름없구나." 그러면서 저는 절망했습니다.

직장도 그만두었고, 돈도 벌어야 했으며, 시험 준비도 해야 했습니다. 제 힘으로 할 수 있는 것은 아무것도 없었습니다. 그야말로 암흑 속에 있었습니다. 그때 저는 서울대학교에서 봉천동으로 가는 터널을 지나면서 이런 생각이 들었습니다. "왜 내 인생의 어둠은 끝나지 않는 것일까?" 분명히 하나님을 고등학교 때 만났음에도 불구하고, 왜 이런 상황이 계속될까 고민했습니다.

그러다 더 이상 할 수 있는 것이 없을 때, 그것이 오히려 하나님의 은혜였음을 깨달았습니다. 터널이 끝나갈 즈음, 저는 하나님께 제 인생 전부를

맡기는 기도를 했습니다.

"하나님, 제가 제 인생의 주인이 되어 살아보았지만, 결국 아무것도 남은 것이 없습니다. 죄와 빚만 남았습니다. 이제 제 인생을 온전히 주님께 맡기겠습니다. 주님께서 저를 살리시려면 살려 주시고, 데려가시려면 데려가십시오. 저는 이제 제 인생의 주인 자리를 내려놓습니다."

이 기도는 막연히 하나님께 맡기는 기도가 아니었습니다. 제 마음의 주인을 완전히 주님께 던져내는 기도였습니다. 이 기도가 저의 인생에서 결정적인 터닝 포인트가 되었습니다. 이후에도 삶이 갑자기 나아진 것은 아니었습니다. 여전히 마이너스 2,000만 원에서 시작해야 했고, 나이도 들어 있었습니다. 그러나 하나님께서 제 마음을 기뻐하셨던 것 같습니다. 그때부터 참으로 은혜로운 일들이 일어났습니다. 예상치 못하게 일할 자리도 주어졌고 사법시험 준비를 하는 데에도 지혜와 은혜를 주셨습니다.

당시 사법시험 1차 시험이 8지선다형도 있었는데 이는 배점이 아주 많았습니다. 우리가 8지선다형 문제에서, 즉 8개 지문 중 하나를 찍어서 맞출 확률은 12.5%에 불과합니다. 우리가 가위바위보를 할 때 확률이 50%임에도 우리는 주저합니다. 그런데 8개의 지문을 다 읽어내기에는 너무 시간이 부족했습니다. 그래서 8지선다형 4문제를 그냥 소위 찍었는데 3문제를 맞혔습니다. 이는 실로 대단한 일입니다. 그래서 저는 이 시험에 합격한 것이 제 능력이 아님을 누구보다도 잘 알고 있기에 교만하려 해도 하나님 앞에 겸손해질 수밖에 없습니다.

그때부터 희한하게도 하나님께서 돕는 사람을 붙여 주시고 은혜를 베풀어 주셨습니다. 그러면서 "아! 내가 아브라함의 믿음과는 비교할 수도 없지만

하나님과의 화평

하나님께서 그 가운데서도 나를 입히시고 먹이시는구나" 하고 깨닫게 되었습니다. 몇 년이 지나고 나서는 그 시절이 너무 감사했습니다. 정말 어두운 상황 속에서도 하나님을 바라보는 법을 배웠습니다. 돌아보면 그 시절이 너무나 행복하고 좋았습니다. 그리고 그때부터 저는 돈에 자유로웠습니다. 돈이 많아서 자유로운 것이 아니라 없어도 하나님 앞에 인생을 맡길 수 있어서 자유로웠습니다.

당시를 생각하면 비록 어려운 상황이었지만, 그때만큼 하나님을 많이 찾고 말씀을 깊이 사모했던 적이 없었습니다. 마음속에 하나님만 남으니, 그다음에 하나님께서 은혜를 베푸셨습니다.

아브라함을 보십시오. 처음에는 연약한 믿음이었지만, 나중에는 백 세에 얻은 아들 이삭까지 바치라는 하나님의 말씀을 들었을 때 "하나님이 살려 주실 것이다"하는 믿음까지 하나님께서 일으켜 주셨습니다.

우리가 하나님을 알아갈 때 "야다"라는 히브리어 표현을 씁니다. 이는 단순한 지식이 아니라, 직접 체험하여 아는 상태를 의미합니다. 여러분이 아직 그 단계까지 이르지 못했다면, 하나님께서 아브라함에게 하셨던 것처럼 믿음의 여정을 시작하고 있는 것입니다. 그럴수록 더욱 하나님을 바라보십시오.

이중전가(double imputation)

다시 로마서로 돌아가겠습니다. 로마서 4장 25절입니다.

> [25]예수는 우리가 범죄한 것 때문에 내줌이 되고 또한 우리를 의롭다 하시기 위하여 살아나셨느니라

지난주에는 믿음으로 하나님의 의를 받는 것을 "이신칭의"라고 배웠습니다. 하나님의 시각에서는 "네가 의롭다"고 칭해 주시는 것이며, 받는 우리의 입장에서는 "예수님의 의를 내가 얻었다"고 이해하는 것입니다.

오늘은 더 중요한 개념이 있습니다. 바로 "이중 전가(double imputation)"입니다. 이는 우리의 죄가 예수님께 전가(轉嫁)되고, 예수님의 의가 우리에게 전가되는 것입니다. 우리의 죄는 예수님께 심어지고, 예수님의 의는 우리에게 심어지는 것이 바로 "전가"입니다.

아담이 죄를 지었습니다. 하나님께서는 아담과 하와를 찾으시고, 뱀에게 심판을 선포하신 후 아담에게 행하신 일이 있었습니다.

창세기 3장 21절을 보겠습니다.

  [21]여호와 하나님이 아담과 그의 아내를 위하여 가죽옷을 지어 입히시니라

원래라면 아담과 하와는 즉시 심판을 받아 하나님과 영원히 격리되었어야 합니다. 그것이 영적인 사망입니다. 그러나 하나님께서는 가죽옷을 지어 입히셨습니다.

이 가죽은 어디에서 왔을까요? 동물에게서 나온 것입니다. 그런데 가죽옷을 만들기 위해서는 그 동물이 어떻게 되어야 합니까? 반드시 죽어야 합니다. 단순히 가죽만 벗길 수는 없지 않습니까?

즉 아담과 하와에게 가죽옷을 입히기 위해 동물이 희생되었습니다. 이 동물은 누구 때문에 죽었습니까? 아담과 하와 때문입니다. 아담이 받아야

할 심판이 동물에게 넘어간 것입니다. 하나님께서는 이미 이때부터 희생제사 제도를 보여주셨습니다.

그래서 그 죽었던 짐승의 가죽을 아담과 하와가 입었습니다. 처음에 아담과 하와는 무화과 잎으로 자신을 가렸어요. 이것이 하나님 앞에서 가려질 수 있겠습니까? 없습니다. 반드시 죄에 대해서는 사망의 심판이 있어야 합니다. 그래서 하나님께서 짐승을 희생시키고 그 가죽으로 옷을 입히셨습니다. 하나님께서 아담을 보실 때 "저들을 심판해야 하지만, 내가 대신 짐승에게 심판을 내리고 임시로 죄를 가려두었다"라고 하시며 심판을 유예하셨습니다.

그러므로 아담과 하와는 가죽옷을 입을 때마다 "하나님께서 나를 심판하셔야 하는데, 저 짐승이 대신 심판을 받았구나. 하나님께서 은혜를 베푸셨구나."라고 깨닫고 회개했을 것입니다.

그들이 가죽옷을 입은 모습을 볼 때마다, "내 죄로 인해 저 짐승이 죽었구나. 내 죄는 가려졌지만, 그 대가는 저 짐승의 죽음이었구나."라고 늘 생각했을 것입니다.

죄의 전가(轉嫁)

하나님께서는 아담에게 평생토록 하나님을 바라보며 회개할 수 있도록 그렇게 만들어 놓으셨습니다. 아담의 죄는 이렇게 넘어갔습니다. 그러면 우리의 죄는 이제 어떻게 해결되었는지 이사야 53장으로 가겠습니다.

이사야 53장 6절을 합독하겠습니다.

⁶우리는 다 양 같아서 그릇 행하여 각기 제 길로 갔거늘 여호와께서는 우리 모두의 죄악을 그에게 담당시키셨도다

우리는 다 양 같아서 그릇 행하여 각자 자기 길로 갔다고 합니다. 죄라는 것은 '하타트'라고 한다는 것을 설명해 드렸습니다. 즉 과녁을 벗어난다는 뜻입니다. 본래 우리는 어디로 향해야 했습니까? 하나님만을 향해 걸어가고, 하나님의 영광을 위해 살아가야 했습니다.

그러나 선악을 알게 하는 나무의 열매를 먹음으로써 인간은 자기라는 존재를 인식하게 되었습니다. 능력은 없으면서도 스스로 판단하고 비난하며 열등감 속에서 살아가게 되었습니다. 이런 상태에서는 하나님 앞에 나아갈 수 없었기 때문에 자기 길로 가버린 것입니다. 이것이 바로 죄입니다.

이 죄가 들어온 이후로 사람들은 미워하고, 죽이고, 도둑질을 행하게 되었습니다. 그러나 이러한 행동들은 죄의 열매일 뿐, 근본적인 죄는 하나님을 떠난 것입니다.

하나님께서는 이 죄를 누구에게 담당시키셨습니까? "그에게 담당시키셨도다." 그가 누구입니까? 바로 예수님이십니다. 그래서 우리는 예수님을 볼 때마다 우리의 죄가 얼마나 컸는지를 깨달아야 합니다.

아담이 가죽옷을 입을 때마다 "내가 하나님을 떠났지만 하나님께서 나를 심판하지 않으시고 은혜를 베푸셨구나. 내 죄로 인해 저 짐승이 죽었구나."라고 깨달았던 것처럼, 우리는 예수님을 바라보며 하나님의 크신 사랑을 계속해서 되새겨야 합니다.

하나님과의 화평

그러나 우리가 이 사실을 깊이 깨닫지 못하면, 하나님의 사랑과 예수님의 대속(代贖)하심을 가볍게 여길 수 있습니다. 로마서에서는 처음에 인간의 비참한 상태를 언급합니다. 우리 자신의 실체를 먼저 깨달아야 하기 때문입니다.

"내 안에는 악밖에 없구나. 성경 말씀대로 나는 미친 마음을 품고 사는 자이구나." 이것을 알아야만 "예수님께서 우리의 죄를 다 담당하셨구나! 주님, 감사합니다. 내가 죽어야 하는데 주님께서 대신 죽으셨군요."라며 주님의 크신 사랑을 진정으로 받아들이게 되는 것입니다.

그래서 우리가 복음을 전할 때는 조심해야 합니다. 너무 급하게 "예수님이 우리 죄를 다 용서하셨습니다. 믿으세요! 그러면 천국 갑니다!"라고 전하면 복음이 마음에 깊이 들어가지 않을 수 있습니다.

복음을 전할 때는 처음에 욕을 먹을 각오를 해야 합니다. "저는 착하게 살았습니다."라고 대답하는 사람에게 "그 착함이 정말 하나님을 위한 것이었을까요?"라고 묻는 식으로, 우리 마음의 죄악을 드러내게 해야 합니다. 그런 후에, "그래서 하나님께서 우리 인생의 죄를 위해 예수님을 준비하셨습니다. 이제 이 예수님을 믿으십시오."라고 복음을 전해야 합니다. 그러면 사람이 확 붙들리게 되어 있는 것입니다.

완벽한 속죄

이제 예수님이 정말로 우리 죄를 다 속하셨는지 아닌지는 어떻게 알 수 있을까요? 로마서 4장 25절을 다시 함께 읽겠습니다.

²⁵예수는 우리가 범죄한 것 때문에 내줌이 되고 또한 우리를 의롭다 하시기 위하여 살아나셨느니라

우리 죄가 다 갚아졌다는 것은 무엇을 보고 하는 말일까요? 예수님의 무엇을 보고 하는 말일까요? 부활입니다.

만일 어떤 사람이 징역 3년형을 선고받았다고 가정해 보겠습니다. 그렇다면 그 사람은 반드시 3년의 형기를 복역해야만 출소할 수 있는 것입니다. 예수님께서 부활하셨다는 것은 바로 죽음에 대한 모든 심판을 받았다는 것입니다. 왜냐하면 죽음은 바로 죄의 대가이기 때문입니다. 부활하셨다는 것은 바로 그 죽음의 대가를 완벽하게 처리했다는 것입니다.

그렇기 때문에 예수님이 부활하셔야만 우리의 죄에 대한 심판이 끝났다는 것을 믿을 수 있는 것입니다. 그래서 우리는 예수님이 부활하셔서 하나님 우편에 계신다는 사실을 실감하고 감사해야 합니다.

예수님이 십자가에 못 박히시고 창에 찔리셨다는 증거를 남기셨다는 것이 얼마나 감사한지 모릅니다. 하나님 나라에서 우리가 예수님을 만날 때도 예수님께서는 그 상처를 가지고 계실 것입니다. 그러면 우리가 하나님 나라에서도 조금이라도 교만해지려 할 때 예수님이 못 박히시고 찔리신 그 자국을 보면 "예수님께서 내가 육체로 있을 때 지었던 모든 죄를 이렇게까지 감당하셨구나" 하고 깨닫게 될 것입니다. 그러면 예수님의 사랑 앞에 다시 무릎을 꿇게 되고, 아담처럼 교만하지 않게 살아갈 수 있는 것입니다. 그 사실을 생각할 때, 예수님께서 부활하신 후에도 모든 상처를 간직하셨다는 것이 너무 감사합니다.

하나님과의 화평

의(義)의 전가(轉嫁)

이제 우리가 지은 죄가 모두 사라지고 심판에서 벗어났다는 것을 알게 되었습니다. 그렇다면 예수님의 의가 어떻게 우리에게 전해졌는지도 잘 알아야 할 것입니다.

우리가 이제 "믿음으로 의롭다 하심을 받았다"는 표현을 더 깊이 살펴보겠습니다. 헬라어에서는 '디카이오센테스'라고 표현되어 있습니다. 이 단어는 수동태로 쓰였습니다. 따라서 성경에서 말하는 구원은 모두 수동태, 즉 받는 형태로 되어 있습니다.

또한 우리 문법에는 없지만, 헬라어 문법에는 '아오리스트'(Aorist)라는 시제가 있습니다. 이 시제는 과거, 현재, 미래와 관계없이 단번에 이루어진 사건을 표현할 때 사용됩니다. 따라서 우리가 의롭게 되었다는 것은 반드시 누군가로부터 단번에 의롭다고 선언 받았다는 것입니다. 그래서 믿음은 단번에 우리에게 들어오고 이후 계속 성장하면서 이루어지는 것입니다.

그렇다면 이제 예수님의 삶을 한 번 돌아보겠습니다. 예수님께서는 흠이 있었을까요? 흠이 있었다면 하나님께서 기쁘게 받으실 수 없었을 것입니다. 예수님은 완전한 인간으로 오셔서 하나님의 말씀에 온전히 순종하셨습니다. 그리고 십자가에 못 박히시면서까지 하나님께 순종하며 자신을 제물로 드리셨습니다. 이것은 구약성경에서 말하는 제사 중 어떤 제사에 해당할까요?

레위기 1장 3절부터 9절까지 읽겠습니다.

³그 예물이 소의 번제이면 흠 없는 수컷으로 회막 문에서 여호와 앞에 기쁘게 받으시도록 드릴지니라 ⁴그는 번제물의 머리에 안수할지니 그를 위하여 기쁘게 받으심이 되어 그를 위하여 속죄가 될 것이라 ⁵그는 여호와 앞에서 그 수송아지를 잡을 것이요 아론의 자손 제사장들은 그 피를 가져다가 회막 문 앞 제단 사방에 뿌릴 것이며 ⁶그는 또 그 번제물의 가죽을 벗기고 각을 뜰 것이요 ⁷제사장 아론의 자손들은 제단 위에 불을 붙이고 불 위에 나무를 벌여 놓고 ⁸아론의 자손 제사장들은 그 뜬 각과 머리와 기름을 제단 위의 불 위에 있는 나무에 벌여 놓을 것이며 ⁹그 내장과 정강이를 물로 씻을 것이요 제사장은 그 전부를 제단 위에서 불살라 번제로 드릴지니 이는 화제라 여호와께 향기로운 냄새니라

구약성경에는 제사를 드리는 방법 중 하나로 번제가 있습니다. 번제는 완전히 불태워서 드리는 제사입니다. 따라서 모든 부분을 자르고 내장을 씻은 후, 번제단 위에서 태워야 합니다.

그런데 이 번제물의 조건이 레위기 1장 3절에 보면, '흠 없는 수컷'이어야 한다고 기록되어 있습니다. 그리고 이 번제에 대하여 9절에서 "여호와께 향기로운 냄새니라"라고 말씀하셨습니다.

예수님은 흠이 없으셨고 이를 증명하시기 위하여 하나님은 공적으로 빌라도를 통하여 죄가 없음이 선포가 되었습니다. 예수님은 세상 죄를 위해 오셨지만 죄가 없으시고 온전히 하나님 말씀에 온전히 순종하셨기에 하나님 앞에서 흠 없는 번제물이 될 수 있었습니다. 이는 아담이 불순종으로 타락한 것과는 대조가 되는 것입니다.

이것이 바로 예수님의 번제를 의미합니다. 예수님께서 하나님 앞에 향기로운 제물이 되셨고, 하나님께서 이를 열납(悅納)하셨습니다. 그리고 그 열납

된 제물을 우리에게 주어졌습니다.

또한, 레위기 7장 8절에 의하면 번제에 쓰인 가죽은 그 번제를 드린 제사장이 가져갑니다. 제사장은 이 가죽으로 옷을 만들어 입었을 것입니다. 이는 마치 아담이 죄를 지은 후 하나님께서 가죽옷을 지어 입히신 것과 같습니다.

즉 예수님의 순종을 통해 이루어진 번제는 우리를 덮어주시는 은혜가 되었습니다. 우리의 죄는 예수님께 넘어가고, 예수님의 의는 우리에게 전가되는 것입니다. 이것이 바로 "이중전가"입니다. 예수님은 바로 이 일을 위해 오셨습니다.

의인과 죄 없음의 구별

우리는 구원을 받은 이후에도 여전히 죄 가운데 살아갑니다. 그런데 일부 사람들은 '내가 의롭게 되었다'는 것을 근거로 '나는 이제 죄가 없다'고 생각하는 경우가 있습니다.

주로 구원파 계열에서 이러한 주장을 합니다. 이들은 '내가 의인이 되었기 때문에 더 이상 죄인이 아니다'는 논리를 펼칩니다. 하지만 이것이 올바른 이해일까요? 아닙니다.

'의롭게 되었다'라는 표현은 법적인 용어입니다. 즉 죄가 있음에도 불구하고 하나님께서 그 죄를 심판하지 않겠다고 선포하신 것입니다. 즉 하나님께서 우리를 의롭다고 여기시는 것은 우리가 죄가 없어서가 아니라, 예수 그리스도가 우리의 죄를 대신 담당하여 심판을 받았고, 그것을 우리가 믿음으로 말미암아 의롭다고 여겨지는 것입니다. 그렇게 우리가 하나님 앞에 나아가는 과정에 죄로 인한 심판의 두려움이 없기에 하나님이 옳다고 인정하신 우편의 길을 걸어갈 수 있는 것입니다. 그래서 Righteous Person(의인)인 것입니다.

우리는 예수님을 '의인'이라고 부릅니까? 아닙니다. 예수님은 죄 없으신 분이라고 칭하지만, 의인이라고 칭하지 않습니다. 따라서 '죄 없는 것'과 '의롭게 여겨지는 것'은 다른 개념입니다. 이 차이를 분명히 알아야 합니다. 이러한 오류에 빠지지 않도록 주의해야 합니다. 우리는 여전히 육체 가운데 살아가고 있습니다.

요한일서 1장 8~9절을 함께 읽겠습니다.

> [8]만일 우리가 죄가 없다고 말하면 스스로 속이고 또 진리가 우리 속에 있지 아니할 것이요 [9]만일 우리가 우리 죄를 자백하면 그는 미쁘시고 의로우사 우리 죄를 사하시며 우리를 모든 불의에서 깨끗하게 하실 것이요

위 요한일서 1장의 내용이 바로 조금 전에 설명한 것을 잘 보여주고 있습니다. 그래서 우리는 법적으로 하나님 앞에서 심판이 끝난 것입니다. 예수님께서 우리가 지은 모든 죄에 대한 심판을 담당하셨기 때문입니다. 그러나 우리는 여전히 육체 가운데 살아가는 존재입니다. 그렇다면 우리는 이 충돌하는 것처럼 보이는 상황 속에서 어떻게 살아가야 할까요? 이에 대해 고민하는 과정이 바로 성화의 과정입니다.

하나님과의 화평

회개의 삶

아담을 보십시오. 짐승의 가죽옷을 입을 때마다 '나 때문에 저 짐승이 죽었구나. 이제 하나님의 말씀 앞에 순종해야겠다.'라는 생각을 하지 않았겠습니까? 늘 회개하는 마음으로 의로운 길을 걸어갔을 것입니다.

우리도 마찬가지입니다. 우리 자신을 볼 때마다 '이런 나를 하나님께서 용서해 주셨구나. 나를 위해 예수님께서 십자가에 못 박히셨구나. 그렇다면 나는 더 이상 옛날처럼 살면 안 되지. 예수님의 옷을 입고서 세상 사람들과 똑같이 살면 예수님의 이름을 욕되게 하는 것이겠지.'라는 생각을 해야 합니다. 이러한 회개의 삶을 살아가는 것이 그리스도인의 삶입니다.

하나님과의 화평

이어서 로마서 5장 1~2절을 읽겠습니다.

> [1]그러므로 우리가 믿음으로 의롭다 하심을 받았으니 우리 주 예수 그리스도로 말미암아 하나님과 화평을 누리자 [2]또한 그로 말미암아 우리가 믿음으로 서 있는 이 은혜에 들어감을 얻었으며 하나님의 영광을 바라고 즐거워하느니라

여기에서 '하나님과 화평을 누리자'라는 표현이 나옵니다. 헬라어로는 '에이레네', 히브리어로는 '샬롬'이라는 이 화평은 단순히 육체적으로 고요한 상태가 아닙니다. 하나님과의 올바른 관계 속에서 완전한 조화를 이루는 상태를 의미합니다.

그렇다면 왜 우리에게 하나님과의 화평이 필요할까요? 이에 대해 생각해 봅시다. 아담과 하와가 선악과를 먹었습니다. 그 후 하나님께서는 창세기

3장 22절부터 24절을 보면 그들이 생명나무의 열매를 먹고 영생할까 염려하셔서 에덴동산 동쪽으로 쫓아내셨습니다. 그리고 천사들과 두루 도는 불 칼을 두어 동산을 지키게 하셨습니다. 이제 아담과 하나님은 분리된 존재가 되어버렸습니다.

하지만 우리는 다시 에덴동산으로, 즉 에덴을 통하여 모형적으로 보여준 참된 천국으로 들어가야 합니다. 그러나 들어가려고 하면 무엇이 가로막고 있습니까? 바로 두루 도는 불 칼이 가로막고 있습니다. '네가 들어오기만 하면 내가 너를 죽일 것이다.'라고 지키고 있는 것입니다.

진주성(晉州城)은 지금은 남강이 한쪽으로만 흐르지만, 임진왜란 당시에는 섬처럼 되어 있었습니다. 그래서 왜군이 공격하려 해도 강을 건너야 했고, 성 위에서 불화살을 쏘고 돌을 던지니 공략하기가 너무 어려웠습니다. 그때 왜군은 동네의 소를 모조리 잡아 가죽을 벗기고 그것으로 덮개를 만들어 불화살을 막으며 진주성을 공격하여 함락했던 것입니다.

이처럼 우리가 에덴동산으로 들어가려 하면 두루 도는 불 칼이 지키고 있습니다. 그렇다면 이 두루 도는 불 칼을 누가 막아주어야 합니까? 예수님이 당신이 희생하심으로써 그걸 다 막아준 것입니다.

그래서 우리가 구약성경을 보면 성막에 대한 이야기가 나옵니다. 성막의 문이 어디 쪽으로 향해 있습니까? 하나님이 아담을 에덴동산에서 동쪽으로 쫓아냈으니까 들어가는 문이 어디로 향해 있어야 할까요? 다시 그 동쪽 문으로 들어가야 하는 것입니다. 그래서 성막은 동쪽으로 문이 열려 있습니다.

하나님과의 화평

출애굽기 27장부터 30장을 보면 성막에 들어가면 제물을 불태우는 번제단이 있습니다. 거기에서 제사를 지내고, 그 위에 올려놓아 다 태우는 겁니다. 그다음에 번제단을 지나 성소로 들어가기 전에 물두멍이 있습니다. 제사장들이 제사를 지낸 후 손과 몸을 씻고, 그런 다음 성소에 들어갑니다.

성소에 들어가면 좌편에는 등대가 있고, 맞은 편에는 떡을 쌓아 놓은 진설병이 있습니다. 지성소로 들어가는 정면에는 분향할 제단인 향단이 있습니다. 그다음에 더 들어가면 가장 거룩한 곳인 지성소가 있습니다. 지성소 안에는 법궤가 있고, 그 법궤의 뚜껑은 '속죄소'라고 하며, 이는 하나님의 은혜가 임하는 자리입니다.

법궤 안에는 하나님의 말씀이 담겨 있습니다. 성소와 지성소를 가로막고 있는 것은 무엇입니까? 바로 휘장이었습니다. 이 성막의 모형이 예수님께서 우리를 하나님과 화평하게 하시는 방법을 그대로 보여주고 있습니다.

먼저 예수님은 제사장이시면서 동시에 번제물이 되셨습니다. 그래서 번제단에서 당신을 온전히 희생하셨습니다. 그런 다음 우리에게 믿음을 주시고, 성소 안에 들어가 하나님과 교제할 수 있도록 하셨습니다.

다음으로 우리가 하나님 앞에 나아가는데 흠이 없도록 하시기 위하여 예수님께서 흘리신 피와 물로 우리를 정결하게 해주시는 역할을 하신 것입니다. 그것이 바로 물두멍이 보여주는 모형인 것입니다. 그리스도인들은 하나님으로부터 은혜를 입어 속죄함을 받았습니다. 하지만 살아가다 보면 죄를 짓게 됩니다. 그럴 때마다 우리는 "주님, 제가 또 주님 앞에서 허물이 있습니다. 그러나 주님께서 영원히 흘리신 그 피와 물로 제 마음을 청결하게 해주십시오."라고 기도해야 합니다. 그러면 성령께서 다시 한번 우리를 깨끗하게 하십니다.

그런 다음 성소에 들어가면 등대에서 나오는 빛과 떡이 있습니다. 우리는 그 빛과 떡을 보면서 우리가 죄의 어둠 가운데에 있을 때에 참 빛으로 오신 예수님을 다시 묵상하고, 우리의 영원한 생명의 양식이 되신 예수님을 다시 묵상하면서 성령과 교제가 일어납니다. 이 모든 것이 예수님을 통해 이루어진 것입니다. 그리고 기도를 예표하는 향단이 있고, 성소와 지성소 사이에는 휘장이 있습니다. 원래 이 지성소에는 1년에 대속죄일 한 차례 대제사장만 들어갈 수 있었습니다.

지성소는 지극히 거룩한 곳이기에 대제사장도 들어가는데 늘 자신을 살펴보고 신중했습니다. 지성소에 들어가면 하나님의 말씀이 계신 곳이기에 하나님의 음성을 들을 수 있습니다. 그것이 지성소에서의 만남입니다. 이 지극히 거룩한 곳인 지성소에서 하나님을 만난다는 것은 바로 하나님과 화평이 이루어졌다는 것입니다.

이를 그대로 표현한 것이 히브리서 10장 19~22절입니다.

> [19]그러므로 형제들아 우리가 예수의 피를 힘입어 성소에 들어갈 담력을 얻었나니 [20]그 길은 우리를 위하여 휘장 가운데로 열어 놓으신 새로운 살 길이요 휘장은 곧 그의 육체니라 [21]또 하나님의 집 다스리는 큰 제사장이 계시매 [22]우리가 마음에 뿌림을 받아 악한 양심으로부터 벗어나고 몸은 맑은 물로 씻음을 받았으니 참 마음과 온전한 믿음으로 하나님께 나아가자

우리가 하나님과 교제하는 방법이 바로 이것입니다. 그래서 우리가 기도를 할 때도 급한 마음으로 나아가는 것이 아니라, 먼저 나 자신의 위치가 어디인지 돌아보아야 합니다. 나는 참으로 불쌍하고 비참한 존재이지만, 예수님께서 나

하나님과의 화평

를 이렇게 사랑하셨구나! 하며 깨달아야 합니다. 또한 내가 예수님의 피와 물로 정결함을 받고, 내 삶이 정말 예수님을 닮아서 세상의 빛과 소금이 되었는지 돌아보면서 기도해야 합니다. 그리고 하나님과의 만남이 이루어지는 지성소로 우리가 들어갈 수 있도록 예수님의 몸으로 그 휘장을 활짝 열어 놓으셨습니다. 그렇기 때문에 우리가 기도하면, 하나님께서 세미한 음성을 통해 여러분의 영혼에 말씀하십니다.

이것이 곧 기도이며, 하나님과 교제하는 것이고, 하나님을 만나는 것입니다. 이제 여러분도 이렇게 나아가야 합니다.

하나님의 영광

이제 대제사장이 하나님께서 정하신 대속죄일에 모든 제사를 마친 후, 축복을 선포하면 성소에서 불이 나와 여호와 앞에서 나와 번제물을 다 태우는 장면이 등장합니다. 레위기 9장 22~24절을 보겠습니다.

> ²²아론이 백성을 향하여 손을 들어 축복하므로 속죄제와 번제와 화목제를 마치고 내려오니라 ²³모세와 아론이 회막에 들어갔다가 나와서 백성을 축복하매 여호와의 영광이 온 백성에게 나타나며 ²⁴불이 여호와 앞에서 나와 제단 위의 번제물과 기름을 사른지라 온 백성이 이를 보고 소리 지르며 엎드렸더라

제가 설교가 끝난 후 여러분에게 축도를 하는데, 이는 아론이 행한 일을 근거를 두고 있는 것입니다. 아론이 이렇게 축도를 하자 불이 여호와 앞에서 나와 제단 위의 번제물과 기름을 태웠습니다. 이것이 바로 하나님의 영광이었습니다.

이를 본 사람들은 물론 두려운 마음도 있었지만 '아, 하나님께서 우리와 함께 계시는구나!'하고 느꼈을 것입니다. 이전에는 하나님께서 오직 지성소 안, 법궤 안에만 계신 줄 알았는데 지금 보니 하나님이 우리와 함께하시는 구나! 하고 깨달았을 것입니다. 그래서 그들은 하나님이 함께하신다는 확신을 얻었던 것입니다.

로마서 5장 2절은 "또한 그로 말미암아 우리가 믿음으로 서 있는 이 은혜에 들어감을 얻었으며 하나님의 영광을 바라고 즐거워하느니라"라고 기록되어 있는 것입니다.

그래서 오늘 저는 여러분께 이 말씀을 전하고 싶습니다. 사실 우리는 하나님과 너무나 먼 존재였고, 죽어 마땅한 존재였습니다. 그런데 하나님께서 예수 그리스도를, 곧 당신의 독생자를 보내주셨습니다. 우리 인간이 볼 수 있는 그 사랑을 하나님께서 확증해 주셨습니다. 아들을 보내어 죄인들을 위한 대속 제물을 삼으셨으니, 이 인간 세상과 온 우주에 이보다 더 큰 사랑을 가져올 수 있는지 생각해 보시길 바랍니다.

하나님께서는 우리를 향한 사랑을 완벽하게 보여주셨습니다. 이제 이것만 참되게 믿으면, 마치 불이 제단 위에서 나와 번제물과 기름을 살랐던 것처럼, 예수님 안에서 하나님의 영광의 사랑이 우리를 감싸게 되는 것입니다. "내가 이 사랑 안에 있구나. 이제 내가 하나님과 화평하게 되었구나."

이렇게 확신하며, "아버지! 나의 아버지이신 하나님 아버지!"라고 부를 수 있습니다. 그러면 하나님께서 나와 동행하심을 더욱 사랑으로 믿어낼 수 있습니다.

이 불을 본 이스라엘 백성들은 어떠한 어려움이 있더라도 "저 안에 지금 하나님이 계시다! 하나님이 우리와 동행하신다!"는 믿음으로 모든 것을 이 겨냈습니다.

우리도 마찬가지입니다. 하나님께서 당신의 독생자를 주셨는데, 그 사랑보다 더한 것이 어디 있겠습니까? 하나님이 나와 동행하신다는데, 왜 우리가 좌절하겠습니까? 하나님께서 지금 나에게 믿음을 주시려고 이렇게 연단하시는 것이니, 나는 기뻐하고 찬양해야 합니다. 그러면서 우리는 아브라함이 걸었던 길을 걸어가는 것입니다.

사도 바울이 로마서 5장 3절부터 8절이 바로 이러한 하나님의 사랑을 기록하고 있는 것입니다.

> [3]다만 이뿐 아니라 우리가 환난 중에도 즐거워하나니 이는 환난은 인내를, [4]인내는 연단을, 연단은 소망을 이루는 줄 앎이로다 [5]소망이 우리를 부끄럽게 하지 아니함은 우리에게 주신 성령으로 말미암아 하나님의 사랑이 우리 마음에 부은 바 됨이니 [6]우리가 아직 연약할 때에 기약대로 그리스도께서 경건하지 않은 자를 위하여 죽으셨도다 [7]의인을 위하여 죽는 자가 쉽지 않고 선인을 위하여 용감히 죽는 자가 혹 있거니와 [8]우리가 아직 죄인 되었을 때에 그리스도께서 우리를 위하여 죽으심으로 하나님께서 우리에 대한 자기의 사랑을 확증하셨느니라

> 아멘!

그리스도와 함께 죽고 함께 산다

우리 로마서 5장 1절부터 보도록 하겠습니다.

> ¹그러므로 우리가 믿음으로 의롭다 하심을 받았으니 우리 주 예수 그리스도로 말미암아 하나님과 화평을 누리자. 또한 그로 말미암아 우리가 믿음으로 서 있는 이 은혜에 들어감을 얻었으며 하나님의 영광을 바라고 즐거워하느니라

여기까지는 예수님께서 당신의 몸으로 번제단의 번제물이 되시고, 또 대제사장으로서 지성소의 휘장을 다 찢어 놓으셔서 하나님과 우리가 다시 연결되는 화평의 길을 열어주셨다는 말씀입니다.

그리고 대제사장이 모든 제사를 마쳤을 때, 하나님의 불이 성소에서 나와 번제단 위에 있는 번제물과 기름을 사르는 하나님의 영광이 나타났습니다. 예수님은 부활로서 그 하나님의 영광을 드러나게 하셨고 우리는 성령을 통하여 그 영광에 참여하고 있는 것입니다.

그래서 우리가 변화된다는 것은 바로 하나님과 동행하는 것입니다. 그것보다 더 큰 영광이 어디 있겠습니까? 하나님의 임재가 나타나는 것 자체가 하나님의 영광인 것입니다.

5장 3절부터 보면,

> ³다만 이뿐 아니라 우리가 환난 중에도 즐거워하나니 이는 환난은 인내를 인내는 연단을 연단은 소망을 이루는 줄 앎이로다

우리가 하나님과 동행하기 때문에 우리 인생에 오는 모든 일들은 주님이 허락하신 것입니다. 그래서 환난이 오더라도 "하나님이 이것을 복으로 바꿔주실 것이다"라는 믿음으로 인내해야 합니다. 하지만 때때로 인내하는 것이 힘들고 지칠 수도 있습니다.

그럼에도 불구하고 하나님 앞에서 소망을 가지며 연단의 과정을 거쳐 나아갈 때, 우리의 인격은 예수님만 남도록 변화됩니다. 결국 하나님은 아브라함에게 약속하셨던 그 씨로 말미암아 구원받은 우리로 하여금 아브라함이 걸어갔던 그 동일한 길을 걸어갈 수 있도록 이끌어 주십니다.

5장 5절부터 8절까지 읽어보겠습니다.

> [5]소망이 우리를 부끄럽게 하지 아니함은 우리에게 주신 성령으로 말미암아 하나님의 사랑이 우리 마음에 부은 바 됨이니 [6]우리가 아직 연약할 때에 기약대로 그리스도께서 경건하지 않은 자를 위하여 죽으셨도다 [7]의인을 위하여 죽는 자가 쉽지 않고, 선인을 위하여 용감히 죽는 자가 혹 있거니와 [8]우리가 아직 죄인 되었을 때에 그리스도께서 우리를 위하여 죽으심으로 하나님께서 우리에 대한 자기의 사랑을 확증하셨느니라

우리는 때로 하나님께 "언제까지 기다려야 합니까? 하나님이 정말 살아 계십니까?"라고 묻게 될 수도 있습니다. 인내와 연단의 과정에서 우리는 어려움을 겪기도 합니다. 하지만 이 모든 것을 이겨낼 수 있도록 하는 것이 바로 하나님의 사랑입니다. 하나님의 사랑이 얼마나 크기에 독생자를 우리 죄를 위하여 십자가에 못 박으셨겠습니까? 하나님께서는 그 마음을 보여주시기 위해 예수님을 이 땅에 인자로 보내신 것입니다.

우리가 그 십자가를 깊이 묵상할 때, 때로는 어려움과 고난이 있다 하더라

도 "그래, 하나님께서 이렇게까지 나를 사랑하셨는데!"하며 우리를 든든히 붙잡을 수 있습니다.

사랑하는 형제자매님!

우리가 자꾸 세상을 크게 바라보니 인생이 고달픈 것입니다. 이것도 가져야 하고, 저것도 가져야 할 것 같지만, 당장 주어지지 않으면 그것이 고난으로 느껴집니다.

그러나 우리는 이 세상을 초월하여 받을 수 있는 더 크고 놀라운 하나님의 사랑을 이미 받고 있습니다. 하나님의 사랑이 우리 안에 충만하면, 현실에서 고난이 오더라도 우리는 만족할 수 있습니다.

순교자들을 보면 십자가에 못 박히고, 기름이 부어져 불태움을 당하며, 사자 굴에 던져지는 극한 상황 속에서도 기쁨으로 찬양을 했습니다. 로마 황제들은 "이제 기독교인들이 믿음을 버리겠지", "다시는 예수를 믿지 않겠지"라고 생각했지만, 한 명을 죽이면 오히려 백 명이 전도되었습니다.

그들이 바보였겠습니까? 아니었습니다. 그들은 하나님의 사랑과 영광을 깊이 경험했기 때문에, 세상의 고난보다 하나님의 사랑과 임재가 더 크다는 것을 알았던 것입니다. 그 사람들도 똑같이 우리와 같은 사람입니다. 그런데 그 사람들이 진정으로 소망했던 것은 하나님과의 동행이었기 때문에 그 고난도 넘길 수 있었던 것입니다.

그래서 우리는 이 세상을 살아가면서 이 세상 사람도 아니고, 지금 당장은 하늘에 있는 것도 아니지만, 어떻게 보면 중간지대인 교회 안에서 하나님

그리스도와 함께 죽고 함께 산다

나라를 경험하면서 하나님이 준비하신 천국을 향해 나아가고 있습니다. 그래서 우리는 발은 땅을 밟고 있지만 눈은 천국을 향해야 합니다.

그러므로, 로마서 5장 9절부터 11절은 다음과 같이 기록하고 있는 것입니다.

> ⁹이제 우리가 그의 피로 말미암아 의롭다 하심을 받았으니 더욱 그로 말미암아 진노하심에서 구원을 받을 것이니라 ¹⁰곧 우리가 원수 되었을 때에 그의 아들의 죽으심으로 말미암아 하나님과 화목하게 되었은즉 화목하게 된 자로서는 더욱 그의 살아나심으로 말미암아 구원을 받을 것이니라 ¹¹그뿐 아니라 이제 우리도 우리 주 예수 그리스도로 말미암아 하나님 안에서 또한 즐거워하느니라

그래서 우리는 즐거워할 수 있습니다. 고난 중에 있지만, 하나님께 "참으로 제 인생을 돌아보면 죄밖에 없는데, 어떻게 저에게 이렇게 은혜를 베푸셔서 사랑을 심어주셨습니까?"라고 고백하며, 기쁨 가운데 이 고난을 지나가는 것입니다. 지난주까지 우리가 나누었던 말씀을 다시 정리해 보았습니다.

아담과 죄

오늘 우리가 다룰 로마서 5장 12~21절의 말씀은 그동안 이야기했던 내용을 총정리하는 단계입니다.

> ¹²그러므로 한 사람으로 말미암아 죄가 세상에 들어오고, 죄로 말미암아 사망이 들어왔나니 이와 같이 모든 사람이 죄를 지었으므로 사망이 모든 사람에게 이르렀느니라 ¹³죄가 율법이 있기 전에도 세상에 있었으나 율법이 없을 때에는 죄를 죄로 여기지 아니하였느니라 ¹⁴그러나 아담으로부터 모세까지 아담의 범죄와 같은 죄를 짓지 아니한 자들까지도 사망이 왕 노릇하였나니 아

담은 오실 자의 모형이라 ¹⁵그러나 이 은사는 그 범죄와 같지 아니하니 곧 한 사람의 범죄로 인하여 많은 사람이 죽었은즉 더욱 하나님의 은혜와 또한 한 사람 예수 그리스도의 은혜로 말미암은 선물은 많은 사람에게 넘쳤느니라 ¹⁶ 또 이 선물은 범죄한 한 사람으로 말미암은 것과 같지 아니하니 심판은 한 사람으로 말미암아 정죄에 이르렀으나 은사는 많은 범죄로 말미암아 의롭다 하심에 이르렀느니라 ¹⁷한 사람의 범죄로 말미암아 사망이 그 한 사람을 통하여 왕 노릇하였은즉 은혜와 의의 선물을 넘치게 받는 자들은 한 분 예수 그리스도를 통하여 생명 안에서 왕 노릇하리로다 ¹⁸그런즉 한 범죄로 많은 사람이 정죄에 이른 것같이 한 의로운 행위로 말미암아 많은 사람이 의롭다 하심을 받아 생명에 이르렀느니라 ¹⁹한 사람이 순종하지 아니하므로 많은 사람이 죄인이 된 것같이 한 사람이 순종하심으로 많은 사람이 의인이 되리라 ²⁰ 율법이 들어온 것은 범죄를 더하게 하려 함이라 그러나 죄가 더한 곳에 은혜가 더욱 넘쳤나니 ²¹이는 죄가 사망 안에서 왕 노릇한 것같이 은혜도 또한 의로 말미암아 왕 노릇하여 우리 주 예수 그리스도로 말미암아 영생에 이르게 하려 함이라

사도 바울은 이 이야기를 통해서 예전에는 우리가 아담 안에 있었기 때문에 죄와 사망과 심판 안에 있었다는 것을 말해주고 있는 것입니다. 그런데 이제는 신분이 바뀌어 예수 그리스도 안에 있는 우리의 모습을 보여주고 있습니다.

그러므로 예수님께서 이 땅에 오신 것이 얼마나 감사한지, 이 한 단락으로 정리되는 것입니다. 이를 다시 조금 풀어보겠습니다. 여러분이 읽을 때 너무나 자연스럽게 이해되는 것 같지만, 여기에는 좀 더 깊이 이해해야 할 부분들이 있습니다. 그 부분들을 중심으로 설명해 드리겠습니다.

12절에서 "그러므로 한 사람으로 말미암아"라고 했을 때, 이 한 사람은 누구입니까? 네, 아담입니다. "죄가 세상에 들어오고, 죄로 말미암아 사망이

그리스도와 함께 죽고 함께 산다

들어왔나니 이와 같이 모든 사람이 죄를 지었으므로 사망이 모든 사람에게 이르렀느니라."

한 사람으로 말미암아 죄가 세상에 들어왔다고 했습니다. 그런데 아담이 선악과를 먹기 전에 에덴동산에 사탄이 있었습니까? 있었습니다. 그래서 하나님께서 아담에게 "너는 선악을 알게 하는 나무의 열매를 먹지 말라"고 말씀하신 것입니다.

하나님은 아담과 하와를 통하여 그들의 진정한 자유의지를 가지고 하나님의 말씀에 순종하여 하나님과 하나된 관계 속에서 동행하시기를 원하셨습니다. 하나님은 사랑이십니다. 진정한 사랑은 서로가 서로에게 자리를 내어주기 때문에 하나된 관계에서만 가능한 것입니다. 삼위일체 하나님이 그렇게 서로의 위격은 다르지만 하나일 수 있는 이유가 바로 여기에 있는 것입니다. 하나님은 아담이 바로 이 관계 속으로 들어오길 원하셨습니다.

그래서 하나님께서는 아담에게 이 선택의 기회를 주셨던 것입니다. 요한계시록 12장에 보면 하늘에서부터 하나님을 배반하는 역사가 시작되었음을 기록하고 있습니다. 사탄이 하나님을 배반하여 쫓겨나 이 땅에 오게 되었고, 결국 에덴동산으로 들어오게 되었음을 우리는 능히 알 수 있는 것입니다.

그렇다면 "죄가 세상에 들어왔다"는 말의 의미는 무엇입니까? 이 부분이 명확해져야 합니다. 사탄은 이미 존재하였고 하나님을 배신한 역사가 먼저 있었습니다.

그러나 "죄가 세상에 들어왔다"는 말은 인류에게 죄가 들어왔다는 의미입니다. 헬라어로 "세상"을 "코스모스"라고 하는데, 일반적으로 성경에서 사용된 "코스모스"는 "온 우주", "인류", "세상"을 나타낼 때 사용하는데, 여기서 말하는 세상은 바로 인류를 가리키는 것입니다.

아담이 죄의 문을 활짝 열어버렸고, 그 결과 모든 것이 문제가 되었습니다. "죄로 말미암아 사망이 들어왔나니 이와 같이 모든 사람이 죄를 지었으므로 사망이 모든 사람에게 이르렀느니라."

그렇다면 사망이란 무엇입니까? 영적인 사망은 하나님과의 관계가 단절이 되어서 영원한 생명이 되시는 하나님으로부터 생명을 공급받지 못하는 상태를 의미합니다. 아담이 선악과를 먹고 가장 먼저 한 행동이 무엇입니까? 자기 몸을 무화과나무 잎으로 가리고 하나님이 부르실 때 숨었습니다. 이는 곧 하나님과의 단절, 즉 영적인 사망을 의미합니다. 이후에는 육체적인 사망도 피할 수 없게 되었고, 결국 사망이 인류에게 들어오게 된 것입니다.

그렇다면 "나는 선악과를 먹지 않았는데 왜 죄인인가?"라는 질문이 나올 수 있습니다. 우리의 조상을 거슬러 올라가 보면, 아버지가 있고, 그 아버지는 할아버지에서 나왔으며, 계속 거슬러 올라가면 결국 아담에게까지 이르게 됩니다. 우리는 아담 안에서 나왔기 때문에, 아담이 지은 죄는 곧 우리 모두의 죄가 되는 것입니다. 그리고 한 나라의 대통령이 외국을 향해 선전포고를 했다면, 국민 개개인이 직접 전쟁을 선포하지 않았더라도 그 나라 전체가 전쟁 상태에 들어가는 것과 같습니다.

마찬가지로, 우리는 아담이라는 인류의 대표자 아래에 있었기 때문에 그의 죄가 우리에게도 전가(轉嫁)된 것입니다. 이로 인해 죄가 아담안에 있었

그리스도와 함께 죽고 함께 산다

던 우리에게 들어오게 되었고, 영적으로 하나님과 단절되었으며, 육체적으로도 사망의 심판을 받게 되었습니다.

13절에 "죄가 율법 있기 전에도 세상에 있었으나 율법이 없었을 때는 죄를 죄로 여기지 아니하였느니라 그러나 아담으로부터 모세까지 아담의 범죄와 같은 죄를 짓지 아니한 자들까지도 사망이 왕 노릇 하였나니 아담은 오실 자의 모형"이라고 기록되어 있습니다.

여기서 조금 더 설명이 필요합니다. 하나님께서 천지를 창조하시고, 아담에게 "선악과를 먹지 말라"는 명령을 주셨습니다. 그리고 아담이 이 명령에 불순종하여 에덴동산의 동쪽으로 쫓겨났습니다. 이후 인류 역사가 진행되다가 노아 시대에 홍수가 있었습니다. 그 홍수에서 노아와 그의 가족들만이 방주 안에 있었기 때문에 물로 인하여 구원을 받았고, 나머지는 모두 사망의 심판을 받았습니다. 하지만 노아 홍수 이후에도 인류는 여전히 죄를 짓고 있었습니다.

그때 하나님께서 아브라함을 부르셨습니다. 그리고 하나님은 아브라함에게 창세기 12장 2절의 "내가 너로 큰 민족을 이루고 네게 복을 주어 네 이름을 창대하게 하리니 너는 복이 될지라"고 약속하셨습니다. 아브라함은 여기에 순종하여 더욱 하나님을 믿는 걸음으로 나아갔고 하나님은 그의 믿음을 의로 여기셨습니다. 하나님께서는 아브라함과의 약속을 통해 인류 구원의 길을 여셨던 것입니다.

하나님은 창세기 15장 13절부터 14절에는 "여호와께서 아브람에게 이르시되 너는 반드시 알라 네 자손이 이방에서 객이 되어 그들을 섬기겠고 그들은 사백 년 동안 네 자손을 괴롭히리니 그들이 섬기는 나라를 내가 징벌

할지며 그 후에 네 자손이 큰 재물을 이끌고 나오리라"고 하였습니다. 그래서 하나님께서 그 자손들을 애굽으로 가게 만드셨습니다. 400년 동안 애굽이 이스라엘 백성을 지배한 것 같지만, 사실은 하나님의 도구로 충실하게 쓰임받은 것입니다.

즉 이스라엘 백성은 애굽에서 온갖 노동을 하며 생활했지만, 하나님의 시각에서는 애굽이 이스라엘 백성에게 큰 재물을 주기 위한 도구였습니다. 하나님의 때가 되어서 하나님께서는 아브라함에게 약속하셨던 바와 같이 이스라엘 백성을 애굽으로부터 불러내셨습니다. 그들은 광야를 지나 시내산에 도착했고, 그때 하나님께서 율법을 주셨습니다. 그렇다면 아담과 모세 사이에는 율법이 있었습니까? 없었습니다.

인간은 율법이 없으면 자신의 죄를 죄로 여기지 않습니다. 죄를 지어도 그것이 범죄인지조차 깨닫지 못하는 것입니다. 예를 들면, 제가 경찰로 근무하던 시절에는 개인정보보호법이 앞서가는 시대에 제대로 대처가 되지 않았습니다. 어느 날 제가 목욕을 마치고 목욕탕에서 나오는데 남자 주인이 CCTV 화면을 보고 있었습니다. 그런데 그 CCTV 화면에는 남탕과 여탕 안에서 사람들이 벗고 있는 모습이 모두 보였지만 이를 처벌할 법이 없었습니다.

왜냐하면, 그 CCTV는 단순히 관리 목적으로 설치된 것으로 당시에는 이를 처벌할 법이 없었던 것입니다. 즉 지금이라면 큰 범죄에 해당하지만, 당시에는 법의 공백 상태였습니다. 법이 없으면 사람들은 죄를 죄로 여기지 않습니다. 남의 신체를 몰래 보는 행위도 법이 없으면 아무렇지도 않게 받아들입니다.

그리스도와 함께 죽고 함께 산다

하나님께서 노아의 홍수 이전에 인간의 타락을 보시고 창세기 6장 3절의 "여호와께서 이르시되 나의 영이 영원히 사람과 함께 하지 아니하리니…"고 말씀하셨습니다. 그때 하나님의 영이 육체된 인간을 떠나가서 사도행전 2장의 성령이 강림하신 오순절날까지 우리를 떠나셨던 것입니다. 인간은 율법이 없으면 방종으로 흘러가 버립니다.

그렇다면 율법을 주면 어떻게 됩니까? 이스라엘 백성이 율법을 받았습니다. 율법에 따르면 죄를 지으면 자신이 기르던 흠 없는 소나 양을 성막으로 끌고 그 머리에 죄를 넘기는 안수(按手)를 하고, 직접 그 목을 베어 피를 흘리게 해야 했습니다. 그러면 제사장은 그 피를 받아서 번제단의 뿔에 바르고, 나머지는 번제단 아래에 붓고 그 자신의 죄를 담당할 짐승을 태웠습니다.

죄를 지은 사람은 자신의 죄로 인해 짐승이 희생되는 것을 보고 가슴 아파해야 했지만, 시간이 지나자 죄를 짓고도 "양 한 마리만 가져가서 바치면 되겠지" 하며 형식적으로 제사를 드리게 되었습니다. 겉으로는 율법을 지키는 것처럼 보였지만, 속으로는 율법의 본질을 잊어버렸습니다. 결국 인간은 율법이 없어도 문제이고, 있어도 문제였습니다.

이는 지금 우리의 모습을 보여주는 자화상입니다. 우리가 예수님을 믿고 구원받기 전에는 십계명을 보면 "큰일 났다"라고 생각합니다. 그런데 막상 예수님의 보혈로 구원을 받은 후에는 다시 아무렇지 않은 듯 죄로 흘러가 버립니다. 이러한 인간을 품어주시기에 우리는 참으로 하나님을 하나님이라고 부를 수밖에 없는 것 같습니다. 온 피조세계에 누가 이러한 인간을 품어낼 수 있겠습니까?

죄와 사망의 왕 노릇

그러면 아담과 모세 사이의 율법의 공백 기간에는 어떤 일이 있었을까요? 그때도 사망이 존재했습니다. 사람들은 계속해서 죽었고, 하나님께서는 노아의 홍수를 통해 심판하셨으며, 소돔과 고모라를 불로 심판하셨습니다.

그러면 죄로 말미암은 사망은 먼저 있었던 것인데, 하나님께서 왜 율법을 주셨을까요? 사람들이 죄를 짓는 데 너무 담대했기 때문입니다. 자기가 그런 사람인 줄 모르고 있더라는 것입니다.

그래서 로마서 5장 13절에서 "죄가 율법이 있기 전에도 세상에 있었으나, 율법이 없었을 때는 죄를 죄로 여기지 아니하였느니라. 그러나 아담으로부터 모세까지 아담의 범죄와 같은 죄를 짓지 아니한 자들까지도 사망이 왕 노릇하였나니 아담은 오실 자의 모형이라"라고 말하고 있습니다. 그때도 이미 사망이 왕 노릇하고 있었습니다.

예수님은 율법 아래에 오셨습니다. 그래서 예수님께서 태어나신 지 팔 일 만에 할례를 받으셨습니다. 그렇다면 예수님이 율법 아래에 오셨다면, 예수님께서 십자가에 못 박히신 그 대속함이 율법 아래에 있는 사람에게만 효력이 있는 것입니까?, 아니면 율법이 없었던 아담 때부터 모든 사람에게 효력이 있는 것입니까? 지금 사도 바울은 바로 이 문제를 해결해 주고 싶은 것입니다. 즉 이방인 그리스도인이나 유대인 그리스도인이나 모두 아담부터 보면 똑같다는 것입니다. 예수님께서 율법 아래에 오신 이유가 바로 여기에 있습니다.

그리스도와 함께 죽고 함께 산다

그래서 아담은 "오실 자의 모형"이라고 말하고 있습니다. 여기서 "모형"이라는 단어는 헬라어로 "티포스", 히브리어로 "데무트"라고 합니다.

"데무트"에서 "달렛"은 "문"을 의미합니다. 즉 아담은 무슨 문을 열었던 것입니까? 죄의 문을 열어 버린 것입니다. 아담이 죄의 문을 열자 사망이 들어왔습니다. "멤"이라는 글자는 물이 흔들리는 "혼동"을 나타냅니다. 그러나 히브리어 글자는 또 그 반대의 뜻도 동시에 드러내기도 합니다. 즉 물은 생명을 잉태하기에 "생명"을 나타내는 경우가 있습니다. 먼저 아담이 죄의 문을 여니 사망이 들어오게 되었습니다. 다음의 글자인 "바브"는 연결되어 있다는 뜻이고, 마지막 글자인 "테트"는 "끝", "전능하심"을 나타냅니다. 즉 아담이 죄의 문을 열자 혼동과 사망이 들어와 결국 하나님과의 관계가 끊어져 버린 것입니다.

이것이 바로 "데무트" 즉 "모형"이라는 의미입니다. 아담이 오실 자의 모형이라면, 이제 오실 분은 이것과 대비되는 모양을 가지고 계시는 것입니다. 그렇다면 예수님은 무슨 문을 여셨습니까?

예수님은 "데무트"의 "달렛"이 의미하는 문, 곧 지성소의 휘장의 문을 여셨습니다. 예수님께서 십자가에서 돌아가실 때 지성소의 휘장이 찢어졌습니다. 이로써 우리는 하나님과의 관계가 열리게 되었습니다. 그리고 "멤"이 의미하는 "생명"이 들어오게 되었습니다. 그리고 생명이 들어오면서 "바브"가 의미하는 바와 같이 하나님 안에서 화평을 이루고, 하나님과 끊어졌던 관계가 회복이 되며 "테트"가 의미하는 바와 같이 하나님과 동행하는 역사를 이루게 되었습니다.

예수님께서 그 문을 여신 것입니다. 아담과 완전히 대비되는 역할을 하신 것입니다. 그래서 아담을 "첫 아담"이라 하고, 예수님을 "마지막 아담"이라고 불리는 것입니다. 하나님은 에스겔 1장 26절에서 이미 마지막 아담이신 예수님을 "그 머리 위에 있는 궁창 위에 보좌의 형상이 있는데 그 모양이 남보석 같고 그 보좌의 형상 위에 한 형상이 있어 사람의 모양 같더라"고 미리 보여주셨습니다.

하나님께서 성경에서 일하시는 법칙을 보면, 처음에는 그냥 사탄이 일하도록 내버려 두는 것처럼 보이시지만 결국에는 역전을 시키십니다. 아담이 죄를 지었을 때 하나님께서 모르셨겠습니까? 그러나 하나님께서는 인류를 당장 심판하지 않으시고, 오래 참으시며 더 좋은 것을 주기 위해 기다리셨던 것입니다. 예수 그리스도를 우리에게 주시기 위해서 말입니다. 정말 죄는 우리가 지었지만 하나님께서는 우리에게 더 큰 은혜를 주시기 위하여 참으로 당신의 사랑으로 말미암아 오래 참고 인자하심으로 기다려 주셨습니다. 그러므로 우리가 예수님이 우리 인생의 전부이심을 더욱 깊이 깨닫게 되는 것입니다.

그 다음 15절을 함께 읽겠습니다.

> [15]그러나 이 은사는 그 범죄와 같지 아니하니 곧 한 사람의 범죄로 인하여 많은 사람이 죽었은즉 더욱 하나님의 은혜와 또한 한 사람 예수 그리스도의 은혜로 말미암은 선물은 많은 사람에게 넘쳤느니라

아담은 죽음과 혼돈의 문을 열었지만, 예수님께서는 화평과 질서와 생명의 문을 열어주셨습니다. 아담과 모세 사이에도 율법이 없었지만, 사망이 왕 노릇하고 있었습니다.

그러나 예수님은 아담과 비교되기 때문에 아담에서부터 모세 사이에 율법

그리스도와 함께 죽고 함께 산다

이 없어도 사망이 왕 노릇 한 것처럼, 예수님은 율법 아래 나셨지만 그 보혈로 말미암은 속죄의 효력은 율법이 오기 이전의 사람에도 모두 미치는 것입니다. 그러므로 예수님이 오시기 전에도 사람들은 "나를 구원하실 메시아가 오실 것이다"라는 믿음으로 구원을 받았습니다.

그때는 예수님이 누구신지 정확히 몰랐겠지만, 막연하게나마 오실 메시아를 기다리면서 구원을 받았고, 이제 우리는 오신 예수님을 바라보면서 구원을 받습니다. 결국 모든 구원은 누구를 바라보는 데서 오는 것입니까? 예수님을 바라보는 것입니다. 아멘!

이 전체적인 흐름을 모르면 세대주의 신앙으로 흘러가 버립니다. 마치 구원의 방식이 아담에서부터 노아, 노아에서부터 아브라함, 아브라함에서부터 모세, 모세에서부터 예수님이 오시기까지, 그리고 그 이후 시대로 나누어서 각 시대마다 구원의 방식이 다르다고 주장하는 것이 세대주의 신앙인 것입니다. 이 세대주의 신앙은 성경을 토막 내어버리는 것입니다.

안타깝게도 한국을 비롯한 전 세계적으로 이런 식의 가르침을 전파하는 곳이 많습니다. 하지만 하나님은 한 번 말씀하시면 영원하시며 변함이 없으신 분입니다. 그렇기 때문에 우리의 구원은 오직 예수님에게만 달려 있는 것입니다.

오늘 아침에도 유튜브에서 어떤 목사님의 설교를 보게 되었는데, 나름 열정은 대단했지만 신학적으로 아쉬운 부분이 있었습니다. 우리가 구약성경을 읽으면 예수님 안에서 다시 해석하여 우리에게 적용해야 합니다. 그런데 그 목사님은 신약을 읽으면서 신약을 구약으로 끌고 가서 구약적인 해석을 해버렸습니다. 그 모습을 보면서 "목회자들도 신앙과 성경 공부를 제대로 하지 않으면 이런 실수를 범할 수 있겠구나"하는 생각이 들었습니다.

그러므로 여러분도 성경을 올바르게 알고, 하나님의 말씀을 오해하는 일이 없도록 해야 합니다.

율법이 들어온 것은 범죄를 더하게 하려 함이라?

이제 다시 본문을 읽어보겠습니다.

> [16]또 이 선물은 범죄한 한 사람으로 말미암은 것과 같지 아니하니 심판은 한 사람으로 말미암아 정죄에 이르렀으나 은사는 많은 범죄로 말미암아 의롭다 하심에 이름이니라 [17]한 사람의 범죄로 말미암아 사망이 그 한 사람을 통하여 왕 노릇하였은즉 더욱 은혜와 의의 선물을 넘치게 받는 자들은 한 분 예수 그리스도를 통하여 생명 안에서 왕 노릇하리로다 [18]그런즉 한 범죄로 많은 사람이 정죄에 이른 것 같이 한 의로운 행위로 말미암아 많은 사람이 의롭다 하심을 받아 생명에 이르렀느니라 [19]한 사람이 순종하지 아니함으로 많은 사람이 죄인 된 것 같이 한 사람이 순종함으로 많은 사람이 의인이 되리라

이제 조금 이해하기 어려운 부분이 나옵니다.

> [20]율법이 들어온 것은 범죄를 더하게 하려 함이라. 그러나 죄가 더한 곳에 은혜가 더욱 넘쳤나니

이 구절을 오해하면 "죄를 많이 지어야 예수님의 은혜가 더 크다"고 해석할 수도 있습니다. 그러나 야고보서 1장 13절에는 "…하나님은 악에게 시험을 받지도 아니하시고 친히 아무도 시험하지 아니하시느니라"라고 기록되어 있습니다. 하나님이 우리를 범죄하게 하시는 분입니까? 아닙니다.

그리스도와 함께 죽고 함께 산다

그러면 "율법이 들어온 것은 범죄를 더하게 하려 함이라"라는 말씀은 무슨 뜻일까요? 율법이 들어오기 전에는 사람이 죄를 지어도 그것이 죄인지 명확하게 판단하지 못했습니다.

그러나 율법이 주어지면 "아! 이것이 죄구나" 하고 깨닫게 됩니다. 그래서 "범죄를 더하게 하려 함이라"는 표현은 죄를 더 짓게 만든다는 의미가 아니라, 죄를 명확히 드러낸다는 것을 의미합니다. 여기서 사용된 "더하게 하다"라는 표현은 헬라어 "플레오나오"에서 유래하였으며, 본래 "넘치다"라는 뜻을 가지고 있습니다. 즉 원래 죄를 죄로 인식하지 못하다가 율법이 제시되면서 죄가 분명히 드러나게 되는 것입니다. 본래 우리 인생 자체가 죄 가운데 있지만, 그것을 깨닫지 못하다가 율법을 통해 자신의 죄를 깨닫게 된다는 의미입니다.

또한, 한 가지 특별한 점이 있습니다. 하나님께서 아담에게 "선악을 알게 하는 나무 열매를 먹지 말라"고 하셨을 때, 사탄은 하와에게 어떻게 했습니까? "네가 그것을 먹으면 눈이 밝아져 하나님처럼 될 것이다"라고 유혹했습니다. 하나님은 "먹지 말라" 하셨고, 사탄은 "먹어라" 했습니다. 이것이 바로 죄의 속성입니다.

율법에서 "네 부모를 공경하라"고 하면 인간의 마음속에서는 "그건 어릴 때나 하는 거야", "부모님이 나에게 해 준 것이 무엇이 있냐"라고 하면서 반대되는 마음이 떠오르게 됩니다. 로마서 7장에서도 이런 내용이 나옵니다. 예를 들어, 제가 성경을 두고 "여러분, 이 성경을 절대 열어보지 마십시오. 중요한 내용이 있습니다"라고 하면, 오히려 더 열어보고 싶은 마음이 들지 않습니까? 바로 이 죄의 욕망이 올라오는 것입니다.

이것이 죄의 속성입니다. 율법이 존재하기 때문에 숨겨진 죄가 드러나고, 그 반대되는 욕망이 강하게 올라옵니다. 그래서 죄가 넘쳐나는 것입니다. 그러면 양심을 통한 죄의 후회와 또한 심판에 대한 두려움, 나아가서 죄를 다시 지어서는 안 되겠다는 생각이 듭니다. 그런데 우리가 죄를 이길 능력이 있습니까? 하나님과의 관계가 끊어진 상태에서 우리에게 무슨 능력이 있겠습니까? 그러면 "이제 어떡하지?" 하면서 결국 우리의 구원자, 메시야이신 예수님 앞으로 나아가게 됩니다.

하나님께서는 율법을 처음에는 지키라고 주셨지만, 그것을 통해 우리의 죄를 깨닫게 하시고, 깊이 깨달은 죄인들이 구세주를 찾도록 하신 것입니다. 율법은 예수님을 향하도록 하는 역할을 합니다.

율법은 정말 중요한 역할을 합니다. 우리는 세례를 한 번만 받습니다. 그런데 저는 수차례 받았습니다. 왜냐하면 저의 삶이 변화되지 않으니까 '과거에 받은 세례가 잘못되었나?'라는 사탄이 주는 생각이 올라오고, 저의 삶이 조금이라도 변화가 있고 말씀이 깨우쳐지면 "이번에는 내가 진짜 거듭난 것 같다!"라고 하면서 또 세례를 받았던 것입니다. 여러분들은 저의 이런 간증을 들으시면서 사탄에게 속지 마십시오.

그런데 이제 그 생각이 끝나는 시점이 있었습니다. 그것은 제가 레위기를 통하여 하나님께서 저의 참 모습을 보여주셨을 때였습니다. 여러분, 레위기를 한번 읽어보십시오. 율법을 따라가다 보면 여기 계신 모든 분들이 돌에 맞아 죽어야 할 사람들입니다. 아멘!

이런 행위도 돌에 맞아 죽고, 저런 행위도 돌에 맞아 죽고, 결국 우리는 다 죄인입니다. 제가 레위기를 읽으면서 "내가 선한 행위를 해서 천국에 가야지"

그리스도와 함께 죽고 함께 산다

라는 생각이 완전히 무너졌습니다. 나는 그냥 돌 맞아 죽어도 할 말이 없구나! 이러면서 내가 조금이라도 "이번에는 세례를 잘 받아서 하나님 앞에 성화되거나 은혜를 입어야지"하는 생각조차도 다 내려놓게 되었습니다.

여러분, 레위기를 읽어보셨습니까? 그런 것을 좀 느껴보셨습니까? 아직 느끼지 못하셨다면 더 읽어보십시오. 제가 레위기를 읽으면서 "내가 오늘 저녁에 눈을 감았다가 떠보니 지옥에 와 있다 해도 할 말이 없겠구나" 하면서 천국에 내가 반드시 가야지 하는 생각도 내려 놓아졌습니다. 제가 살아온 삶을 하나님 율법 아래에서 바라보니, 돌에 맞아 죽어 마땅하고 지옥에 가기에 합당한 자였습니다. 그것까지 다 내려놓으니 그때 믿음이 생기는 것이었습니다. 참으로 특별한 경험이었습니다.

그전에는 "나는 왜 이렇게 못 살까? 왜 성화된 삶을 살지 못할까?" 고민하며 살았는데, 그것까지 내려놓으니 "이제 나는 하나님이 은혜를 베풀어 주시지 않으면 구제 불능이구나"하는 확신이 들었습니다. 그때부터는 "내가 잘해서 하늘나라에 가야지"하는 생각을 완전히 내려놓았습니다.

오늘 제 간증을 잘 들으시고 깊이 한번 읽어보십시오. "내가 돌에 맞아 죽어 마땅한 자인가?" 그래도 "나는 레위기에서 말하는 돌로 맞아 죽을 정도는 아닌데" 하는 마음을 가지고 있는지 생각해 보시길 바랍니다. 그래서 율법은 참 좋은 것이고 선한 것입니다.

로마서 20절 말씀을 다 같이 합독하겠습니다.

> [20]이는 저희가 사망 안에서 왕노릇한 것 같이 은혜도 또한 의로 말미암아 왕노릇하여 우리 주 예수 그리스도로 말미암아 영생에 이르게 하려 함이라

오늘 이야기할 주제는 지금부터입니다. 로마서 6장 1절부터 14절까지 제가 읽겠습니다.

[1]그런즉 우리가 무슨 말을 하리요 은혜를 더하게 하려고 죄에 거하겠느냐 [2]그럴 수 없느니라 죄에 대하여 죽은 우리가 어찌 그 가운데 더 살리요 [3]무릇 그리스도 예수와 합하여 세례를 받은 우리는 그의 죽으심과 합하여 세례를 받은 줄을 알지 못하느냐 [4]그러므로 우리가 그의 죽으심과 합하여 세례를 받음으로 그와 함께 장사되었나니 이는 아버지의 영광으로 말미암아 그리스도를 죽은 자 가운데서 살리심과 같이 우리로 또한 새 생명 가운데서 행하게 하려 함이라 [5]만일 우리가 그의 죽으심과 같은 모양으로 연합한 자가 되었으면 또한 그의 부활과 같은 모양으로 연합한 자도 되리라 [6]우리가 알거니와 우리의 옛 사람이 예수와 함께 십자가에 못 박힌 것은 죄의 몸이 죽어 다시는 우리가 죄에게 종노릇하지 아니하려 함이니 [7]이는 죽은 자가 죄에서 벗어나 의롭다 하심을 얻었음이라 [8]만일 우리가 그리스도와 함께 죽었으면 또한 그와 함께 살 줄을 믿노니 [9]이는 그리스도께서 죽은 자 가운데서 살아나셨으면 다시 죽지 아니하시고 사망이 다시 그를 주장하지 못할 줄을 앎이로다 [10]그가 죽으심은 죄에 대하여 단번에 죽으심이요 그가 살아계심은 하나님께 대하여 살아 계심이니라 [11]이와 같이 너희도 너희 자신을 죄에 대하여는 죽은 자요 그리스도 예수 안에서 하나님께 대하여는 살아 있는 자로 여길지어다 [12]그러므로 너희는 죄가 너희 죽을 몸을 지배하지 못하게 하여 몸의 사욕에 순종하지 말고 [13]또한 너희 지체를 불의의 무기로 죄에게 내주지 말며 오직 너희 자신을 죽은 자 가운데서 다시 살아난 자 같이 하나님께 드리며 너희 지체를 의의 무기로 하나님께 드리라 [14]죄가 너희를 주장하지 못하리니 이는 너희가 법 아래에 있지 아니하고 은혜 아래에 있음이라

로마서 5장까지를 보면 우리 모두 예수님께 감사드릴 수밖에 없습니다. 우리가 받아야 할 심판을 예수님께서 전부 담당하셨기 때문입니다. 할렐루야!

그런데 이제 로마서 6장부터는 그리스도인이 어떻게 살아야 하는지가 나

그리스도와 함께 죽고 함께 산다

옵니다. 오늘날 한국에 많은 교인이 있습니다. 천만 명 가까이 됩니다. 그런데 이 삶을 제대로 살아내지 못했기 때문에 이 나라가 이렇게 어려운 것입니다. 우리가 예수 그리스도로 말미암아 구원을 받았다면, 예수 그리스도인답게 살아야 합니다. 그러나 우리는 그러지 못했다는 것입니다.

예수와 합하여 세례를 받은 우리

그렇다면 이제 우리는 어떻게 하면 예수 그리스도의 모양으로 살아갈 수 있을까요? 사도 바울은 이에 대해 이야기하고 싶었던 것입니다. 이제 로마서 6장 3절부터 4절까지 함께 읽겠습니다.

> [13]무릇 그리스도 예수와 합하여 세례를 받은 우리는 그의 죽으심과 합하여 세례를 받은 줄을 알지 못하느냐 [4]그러므로 우리가 그의 죽으심과 합하여 세례를 받음으로 그와 함께 장사되었나니 이는 아버지의 영광으로 말미암아 그리스도를 죽은 자 가운데서 살리심과 같이 우리로 또한 새 생명 가운데서 행하게 하려 함이라

여기에서 "세례"라는 말이 나옵니다. 헬라어로 "밥티조"인데, 이 단어는 "물에 담그다", "깨끗하게 씻다", "염색하다"의 뜻을 포함하고 있습니다.

우리 장로교에서는 세례식 때 손으로 물을 머리에 뿌리는 "수세례"를 시행합니다. 여기서는 침례(浸禮)를 생각하면 세례의 의미가 더욱 와닿습니다.

예를 들어, 목회자가 "성부와 성자와 성령의 이름으로 홍길동에게 세례를 베푸노라"라고 하고 세례받는 그 사람을 물속에 완전히 잠기게 한 후에 다시 일으켜 세웁니다. 이것이 침례입니다. 즉 "밥티조"라는 단어 그대로 물에 푹 잠겼다가 나오는 것입니다. 이 장면은 매우 중요한 의미를 담고 있습니다.

구약 시대부터 세례가 어떤 의미를 가지고 있었는지를 살펴보겠습니다. 먼저, 이스라엘 백성이 애굽에서 400년 동안 노예 생활을 하다가 홍해를 건너온 사건을 생각해 보시길 바랍니다.

고린도전서 10장 1절에서 2절을 보면 "형제들아 나는 너희가 알지 못하기를 원하지 아니하노니 우리 조상들이 다 구름 아래에 있고 바다 가운데로 지나며 모세에게 속하여 다 구름과 바다에서 세례를 받고"라고 기록되어 있습니다. 애굽에 있을 때 이스라엘 백성의 신분은 무엇이었습니까? 노예였습니다. 그런데 홍해를 건너자 어떻게 되었습니까? 그들은 하나님의 택한 백성이 되었습니다. 즉 세례를 기점으로 신분이 바뀐 것입니다.

그다음으로 하나님께서 이스라엘 백성을 광야로 불러내시고, 모세를 통하여 율법을 주시면서 레위 지파에게는 제사 직분을 맡기고 그들이 제사를 지내기 전에 그들을 씻기는 위임 의식을 행하도록 하셨습니다.

출애굽기 29장 4절을 같이 보겠습니다.

4너는 아론과 그의 아들들을 회막 문으로 데려다가 물로 씻기고

그리고 이어서 언뜻 이해하기 어려운 출애굽기 32장 25~29절도 같이 보겠습니다.

25모세가 본즉 백성이 방자하니 이는 아론이 그들을 방자하게 하여 원수에게 조롱거리가 되게 하였음이라 26이에 모세가 진 문에 서서 이르되 누구든지 여호와의 편에 있는 자는 내게로 나아오라 하매 레위 자손이 다 모여 그에게로 가는지라 27모세가 그들에게 이르되 이스라엘의 하나님 여호와께서 이렇게 말씀하시기를 너희는 각각 허리에 칼을 차고 진 이 문에서 저 문까지 왕래하

그리스도와 함께 죽고 함께 산다

며 각 사람이 그 형제를 각 사람이 자기의 친구를 각 사람이 자기의 이웃을 죽이라 하셨느니라 ²⁸레위 자손이 모세의 말대로 행하매 그날에 백성 중 삼천 명 가량이 죽임을 당하니라 ²⁹모세가 이르되 각 사람이 자기의 아들과 자기의 형제를 쳤으니 오늘 여호와께 헌신하게 되었느니라 그가 오늘 너희에게 복을 내리시리라

위 말씀은 참으로 특별한 이야기입니다. 하나님께서 시내산에서 모세를 부르셔서 율법과 규례를 주셨습니다. 그리고 레위 자손, 즉 제사장 직분을 맡을 사람들이 제사 임무를 수행하기 전에 물로 씻기라, 즉 세례를 베풀라 하셨습니다.

그런데 모세가 산 위에서 하나님의 말씀을 듣고 있는 동안, 산 아래에서는 어떤 일이 벌어졌습니까? 대제사장이 될 아론이 백성들의 성화에 못 이겨 금송아지를 만드는 모습이 출애굽기 32장 1절부터 6절까지 나와 있습니다.

> ¹ 백성이 모세가 산에서 내려옴이 더딤을 보고 모여 백성이 아론에게 이르러 말하되 일어나라 우리를 위하여 우리를 인도할 신을 만들라 이 모세 곧 우리를 애굽 땅에서 인도하여 낸 사람은 어찌 되었는지 알지 못함이니라 ² 아론이 그들에게 이르되 너희의 아내와 자녀의 귀에서 금 고리를 빼어 내게로 가져오라 ³ 모든 백성이 그 귀에서 금 고리를 빼어 아론에게로 가져가매 ⁴ 아론이 그들의 손에서 금 고리를 받아 부어서 조각칼로 새겨 송아지 형상을 만드니 그들이 말하되 이스라엘아 이는 너희를 애굽 땅에서 인도하여 낸 너희의 신이로다 하는지라 ⁵ 아론이 보고 그 앞에 제단을 쌓고 이에 아론이 공포하여 이르되 내일은 여호와의 절일이니라 하니 ⁶ 이튿날에 그들이 일찍이 일어나 번제를 드리며 화목제를 드리고 백성이 앉아서 먹고 마시며 일어나서 뛰놀더라

위와 같이 아론은 금송아지를 섬기는 제사장이었음에도 불구하고 대제사장이 되었습니다. 아론은 이러한 자신의 허물이 있었기에 대속죄일날에 진

심으로 예수님처럼 그들의 죄를 품고 지성소에 들어가서 그들을 위하여 제사를 지냈을 것입니다. 참으로 그는 빚진 자의 심정으로 대제사장 역할을 감당했던 것입니다. 하나님의 은혜가 얼마나 크신지 우리는 도저히 표현할 수도 없는 것입니다. 아멘!

여기서 더 이해하기 어려운 일이 일어납니다. 다시 출애굽기 32장 25~29절을 보시면 아론과 그의 자손인 레위 지파 사람들이 금송아지를 만들고 절하며 춤추며 우상을 숭배했는데, 모세가 "누구든지 여호와의 편에 있는 자는 내게로 나아오라" 하니 레위 지파 사람들이 모세 편에 서서, 하나님의 명령대로 동족을 처단하는 역할을 하게 됩니다. 참으로 희한한 일이 아닐 수 없습니다.

사실 우리는 레위 지파와 다를 바 없습니다. 우리도 세상속에서 살며 세상의 가치관을 그대로 따랐습니다. 마치 금송아지를 숭배하듯 돈을 향하여, 권력을 향하여 내 인생을 숭배하며 살아왔습니다. 그런데 예수님께서 "내 피를 믿고 내 편에 설 것이냐, 아니면 여전히 세상에 머물 것이냐?"라고 물으실 때, 우리는 예수님 편에 서겠다고 나아왔습니다. 그리고 믿지 않는 세상 사람을 향하여 "예수님을 믿지 아니하면 심판을 받습니다"라고 하면서 복음을 전하는 것이 레위 지파와 다르지 않다는 것입니다. 그래서 베드로전서 2장 9절에서는 "그러나 너희는 택하신 족속이요 왕 같은 제사장들이요 거룩한 나라요 그의 소유가 된 백성이니 이는 너희를 어두운 데서 불러내어 그의 기이한 빛에 들어가게 하신 이의 아름다운 덕을 선포하게 하려 하심이라"라고 하신 것입니다.

오늘 이 말씀을 통해 강조하고 싶은 것은 "세례"입니다. 세례란 단순한 의식이 아니라 우리의 신분이 완전히 바뀌는 것입니다. 마치 옷을 염색하면

그리스도와 함께 죽고 함께 산다

색이 완전히 변하듯, 세례를 통해 우리는 완전히 새로운 존재가 된 것입니다. 우리는 아담의 죄로 인해 더러워졌으나, 예수님께서 우리를 깨끗이 씻기시고 예수님의 생명의 옷을 입히셨습니다. 그래서 할례도 육체의 할례가 아니라 마음에 행해야 하는 것처럼 우리도 새로운 피조물로서 살아가야 하는 것이 진정한 세례인 것입니다.

바로 이러한 내용을 골로새서 2장 11절부터 12절은 "또 그 안에서 너희가 손으로 하지 아니한 할례를 받았으니 곧 육의 몸을 벗는 것이요 그리스도의 할례니라 너희가 세례로 그리스도와 함께 장사되고 또 죽은 자들 가운데서 그를 일으키신 하나님의 역사를 믿음으로 말미암아 그 안에서 함께 일으키심을 받았느니라"라고 기록하고 있습니다.

변화됨의 원천으로서의 하나님의 사랑

그러면 우리는 이제 어떻게 살아야 될 것인가? 예수님이 어떻게 살았는가? 이것이 우리의 기준이 되어야 하는데, 그렇지 못하다는 것입니다. 이것은 하나님 앞에서 매우 중요한 문제입니다. 우리는 예수님의 사랑을 깊이 생각해야 합니다. 정말로 내가 죽어야 마땅한데, 예수님께서 십자가에 못 박히심으로 나를 구원하셨습니다.

나도 레위 족속처럼 우상숭배를 하며 살았지만, 하나님께서 나에게 복음을 전하라고 하셨습니다. 이 사랑을 깊이 생각하면, 우리는 하나님의 사랑에 복종하여 예수님의 이름을 더럽히지 않는 방향으로 나아가는 것입니다. 따라서 우리가 성화(聖化)의 삶을 살아가기 위한 첫 번째 길은 항상 십자가 앞에서 무릎을 꿇는 것입니다. 나는 어떤 존재였는가? 나를 누가 구원하셨는가? 그 사랑이 얼마나 큰가를 깨달아야 합니다.

남녀 간에도 사랑을 하면 사랑하는 사람을 위해 모든 것을 헌신하지 않습니까? 심지어 아담도 그리하였습니다. 아담은 하와를 죽기까지 사랑하였기에 하나님의 명령을 어기면서까지 선악과를 먹었습니다. 예수님은 우리를 너무 사랑하셔서 생명을 위하여 사망을 집어 삼키셨습니다. 그래서 우리가 성화된 삶을 살기 위해서는 십자가 앞에서 늘 자신을 돌아봐야 합니다. 회개해야 합니다.

다윗에 대한 징계

또한 우리가 성화의 삶을 살지 못할 때, 하나님의 징계가 있습니다. 여러분은 다윗의 삶을 알고 있을 것입니다. 다윗은 하나님과 마음이 합한 사람이었지만, 밧세바와 간음하고 우리야를 죽였습니다. 그때 하나님은 나단 선지자를 통해 사무엘하 12장 10절부터 11절에서 "이제 네가 나를 업신여기고 헷 사람 우리아의 아내를 빼앗아 네 아내로 삼았은즉 칼이 네 집에서 영원토록 떠나지 아니하리라 하셨고 여호와께서도 이와 같이 이르시기를 보라 내가 너와 네 집에 재앙을 일으키고 내가 네 눈앞에서 네 아내를 빼앗아 네 이웃들에게 주리니 그 사람들이 네 아내들과 더불어 백주에 동침하리라"고 하셨습니다.

다윗에게 내린 징계는 오늘날 우리에게도 동일하게 적용됩니다. 왜냐하면 다윗 역시 죽어야만 되는 죄를 범했음에도 은혜로 구원을 받았습니다. 우리도 영원한 심판을 받아 마땅함에도 예수 그리스도로 말미암아 은혜를 입었습니다. 그래서 다윗과 우리는 모두 은혜를 구원을 얻은 자이기에 동일한 지위인 것입니다.

다만 다윗은 왕이었습니다. 왕이 그러한 죄를 저질렀으니 온 백성 앞에서 하나님의 이름이 조롱을 받았습니다. 그러므로 하나님께서는 공의를 세우셔야 했습니다.

그 후 다윗의 집안에는 어떤 일이 일어났습니까? 첫째, 다윗과 밧세바 사이의 간음으로 인해 태어난 아이가 죽었습니다. 둘째, 다윗의 자녀들 사이에서 어떠한 일이 일어났습니까? 암논이 압살롬의 누이 다말을 강간하였습니다. 셋째, 압살롬이 이에 분개하여 암논을 죽였습니다. 넷째, 다윗이 이러한 압살롬을 징계하자 이후에 압살롬은 돌아와서 다윗을 쳐내기 위해 소위 쿠데타를 일으켰습니다. 그리고 다윗의 후궁들과 대낮에 동침하는 사건까지 벌어졌습니다. 다섯째, 다윗의 장수인 요압이 아들 압살롬을 죽였습니다.

정말 우리는 하나님의 사랑 안에서 하나님을 경외하는 삶을 살아야 합니다. 우리가 이러한 삶을 살아내지 못할 때 하나님은 그 사랑하는 자에게 징계를 하십니다. 그래서 히브리서 12장 6절부터 13절에 다음과 같이 기록되어 있습니다.

> [6]주께서 그 사랑하시는 자를 징계하시고 그가 받아들이시는 아들마다 채찍질하심이라 하였으니 [7]너희가 참음은 징계를 받기 위함이라 하나님이 아들과 같이 너희를 대우하시나니 어찌 아버지가 징계하지 않는 아들이 있으리요 [8]징계는 다 받는 것이거늘 너희에게 없으면 사생자요 친아들이 아니니라 [9]또 우리 육신의 아버지가 우리를 징계하여도 공경하였거든 하물며 모든 영의 아버지께 더욱 복종하며 살려 하지 않겠느냐 [10]그들은 잠시 자기의 뜻대로 우리를 징계하였거니와 오직 하나님은 우리의 유익을 위하여 그의 거룩하심에 참여하게 하시느니라 [11]무릇 징계가 당시에는 즐거워 보이지 않고 슬퍼 보이나 후에 그로 말미암아 연단 받은 자들은 의와 평강의 열매를 맺느니라 [12]그러므로 피곤한 손과 연약한 무릎을 일으켜 세우고 [13]너희 발을 위하여 곧은 길을 만들어 저는 다리로 하여금 어그러지지 않고 고침을 받게 하라

진실로 우리는 하나님의 경외하심을 알아야 합니다. 이것이 구약시대처럼 두려움 가운데서 경외하는 것이 아니라 우리를 향하신 그 사랑 가운데에서 경외해야 하는 것입니다.

아간에 대한 심판

여호수아가 여리고성을 점령할 때, 여호수아 6장 19절에는 "은금과 동철 기구들은 다 여호와께 구별될 것이니 그것을 여호와의 곳간에 들일지니라 하니라"라고 하나님께서는 그 은금과 동철을 심판의 도구로 사용하셨고, 이후에는 성막을 짓는 데 쓰도록 하셨습니다. 그것을 볼 때마다 사람들은 "하나님 말씀을 따르지 않으면 심판을 받는다"는 사실을 기억해야 했습니다. 하나님께서는 그것을 거룩한 용도로 사용하고자 하셨습니다.

그러나 여호수아 7장 21절에 기록된 바와 같이 아간은 탐심으로 말미암아 시날산의 외투 한 벌과 은 이백 세겔과 그 무게가 오십 세겔 되는 금덩이 하나를 장막 가운데 땅속에 감추었습니다. 그 후 이스라엘 백성이 아이성을 치러 갔으나 패배하고 말았습니다. 여호수아는 하나님 앞에서 대성통곡하는 모습이 여호수아 7장 6절부터 7절에 "여호수아가 옷을 찢고 이스라엘 장로들과 함께 여호와의 궤 앞에서 땅에 엎드려 머리에 티끌을 뒤집어쓰고 저물도록 있다가 이르되 슬프도소이다…"라고 기록되어 있습니다. 이로 인하여 아간의 죄가 드러났고, 그는 돌에 맞아 죽임을 당했습니다.

사실, 우리가 구약 시대에 태어났다면 우리도 아간처럼 심판받아야 마땅합니다. 여러분도 아간과 같은 마음을 가지고 있지 않습니까? 저 또한 그런 마음이 불쑥불쑥 올라올 때가 있습니다. 저 역시 이 말씀을 묵상하며 하나님 앞에 깊이 회개했던 적이 있습니다. 가만히 보니 저도 아간과 다를 바가 없었습니다. 내 인생을 위해 걱정하고 염려하는 모습이 바로 아간과 같았던 것입니다. 저와 여러분은 아간과 다를 바가 없습니다. 그렇다면 우리는 어떻게 해야 합니까?

요한일서 1장 9절 말씀을 함께 보겠습니다.

> [9]만일 우리가 우리 죄를 자백하면 그는 미쁘시고 의로우사 우리 죄를 사하시며 우리를 모든 불의에서 깨끗하게 하실 것이요

구약 시대에는 죄를 지으면 돌로 쳐 죽였습니다. 그러나 신약 시대에는 어떻게 해야 합니까? 우리는 예수님의 사랑 앞에서 진정한 회개를 해야 합니다. 내 자신을 마음에서부터 죽이고, 하나님께로 돌아서야 합니다. 단순히 입으로 "주여! 주여! 잘못했습니다"라고 말하는 것은 아무 의미가 없습니다.

그것은 오히려 하나님을 능멸하는 것입니다. "하나님! 회개했습니다. 잘 봐주십시오"라고 말하는 것은 진정한 회개가 아니라 하나님을 업신여기는 것이니다. 참된 회개란 "메타노이아" 즉 방향을 돌이켜 하나님께로 다시 나아가는 것입니다.

사랑하는 형제자매 여러분!

우리는 예수 그리스도의 크신 사랑 가운데 은혜를 입었습니다. 그렇다면 우리는 앞으로 어떻게 살아가야 하겠습니까? 오늘 이 말씀을 통해 우리 자신을 돌아보는 귀한 회개의 시간을 가지기를 소망합니다. 아멘!

의의 종으로서의 구별된 삶

로마서 6장 11절에서 14절을 보겠습니다.

> [11]이와 같이 너희도 너희 자신을 죄에 대하여는 죽은 자요 그리스도 예수 안
> 에서는 하나님께 대하여는 살아 있는 자로 여길지어다 [12]그러므로 너희는 죄
> 가 너희 죽을 몸을 지배하지 못하게 하여 몸의 사욕에 순종하지 말고 [13]또한
> 너희 지체를 불의의 무기로 죄에게 내주지 말고 오직 너희 자신을 죽은 자 가
> 운데서 다시 살아난 자같이 하나님께 드리며 너희 지체를 의의 무기로 하나
> 님께 드리라 [14]죄가 너희를 주장하지 못하리니 이는 너희가 법 아래에 있지
> 아니하고 은혜 아래에 있음이라

로마서 6장 앞부분에서는 예수 그리스도의 보혈로 우리가 구원받았음을
강조했습니다. 그리고 6장 초반부에서는 세례에 대해 말씀을 나누었습니
다. 세례는 단순히 물에 들어갔다 나오는 육체적인 행위가 아니라, 하나님
께서 원하시는 것은 우리가 육체로 살던 옛 마음을 죽이고 하나님의 말씀
에 순종하신 예수 그리스도의 마음을 품고 살아가는 것입니다. 이것이 참
된 세례입니다.

하나님께서 우리를 구원하신 이유는 단순히 속죄함만을 목표로 하는 것이
아니라 하나님과 영원히 동행하도록 하시기 위함입니다. 그래서 우리는 하나
님과 동행하기 위하여 순종의 삶을 이 땅에서부터 익혀나가야 하는 것입니
다. 그렇다면 어떻게 하면 육체의 삶을 내려놓고 하나님의 말씀에 순종할 수
있을까요? 로마서 6~8장은 이에 대한 내용을 다루고 있습니다.

이 말씀을 준비하면서 저 스스로를 많이 돌아보게 되었습니다. 저도 여러

분과 마찬가지로 여전히 육체 속에서 싸우는 모습들을 발견합니다. 때로는 혈기를 주체하지 못할 때도 많습니다. 그러면서 "하나님, 제가 목회를 사표를 내야 합니까? 왜 제 육체가 죽지 않습니까?"라고 기도하며 하나님 앞에 회개하는 시간을 보냈습니다. 오늘 이 설교는 여러분뿐만 아니라 저에게도 동일하게 적용되는 말씀입니다. 우리 모두 이 말씀 앞에서 육체를 따라 살아가는 모습으로부터 돌이키고 어떻게 살아야 할 것인지 함께 고민하는 시간이 되기를 소망합니다.

죄가 우리를 주장하지 못함

로마서 6장 14절은 "죄가 너희를 주장하지 못하리니"라고 말씀합니다. 여기서 "주장하다"는 헬라어로 "퀴리유오"로서 "퀴리우스"에서 유래가 되었습니다. 이 "퀴리우스"는 "왕"이라는 의미를 가집니다. 즉 죄가 더 이상 우리의 통치하는 권세자가 아니라는 뜻입니다. 여기서 "주장하지 못하리니"라는 표현은 법적으로 죄는 더 이상 우리의 주인이 아니라는 뜻입니다.

죄는 어떻게 우리를 주장했습니까? 율법을 통해 우리가 죄를 짓게 되었습니다. 하나님께서 아담에게 "선악을 알게 하는 나무의 열매를 먹지 말라"라고 명령하셨습니다. 그러나 사탄은 하나님께서 주신 명령과 반대되는 마음을 넣어 죄를 짓도록 유혹했습니다. "먹어라, 보기에 좋지 않으냐? 먹으면 눈이 밝아져 하나님처럼 될 것이다." 이렇게 사탄은 끊임없이 죄를 짓게 만듭니다. 이러한 관계를 정확하게 표현을 한 것이 로마서 7장 7절부터 13절의 말씀입니다.

> [7]그런즉 우리가 무슨 말을 하리요 율법이 죄냐 그럴 수 없느니라 율법으로 말미암지 않고는 내가 죄를 알지 못하였으니 곧 율법이 탐내지 말라 하지 아니

하였더라면 내가 탐심을 알지 못하였으리라 ⁸그러나 죄가 기회를 타서 계명으로 말미암아 내 속에서 온갖 탐심을 이루었나니 이는 율법이 없으면 죄가 죽은 것이라 ⁹전에 율법을 깨닫지 못했을 때에는 내가 살았더니 계명이 이르매 죄는 살아나고 나는 죽었도다 ¹⁰생명에 이르게 할 그 계명이 내게 대하여 도리어 사망에 이르게 하는 것이 되었도다 ¹¹죄가 기회를 타서 계명으로 말미암아 나를 속이고 그것으로 나를 죽였는지라 ¹²이로 보건대 율법은 거룩하고 계명도 거룩하고 의로우며 선하도다 ¹³그런즉 선한 것이 내게 사망이 되었느냐 그럴 수 없느니라 오직 죄가 죄로 드러나기 위하여 선한 그것으로 말미암아 나를 죽게 만들었으니 이는 계명으로 말미암아 죄로 심히 죄 되게 하려 함이라

그러나 이제 우리의 모든 죄에 대한 심판을 예수님께서 십자가에서 대신 받으셨습니다. 세상 법적으로도 확정판결을 받으면 기판력이 생겨 다시 재판을 받지 않습니다. 이를 "일사부재리의 원칙"이라고 합니다. 마찬가지로, 하나님께서 내리신 심판도 영원합니다. 우리가 받아야 할 모든 심판이 끝났기에 사탄이 우리를 틈탈 수 없는 것입니다. 때로는 우리가 허물을 지을지라도 사탄이 "너는 이런 죄를 지었으니 하나님께서 너의 기도를 들어주시지 않을 것이다", "이렇게 죄를 짓는데 네가 어떻게 하나님의 자녀라고 할 수 있어"라고 속삭일 때가 있습니다.

그러나 우리는 이렇게 말할 수 있습니다. "사탄아, 네 말처럼 내가 죄를 지은 것이 맞다. 하지만 이 죄는 이미 영원히 심판을 받았고 끝났기 때문에 너는 나의 주인이 될 수 없다. 너는 나를 수시로 하나님 앞에 참소(讒訴)하고, 내가 하나님 앞에 나아가려고 하는데 담을 쌓는다 해도 너는 더 이상 나를 지배할 수 있는 권한이 없다. 예수님께서 나의 죄에 대한 심판을 단번에 영원히 받으셨기 때문에 나는 하나님 앞에 담대하게 나아갈 것이다."

의의 종으로서의 구별된 삶

하지만 여전히 우리에게는 문제가 남아 있습니다. 로마서 6장 15부터 23절까지 읽겠습니다.

> [15]그런즉 우리가 법 아래 있지 아니하고 은혜 아래 있으니 죄를 지으리요 그럴 수 없느니라 [16]너희 자신을 종으로 내주어 누구에게 순종하든지 그 순종함을 받는 자의 종이 되는 줄을 너희가 알지 못하느냐 혹은 죄의 종으로 사망에 이르고 혹은 순종의 종으로 의에 이르느니라 [17]하나님께 감사하리로다 너희가 본래 죄의 종이더니 너희에게 전하여 준 바 교훈의 본을 마음으로 순종하여 [18]죄로부터 해방되어 의의 종이 되었느니라 [19]너희 육신이 연약하므로 내가 사람의 예대로 말하노니 전에 너희가 너희 지체를 부정과 불법에 내주어 불법에 이른 것같이 이제는 너희 지체를 의의 종으로 내주어 거룩함에 이르라 [20]너희가 죄의 종이 되었을 때는 의에 대하여 자유로웠느니라 [21]너희가 그때에 무슨 열매를 얻었느냐 이제는 너희가 그 일을 부끄러워하나니 이는 그 마지막이 사망임이라 [22]그러나 이제는 너희가 죄로부터 해방되고 하나님께 종이 되어 거룩함에 이르는 열매를 맺었으니 그 마지막은 영생이라 [23]죄의 삯은 사망이요 하나님의 은사는 그리스도 예수 우리 주 안에 있는 영생이니라

"종"이라는 것은 히브리어로 "에베드"라고 하였습니다. 주인이 무슨 말을 하는지 그의 입을 주목하고 있다가, 주인이 명령하면 쏜살같이 가서 그 명령을 실행하는 것이 종입니다. 즉 주인의 명령 아래에 있는 사람입니다. 그래서 헬라어로는 "종"을 "휘파코에"라고 하는데 이는 "휘파"와 "아쿠오"로 이루어진 단어입니다. "휘파"는 "~아래에"의 접두어이고 "아쿠오"는 "듣다"라는 뜻입니다. 그래서 "종"은 주인의 목소리를 들어야 되는 위치에 있습니다.

우리가 육체로 살면서 하나님을 알지 못했을 때는 늘 마음속에서 일어나는 사탄의 말에 귀를 기울였습니다. 누가 나를 무시하면 마음속에서 "네가 이걸 참으면 안 되지! 사람이 무시해도 유분수지! 네가 그 사람을 얼마나 도와줬는데! 이렇게 무시하다니! 참지 마!" 하면서 분노가 일어나고, 밤

새도록 그 생각에 사로잡혀 아침에 일어나자마자 전화해서 분을 쏟아내며 "죄의 종"으로 살았던 것입니다.

또한 우리가 어려움을 겪으면 돈의 종이 됩니다. 디모데전서 6장 10절에는 "돈을 사랑함이 일만 악의 뿌리가 되나니 이것을 탐내는 자들은 미혹을 받아 믿음에서 떠나 많은 근심으로써 자기를 찔렀도다"라고 기록되어 있습니다. 돈을 사랑하다 보면 남에게 거짓말을 해야 하고, 자신을 과시해야 하며, 남의 것을 빼앗아야 돈을 모을 수 있습니다. 그러므로 사탄은 "너 돈 벌어야 돼! 네가 나이 들면 어떻게 할 거야?"라고 속삭이며, 우리는 쉽게 사기에 빠져 "죄의 종"으로 살았던 것입니다.

그리고 우리는 이 죄를 제어할 능력이 없는데, 창세기 4장 1절에서부터 8절은 이를 잘 보여주고 있습니다.

> [1]아담이 그의 아내 하와와 동침하매 하와가 임신하여 가인을 낳고 이르되 내가 여호와로 말미암아 득남하였다 하니라 [2]그가 또 가인의 아우 아벨을 낳았는데 아벨은 양 치는 자였고 가인은 농사하는 자였더라 [3]세월이 지난 후에 가인은 땅의 소산으로 제물을 삼아 여호와께 드렸고 [4]아벨은 자기도 양의 첫 새끼와 그 기름으로 드렸더니 여호와께서 아벨과 그의 제물은 받으셨으나 [5]가인과 그의 제물은 받지 아니하신지라 가인이 몹시 분하여 안색이 변하니 [6]여호와께서 가인에게 이르시되 네가 분하여 함은 어찌 됨이며 안색이 변함은 어찌 됨이냐 [7]네가 선을 행하면 어찌 낯을 들지 못하겠느냐 선을 행하지 아니하면 죄가 문에 엎드려 있느니라 죄가 너를 원하나 너는 죄를 다스릴지니라 [8]가인이 그의 아우 아벨에게 말하고 그들이 들에 있을 때에 가인이 그의 아우 아벨을 쳐죽이니라

즉 가인은 하나님이 자기의 제물은 받아들이지 아니하고 아벨의 제물만 받은 것에 대하여 분노하였습니다. 이에 하나님은 가인에게 "죄가 문에 엎

의의 종으로서의 구별된 삶

드려 있느니라 죄가 너를 원하나 너는 죄를 다스릴지니라"고 하셨습니다. 즉 죄는 우리가 마음의 문만 열면 언제든지 우리 안으로 들어올 준비상태가 되어 있고 언제든지 우리를 지배하기를 준비하고 있는 상태입니다. 이런 상태에서 우리는 죄를 다스릴 수 있는 능력이 없습니다. 그래서 가인은 결국은 아벨을 죽이고 말았던 것입니다.

인간은 결국 선악을 알게 하는 나무의 열매를 먹음으로써 선악을 구분을 하지만 죄에 대하여 통제할 수 있는 능력은 전혀 없는 무능력의 상태에 빠지게 된 것입니다. 결국 "죄의 종"으로서의 삶의 열매는 부정과 불법입니다. 우리는 불법을 "아노미아"라고 부릅니다. 이는 법이 존재하지만 그 법과 무시하고 사는 상태를 의미합니다.

의의 종된 우리

그러나 이제 우리는 "죄의 종"에서 "의의 종"이 되었습니다. "의인(righteous person)"이란 하나님의 우편에, 하나님의 능력 아래에서 길을 걷는 사람을 뜻합니다.

하나님께서 우리에게 구원을 베푸신 것은 단순한 일이 아닙니다. 하나님께서는 예수 그리스도의 보혈로 화평의 길을 열어 주셨고, 우리와 함께 동행하며 하나님을 섬기고 이웃을 사랑하며 서로를 위해 모든 것을 내어주는 관계의 회복을 원하십니다. 이제 우리는 하나님께서 무엇을 원하시는지 알게 되었습니다. 하나님께서는 우리가 죄에서 벗어나 "의의 종"이 되기를 간절히 원하십니다.

혼인관계로 비유한 율법과 죄

로마서 7장에서 사도 바울은 어떻게 하면 "의의 열매"를 맺을 것인가에 대해 기록하고 있습니다. 로마서 7장 1절부터 6절까지 함께 보겠습니다.

> [1]형제들아 내가 법 아는 자들에게 말하노니 너희는 그 법이 사람이 살 동안만 그를 주관하는 줄 알지 못하느냐 [2]남편 있는 여인이 그 남편 생전에는 법으로 그에게 매인 바 되나 만일 그 남편이 죽으면 남편의 법에서 벗어나느니라 [3]그러므로 만일 그 남편 생전에 다른 남자에게 가면 음녀라 그러나 만일 남편이 죽으면 그 법에서 자유롭게 되나니 다른 남자에게 갈지라도 음녀가 되지 아니하느니라 [4]그러므로 내 형제들아 너희도 그리스도의 몸으로 말미암아 율법에 대하여 죽임을 당하였으니 이는 다름이 곧 죽은 자 가운데서 살아나신 이에게 가서 우리가 하나님을 위하여 열매를 맺게 하려 함이라 [5]우리가 육신에 있을 때는 율법으로 말미암아 죄의 정욕이 우리 지체 중에서 역사하여 우리로 사망을 위한 열매를 맺게 하였더니 [6]이제는 우리가 얽매였던 것에 대하여 죽었으므로 율법에서 벗어났으니 이러므로 우리가 영의 새로운 것으로 섬길 것이요 율법 조문의 묵은 것으로 아니할지니라

사도 바울은 혼인 관계를 통해 우리가 어떻게 하면 "의의 길"을 걸어갈 수 있는지를 설명하고 있습니다. 히브리어로 혼인을 "니수인"이라고 하는데, 이는 단순한 남녀 간의 결혼을 의미하는 것뿐만 아니라 신분이 "상승"하는 의미도 포함하고 있습니다.

아담과 하와의 관계를 보면 혼인의 뜻을 이해할 수 있습니다. 하나님께서 아담을 만드시고, 그의 갈비뼈로 하와를 만들었습니다. 그런 다음 하와를 아담에게 데려와서 하나가 되게 하셨습니다. 이로써 두 사람이 한 몸이 되는 혼인이 된 것입니다. 한편, 본래 하나님과 언약을 맺은 것은 아담이었습니다. 하나님께서는 아담에게 에덴동산을 경작하고 지키라고 명령하시

의의 종으로서의 구별된 삶

며, 선악을 알게 하는 나무의 열매를 먹지 말라고 하셨습니다. 그런데 하와가 아담과 혼인하면서 아담과 하나가 되었기 때문에 하나님 안에서 언약 공동체의 일원이 되었습니다. 신분이 바뀐 것입니다. 이것이 혼인의 의미를 정확하게 드러내 주는 것입니다.

우리도 마찬가지입니다. 본래 우리는 하나님과 아무런 관계가 없었을 뿐만 아니라 사망과 심판의 아래에 놓여 있었습니다. 그러나 예수 그리스도께서 십자가에서 돌아가시고, 우리가 그분을 믿음으로써 하나님께서 하나님의 독생자이신 예수 그리스도 안에서 우리를 하나로 만들어 주셨습니다. 우리는 예수 그리스도의 신부인 교회의 지체로서 하나님의 자녀로 신분이 바뀌었습니다. 이것이 하나님께서 주시는 혼인의 영적인 의미입니다.

로마서를 기록한 시기인 서기 50~60년경에 유대 사회나 헬라 사회에서 여성의 지위는 남편에게 속한 것으로 여겨졌습니다. 이렇게 혼인이 되면 남편은 아내를 부양할 책임이 있었고, 이 혼인 관계는 죽을 때까지 지속되었습니다. 죽음이 갈라놓기 전까지는 하나가 되는 것이 하나님의 뜻이었습니다.

이처럼 혼인의 개념을 통해 사도 바울은 우리가 어떻게 하나님과 관계를 맺고, "의의 열매"를 맺어야 하는지를 설명하고 있습니다. 혼인한 여자는 자기 남편이 있는 한 다른 남자에게 가면 간음하는 것이 되는 것입니다. 그러므로 남편이 죽어야만 자유로워지는 그런 관계에 있었습니다.

그런데 지금 사도 바울은 우리의 남편이 누구였다고 말합니까? 네, "율법"이었다고 말하고 있습니다. 예수 그리스도가 오시기까지 율법이 우리를 꽉 붙잡고 있었습니다. "너 이것을 해야 한다."고 우리를 통제하고, 또 율법을 지키려고 하면 사탄이 죄의 욕망을 넣어 죄를 짓게 하고, 그런 다음에는

"너 이렇게 해서 죄를 지었으니 이제 하나님 앞에 길이 막혔다." 이렇게 말합니다. 우리는 율법을 지키지도 못하고, 또 어기고 나면 어떻게 할 줄도 모르는 그런 상태에 있었습니다. 그러므로 바울은 율법에 대하여 죽어야 한다고 말씀하시는 것입니다.

이 관계를 잘 보여주는 것이 바로 사무엘상 25장입니다. 사무엘상 25장 39절부터 42절까지 읽겠습니다.

> [39]나발이 죽었다 함을 다윗이 듣고 이르되 나발에게 당한 나의 모욕을 갚아 주사 종으로 악한 일을 하지 않게 하신 여호와를 찬송할지로다 여호와께서 나발의 악행을 그의 머리에 돌리셨도다 하니라 다윗이 아비가일을 자기 아내로 삼으려고 사람을 보내어 그에게 말하게 하매 [40]다윗의 전령들이 갈멜에 가서 아비가일에게 이르러 그에게 말하되 다윗이 당신을 아내로 삼고자 하여 우리를 당신께 보내었나이다 하니 [41]아비가일이 일어나 몸을 굽혀 얼굴을 땅에 대고 이르되 내 주의 여종은 내 주의 전령들의 발을 씻길 종이니이다 하고 [42]아비가일이 급히 일어나 나귀를 타고 그를 따르는 처녀 다섯과 함께 다윗의 전령들을 따라가서 다윗의 아내가 되니라

위 다윗과 아비가일의 혼인 이야기는 사무엘상 25장 2절부터 시작이 됩니다. 즉 다윗이 사울에게 쫓겨 다니며 바란 광야로 내려가서 갈멜에 이르렀습니다. 이때 마온의 한 사람 나발이 갈멜에서 양을 치고 있었습니다. 나발이라는 이름은 "미련한 자"라는 뜻입니다. 다윗과 그의 부하들은 나발의 양 떼를 해하지 아니하였고 그들이 갈멜에 있는 동안에 그들의 것을 하나도 잃지 않도록 하여 주었습니다. 덕분에 나발의 양이 크게 번성했습니다. 이때 양의 털을 깎는 시기가 되어 잔치를 열 때, 다윗이 자신의 부하들을 보내어 은혜입기를 구하였습니다.

의의 종으로서의 구별된 삶

그러나 나발은 그들을 "다윗은 누구며 이새의 아들은 누구냐 요즈음에 각기 주인에게 억지로 떠나는 종이 많도다 내가 어찌 내 떡과 물과 내 양털 깎는 자를 위하여 잡은 고기를 가져다가 어디서 왔는지도 알지 못하는 자들에게 주겠느냐"라고 하면서 쫓아버렸습니다. 이 말을 들은 다윗은 칼을 차고 나발을 심판하려고 길을 나섰습니다.

그러나 나발의 아내 아비가일은 지혜로운 여자였습니다. 이와 같은 사정을 들은 아비가일은 떡 이백 덩이와 포도주 두 가죽 부대와 잡아서 요리한 양 다섯 마리와 볶은 곡식 다섯 세아와 건포도 백 송이와 무화과 뭉치 이백 개를 가져다가 다윗에게 가서 절을 하며 살려줄 것을 간청했습니다. 이에 다윗은 돌아갔습니다.

그 후 하나님께서 나발의 몸이 돌과 같이 되도록 치셔서 나발을 심판하셨습니다. 이 소식을 들은 다윗은 아비가일을 아내로 삼았습니다.

여기서 우리는 법에 매였던 우리의 신랑, 즉 율법이 어떻게 죽는지를 볼 수 있습니다. 여기서 "죽는다"는 것은 무엇을 의미합니까? 생명과학책을 시작하면 가장 먼저 배우는 것이 생명 현상의 특징입니다. 생명 현상의 특징 중 하나는 외부 자극에 반응하는 것입니다.

우리는 사탄이 주는 죄의 자극이 올 때마다 반응하며 미워하고 분노했습니다. 그렇다면 우리는 사탄의 자극에 대해 살아 있는 것입니까? 죽은 것입니까? 그렇습니다. 우리는 살아 있습니다. 그러므로 율법에 대해 죽는다는 것은, 사탄이 어떤 자극을 주더라도 우리가 거기에 반응하지 않는 것입니다.

저는 이 말씀을 통하여 하나님 앞에 기도하며 깊은 회개를 하였습니다. 나발은 사무엘상 25장 3절에 "남자는 완고하고 행실이 악하며"라고 기록되어 있습니다. 즉 나의 육체는 사실 나발과 같이 여전히 완고하고 하나님을 향하여 대적하는 악한 모습이 영향력을 발휘하고 있는 것입니다. 그렇다면 내가 나발과 같은 내 육체에 대하여 죽어야만 아비가일이 다윗의 아내가 되었듯이, 나도 예수 그리스도의 순전한 신부로 살아갈 수 있겠구나 하는 생각이 들었습니다.

그러던 중 '그래, 사탄이 나를 충동질할지라도 내가 반응하지 않으면 되는구나. 내가 사탄이 주는 죄의 충동에 반응하니 계속 내 육신을 통해 사탄이 나를 지배하는 것이구나. 그렇다면 이제 내가 이에 대해 죽음, 즉 자극에 반응하지 않음을 선포해야겠다.'는 결심이 강하게 들었습니다.

그러면서 이 말씀을 준비하는 과정에서 이러한 영적인 세계에 대하여 조금씩 맛을 봤습니다. '아, 여기에 내가 반응하지 않으면 되는구나.'

여러분, 이해되십니까? 우리는 계속해서 육체의 속성이 있다 보니 사탄이 조금만 우리의 선한 열매의 결과물인 옳고 그름을 통하여 타고 들어오면 "그래, 맞아." 하면서 혈기를 타고 즉각적으로 반응하게 됩니다.

그러나 "그래, 내가 여기에서 죽었지."라고 선포하면 이제 내 남편, 내 주인은 이 율법이 아니라 누구입니까? 예수님이십니다. 사탄은 계속해서 우리에게 말을 걸지만, 예수님이 우리의 진짜 남편이시기에 우리의 주인이 바뀌었다는 사실을 기억해야 합니다. 그렇다면 나의 주인이신 예수님은 무엇을 말씀하실까? 그 말씀에 귀를 기울여야 합니다. 우리는 계속해서 그 말씀으로 나아가야 합니다.

의의 종으로서의 구별된 삶

우리가 분재를 할 때 어린 소나무들은 분재하기가 쉽습니다. 그러나 가지가 굵어진 소나무들은 일부를 잘라내서 구부리고, 철사를 묶어서 방향을 잡아야 합니다. 그러니 얼마나 뻣뻣하겠습니까? 하나님께서는 우리의 뻣뻣한 부분을 다듬으시려고 하지만, 우리는 그것을 잘 받아들이지 못합니다. 그러니 이렇게도 힘들고 저렇게도 힘들고, "나는 왜 이리 신앙이 안 됩니까?"라고 탄식하게 됩니다. 그러나 우리는 우리의 주인이 바뀐 것과 마찬가지로 생각도 바꾸어야 합니다. 즉 하나님께서 나를 순전한 신부로 만들기 위하여 "바른 길"로 인도하고 계신다는 사실을 깨달아야 합니다.

이것이 바로 나의 남편이었던 율법과 죄에 대해서 내가 죽는 모습입니다. 내가 사탄이 주는 것에 반응할 때마다, 사탄이 주는 것을 받아먹을 때마다 계속해서 "죄의 열매"가 맺힙니다. 그럴 때마다 우리는 "나의 진짜 남편이신 예수님은 무엇을 말씀하시는가?"를 생각해야 합니다.

오늘 다윗을 보면, 사무엘상 25장 39절에서 나발이 죽었다는 소식을 듣고 다윗이 이렇게 말합니다. "나발에게 당한 나의 모욕을 갚아 주사 종으로 악한 일을 하지 않게 하신 여호와를 찬송할지로다." 내가 직접 복수하지 않으니 누가 일을 하십니까? 하나님께서 하십니다. 하나님은 참되신 남편이십니다. 혼인 관계에서 남편은 부인의 모든 삶을 책임지는 위치에 있습니다. 하나님께서 우리의 참된 남편이 되시고, 우리의 모든 것을 책임지십니다. 아멘!

내 지체 속에 있는 다른 법

이제 로마서로 돌아가 보겠습니다. 로마서 7장 14절부터 24절까지 보겠습니다.

¹⁴우리가 율법은 신령한 줄 알거니와 나는 육신에 속하여 죄 아래 팔렸도다 ¹⁵ 내가 행하는 것을 내가 알지 못하노니 곧 내가 원하는 것은 행하지 아니하고 도리어 미워하는 것을 행함이라 ¹⁶만일 내가 원하지 아니하는 그것을 행하면 내가 이로써 율법이 선한 것을 시인하노니 ¹⁷이제는 그것을 행하는 자가 내가 아니요 내 속에 거하는 죄니라 ¹⁸내 속 곧 내 육신에 선한 것이 거하지 아니하는 줄을 아노니 원함은 내게 있으나 선을 행하는 것은 없노라 ¹⁹내가 원하는 바 선은 행하지 아니하고 도리어 원하지 아니하는 바 악을 행하는도다 ²⁰만일 내가 원하지 아니하는 그것을 하면 이를 행하는 자는 내가 아니요 내 속에 거하는 죄니라 ²¹그러므로 내가 한 법을 깨달았노니 곧 선을 행하기 원하는 나에게 악이 함께 있는 것이로다 ²²내 속사람으로는 하나님의 법을 즐거워하되 ²³내 지체 속에서 한 다른 법이 내 마음의 법과 싸워 내 지체 속에 있는 죄의 법으로 나를 사로잡는 것을 보는도다 ²⁴오호라 나는 곤고한 사람이로다 이 사망의 몸에서 누가 나를 건져내랴

위 말씀은 바로 우리의 고백이라고 할 수 있습니다. 로마서 6장 14절에서는 죄가 우리를 주장하지 못한다고 분명히 말하였습니다. 그런데 이 "주장하지 못한다"는 것은 법적인 개념입니다. 하나님께서는 우리가 이미 죄와 율법에 대해 죽었기 때문에, 죄가 들어오더라도 "너는 이제 더 이상 주인이 아니야"라고 법적으로 명확하게 선포하셨습니다.

하지만 우리의 육신에는 여전히 죄가 존재합니다. 우리가 죽을 때까지, 그리고 사탄이 최종적으로 멸망의 구렁텅이에서 심판을 받을 때까지 우리 육신에는 죄가 사실적으로 존재합니다. 즉 법적으로는 죽었지만 사실적으로는 죄가 살아 있습니다. 이것을 어떻게 해결해야 하겠습니까? 이제 사도 바울이 우리에게 이것을 말씀하려고 하는 것입니다. 이 부분은 다소 추상적일 수 있습니다. 그래서 이 내용을 다윗의 삶을 통해 구체적으로 설명드리겠습니다.

의의 종으로서의 구별된 삶

왕이 된 사울과 삶의 태도

하나님께서는 이스라엘 백성을 애굽에서 400년간 종살이하던 자리에서 홍해를 건너 광야로 인도하셨고, 그 광야에서 훈련하시며 마침내 약속하신 가나안 땅으로 들어가게 하셨습니다.

처음에는 여호수아가 이스라엘을 승리로 이끌어서 가나안에 정착하게 하셨습니다. 그런 다음에 사사시대가 약 400년 동안 이어집니다. "사사"는 하나님이 세우신 지도자 또는 선견자를 의미합니다. 그러나 사사시대의 말기가 되면 이스라엘은 완전히 혼란 상태에 빠지게 됩니다. 각자 자기의 옳은 소견대로 행했기 때문에 이스라엘이 정말 하나님이 택한 민족이 맞는가 싶을 정도로 혼돈 속에 있었습니다.

그래서 그때 이스라엘 백성들이 "우리에게도 왕을 주십시오. 다른 나라를 보니 왕이 있어서 전쟁터에서 앞장서고 활을 쏘는 모습이 참 보기 좋습니다."라고 사무엘 선지자에게 간청합니다. 이러한 내용이 사무엘상 8장 5절, 8장 19절부터 20절에 기록되어 있습니다.

> [5] 그에게 이르되 보소서 당신은 늙고 당신의 아들들은 당신의 행위를 따르지 아니하니 모든 나라와 같이 우리에게 왕을 세워 우리를 다스리게 하소서 한지라

> [19] 백성이 사무엘의 말 듣기를 거절하여 이르되 아니로소이다 우리도 우리 왕이 있어야 하리니 [20] 우리도 다른 나라들 같이 되어 우리의 왕이 우리를 다스리며 우리 앞에 나가서 우리의 싸움을 싸워야 할 것이니이다 하는지라

이에 대해 하나님께서는 사무엘상 8장 7절에서 "여호와께서 사무엘에게 이

르시되 백성이 네게 한 말을 다 들으라 이는 그들이 너를 버림이 아니요 나를 버려 자기들의 왕이 되지 못하게 함이니라"라고 말씀하셨습니다.

그렇게 이스라엘 백성이 하나님을 버림으로써 인간적으로 세운 첫 왕이 사울이었습니다. 이스라엘의 첫 왕이 된 사울은 다른 사람보다 어깨 위만큼 컸고 모든 백성 중에 짝할 이가 없었습니다. 이스라엘 백성들은 그런 사울을 보며 왕의 만세를 외쳐 불렀습니다. 이렇게 사울이 왕이 되었을 때, 백성들은 기뻐하며 환호했습니다.

사무엘상 14장 52절을 보면, 사울이 왕이 된 후 어떻게 행동했는지 알 수 있습니다. 합독하겠습니다.

> [52]사울이 사는 동안 블레셋 사람들과 큰 싸움이 계속되었으므로, 사울은 힘센 사람이나 용감한 사람을 보면 그들을 불러 모았더라

사울은 인간적으로 매력적인 사람이었습니다. 키도 크고 용모도 준수했으며, 능력 있는 사람들을 주위에 두었습니다. 그러나 그는 하나님을 의지하기보다 힘센 사람들을 의지하기 시작했습니다. 사울은 전쟁을 할 때마다 강한 자를 찾아서 곁에 두었고 필요할 때마다 사람들을 동원하며 자신의 힘을 키워갔습니다. 그렇게 하다 보니 자연스럽게 하나님을 의지하는 마음이 사라졌습니다.

이 모습이 우리와도 비슷하지 않습니까? 우리도 인생을 살아가면서 인간적인 네트워크를 만들어 놓고, 어려움이 닥치면 여기저기 연락하며 도움을 구합니다. 경제적으로나 인간적으로 스스로를 관리하는 모습이 바로 사울의 모습과 닮아 있습니다.

이제 사무엘상 13장 8절부터 14절까지를 보면 사울이 결정적인 실수를 저지르는 장면이 나옵니다.

> [8]사울은 사무엘이 정한 기한대로 이레 동안을 기다렸으나 사무엘이 길갈로 오지 아니하매 백성이 사울에게서 흩어지는지라 [9]사울이 이르되 번제와 화목 제물을 이리로 가져오라 하여 번제를 드렸더니 [10]번제 드리기를 마치자 사무엘이 온지라 사울이 나가 맞으며 문안하매 [11]사무엘이 이르되 왕이 행하신 것이 무엇이냐 하니 사울이 이르되 백성은 내게서 흩어지고 당신은 정한 날 안에 오지 아니하고 블레셋 사람은 믹마스에 모였음을 내가 보았으므로 [12]이에 내가 이르기를 블레셋 사람들이 나를 치러 길갈로 내려오겠거늘 내가 내가 여호와께 은혜를 간구하지 못하였다 하고 부득이하여 번제를 드렸나이다 하니라 [13]사무엘이 사울에게 이르되 왕이 망령되이 행하였도다 왕이 왕의 하나님 여호와께서 왕에게 내리신 명령을 지키지 아니하였도다 그리하였더라면 여호와께서 이스라엘 위에 왕의 나라를 영원히 세우셨을 것이거늘 [14]지금은 왕의 나라가 길지 못할 것이라 여호와께서 왕에게 명령하신 바를 왕이 지키지 아니하였으므로 여호와께서 그의 마음에 맞는 사람을 구하여 여호와께서 그를 그의 백성의 지도자로 삼으셨느니라 하고

이제 전쟁이 일어났습니다. 사울은 주변에 많은 힘센 사람들을 두었지만, 사무엘이 길갈로 오지 아니하자 불안해졌습니다. 사무엘이 와서 하나님께 간구해야 하는데, 사무엘은 오지 않았습니다. 초조해진 사울은 결국 스스로 번제를 드리는 행위로 율법을 어기고 맙니다.

사울의 이와 같은 행동은 결국 하나님을 의지하는 믿음이 없었음을 보여 줍니다. 하나님께서는 사무엘을 일부러 늦게 보낸 데에는 이유가 있지 않았겠습니까? 즉 사울이 진정 하나님을 신뢰하는지 시험해 보고 싶으셨던 것입니다. 그러나 사울은 하나님의 말씀에 순종으로 나아가지 아니하고 제사를 지냈던 것입니다. 그래서 사무엘상 15장 22절에 "순종이 제사보다

낫고 듣는 것이 숫양의 기름보다 나으리"라고 기록되어 있는 것입니다.

늘 주변에 힘센 사람들을 모아 놓고 있던 사울은 하나님의 말씀을 가볍게 여기거나 아니면 하나님 앞에 제사드리는 것을 마치 하나의 의식처럼 생각을 했던 것입니다. 그러다 보니 결국 자신이 하나님께서 정하신 때를 기다리지 못하고, 자신의 옳은 판단대로 행동했습니다.

이 모습 속에서 우리 자신의 모습을 볼 수 있습니까? 이것이 바로 육체를 따라 사는 그리스도인의 모습입니다. 우리도 하나님을 믿는다고 입으로는 말하지만, 마음으로 인간적인 방법을 더 의지할 때가 많습니다. 사울도 하나님이 세우신 왕이었지만, 주변의 사람들에게 의존하다가 결정적인 순간에 하나님을 의지하지 못하고 불순종으로 나아갔습니다.

우리도 신앙생활을 하면서 이런 시험을 겪습니다. "하나님, 이것 좀 도와주십시오. 그렇지 않으면 큰일 납니다!"라고 기도할 때, 믿음을 가지고 나아가며 기다려야 합니다. 그러나 우리는 조급함을 이기지 못하고 자신의 방법대로 문제를 해결하려고 합니다.

사울이 만약 하나님을 끝까지 신뢰하며 기다렸다면, 그의 왕위는 영원했을 것입니다. 그러나 사울은 끝까지 참고 기다리지 못하고 자신의 길로 나아갔습니다. 이것이 바로 육체를 따라 사는 그리스도인의 모습입니다.

여러분들이 혹시나 하나님의 택한 백성임에도 불구하고 사울처럼 사람을 계속적으로 의지하게 되면 하나님은 그 사람이 더욱 사람에게 얽매이게 되도록 내버려 두십니다. 그리고 이기적인 욕망을 위하여 탐심으로 재물을 계속 추구하는 사람에게는 더욱 돈에 얽매이게 되도록 내버려 두십니다.

의의 종으로서의 구별된 삶

그래야만 그것을 내려놓을 수 있기 때문입니다. 혹시라도 그런 마음을 가지고 계신 분들이 계신다면 오늘 이 순간 내려놓으시고 하나님의 일하심을 믿으시길 바랍니다.

다윗의 기름부음과 삶의 태도

이와 달리 다윗은 사울과 정반대의 삶을 살았습니다. 하나님께서 사무엘에게 사울을 대신할 사람에 대하여 "그의 마음에 맞는 사람을 구하여 여호와께서 그를 백성의 지도자로 삼으셨느니라."와 같이 이미 과거형으로 하나님은 그 마음에 맞는 사람을 이스라엘 왕으로 세워 버렸습니다. 그렇다면 이제 이스라엘 왕은 하나님의 입장에서 누구입니까? 그 마음에 맞는 사람, 다윗입니다.

사무엘 선지자는 하나님의 명령을 받고 다윗의 아버지 이새의 집으로 가서 기름을 부으려고 했습니다. 이때의 상황을 기록한 사무엘상 16장 6절부터 13절을 보면 다음과 같습니다.

> [6]그들이 오매 사무엘이 엘리압을 보고 마음에 이르기를 여호와의 기름 부으실 자가 과연 주님 앞에 있도다 하였더니 [7]여호와께서 사무엘에게 이르시되 그의 용모와 키를 보지 말라 내가 이미 그를 버렸노라 내가 보는 것은 사람과 같지 아니하니 사람은 외모를 보거니와 나 여호와는 중심을 보느니라 하시더라 [8]이새가 아비나답을 불러 사무엘 앞을 지나가게 하매 사무엘이 이르되 이도 여호와께서 택하지 아니하셨느니라 하니 [9]이새가 삼마로 지나게 하매 사무엘이 이르되 이도 여호와께서 택하지 아니하셨느니라 하니라 [10]이새가 그의 아들 일곱을 다 사무엘 앞으로 지나가게 하나 사무엘이 이새에게 이르되 여호와께서 이들을 택하지 아니하셨느니라 하고 [11]또 사무엘이 이새에게 이르되 네 아들들이 다 여기 있느냐 이새가 이르되 아직 막내가 남았는데 그는 양을 지키나이다 사무엘이 이새에게 이르되 사람을 보내어 그를 데려오라 그가 여

기 오기까지는 우리가 식사 자리에 앉지 아니하겠노라 ¹²이에 사람을 보내어 그를 데려오매 그의 빛이 붉고 눈이 빼어나고 얼굴이 아름답더라 여호와께서 이르시되 이가 그니 일어나 기름을 부으라 하시는지라 ¹³사무엘이 기름 뿔병 을 가져다가 그의 형제 중에서 그에게 부었더니 이 날 이후로 다윗이 여호와 의 영에게 크게 감동되니라 사무엘이 떠나서 라마로 가니라

즉 다윗은 사무엘도, 그의 아버지 이새도 주목하지 않았던 사람이었습니다.

예수님께서 다윗의 후손으로 오셨습니다. 이사야 53장 2절에는 예수님에 대해 "그는 주 앞에서 자라나기를 연한 순 같고 마른 땅에서 나온 뿌리 같 아서 고운 모양도 없고 풍채도 없은즉 우리가 보기에 흠모할 만한 아름다 운 것이 없도다"라고 기록되어 있습니다. 다윗 역시 그러한 사람이었습니 다. 그러나 그는 사울과 정반대의 삶을 살았습니다.

이스라엘 백성이 블레셋과 전쟁을 할 때, 거대한 골리앗이 등장했습니다. 다른 사람들은 두려워서 낙담하였지만, 다윗은 용감하게 나아갔습니다. 사무엘상 17장 45절부터 47절이 당시의 상황을 잘 묘사하고 있습니다.

⁴⁵다윗이 블레셋 사람에게 이르되 너는 칼과 창과 단창으로 내게 나아 오거 니와 나는 만군의 여호와의 이름 곧 네가 모욕하는 이스라엘 군대의 하나님 의 이름으로 네게 나아가노라 ⁴⁶오늘 여호와께서 너를 내 손에 넘기시리니 내 가 너를 쳐서 네 목을 베고 블레셋 군대의 시체를 오늘 공중의 새와 땅의 들 짐승에게 주어 온 땅으로 이스라엘에 하나님이 계신 줄 알게 하겠고 ⁴⁷또 여 호와의 구원하심이 칼과 창에 있지 아니함을 이 무리에게 알게 하리라 전쟁 은 여호와께 속한 것인즉 그가 너희를 우리 손에 넘기시리라

그리고 다윗 주변에는 어떤 사람들이 모였습니까? 사무엘상 22장 1절을 보겠습니다.

의의 종으로서의 구별된 삶

¹그러므로 다윗이 그곳을 떠나 아둘람 굴로 도망하매 그의 형제와 아버지의
온 집이 듣고 그리로 내려갔고,

2절은 합독하겠습니다.

²환난당한 자와 빚진 자와 마음이 원통한 자가 다 그에게로 모였고, 그는 그
들의 우두머리가 되었는데 그와 함께한 자가 약 400명 가량이었더라

사울은 힘센 장수들과 함께 있었지만, 다윗 곁에는 환난당한 자, 빚진 자,
원통한 자들이 있었습니다. 예수님께서 이 땅에 오셨을 때도 마찬가지였습
니다. 죄인들이 예수님의 부르심으로 앞으로 나아왔고, 간음하다 잡힌 여
인이 예수님 앞에서 용서를 받았습니다. 38년 된 병자가 치유받고, 문둥
병자가 깨끗함을 받았습니다. 다윗의 위와 같은 모습은 다윗의 후손으로
오실 예수님의 모습을 모형적으로 잘 보여주고 있습니다.

우리는 예수님 안에서 혼인한 자로서, 예수님과 하나 된 자로서 살아가야
합니다. 세상적으로 주목받지 못하는 소년 다윗과 같을지라도, 우리는 하
나님의 자녀입니다. 이 믿음으로 걸어 나가야 합니다. 또한, 주변에 원통한
자나 환난당한 자들이 있다면 서로 도와주어야 합니다. 이것이 예수 그리
스도의 신부된 자로서의 삶입니다.

사울의 다윗에 대한 적개심

오늘 이 이야기를 하는 이유는 무엇입니까? 우리는 죄와 율법에 대하여 법
적으로는 죽었지만, 사실적으로는 죄와 율법이 여전히 우리 안에서 영향력
을 미치고 있다는 것을 설명하기 위함이었습니다. 이제 이러한 본래의 목
적대로 다윗이 어떻게 살았는지 살펴보겠습니다.

사무엘상 18장 6부터 9절까지 보겠습니다.

> ⁶무리가 돌아올 때 다윗이 블레셋 사람을 죽이고 돌아올 때에 여인들이 이스라엘 모든 성읍에서 나와서 노래하며 춤추며 소고와 경쇠를 가지고 왕 사울을 환영하는데 ⁷여인들이 뛰놀며 노래하여 이르되 사울이 죽인 자는 천천이요 다윗은 만만이로다 한지라 ⁸사울이 그 말에 불쾌하여 심히 노하여 이르되 다윗에게는 만만을 돌리고 내게는 천천만 돌리니 그가 더 얻을 것이 나라 말고 무엇이냐 하고 ⁹그날 후로 사울이 다윗을 주목하였더라

다윗은 사무엘상 16장 13절에서 기록된 바와 같이 사무엘로부터 이미 이스라엘 왕으로서의 기름부음을 받았습니다. 그럼에도 사울은 관심이 없었습니다. 왜냐하면 이 땅에서는 자기가 지금 왕이기 때문입니다. 그런데 이 여인들이 "사울이 죽인 자는 천천이요, 다윗은 만만이로다."라고 하니 사울의 기분이 좋을 리가 없었던 것입니다. 그러니까 사울의 마음속에는 "다윗을 죽여야겠다."라는 생각밖에 들지 않은 것입니다.

왜 에덴동산에서 사탄이 아담을 주목했겠습니까? 본래 사탄은 하나님께 속한 천사장이었는데, 하나님께서 아담을 창조하시고 피조세계를 다스리게 하시니, 사탄의 마음속에는 아담을 주목할 수밖에 없었던 것입니다. 그 마음이 그대로 사울에게도 들어가 있는 것입니다.

이 말씀을 마음에 새기시고 요한계시록 12장 13절부터 16절을 찾아보겠습니다.

> ¹³용이 자기가 땅으로 내쫓긴 것을 보고 남자를 낳은 여자를 박해하는지라 ¹⁴그 여자가 큰 독수리의 두 날개를 받아 광야 자기 곳으로 날아가 거기서 그 뱀의 낯을 피하여 한 때와 두 때와 반 때를 양육받으매 ¹⁵여자의 뒤에서 뱀이

의의 종으로서의 구별된 삶

그 입으로 물을 강 같이 토하여 여자를 물에 떠내려가게 하려 하되 ^{16}땅이 여자를 도와 그 입을 벌려 용의 입에서 토한 강물을 삼키니

17절은 함께 읽겠습니다.

^{17}용이 여자에게 분노하여 돌아가서 그 여자의 남은 자손 곧 하나님의 계명을 지키며 예수의 증거를 가진 자들과 더불어 싸우려고 바다 모래 위에 서 있더라

위 말씀을 보면 에덴 동산에서는 뱀이었던 그 사탄이 더욱 악이 번성함으로써 용의 모습으로 등장합니다. 위 말씀은 그 용이 바로 여자의 후손인 교회를 대적하고 있는 모습을 잘 보여주고 있습니다. 그래서 지금 사탄은 우리 육체 속에서 끊임없이 전쟁을 일으키고 있는 것입니다.

다윗은 하나님으로부터 이스라엘 왕으로 세움을 이미 받았습니다. 그런데 사실적으로 이스라엘에서는 여전히 사울이 왕이었습니다. 이러한 상황은 오늘 우리와 동일한 것입니다. 즉 이제 우리는 죄, 사망, 율법에 대하여 자유로워지고 하나님의 자녀가 되었습니다. 그럼에도 불구하고 여전히 우리 가운데서 사탄이 권세 잡은 자로서 역할을 하고 있는 모습이 바로 사도 바울이 이야기한 그 곤고한 자들의 모습입니다.

다윗이 기름 부음을 받은 후, 여인들이 "사울이 죽인 자는 천천이요, 다윗은 만만이로다."라고 하자, 그때부터 다윗은 사울의 주목을 받고 언제 죽을지 모르는 상황이었습니다. 사울은 모든 병력을 동원하여 다윗을 죽이려고 하였고 다윗은 도망 다녀야 했습니다.

육체를 의지하지 아니하고 믿음으로 나아간 다윗

그런데 다윗이 엔게디 광야의 동굴에 숨어 있을 때 사울이 볼일을 보러 들어온 내용이 사무엘상 24장 1절부터 12절에 잘 나와 있습니다. 당시 다윗의 사람들이 "보소서 여호와께서 당신에게 이르시기를 내가 원수를 네 손에 넘기리니 네 생각에 좋은 대로 그에게 행하라 하시더니 이것이 그 날이니이다"라고 충동질했지만, 그러나 다윗은 사울의 옷자락만 살짝 베었을 뿐이었고, 그것마저도 마음에 찔렸습니다. 왜냐하면 하나님이 기름부으신 왕을 치는 것은 여호와께서 금지하신 것이었기 때문이었습니다.

또 십 광야에서 사울이 다윗을 쫓아왔던 이야기가 사무엘상 26장 7절부터 12절에 잘 나와 있습니다. 당시 하나님께서는 사울과 그의 군대를 깊이 잠들게 하셔서 다윗은 사울을 죽일 수 있는 너무나 좋은 기회를 가졌습니다. 다윗과 같이 갔던 부하 아비새가 다윗에게 "오늘 당신의 원수를 당신의 손에 넘기셨나이다 그러므로 청하오니 내가 창으로 그를 찔러서 단번에 땅에 꽂게 하소서 내가 그를 두 번 찌를 것이 없으리이다"라고 하였습니다. 그럼에도 다윗은 그렇게 하지 아니하고 사울의 머리 곁에 있는 창과 물병만 가지고 갔습니다.

이 다윗의 모습을 보십시오. 우리는 이 육체 속에서 살아가면서 사탄이 우리를 충동질하는 순간을 맞이합니다. "지금이 기회야. 하나님이 사울을 네 손에 넘겨주셨잖아. 죽여. 그러면 네가 왕이 될 거야!"라는 소리가 들리면, 우리는 쉽게 넘어갑니다. 하지만 다윗은 그렇지 않았습니다.

다윗이 어떻게 그런 죄의 본성을 이겨낼 수 있었을까요? 우리는 여기에 주목해야 합니다. 다윗은 하나님께서 일하실 것을 믿었습니다. 왜 그렇게 믿

의의 종으로서의 구별된 삶

었을까요? 다윗은 어릴 때부터 양을 치면서 사자나 곰이 와서 양의 새끼를 물어가면 그것을 치고 그 입에서 새끼를 건져내었고, 심지어 자신을 해하고자 하면 그 수염을 잡고 그것을 쳐 죽이기까지 하였습니다. 그러면서 다윗은 "아, 여호와 하나님이 살아 계시고, 하나님이 나와 함께하시며, 이스라엘을 다스리고 계시는구나!"라는 사실을 믿게 되었습니다.

이런 경험이 쌓이면서 다윗의 믿음도 점점 커졌습니다. 골리앗을 만났을 때도 "하나님이 나와 함께하시는데, 저 육체에 불과한 골리앗이 하나님을 모독하는데, 하나님께서 심판하실 것이다."라는 믿음으로 나아갔습니다.

또 하나님은 사울이 다윗을 죽이려고 창을 던졌을 때도 두 번이나 피하게 해 주셨고, 사울을 피하여 광야를 도망 다닐 때도 하나님께서 모든 고난에서 피할 길을 열어주셨습니다. 이러한 고난의 과정에서 다윗은 점점 더 "하나님이 나와 함께하시고, 하나님이 나를 이스라엘 왕으로 세우셨으니, 하나님께서 반드시 이 일을 이루실 것이다. 하나님은 약속에 신실하신 분이시다!"라는 믿음이 그의 마음에 깊이 자리 잡게 된 것입니다.

우리도 마찬가지입니다. 형제자매들이 간증하는 것을 들어보면, 하나님께서 각자에게 일하신 흔적들이 있습니다. 여러분도 여러분의 삶 속에서 하나님께서 행하신 일들을 기억하십시오. 그 은혜를 잊지 마십시오. 그렇게 할 때, 우리는 다윗처럼 죄의 소리를 듣지 않을 수 있습니다.

그래서 우리는 그것을 그냥 잊어버리면 안 됩니다. 늘 기억하며 어려움이 찾아올 때마다 "그때 하나님이 이렇게 일하셨지. 그래, 하나님이 나와 함께하시지. 하나님은 약속이 신실하신 분이잖아. 하나님은 아담이 죄를 지었을 때부터 여자의 후손, 예수 그리스도를 보내 우리를 구원하실 것을 약속하셨잖아. 그리고 진실로 예수님이 오셔서 우리를 죄와 사망에서 구원해 주셨잖아. 이렇게 신실하신 하나님은 반드시 나를 구원해 주실 거야" 하는 믿음으로 나아가야 합니다. 다윗이 이러한 마음을 가졌기에 그는 어려운 상황 속에서도 자신의 육체의 소리에 귀 기울이지 않고 하나님을 믿는 믿음으로 나아갔던 것입니다.

또한, 우리에게는 얼마나 큰 하나님의 사랑이 있습니까? 하나님은 당신의 독생자이신 예수 그리스도를 우리가 죄인이었을 때 인자로 보내셔서 우리가 받아야 할 모든 심판을 십자가에서 대속하게 함으로써 그 사랑을 보여 주셨습니다. 그렇기에 우리가 어려움을 당하더라도 "그래, 하나님께서 이렇게 나를 사랑하시는데, 그리고 나는 그 사랑받는 자녀잖아. 그렇다면 내가 두려워할 것이 무엇이겠는가? 하나님이 나의 보호자이신데"하며 우리는 다시금 믿음의 발걸음을 내디딜 수 있습니다.

이처럼 우리는 다윗의 삶을 통해 어떻게 죄의 본성을 이겨 나가는지를 배울 수 있습니다. 하나님께서는 아브라함에게도 이삭을 번제로 바칠 수 있는 믿음까지 자라도록 이끌어 주셨고, 다윗에게도 죽음의 위기 속에서 오직 하나님의 말씀에 순종하도록 하는 믿음으로 이끌어 주시고 결국에는 이 땅에서도 그를 이스라엘의 왕으로 세우셨습니다.

우리도 그러해야 합니다. 우리 인생에 당장 어려움이 닥칠지라도 하나님께서 우리를 연단하시는 과정을 통해 아브라함과 다윗에게 주셨던 믿음을 허락하시려는 것임을 깨달아야 합니다. 그러므로 우리는 계속 믿음의 눈으로 하나님을 바라보아야 합니다.

하나님의 말씀은 "씨"에 비유됩니다. 이 씨의 특징은 30배, 60배, 100배로

의의 종으로서의 구별된 삶

계속해서 결실을 맺는 것입니다. 하나님께서 우리 마음 가운데 역사하시면 우리는 반드시 변화될 수밖에 없습니다. 그러므로 변화되지 않는 분들이 있다면 다시 예수님 앞으로 나아가야 합니다. "내가 어떤 존재였는데 예수님께서 이렇게까지 나를 사랑하셨는가?"를 돌아보며, 자신의 육체를 버리고 예수님의 사랑 안으로 들어가야 합니다. 우리는 다시 십자가 앞에서 엎드려야 합니다.

그리고 시편 150편 중 73편을 다윗이 기록했습니다. 그 시편은 기도로서 기도는 바로 "쉐마", 즉 "듣는다"의 뜻을 가지고 있습니다. 다윗은 하나님께 "하나님, 제 기도 소리를 들어주십시오. 제 마음의 원통함을 들어주십시오."라고 부르짖었습니다. 다윗이 얼마나 절박했으면 이렇게까지 하나님께 부르짖었겠습니까?

하나님께서 우리에게 환난을 허락하실 때는, 하나님은 우리를 "기도의 자리"로 이끌기 위함입니다. 우리는 이 땅에 살지만, 우리의 눈은 하나님을 바라보며 살아야 합니다. 이것이 먼저 되어야 이 땅에서도 천국을 맛보며 살아갈 수 있는 것입니다.

우리는 어떻게 하면 '의의 열매'를 맺을 수 있을지를 오늘 다윗의 삶을 통해서 많은 것을 배우고 있습니다. 즉 하나님의 신실하심을 기억하고, 하나님의 사랑을 되새기며, 하나님께서 우리를 "믿음의 길"로 이끄시는 크신 뜻을 잊지 말아야 합니다. 또한, 우리를 "기도의 자리"로 부르시기 위해 하나님께서 연단하고 계심을 깨달아야 합니다.

징계를 통한 연단

마지막으로 하나님께서 다윗에게 징계를 통하여 보여주신 것이 있습니다. 지난주에도 다루었듯이, 다윗은 밧세바와 간음을 저지르고 우리아를 전쟁 터에서 죽게 했습니다. 그 이후로 그의 집안에서는 끊임없이 전쟁이 일어 났습니다.

그의 아들들 사이에서도 비극적인 사건이 이어졌습니다. 암논이 압살롬의 누이 다말을 강간했고, 이에 분노한 압살롬이 암논을 죽였습니다. 이후 압살롬은 아버지 다윗에게 징계를 받자 도망쳤다가 다시 돌아왔습니다. 그러나 결국 압살롬은 다윗을 죽이기 위해 반란을 일으켰습니다. 그후 압살롬은 다윗의 후궁들과 대낮에 동침하며 왕권을 장악하려 했습니다. 다윗은 이 극심한 어려움 속에서 결국 도망치는 처지가 되었습니다.

사무엘하 16장 5절부터 11절까지 보겠습니다.

> [5]다윗 왕이 바후림에 이르렀을 때 거기에서 사울의 친족 중 한 사람이 나왔으니 그는 게라의 아들로서 이름은 시므이라 그가 나오면서 계속하여 저주하고 [6]또 다윗과 다윗 왕의 모든 신하들을 향하여 돌을 던지니 그때에 모든 백성과 용사들은 다 왕의 좌우에 있었더라 [7]시므이가 저주하는 가운데 이와 같이 말하니라 피를 흘린 자여 사악한 자여 가거라 가거라 [8]사울의 족속의 모든 피를 여호와께서 네게로 돌리셨도다 그를 이어서 네가 왕이 되었으나 여호와께서 나라를 네 아들 압살롬의 손에 넘기셨도다 보라 너는 피를 흘린 자이므로 화를 자초하였느니라 하는지라 [9]스루야의 아들 아비새가 왕께 여짜오되 이 죽은 개가 어찌 내 주 왕을 저주하리이까 청하건대 내가 건너가서 그의 머리를 베게 하소서 하니 [10]왕이 이르되 스루야의 아들들아 내가 너희와 무슨 상관이 있느냐 그가 저주하는 것은 여호와께서 그에게 다윗을 저주하라 하

심이니 네가 어찌 그리하였느냐고 할 자가 누구겠느냐 하고 ¹¹또 다윗이 아비새와 모든 신하들에게 이르되 내 몸에서 난 아들도 내 생명을 해하려 하거늘 하물며 이 베냐민 사람이랴 여호와께서 그에게 명령하신 것이니 그가 저주하게 버려두라

다윗은 시므이의 저주에도 여호와 하나님의 이름으로 그것을 받았습니다. 이제 다윗은 하나님의 징계를 통하여 진실로 하나님의 길을 걸어가면서 범사에 여호와를 인정하기에 이르렀던 것입니다. 우리의 삶에는 고난이 있을 수밖에 없습니다. 그럴 때 다윗이 했던 것처럼, "그래, 하나님께서 이 사람의 입을 통해 나를 징계하시는구나."라고 여호와를 인정하는 것이 중요합니다. 설령 그렇지 않다고 하더라도 우리가 믿음으로 받아들일 때, 하나님께서는 그 믿음을 귀히 보십니다.

다윗은 이러한 모든 과정을 겪고 나서 말년에 성전을 지을 준비를 하였습니다. 하나님께서는 다윗이 피를 많이 흘렸기 때문에 성전을 짓지 못하게 하셨지만, 이 모든 준비를 마치고 아들 솔로몬에게 역대상 28장 9절에서는 "내 아들 솔로몬아 너는 네 아버지의 하나님을 알고 온전한 마음과 기쁜 뜻으로 섬길지어다 여호와께서는 모든 마음을 감찰하사 모든 의도를 아시나니 네가 만일 그를 찾으면 만날 것이요 만일 네가 그를 버리면 그가 너를 영원히 버리시리라"라고 당부하였습니다. 다윗이 이 땅에서 인생을 살아보니 가장 의미 있는 일은 "하나님을 섬기는 것"이었기 때문입니다.

예수 그리스도로 말미암아 하나님께 감사

끝으로 로마서 7장 25절을 합독하겠습니다.

²⁵우리 주 예수 그리스도로 말미암아 하나님께 감사하리로다 그런즉 내 자신이 마음으로는 하나님의 법을 육신으로는 죄의 법을 섬기노라

사도 바울은 우리의 곤고한 지위에 낙담하지 아니하고 예수 그리스도로 말미암아 하나님께 감사로 로마서 7장을 매듭짓고 있습니다. 우리 역시 예수 그리스도를 바라봄으로써 하나님의 신실하심, 하나님의 우리를 향한 사랑하심과 하나님 우편에서 늘 우리를 위해 중보하시는 예수 그리스도를 바라보아야 합니다. 그렇게 함으로써 우리는 다윗이 믿음으로써 하나님의 말씀에 순종의 길을 택한 본을 받아서 성령의 인도함으로 말미암아 우리 육체 속에서 우리를 대적하고 있는 사탄을 믿음으로 능히 이길 수 있는 것입니다. 아멘!

끊을 수 없는 하나님의 사랑

로마서 8장 1절에서 8절까지 읽겠습니다.

¹그러므로 이제 그리스도 예수 안에 있는 자에게는 결코 정죄함이 없나니 ²이는 그리스도 예수 안에 있는 생명의 성령의 법이 죄와 사망의 법에서 너를 해방하였음이라 ³율법이 육신으로 말미암아 연약하여 할 수 없는 그것을 하나님은 하시나니 곧 죄로 말미암아 자기 아들을 죄 있는 육신의 모양으로 보내어 육신의 죄를 정하사 ⁴육신을 따르지 않고 그 영을 따라 행하는 우리에게 율법의 요구가 이루어지게 하려 하심이라 ⁵육신을 따르는 자는 육신의 일을 영을 따르는 자는 영의 일을 생각하나니 ⁶육신의 생각은 사망이요 영의 생각은 생명과 평안이니라 ⁷육신의 생각은 하나님과 원수가 되나니 이는 하나님의 법에 굴복하지 아니할 뿐 아니라 할 수도 없음이라 ⁸육신에 있는 자들은 하나님을 기쁘시게 할 수 없느니라

지난주 말씀을 요약하면, 우리는 하나님으로부터 "의롭다"함을 예수 그리스도로 말미암아 칭함을 받았습니다. 그래서 "이신칭의" 믿음으로써 의롭다 함을 받았습니다. 그런데 우리의 육체는 아직 여전히 죄 가운데 있기 때문에, 사도 바울은 "곤고한 자"라고 말하고 있습니다. 이러한 곤고한 가운데, 우리는 어떻게 생활해야 하는가? 이 구체적인 믿음의 삶을 다윗의 삶을 통해 보았습니다.

다윗은 기름 부음을 받은 순간, 하나님 입장에서는 이미 이스라엘의 왕이었습니다. 그러나 세상에서 볼 때는 여전히 왕은 사울이었습니다. 그래서 사울이 다윗을 주목하며 죽이려고 하던 모습은, 지금 우리 안에 있는 죄의 영향력과 사탄이 계속해서 우리로 하여금 믿음을 갖지 못하게 하고, 육체의 소

욕에 따라서 죄의 열매를 맺도록 하는 모습을 잘 보여주고 있습니다.

다윗은 하나님께서 일하신다는 것, 신실하신 하나님께서 자신을 보호하신다는 것을 믿었습니다. 다윗은 징계를 받고 난 후, 범사에 하나님을 인정하는 믿음으로 나아갔습니다. 그리고 다윗의 말년에는 성전을 짓는 데 모든 것을 성전 건축을 위하여 하나님 앞에 드리고, 하나님을 섬기는 일이 이 땅에서 가장 귀한 일임을 깨달았습니다. 그래서 다윗은 남은 인생 전부를 하나님을 섬기는 데 헌신했습니다.

다윗의 모습을 통해 우리도 마지막 남은 육체를 죄짓는 데 쓰지 않고, 하나님의 사랑을 위해 어떻게 사용할 것인가를 고민해야 할 것입니다. 오늘 로마서 8장의 말씀을 명확하게 이해하기 위해서는 영의 일을 따른다는 것이 무엇인지 그리고 우리가 어떻게 하면 영의 일을 할 수 있는지 깊이 있게 알아야 합니다.

브라만교, 우파니샤드 및 불교

그러기 위해서 불교 철학을 조금 이야기하고자 합니다. 제가 짧은 시간에 불교철학의 전반적인 부분을 다루기는 어렵지만 그동안 충분히 공부한 바를 바탕으로 핵심적인 사상을 말씀드리겠습니다.

지금 인도를 보면, 왼쪽 편에 인더스강이 흐르고, 우측 편에 갠지스강이 흐릅니다. 인더스 문명은 인류의 초기에 발달했던 문명입니다. 강 주변에 평야가 있으니 사람들이 농사짓고 살기에 매우 좋았습니다. 그러나 땅이 한정되다 보니, 인류는 늘 전쟁을 선택했습니다. 좋은 땅을 차지하려고 전쟁을 하다 보니 사람들은 자신을 지켜줄 무언가를 찾게 되었습니다. 이는

끊을 수 없는 하나님의 사랑

마치 이스라엘 백성이 "우리에게도 왕을 주소서" 했던 것처럼 인더스 문명에 있던 사람들도 통치구조를 강하게 확립해 나갔습니다.

통치구조가 확립되면, 그다음에는 또 다른 문제가 발생합니다. 사람이 가까워지면 무시하고 가볍게 여긴다는 말이 있지 않습니까? 처음에는 왕이 대단히 높은 존재라 왕이 행차하는 것만으로도 두려움에 떨고 고개를 숙이지만, 왕과 술 한 잔, 두 잔을 마시다 보면 친구처럼 여기게 되고 가볍게 보기 시작합니다. 그래서 통치의 정당성을 부여하기 위해 질서를 만들어야 했습니다. 그래서 지금도 인도에 존재하는 카스트 제도가 그 당시에 생겨났습니다.

카스트 제도의 계층을 보면 제일 위에 브라만, 그다음으로는 크샤트리아, 바이샤, 수드라로 나뉩니다. 제일 위의 통치 계급인 브라만은 신에게 제사를 지내는 역할도 맡았습니다. 그다음은 군인 계급인 크샤트리아, 상인 계급인 바이샤, 노동자 계급인 수드라가 있습니다. 그리고 지금도 존재하는 불가촉천민은 모든 궂은일을 맡고 있습니다.

이 카스트 제도를 더욱 공고히 하기 위해 브라만교에서는 윤회와 업보라는 신념체계를 도입했습니다. "우리가 이 땅에서 브라만이나 크샤트리아로 태어난 것은 전생에 선한 업보를 쌓았기 때문이다. 하층민인 너희들은 우리의 질서에 순종하는 것이 신의 질서에 순종하는 것이다."라고 가르치는 것입니다. 하층민들은 이러한 정치와 종교적인 배경 가운데서 성장하다 보면 그것이 깊이 뿌리박혀, "내가 전생에 악한 업보를 많이 쌓아서 그런가 보다."라며 순응하게 되는 것입니다.

나아가 브라만 계급은 자신들의 통치권이 신으로부터 부여받았다는 정당성을 확고히 하기 위하여 신에게 번제를 지내는 역할까지 같이 했습니다. 이러한 상황에서 신에게 번제를 지내는 형식이 더욱더 강하게 굳어지게 되었습니다. 그런데 이러한 번제로 인하여 결국은 하층민들만 고통을 받게 되는 것입니다.

브라만교는 네 개의 경전을 가지고 있습니다. 이 경전을 "베다스"라고 하는데, 그 마지막 경전이 "우파니샤드"입니다. 그러면서 우파니샤드의 경전에서는 "정말 신이 존재하느냐?"라는 의문을 던지기 시작하였습니다. 즉 우파니샤드에는 브라만교에서 제사 드리는 신이라는 것은 우주의 근본 질서를 이루는 하나의 본질 또는 정신으로 파악을 하기 시작하였습니다.

그리하여 우파니샤드에서는 브라만교에서 주장하는 엄격한 제사의식에 반대하였고, 모든 개체는 본질, 곧 아트만이 있다는 사상을 주장하였습니다. 이 본질은 명상과 올바른 행동을 통하여 참된 브라만, 즉 우주의 본질적 정신에 도달할 수 있다고 하였습니다. 이를 범아일여(梵我一如)라고 합니다. 이는 어떻게 보면 17세기의 서양 철학자 스피노자의 범신론과 맞닿아 있다고 할 것입니다.

이후 BC 6세기경에 고타마 싯다르타(석가모니)는 이에 대해 새로운 관점을 제시합니다. 그는 왕족으로 태어났으나, 세상의 고통과 고난을 목격하면서 '전생에서 선한 업을 쌓았다면 왜 왕족이든 브라만도 병들고 늙고 고통받는가?'라는 의문을 가지면서 브라만교의 윤회와 우파니샤드의 본질, 즉 아트만에 대하여 새로운 사상체계를 확립하였습니다.

즉 싯다르타는 이 세상 모든 것은 우연한 만남인 인연생기에 의하여 잠시 집합했다가 사라지는 것으로 파악을 하는 연기론(緣起論)을 이야기하였습

끊을 수 없는 하나님의 사랑

니다. 사실 표면적으로 보면 우리 인간도 마찬가지로, 부모의 만남과 수많은 정자와 난자 사이에서 우연히 착상이 이루어져 태어난 존재입니다. 그리고 우리 육체의 세포를 보면 거의 빈 공간이며, 6개월마다 신경세포를 제외한 대부분의 세포가 새롭게 바뀝니다. 그러면 "나"라는 존재는 무엇인가 하는 생각이 드는 것입니다. 그래서 싯다르타는 진짜 본질, 즉 "아트만"이라는 것이 존재하는가에 대해 의문을 가졌습니다. "나"라는 존재가 본질적으로 사라져 버리면 윤회될 대상이 있을까요? 없습니다. 그래서 인간도 오온(五蘊, Five Aggregates)이라는 색(色), 수(受), 상(想), 행(行), 식(識)이 잠시 모였다가 사라지는 것으로 파악하였습니다. 이것이 더 발전적으로 나아가면 바로 "나"라는 존재의 본질이 없는 무아(無我)로 나아가는 것입니다.

따라서 윤회의 업보를 벗어나는 가장 좋은 방법은 "나"라는 존재가 진짜 있는가를 탐구하는 것이었습니다. 그래서 그는 무아(無我)의 세계를 깨닫게 되면 윤회로부터 벗어난다는 것입니다. 이러한 철학을 바탕으로 싯다르타는 사성제(四聖諦)와 삼법인(三法印)을 기준으로 불교 철학을 발전시켰습니다.

사성제란 고(苦), 집(集), 멸(滅), 도(道)입니다. 첫째, 고성제(苦聖諦). 우리 인생을 보니 내가 원하는 것들이 있는데 그것이 이루어지지 않을 때 이것이 고통이라는 것입니다. 이는 마치 욥기 5:7에 "사람은 고난을 위해 태어났나니"라고 기록된 것처럼 인생을 바라본 것입니다.

둘째, 집성제(集聖諦). 고통은 왜 생기는가? 가만히 살펴보면 모든 것이 비어 있는데, 우리가 행복이라는 관념을 만들어 내고 여기에 도달하려고 합니다. 그런데 사실 그것들은 본질이 없음에도 불구하고 있는 것처럼 생각하고 추구하려다 보니 도달할 수 없고, 여기에서 번뇌가 발생하더라는 것입니다. 결국 이러한 고통이 생기는 것은 인간의 탐심, 분노, 어리석음 때문이라는 것입니다.

셋째, 멸성제(滅聖諦). 그러면 이 번뇌를 이길 수 있는 것은 무엇인가? 결국 우리가 생각하는 본질, 즉 아트만이 존재하지 않음에도 불구하고 이것을 추구하기 때문에 고통에 빠지게 됩니다. 그렇기 때문에 "아, 정말 세상은 무(無)의 존재구나. 공(空)한 존재구나. 내가 여기에 집착할 필요가 없구나."라고 알게 되는 순간, 불꽃이 꺼지듯이 번뇌가 사라지는 열반(涅槃, Nirvana)에 이르게 된다고 이야기합니다.

넷째, 도성제(道聖諦). 그러면 우리가 어떻게 열반에 이를 것인가? 그것이 바로 도성제입니다. 우리는 바르게 보고, 생각하고, 말하고, 행동하고, 생활하고, 정진하고, 깨어있고 집중해야 하는 팔정도(八正道)를 수행해야 한다는 것입니다.

이것이 바로 사성제이며, 이것을 요약하여 보면 세상은 항상 변한다는 제행무상(諸行無常), "나"라는 고정된 실체가 없다는 제법무아(諸法無我), 이것을 깨달으면 집착에서 자유로워지고, 평온한 마음을 유지하며, 고통에서 벗어날 수 있다는 열반적정(涅槃寂靜)인 것입니다. 이것을 불교에서는 삼법인(三法印)이라고 합니다.

이것이 불교 철학의 시작이었고 초기 불교의 모습이었습니다. 저는 불교 철학을 여러 번 보면서 마치 로마서를 이야기하는 것처럼 느껴졌습니다. 그래서 저는 불교를 믿는 분들에게 절에 가서 단순히 절만 하지 말고, 불교 철학책을 많이 읽어 보라고 이야기합니다.

끊을 수 없는 하나님의 사랑

세상 철학, 종교, 불교와 기독교는
근본적으로 어떠한 점이 다른가?

그런데 이렇게만 설명하면 불교와 기독교와 차이가 무엇인지 구별하기가 어렵습니다. 불교 철학에서도 "나"라는 존재는 이미 존재하지 않으며 무아(無我) 상태이고, 그리스도인들도 로마서 6:11에 "이와 같이 너희도 죄에 대하여는 죽은 자요"라고 기록된 것처럼, 죄에 대하여 죽었다고 합니다.

불교에서는 바르게 보고, 생각하고, 말하고, 행동하고, 생활하고, 정진하고, 깨어있고 집중해야 한다고 하는데, 마치 우리가 의의 열매를 맺어야 한다고 하는 것과 크게 다를 바가 없어 보인다는 것입니다.

그래서 우리가 로마서 7장까지 살펴보고 8장을 보지 못한다면 불교와 기독교가 무엇이 다른지 구별하기가 어렵습니다. 그래서 로마서 8장을 제대로 이해를 해야만 기독교가 세상 종교나 철학과 어떻게 차별되는지 명확하게 드러납니다. 아멘!

이제 불교와 기독교의 차이를 살펴보겠습니다. 첫째, 불교에서는 "나"라는 존재는 사실상 비어 있으며 본질은 없다고 합니다. 그런데도 인간은 그것을 추구하려다 보니 문제가 발생합니다. 따라서 명상과 올바른 생각, 올바른 행동을 통해 열반에 도달할 수 있다고 가르칩니다.

그러나 우리 그리스도인은 어떻습니까? 우리는 "나"라는 존재가 죄 아래 있기 때문에 선한 열매를 맺을 수 없습니다. 우리는 본래 불가능하다는 것을 전제하고 들어갑니다. 그래서 우리 그리스도인은 자신을 신뢰하지 못하는 것입니다. 세상의 모든 종교와 철학은 자기 수련을 통해 어떤 상태에 도달하려고 합니다. 그러나 기독교는 "나"라는 존재는 이미 끝났다고 선언

합니다. 내가 아무리 갈고 닦아도 죄인이라는 사실이 변하지 않는다는 것입니다.

둘째, 불교나 세상의 철학은 "나"가 행위의 주체입니다. 그러나 기독교는 어떻습니까? 누가 일을 하십니까? 하나님께서 모든 일을 하신다는 것입니다. 즉 하나님께서 천지를 창조하시고, 타락한 인간을 위하여 여자의 후손인 예수님을 미리 계시하시고, 그 계시하신 예수님을 인자로 보내시고, 그 인자를 통하여 우리의 죄를 대속하게 하시고, 그 예수님을 믿도록 우리를 이끄시고, 성령을 보내셔서 우리로 하여금 끝까지 붙들어 주시고, 마지막에 구원의 여정을 완성하시는 것입니다. 그러므로 기독교는 세상의 종교나 철학과 근본적으로 다릅니다.

그다음으로 성령 하나님의 일하심을 주목해야 합니다. 불교는 초기에는 신적인 존재나 윤회에 대하여 크게 관심을 두지 아니하였습니다. 그러나 이후 불교는 두 갈래로 나누어졌습니다.

먼저 티베트 쪽의 소승불교입니다. 여기서 "승"은 "수레"를 의미합니다. 그래서 소승불교는 작은 수레로, 내가 근본 불교 철학을 인식하고, 참선과 명상을 통해 스스로 열반에 들어가려고 합니다.

이에 반하여 우리나라를 비롯한 동북아시아에 큰 영향을 미치고 있는 대승불교는 큰 수레로, 여러 사람을 함께 데리고 가는 것입니다. 여기에는 보살(菩薩)이라는 개념이 들어왔습니다. 우리가 절에 가면 관세음보살, 지장보살, 문수보살에게 절을 많이 합니다. 보살은 열반에 들어갈 수 있는 깨달음을 얻은 자이지만 세상의 속인들이 불쌍하여 열반에 들어가지 않고 도와주는 존재로 파악을 합니다. 불교도 처음에는 명상, 선행 등을 통해

끊을 수 없는 하나님의 사랑

열반에 들려고 했지만, 결국은 자신들의 한계를 깨닫고 보살이라는 우상을 숭배하게 되는 길을 걸어가게 된 것입니다. 한편 돌로 새기거나 나무로 새겨서 금박을 입힌 우상에게 왜 절을 하느냐고 물으면 그들은 "우상에 절하는 것이 아니라 내 마음의 정성이지요"라고 이야기하지만, 사실은 우상에게 의지하고 싶은 마음이 드러난 것입니다. 그래서 그들은 로마서 1장 22절부터 23절의 "스스로 지혜있다 하나 어리석게 되어 썩어지지 아니하는 하나님의 영광을 썩어질 사람과 새와 짐승과 기어다니는 동물 모양의 우상으로 바꾸었느니라"의 말씀의 길을 걸어가는 것입니다.

그러나 기독교는 초월적인 성령 하나님이 우리를 인도하십니다. 이것이 세상 종교와 확연하게 구분되는 점입니다. 우리라는 존재는 "죄의 열매"이기 때문에 어떤 것도 우리에게서는 선한 것이 나올 수 없고, 우리의 구원의 모든 열매는 하나님께서 일을 하셔야만 이루어집니다. 그래서 우리 안에서는 성령이 인도해야만 합니다.

영을 따라 행하는 우리에게 율법의 요구가 이루어지게 하려 하심이라

다시 로마서 8장 2~5절을 보겠습니다.

> [2]이는 그리스도 예수 안에 있는 생명의 성령의 법이 죄와 사망의 법에서 너를 해방하였음이라 [3]율법이 육신으로 말미암아 연약하여 할 수 없는 그것을 하나님은 하시나니 곧 죄로 말미암아 자기 아들을 죄 있는 육신의 모양으로 보내어 육신의 죄를 정하사 [4]육신을 따르지 않고 그 영을 따라 행하는 우리에게 율법의 요구가 이루어지게 하려 하심이라 [5]육신을 따르는 자는 육신의 일을 영을 따르는 자는 영의 일을 생각하나니

이제 하나님께서 일하시는 것입니다. 우리로서는 할 수 없습니다. 우리로서는 선한 열매를 맺을 수 없고, 하나님께서 주신 율법을 지켜낼 수 없습니다. 그런데 누가 하셨습니까? 하나님이 예수님을 죄 있는 육신의 모양으로 보내어 육신을 따르지 않고 그 영을 따라 행하게 하셨습니다.

예수님은 완벽한 인간이시자 완벽한 하나님이십니다. 그러나 우리는 이를 잘 이해해야 합니다. 자칫 예수님을 전지전능한 하나님으로만 이해를 할 경우에는 예수님은 우리가 따라갈 수 있는 모범이 될 수가 없습니다. 왜냐하면 예수님이 걸어가신 길을 보면서 우리는 "예수님은 하나님이시니까 그렇지"라고 생각이 멈추어 버릴 수밖에 없는 것입니다.

예수님은 완벽한 하나님이시지만, 이 땅에 계셨을 때에는 기도로서 성부 하나님과 성령 하나님과 온전히 하나가 되셔서 스스로를 제한하셨습니다. 이는 마가복음 9장 28절부터 29절의 "집에 들어가시매 제자들이 조용히 묻자오되 우리는 어찌하여 능히 그 귀신을 쫓아내지 못하였나이까 이르시되 기도 외에는 다른 것으로는 이런 종류가 나갈 수 없느니라 하시니라"라는 말씀이 증거하고 있습니다.

그래서 예수님은 이 땅에 인자로, 인간으로 오셨습니다. 인간으로 오시면 율법을 지켜낼 수 있습니까? 없습니다. 그런데 하나님께서 이를 하셨다는 것입니다. 예수님이 인간으로 오셨는데, 하나님은 그 예수님을 통해서 율법의 요구를 모두 만족시키는 영의 생명의 일을 해내셨다는 것입니다.

그러면 우리 안에 성령이 있으면 이제 우리는 어떻다는 것입니까? 우리가 영을 따라 율법의 요구를 행하는 것이 전혀 불가능한 것입니까? 아닙니다. 가능하다는 것입니다. 왜냐하면 우리가 온전히 예수님처럼 영을 따라 율법

　　　　　　　　끊을 수 없는 하나님의 사랑

의 요구를 다 행할 수는 없지만 성령이 우리 안에 거하시면 이제는 우리가 율법을 지켜나갈 수 있다는 것을 말씀하고 계시는 것입니다.

그래서 율법은 우리가 구원을 받기 전에는 우리를 정죄하는 재판규범인 것입니다. 그래서 율법은 "너는 죄인이야. 너는 사망의 심판선고를 받아야 돼."라고 소리치는 것입니다. 그러면 우리는 마음이 녹아내리면서 우리의 구세주이신 예수 그리스도 앞으로 인도함을 받게 되고, 하나님의 크신 은혜로 말미암아 우리가 성령을 받게 됩니다. 그때부터는 예수님이 인간으로 오셨지만 하나님의 율법의 요구를 충족시켰던 것처럼 우리도 하나님의 성령이 임하시면 성령께서 우리를 이끌어 가신다는 것입니다.

율법의 요구가 무엇입니까? 바로 순종입니다. 율법은 "토라"라고 하는데, 이는 "야라"에서 유래가 된 것으로서 "과녁에 적중하다"라고 이미 설명한 바 있습니다. 죄가 "하타트"라고 하여 과녁을 벗어난 것을 의미한다면 "토라"는 결국 하나님의 말씀에 순종하는 것입니다.

그래서 우리 그리스도인들은 이제 여전히 구원을 받기 전의 고백인 "하나님, 저는 죄인입니다. 할 수 없습니다."라고 끝내버리면 안 되는 것입니다. "하나님, 제가 이런 허물들이 있습니다. 그러나 주님께서 보내신 성령께서 저와 함께하시지 않습니까? 예수님께서 이 땅에 오셨을 때 인간의 몸을 입었지만 온전히 하나님의 말씀에 순종하지 않았습니까? 저도 그렇게 할 수 있도록 하나님, 은혜를 베풀어 주십시오." 하면서 더 걸음을 내디뎌야 하는 것입니다.

그러면서 이제 5절에 "육신을 따르는 자는 육신의 일을 영을 따르는 자는 영의 일을 생각하나니" 이렇게 이야기하시는 것입니다. '영의 일'이라는 게 무엇입니까? 헬라어로 "프뉴마토스"라고 해서 성령이 이끄시는 그 일이라는 것입니다. 그래서 갈라디아서 5장 22절과 23절의 "사랑과 희락과 화평과 오래 참음과 자비와 양선과 충성과 온유와 절제…"라고 기록되어 있습니다. 이것이 바로 성령의 열매인 것입니다. 그런데 이 일을 누가 행하십니까?

에스겔서 36장 25~26절을 보겠습니다.

> 25맑은 물을 너희에게 뿌려서 너희로 정결하게 하되 곧 너희 모든 더러운 것에서와 모든 우상숭배에서 너희를 정결하게 할 것이며 26또 새 영을 너희 속에 두고 새 마음을 너희에게 주되 너희 육신에서 굳은 마음을 제거하고 부드러운 마음을 줄 것이며

27절은 다 같이 읽겠습니다.

> 27또 내 영을 너희 속에 두어 너희로 내 율례를 행하게 하리니 너희가 내 규례를 지켜 행할지라

누가 행하신다는 것입니까? 하나님의 영이신 성령께서 행하신다는 것입니다. 이것이 바로 우리 그리스도인이 "성화"되어 가는 삶의 원리입니다.

그러면 우리가 이렇게 이야기하면, "그래도 목사님, 우리가 세상을 살아가는데 돈도 벌어야 되고, 건강도 챙겨야 되고, 조직 안에서 나름 출세도 해야 하지 않습니까?" 이렇게 질문을 던질 수 있습니다. 우리는 세상을 살아가기에 당연히 그런 의문을 가지는 것이 당연합니다. 그러면 "영의 일"과 "육의 일"은 어떻게 구분할 수 있는지 한번 보겠습니다.

디모데전서 6장 17~19절을 보겠습니다.

¹⁷네가 이 세대에서 부한 자들에게 명하여 마음을 높이지 말고 정함이 없는 재물에 소망을 두지 말고 오직 우리에게 모든 것을 후히 주사 누리게 하시는 하나님께 두며

18절과 19절은 다 같이 읽겠습니다.

¹⁸선을 행하고 선한 사업을 많이 하며 나누어 주기를 좋아하며 너그러운 자가 되게 하라 ¹⁹이것이 장래에 자기를 위하여 좋은 터를 쌓아 참된 생명을 취하는 것이니라

우리가 하나님의 사랑을 알기 전에는 세상에서 사업을 하고 돈을 버는 목적은 수십억, 수백억을 모아서 멋진 차도 타고, 요트 위에서 낚시도 하며, 나의 육체적 욕망을 즐기기 위해 돈을 버는 것이라고 생각했습니다. 그러나 하나님의 말씀을 따르는 자는 선한 일을 하고, 나누어 주기를 좋아하며, 너그러운 자가 되어야 한다는 것입니다.

즉 그리스도인은 똑같이 돈을 벌지만 동기와 목적에서 차이가 나는 것입니다. 즉 우리가 돈을 버는 것은 하나님의 영광을 드러내기 위한 동기에서 시작이 되어야 하고 그 목적 또한 복음을 전파하고 교회와 형제자매를 섬기고, 어려운 이웃들을 돕기 위해 돈을 벌어야 한다는 것입니다. 이것이 영의 일입니다.

다음으로 고린도전서 6장 17~20절을 보도록 하겠습니다.

¹⁷주와 합하는 자는 한 영이니라 ¹⁸음행을 피하라 사람이 범하는 죄마다 몸 밖에 있거니와 음행하는 자는 자기 몸에 죄를 범하느니라 ¹⁹너희 몸은 너희가 하나님께로부터 받은 바 너희 가운데 계신 성령의 전인 줄을 알지 못하느냐 너희는 너희 자신의 것이 아니라 ²⁰값으로 산 것이 되었으니 그런즉 너희 몸

우리가 세상에서는 건강을 챙기고, 여성들이 주름을 펴고 젊게 보이려는 이유는 나름대로 타인으로부터 인정받고 자기의 매력을 자랑하려는 것입니다. 그러나 그리스도인이 건강을 챙기는 이유는 우리의 몸이 "하나님의 성전"이기 때문입니다. 내가 몸이 약해지면 기도가 잘되지 않습니다. 그래서 더 열심히 운동하는 것도 궁극적으로 기도하고, 복음을 전하기 위함입니다. 우리가 올바른 생활을 해야 하는 것도 마찬가지입니다. 내가 '예수님을 믿습니다'라고 해 놓고, 내 마음대로 살아버리면 어찌 되겠습니까? 누가 욕을 먹겠습니까? 우리의 몸은 "성령의 전"이기 때문에 우리가 잘못하면 결국은 하나님의 이름을 그리스도인으로 말미암아 모욕을 받게 하는 것과 같은 것입니다.

사도 바울은 로마서 14장 8절에서 "우리가 살아도 주를 위하여 살고 죽어도 주를 위하여 죽나니 그러므로 사나 죽으나 우리가 주의 것이로다"라고 말씀하고 계시는 것입니다. 그래서 우리가 남아 있는 삶 전부는, 하나님 앞에 영광이 되는지 여부를 기준으로 살아야 한다는 것입니다.

예수님께서는 마태복음 6장 33절에서 "그런즉 너희는 먼저 그의 나라와 그의 의를 구하라 그리하면 이 모든 것을 너희에게 더 하시리라"고 말씀하셨습니다. 하나님은 우리가 필요로 하는 것을 알고 계십니다. 더욱이 예수님은 육체로 이 땅에서 우리와 같이 살아가셨기 때문에, 우리가 고통 가운데 있는 것, 먹고 입고 살아야 하는 것을 다 알고 계시다는 것입니다.

삼위일체 하나님을 증거하시는 성령

다시 로마서 8장 9~17절까지 보겠습니다.

> [9]만일 너희 속에 하나님의 영이 거하시면 너희가 육신에 있지 아니하고 영에 있나니 누구든지 그리스도의 영이 없으면 그리스도의 사람이 아니라 [10]또 그리스도께서 너희 안에 계시면 몸은 죄로 말미암아 죽은 것이나 영은 의로 말미암아 살아 있는 것이니라 [11]예수를 죽은 자 가운데서 살리신 이의 영이 너희 안에 거하시면 그리스도 예수를 죽은 자 가운데서 살리신 이가 너희 안에 거하시는 그의 영으로 말미암아 너희 죽을 몸도 살리시리라 [12]그러므로 형제들아 우리가 빚진 자로되 육신에게 져서 육신대로 살 것이 아니니라 [13]너희가 육신대로 살면 반드시 죽을 것이로되 영으로써 몸의 행실을 죽이면 살리니 [14]무릇 하나님의 영으로 인도함을 받는 사람은 곧 하나님의 아들이라 [15]너희는 다시 무서워하는 종의 영을 받지 아니하고 양자의 영을 받았으므로 우리가 아빠 아버지라 부르짖느니라 [16]성령이 친히 우리의 영과 더불어 우리가 하나님의 자녀인 것을 증언하시나니 [17]자녀이면 또한 상속자 곧 하나님의 상속자요 그리스도와 함께한 상속자니 우리가 그와 함께 영광을 받기 위하여 고난도 함께 받아야 할 것이니라

성령을 받은 사람은 어떻게 이 영의 일을 하는가를 로마서 8장 9절부터 17절은 설명을 하고 있습니다. 먼저 8장 9절에는 "하나님의 영", "그리스도의 영", 11절에는 "예수를 죽은 자 가운데서 살리신 이의 영"이라고 기록되어 있습니다. 나아가 14절에는 "무릇 하나님의 영", 15절에는 "양자의 영", 16절에는 "성령"이라고 언급되고 있습니다. 먼저 11절의 "예수를 죽은 자 가운데서 살리신 이의 영"은 로마서 1장 4절의 "성결의 영", 곧 성령을 의미하는 것과 같습니다.

즉 로마서 8장 9절부터 17절에는 결국 하나님의 영, 그리스도의 영 또는 양자의 영, 그리고 성령이 언급되고 있습니다. 초기 유대인들은 삼위일체 하나님을 받아들이지 못하여 기독교를 삼신론이라 불렀습니다. 즉 성부 하나님, 성자 하나님, 성령 하나님을 각 다른 존재로 파악했다는 것입니다.

우리는 이 관계를 잘 알아야만 성령이 우리 안에 내주(內住)하시면 우리에게 어떠한 일이 일어나고 어떻게 변화되는지를 알 수 있습니다. 우리는 하나님을 삼위일체 하나님이라고 믿습니다. 이는 유대교와 다른 점입니다.

삼위일체 하나님은 천지를 창조하시고 모든 구원의 역사를 미리 작정하고 품으신 성부 하나님! 하나님의 말씀을 선포하시고 인간의 속죄의 사역과 부활을 위해서 인자로 오신 예수님, 곧 성자 하나님! 그리고 지금 우리 안에서 동행하시면서 우리를 인도하시는 성령 하나님! 곧 위격은 다르지만 한 분이라는 것입니다.

누가복음 3장 21~22절을 보겠습니다.

> [21]백성이 다 세례를 받을 때 예수도 세례를 받으시고 기도하실 때 하늘이 열리며 [22]성령이 비둘기 같은 형체로 그의 위에 강림하시더니 하늘로부터 소리가 나기를 너는 내 사랑하는 아들이라 내가 너를 기뻐하노라 하시니라

구약성경에서는 삼위일체 하나님이 겉으로 명확히 드러나지는 않았습니다. 그러나 예수님이 오셔서 세례를 받으실 때에 삼위일체 하나님이 명확히 드러나셨습니다. 예수님이 세례를 받고 올라오시니까, 하늘에서 "내 사랑하는 아들이다"라고 말씀하시는 성부 하나님, 비둘기처럼 임하시는 성령 하나님의 장면을 볼 수 있습니다.

끊을 수 없는 하나님의 사랑

비둘기는 구약에서도 정결한 새로, 온순함과 유순함을 나타냅니다. 노아의 홍수 때, 노아는 까마귀를 먼저 내보내고, 그다음 비둘기를 내보냈습니다. 비둘기는 감람나무 잎을 물고 돌아왔습니다. 이는 새로운 시대, 새로운 세상의 도래를 상징합니다.

비둘기처럼 성령이 예수님에게 임하신 것은 예수님의 초림은 심판이 아니라 평화를 선포하기 위함이었습니다. 비둘기가 감람나무 잎을 가져온 것처럼, 예수님은 하나님 나라의 이 땅에의 도래를 보여주셨습니다.

삼위일체 하나님이 한 분이신 이유는 사랑 때문입니다. 그래서 하나님은 본질적으로 사랑이십니다. 사랑이란 나 자신을 온전히 상대방에게 내어주는 것입니다. 창세기 2장 24절에서 "이러므로 남자가 부모를 떠나 그의 아내와 합하여 둘이 한 몸을 이룰지로다"라고 말씀하신 것처럼 서로 전부를 내어주어야만 하나가 됩니다.

에티오피아 결혼식에서는 신랑 신부가 각자 불 켜진 촛불을 가지고 입장을 합니다. 그리고는 각자 들고 온 촛불을 새로운 초에 불을 붙인 후에는 자기의 촛불을 끄는 의식이 있습니다. 이는 자신의 불을 끄고, 둘이 서로 하나가 되어 살아가는 것을 의미합니다.

삼위일체 하나님도 사랑으로 서로에게 전부를 내어드리기에 한 분으로 존재하십니다. 이것이 바로 히브리어로 "아하브"의 사랑입니다.

창세기 24장 63절부터 67절을 보겠습니다.

> 63이삭이 저물 때에 들에 나가 묵상하다가 눈을 들어 보매 낙타들이 오는지

라 ⁶⁴리브가가 눈을 들어 이삭을 바라보고 낙타에서 내려 ⁶⁵종에게 말하되 들에서 배회하다가 우리에게로 마주 오는 자가 누구냐 종이 이르되 이는 내 주인이니이다 리브가가 너울을 가지고 자기의 얼굴을 가리더라 ⁶⁶종이 그 행한 일을 다 이삭에게 아뢰매 ⁶⁷이삭이 리브가를 인도하여 그의 어머니 사라의 장막으로 들이고 그를 맞이하여 아내로 삼고 사랑하였으니 이삭이 그의 어머니를 장례한 후에 위로를 얻었더라

여기서 이삭이 리브가를 맞이하여 돌아가신 어머니 사라의 장막에 들어가서 아내로 삼고 사랑을 하는 장면이 나옵니다. 바로 집에서 서로의 숨결을 나누는 것이 "아하브"인 것입니다. 요한일서 4장 8절에서도 "사랑하지 아니하는 자는 하나님을 알지 못하나니 이는 하나님은 사랑이심이라"고 말씀하고 있습니다. 결론적으로, 삼위일체 하나님은 사랑이시기에 위격은 다르게 일하시지만 한 분 하나님으로 존재하십니다.

삼위일체 하나님의 모습이 투영된 그리스도인

로마서 8장 14~17절을 보겠습니다.

¹⁴무릇 하나님의 영으로 인도함을 받는 사람은 곧 하나님의 아들이라 ¹⁵너희는 다시 무서워하는 종의 영을 받지 아니하고 양자의 영을 받았으므로 우리가 아빠 아버지라고 부르짖느니라 ¹⁶성령이 친히 우리의 영과 더불어 우리가 하나님의 자녀인 것을 증언하시나니 ¹⁷자녀이면 또한 상속자 곧 하나님의 상속자요 그리스도와 함께 한 상속자니 우리가 그와 함께 영광을 받기 위하여 고난도 함께 받아야 할 것이니라

우리 가운데에는 성령이 거하시면서 우리를 이끌어주십니다. 그러나 이 성령의 일하심은 여전히 삼위일체 하나님이 함께 일하시는 것입니다. 우리는 아버지의 영을 받았기 때문에 영적인 존재가 되었고, 이러한 영적인 분별

끊을 수 없는 하나님의 사랑

로 인하여 하나님 아버지가 무엇을 기뻐하실까? 하는 마음이 자연스럽게 들면서 영의 일을 생각하게 됩니다.

그리고 우리는 양자의 영을 받았습니다. 예수님께서 고난받으시기 전에 기도하실 때의 모습을 마가복음 14장 36절에서 "…아빠 아버지여 아버지께는 모든 것이 가능하오니 이 잔을 내게서 옮기시옵소서 그러나 나의 원대로 마옵시고 아버지의 원대로 하옵소서…"라고 기록되어 있습니다.

우리는 그 양자의 영을 받았기 때문에 하나님 앞에 나아갈 때, 사탄이 "너는 하나님을 믿는다고 하면서도 죄를 많이 지었잖아"라고 참소하고, 하나님과 우리 사이에 죄의 담을 쌓는다 하더라도 우리는 예수님의 보혈의 능력을 믿고 담대하게 하나님 앞에 "아빠 아버지"라 부르며 나아갈 수 있습니다.

또한 성령은 우리 안에서 내주하시면서 우리가 기도해야 될 바를 이끌어 주시고 혹여라도 불순종의 길로 가게 되면 성령께서는 "너 그렇게 해서는 안 돼"라고 우리 마음에 가운데서 일하십니다. 그러므로 성령을 받은 사람들은 영의 일을 생각할 수밖에 없습니다.

그리고 로마서 8장 16절에 "성령이 친히 우리의 영과 더불어 우리가 하나님의 자녀인 것을 증언하시나니"라고 기록되어 있습니다. 성령께서는 우리 마음에 "너는 하나님의 자녀야"라는 확신을 주시고, 우리 마음 가운데 하나님의 말씀을 사모하게 하십니다. 그리고 성령이 임하게 되면 우리의 딱딱했던 마음이 부드러워집니다. 우리로 하여금 찬양을 기뻐하는 자로 만들어 주시고, 기도의 자리에 나아가게 하십니다. 이것은 육의 몸에서는 나올 수 없는 것입니다. 성령을 받은 그리스도인들은 그렇게 될 수밖에 없습니다.

성령의 내주함과 인도함은 어떻게 받는가?

아직 이러한 성령의 열매가 나타나지 않는 분들은, 요한복음 14장 16~19 절을 보시길 바랍니다.

> [16]내가 아버지께 구하겠으니 그가 또 다른 보혜사를 너희에게 주사 영원토록 너희와 함께 있게 하리니 [17]그는 진리의 영이라 세상은 능히 그를 받지 못하나니 이는 그를 보지도 못하고 알지도 못함이라 그러나 너희는 그를 아나니 그는 너희와 함께 거하시며 또 너희 속에 계시겠음이라 [18]내가 너희를 고아와 같이 버려두지 아니하고 너희에게로 오리라 [19]조금 있으면 세상은 다시 나를 보지 못할 것이로되 너희는 나를 보리니 이는 내가 살아 있고 너희도 살아 있겠음이라

위 말씀들은 예수님께서 십자가에서 고난 당하시기 전에 제자들을 부르신 후에 하신 말씀입니다. 예수님은 당신이 고난을 당하시면 제자들이 모두 낙망하고 흩어지고 핍박을 받을 것을 염려하는 그 부모의 마음으로 미리 말씀하신 것입니다.

그래서 예수님은 "내가 고난을 당할 텐데, 너희는 걱정하지 마라. 내가 하나님 아버지께 요청하여 너희를 돕는 보혜사 성령을 보내주겠다."라고 하신 것입니다.

"보혜사 성령"은 헬라어로 "파라클레토스"라고 하며 "옆에서 이야기하시는 분"이라는 뜻을 가지고 있습니다. 예수님께서 제자들을 너무나도 안타깝게 여기셨기에 십자가에 달리시기 전에 보혜사 성령을 보내주겠다는 약속을 하신 것입니다. 예수님께서 말씀하실 당시에는 육체로는 제자들과 함께 계시지만 곧 부활하신 육체는 제자들을 떠나야만 하셨기 때문에 이제는

끊을 수 없는 하나님의 사랑

영으로서 제자들과 함께 거하시고자 하는 것입니다. 결국 성령이 오신 것은 삼위일체 하나님의 사랑 때문인 것입니다.

예수님은 이러한 사랑의 마음으로 보혜사 성령을 하나님 아버지께 요청하셨습니다. 그리고 성령 하나님께서도 그 요청에 화답하셔서 우리의 마음 가운데 임하셔서 우리와 동행을 하시는 것입니다.

그러면 우리가 어떻게 하면 성령을 받을 수 있겠습니까? 이 물음은 하나님의 사랑을 어떻게 하면 받을 수 있는가의 문제로 귀결이 되는 것입니다. 하나님은 무엇이 부족하신 분이 아니십니다. 오직 하나님은 긍휼을 베푸시기 위하여 긍휼을 입고자 하는 마음을 찾고 계시는 것입니다.

그래서 예수님이 이 땅에 오셨을 때 마태복음 9장 13절과 같이 "너희는 가서 내가 긍휼을 원하고 제사를 원하지 아니하노라 하신 뜻이 무엇인지 배우라 나는 의인을 부르러 온 것이 아니요 죄인을 부르러 왔노라 하시니라"라고 말씀하셨습니다.

우리가 성령을 받는 길은 다른 것이 아닙니다. 우리는 주님 앞에 무릎을 꿇고 "이 죄인을 긍휼히 여겨 주십시오. 율법을 통하여 제 자신을 바라보면 온통 죄 밖에 없고 하나님의 심판대 앞에서 저주받기에 합당합니다. 이런 저를 불쌍히 여겨주십시오."라는 마음으로 예수님에게 완전히 의탁하는 것입니다. 그래서 예수님은 심령이 가난한 자는 복이 있으며, 애통하는 자는 복이 있으며, 긍휼히 여기는 자는 복이 있다고 말씀하신 것입니다.

요한복음 4장 3절부터 42절에는 예수님께서 갈릴리로 가시다가 사마리아에 있는 수가라 하는 동네에서 여인을 만나는 모습이 나옵니다. 예수님께서 그 여인에게 "물을 좀 달라"고 하시자, 그 여인은 당돌하게 "당신은 유대인으로서 어찌하여 사마리아 여자인 나에게 물을 달라 하나이까"라고 대답을 합니다. 이러한 대화들이 오고 가다가 나중에는 예수님이 "네 남편을 불러오라."고 하시자 그 여인은 "나는 남편이 없나이다"라고 답을 하였습니다. 예수님은 이 대답을 듣고서는 "네가 남편이 없다 하는 말이 옳도다 너에게 남편 다섯이 있었고 지금 있는 자도 네 남편이 아니니 네 말이 참되도다"라고 하십니다.

이 여인의 삶은 참으로 기구합니다. 어떻게 남편이 다섯 번이나 바뀌고, 지금은 남편이 아닌 남자와 살고 있는 현실이 얼마나 불쌍합니까? 그래서 이 여인은 아무도 없는 낮에 다른 사람의 눈을 피하여 물을 뜨기 위해서 온 것으로 보입니다. 그런데 이 사마리아 여인은 그동안 의지했던 남편들에 대한 모든 것이 무너졌을 때 비로소 예수님을 그리스도로 바라보게 되었습니다.

우리의 삶도 마찬가지입니다. 우리가 의지하는 것, 곧 우리의 남편은 세상의 권력이 될 수도 있고, 돈이 될 수도 있으며, 명예가 될 수도 있습니다. 이러한 것에 조금이라도 의지하고자 하는 마음이 있을 경우에는 우리는 눈을 예수님으로 향하지 아니하고, 여전히 그 의지할 대상을 바라보게 되어 있습니다. 바로 이러한 모든 것들이 무너지고 오직 예수님만 남았을 때, 우리는 예수님만을 붙들게 되어 있습니다. 하나님은 바로 이러한 사람들에게 그 기쁘신 뜻대로 긍휼을 베푸셔서 성령을 부어주시는 것입니다.

혹시라도 여러분 중에 '내게는 왜 성령의 열매가 맺히지 않을까?'라고 고민하는 분들이 계십니까? 그런 분들은 아직 의지할 것이 많이 남아 있는 사람들입니다. 오늘 이 말씀을 마음에 새기고 자신을 깊이 돌아보시길 바랍

끊을 수 없는 하나님의 사랑

니다. 예수님의 영이신 성령께서 내 안에 내주(內住)하고 계신가를 깊이 묵상하시길 바랍니다. 이보다 중요한 순간이 어디 있겠습니까?

그리고 이렇게 기도하십시오.

"주님 저는 여전히 세상을 의지하려는 마음이 가득합니다. 오직 하나님만을 바라보고 싶은데 보이지 않는 하나님만을 의지한다는 것이 너무나 불안하고 두렵습니다. 예수님이 사마리아의 수가에서 만난 여인에게 말씀하셨듯이 제가 의지하는 모든 것이 의지할 대상이 아니라는 것을 밝혀 보여 주십시오. 그리고 오직 주님만을 바라볼 수 있도록 긍휼을 더하여 주십시오."

성령의 소욕(所欲)

성령을 받으면 하나님의 사랑이 우리 안에 들어옵니다. 그러면 하나님이 원하시는 일을 하고 싶은 마음이 저절로 생깁니다. 이는 남녀 간의 사랑과 마찬가지입니다. 남녀가 사랑을 하면 때로는 몸은 떨어져 있다고 하더라도 사랑하는 사람을 생각하면 이미 함께한 듯이 사랑하는 연인이 머릿속에서 자리를 잡기 시작합니다. 그리고 그 사랑하는 연인을 위하여 모든 것을 하고 싶어하는 마음이 일어나는 것과 동일합니다.

그래서 우리가 성령을 받으면 우리 마음속에서 "하나님께서 기뻐하실 일이 무엇일까?"하는 성령의 소욕이 일어나게 되어 있습니다. 이를 통하여 갈라디아서 5장 22절부터 23절의 사랑, 희락, 화평, 오래 참음, 자비와 양선, 충성, 온유와 절제의 열매가 맺어지는 것입니다. 그래서 우리도 영의 일을 할 수 있는 것입니다.

피조물이 고대하는 바는 하나님의 아들들이 나타나는 것

로마서 8장 18~30절을 보겠습니다.

> [18]생각하건대 현재의 고난은 장차 우리에게 나타날 영광과 비교할 수 없도다 [19]피조물이 고대하는 바는 하나님의 아들들이 나타나는 것이니 [20]피조물이 허무한데 굴복하는 것은 자기 뜻이 아니요 오직 굴복하게 하시는 이로 말미암음이라 [21]그 바라는 것은 피조물도 썩어짐의 종노릇 한 데서 해방되어 하나님의 자녀들의 영광의 자유에 이르는 것이니라 [22]피조물이 다 이제까지 함께 탄식하며 함께 고통을 겪고 있는 것을 우리가 아느니라 [23]그뿐 아니라 또한 우리 곧 성령의 처음 익은 열매를 받은 우리까지도 속으로 탄식하여 양자 될 것 곧 우리 몸의 속량을 기다리느니라 [24]우리가 소망으로 구원을 얻었으매 보이는 소망이 소망이 아니니 보는 것을 누가 바라리요 [25]만일 우리가 보지 못하는 것을 바라면 참음으로 기다릴지니라 [26]이와 같이 성령도 우리의 연약함을 도우시나니 우리는 마땅히 기도할 바를 알지 못하나 오직 성령이 말할 수 없는 탄식으로 우리를 위하여 친히 간구하시느니라 [27]마음을 살피시는 이가 성령의 생각을 아시나니 이는 성령이 하나님의 뜻대로 성도를 위하여 간구하심이니라 [28]우리가 알거니와 하나님을 사랑하는 자 곧 그의 뜻대로 부르심을 입은 자들에게는 모든 것이 합력하여 선을 이루느니라 [29]하나님이 미리 아신 자들을 또한 그의 아들의 형상을 본받게 하기 위하여 미리 정하셨으니 이는 그로 많은 형제 중에서 맏아들이 되게 하려 하심이니라 [30]또 미리 정하신 그들을 또한 부르시고, 부르신 그들을 또한 의롭다 하시고 의롭다 하신 그들을 또한 영화롭게 하셨느니라

먼저 로마서 8장 23절의 "우리 몸의 속량"이라고 하는 것은 죄로부터의 완전한 해방을 말씀하고 있는 것입니다. 즉 우리의 영혼이 성령으로 말미암아 거듭난 것과 마찬가지로 우리의 육체도 예수님의 부활처럼 영광의 몸으로 새로 입는 것을 말합니다. 이러한 모습은 창세기 6장 2절의 "하나님의 아들들이 사람의 딸들의 아름다움을 보고 자기들이 좋아하는 모든 여

자를 아내로 삼는지라"는 노아 홍수 직전의 육체로 살아가는 타락한 삶의 모습과는 완전히 반대되는 모습입니다.

우리가 하나님의 사랑과 성령의 임하심에 대해서 말씀을 듣고 성령의 열매가 나오면 얼마나 마음이 뭉클합니까? 그런데 우리가 세상을 향해서 딱 돌아서면 "어휴, 예수님 언제 오십니까?"라는 탄식이 절로 나옵니다. 로마서 8장 18절부터는 바로 그 이야기를 하고 있는 것입니다.

이것은 우리만 그렇게 탄식하는 게 아니라는 것입니다. 모든 피조물이 다 그렇다는 것입니다. 우리가 지나가는 강아지를 붙잡고 "너도 그러냐?"라고 물어볼 수는 없지만, 성경에서는 그렇다고 말씀하고 있습니다.

본래 하나님이 천지를 창조하실 때, 창세기 1장 30절의 "또 땅의 모든 짐승과 하늘의 모든 새와 생명이 있어 땅에 기는 모든 것에게는 내가 모든 푸른 풀을 먹을 거리로 주노라…"는 말씀과 같이 모든 짐승의 먹이는 풀이었습니다. 그때는 짐승이 짐승을 먹는 것을 하나님께서 허락하지 않으셨습니다.

그런데 하나님은 아담이 선악과의 열매를 따 먹고 난 이후에 창세기 3장 17절부터 18절의 "…즉 땅은 너로 말미암아 저주를 받고 너는 네 평생에 수고하여야 그 소산을 먹으리라 땅이 네게 가시덤불과 엉겅퀴를 낼 것이라…"는 말씀과 같이 땅을 저주하였습니다.

그리고 노아의 홍수 심판으로 인하여 노아의 방주 안에 탔던 생물을 제외하고는 지면의 모든 생물은 쓸어버림을 당하였습니다. 짐승들이 무슨 죄가 있습니까? 참으로 우리 인간은 다른 짐승에게도 빚진 자인 것입니다.

그리고 노아의 홍수 이후에 하나님은 창세기 9장 2절부터 3절에서 "땅의 모든 짐승과 공중의 모든 새와 땅에 기는 모든 것과 바다의 모든 물고기가 너희를 두려워하며 무서워하리니 이것들이 너희의 손에 붙였음이니라 모든 산 동물은 너희의 먹을 것이 될지라 채소 같이 내가 이것을 다 너희에게 주노라"고 하셨습니다. 그래서 짐승들은 사람을 보면 두려워하게 되었습니다.

그리고 시편 104편 21절에는 "젊은 사자들이 그들의 먹이를 쫓아 부르짖으며 그들의 먹이를 하나님께 구하다가"하는 말씀이 있습니다. 이는 육식동물이 다른 동물을 먹는 것에 대한 암시를 잘 보여주는 말씀입니다.

성경은 하나님께서 인간에게 주시는 계시의 말씀이기에 육식동물을 대상으로 창세기 9장 2절부터 3절까지의 말씀을 주실 수는 없기에 성경에는 기록이 되어 있지는 않지만, 이때부터 자연질서가 처음의 창조질서와 바뀌었을 가능성을 보여주고 있습니다.

그래서 짐승들은 이제 두려움 속에서 살아가게 된 것이었습니다. 더욱이 오늘날 기후 재앙으로 인해 얼마나 많은 짐승들이 가뭄에 허덕이고 홍수에 휩쓸립니까? 짐승들도 정말 힘든 상황입니다. 그러므로 짐승들도 탄식하며 하나님의 자녀들의 영광을 기다리고 있다는 것입니다.

성경이 이를 증거하고 있습니다. 이사야 11장 6~9절까지의 말씀을 보겠습니다.

> ⁶그 때에 이리가 어린 양과 함께 살며 표범이 어린 염소와 함께 누우며 송아지와 어린 사자와 살진 짐승이 함께 있어 어린아이에게 끌리며 ⁷암소와 곰이 함께

끊을 수 없는 하나님의 사랑

먹으며 그것들의 새끼가 함께 엎드리며 사자가 소처럼 풀을 먹을 것이며 [8]젖먹는 아이가 독사의 구멍에서 장난하며 젖 뗀 어린아이가 독사의 굴에 손을 넣을 것이라 [9]내 거룩한 산 모든 곳에서 해됨도 없고 상함도 없을 것이니 이는 물이 바다를 덮음 같이 여호와를 아는 지식이 세상에 충만할 것임이니라

이런 세상이 빨리 오면 얼마나 좋겠습니까? "하나님, 정말 이 세상에서 예수님 믿고 사는 건 좋지만 때로는 여전히 고통 가운데 있습니다. 예수님이 다시금 오셔서 우리 몸도 영화롭게 변화시켜 주십시오."라고 우리 속도 탄식하고, 피조물도 탄식하고 또한 성령께서도 탄식하신다는 것입니다.

그리고 때로는 우리가 기도할 바를 알지 못할 경우에는 성령께서도 우리 마음 가운데서 기도할 것을 알려주시고, 탄식하며 우리를 대신해 간구하시는 것입니다.

예전에 형제님 한 분이 감옥에 있을 때의 일입니다. 어느 날 집에 있는데, 제 마음이 왜 그리 불안한지 모르는 일이 있었습니다. 그래서 기도를 시작했더니 하나님께서 그 형제 면회를 가라고 하시는 마음의 감동을 주시는 것입니다. 그래서 차를 타고 구치소로 갔습니다. 하지만 제가 그 형제를 만나면 무슨 이야기를 할지 몰라서 하나님께 기도드렸습니다. 그 기도 중에 하나님께서 제 마음에 그 형제를 만나서 "근심하지 말아라"는 이야기를 전해 주시라는 것이었습니다. 그렇게 도착해서 보니 그 형제님의 얼굴이 정말 안 좋았습니다. "하나님께서 보내셔서 왔는데, 무슨 일이 있습니까?" 하고 물으니, 밤새 잠을 못 잤다는 것입니다. 이유를 물으니, 계속해서 선고 기일이 바뀌어 자신에게 불리한 판결이 나올까 봐 걱정된다는 것이었습니다. 하나님이 저를 보내시면서 "근심하지 말아라"는 말씀을 주셨다고 전달했습니다. 그리고 그 사건은 이후에 판결을 잘 받아서 석방이 되었습니다.

이처럼 우리는 마음에 기도해야 할 바를 모를 때가 많지만, 성령도 우리의 연약함을 도우시고 우리가 마땅히 기도할 바를 알지 못할 때에는 말할 수 없는 탄식으로 우리를 위하여 간구하십니다. 그래서 로마서 8장 28절의 말씀과 같이 하나님을 사랑하는 자 곧 그의 뜻대로 부르심을 입은 자들에게는 모든 것이 합력하여 선을 이루는 것입니다.

하나님의 예정, 부르심, 칭의 및 영화

로마서 8장 29~30절을 보겠습니다.

> [29]하나님이 미리 아신 자들을 또한 그의 아들의 형상을 본받게 하기 위하여 미리 정하셨으니 이는 그로 많은 형제 중에서 맏아들이 되게 하려 하심이니라 [30]또 미리 정하신 그들을 또한 부르시고, 부르신 그들을 또한 의롭다 하시고 의롭다 하신 그들을 또한 영화롭게 하셨느니라

이 부분은 로마서 9장에서 좀 더 자세히 다루겠지만, 여기에서는 이렇게만 믿으시길 바랍니다. 우리의 구원은 하나님께서 창세 이전부터 미리 우리를 아시고 택정하셨다는 것입니다. 그리고 우리가 세상 속에서 살아가고 있을 때에 하나님이 정하신 시기에 우리로 하여금 부드러운 마음을 주시고, 그때 말씀으로 우리를 부르십니다. 그리고 부르신 후에는 예수님의 보혈로 우리를 의롭다고, 즉 칭의를 선포하십니다. 그리고 이 칭의와 함께 성령께서 우리 안에 내주하셔서 예수님이 다시 오실 때까지 우리를 성화되어 가도록 이끌어 가십니다. 그리고 예수님이 오시면 우리는 부활의 영광스러운 몸으로 변화됩니다. 우리가 이것을 생각하면 얼마나 우리의 구원이 삼위일체 하나님의 크신 사랑인지 모르겠습니다.

끊을 수 없는 하나님의 사랑

하나님의 끊을 수 없는 사랑

그리고 로마서 8장 31~39절까지는 여러분이 외우셔야 합니다. 이 말씀은 너무 좋습니다. 평소에도 암송하시고, 어떠한 어려움이 오더라도 암송하시고, 마음에 불안과 두려움이 오더라도 암송하시고, 우리가 병 중에 있다고 하더라도 암송하시고, 혹여라도 우리가 하나님의 육체적인 부르심에 따라서 죽음 앞에서는 경우에도 암송을 해야 합니다.

로마서 8장 31~39절을 같이 읽어 보겠습니다.

> ³¹그런즉 이 일에 대하여 우리가 무슨 말을 하리요 만일 하나님이 우리를 위하시면 누가 우리를 대적하리요 ³²자기 아들을 아끼지 아니하시고 우리 모든 사람을 위하여 내주신 이가 어찌 그 아들과 함께 모든 것을 우리에게 주시지 아니하시겠느냐 ³³누가 능히 하나님께서 택하신 자들을 고발하리요 의롭다 하신 이는 하나님이시니 ³⁴누가 정죄하리요 죽으실 뿐 아니라 다시 살아나신 이는 그리스도 예수시니 그는 하나님 우편에 계신 자요 우리를 위하여 간구하시는 자시니라 ³⁵누가 우리를 그리스도의 사랑에서 끊으리요 환난이나 곤고나 박해나 기근이나 적신이나 위험이나 칼이랴 ³⁶기록된 바 우리가 종일 주를 위하여 죽임을 당하게 되며 도살당할 양같이 여김을 받았나이다 함과 같으니라 ³⁷그러나 이 모든 일에 우리를 사랑하시는 이로 말미암아 우리가 넉넉히 이기느니라 ³⁸내가 확신하노니 사망이나 생명이나 천사들이나 권세자들이나 현재 일이나 장래 일이나 능력이나 ³⁹높음이나 깊음이나 다른 어떤 피조물이라도 우리를 우리 주 그리스도 예수 안에 있는 하나님의 사랑에서 끊을 수 없으리라

로마서 8장 31절의 "이 일에 대하여"라 함은 사도 바울이 그동안 설명한 그리스도 안에서의 보호하심, 칭의, 영광스러운 몸의 부활을 말하는 것입니다. 그리고 8장 31절과 32절을 보면 그리스도인에게는 적이 없는 것이 아니라 적이 있다고 하더라도, 하나님이 우리를 위하여 아들까지 주셨는데

모든 것을 주시는 것입니다. 그래서 우리는 든든한 것입니다.

33절부터 34절은 예수님이 보혈로서 우리가 받아야 하는 모든 심판을 대속하시고 하늘의 성전에 영원한 속죄제사를 지냈기에 우리의 속죄함은 영원하다고 이미 하나님이 선포를 하셨습니다. 그리고 그 예수님이 또한 지금 우리의 변호자로서 중보하고 계시기에 사탄이 우리를 어떠한 명목으로 정죄하더라도 우리는 예수님을 의지하고 하나님 앞에 담대하게 설 수 있는 것입니다.

35절부터 37절은 그리스도인 역시 이 세상에서 고통 가운데 있다고 하더라도 예수님의 사랑으로 말미암아 능히 이겨낸다는 것입니다. 여기서 "적신"이라는 표현은 몸이 그대로 드러나 있는 모습으로서 가난을 의미하는 것입니다. 그래서 우리는 도살 당하는 양 같이 죽을 만큼의 고난을 만난다고 하더라도 예수님의 십자가의 사랑을 바라보아야 하는 것입니다.

끝으로 38절부터 39절은 육체적으로나 영적으로 어떠한 세력도 예수 안에 있는 하나님의 사랑에서 끊을 수 없는 것임을 기록하고 있습니다. 참으로 하나님이 우리를 위하시는데 우리가 무엇을 염려하고 불안해야 하는 것입니까? 이러한 마음이 들 때마다 우리는 우리를 위하여 십자가에서 못 박히신 그 예수님의 은혜, 이러한 예수님의 구원에 대한 사역을 창세 이전부터 작정하신 하나님 아버지의 사랑, 지금 우리 안에서 내주하셔서 우리를 위해 기도하고 탄식하시는 성령 하나님의 사랑을 바라보아야 하는 것입니다.

이를 한 문장으로 정리한 것이 바로 고린도후서 13장 13절의 축도입니다.

끊을 수 없는 하나님의 사랑

¹³주 예수 그리스도의 은혜와 하나님의 사랑과 성령의 교통하심이 너희 무리와 함께 있을지어다

아멘!

오직 약속의 자녀가 씨로 여기심을 받느니라

로마서 9장 1절부터 13절까지 읽겠습니다.

> [1-2]내가 그리스도 안에서 참말을 하고 거짓말을 아니하노라 나에게 큰 근심이 있는 것과 마음에 그치지 않는 고통이 있는 것을 내 양심이 성령 안에서 나와 더불어 증언하노니 [3]나의 형제 곧 골육의 친척을 위하여 내 자신이 저주를 받아 그리스도에게서 끊어질지라도 원하는 바로라 [4]그들은 이스라엘 사람이라 그들에게는 양자 됨과 영광과 언약들과 율법을 세우신 것과 예배와 약속들이 있고 [5]조상들도 그들의 것이요 육신으로 하면 그리스도가 그들에게서 나셨으니 그는 만물 위에 계셔서 세세에 찬양을 받으실 하나님이시니라 아멘 [6]그러나 하나님의 말씀이 폐하여진 것 같지 않도다 이스라엘에게서 난 그들이 다 이스라엘이 아니요 또한 [7]아브라함의 씨가 다 그의 자녀가 아니라 오직 이삭으로부터 난 자라야 네 씨라 불리리라 하셨으니 [8]곧 육신의 자녀가 하나님의 자녀가 아니요 오직 약속의 자녀가 씨로 여기심을 받느니라 [9]약속의 말씀은 이것이니 명년 이 때에 내가 이르리니 사라에게 아들이 있으리라 하심이라 [10]그뿐 아니라 또한 리브가가 우리 조상 이삭 한 사람으로 말미암아 임신하였는데 [11]그 자식들이 아직 나지도 아니하고 무슨 선이나 악을 행하지 아니한 때에 [12]택하심을 따라 되는 하나님의 뜻이 행위로 말미암지 않고 오직 부르시는 이로 말미암아 서게 하려 하사 리브가에게 이르시되 큰 자가 어린 자를 섬기리라 하셨나니 [13]기록된 바 내가 야곱은 사랑하고 에서는 미워하였다 함과 같으니라

우리는 로마서 8장까지 매우 중요한 부분들을 살펴보았습니다. 그런데 사도 바울은 갑자기 로마서 9장부터 11장까지 이스라엘의 구원에 관한 이야기를 전개하고 있습니다.

신학을 배우면 크게 다음과 같은 순서로 되어 있습니다. 첫째, 하나님은 누구이신가? 이를 신론(神論)이라고 합니다. 둘째, 인간은 누구인가? 여기에는 죄가 무엇인가 하는 문제도 포함됩니다. 셋째, 인간은 죄에서 구원을 받아야 하기에 예수님은 누구신가? 이를 기독론(基督論)이라고 합니다. 넷째, 구원은 어떻게 받는가? 이는 구원론(救援論)입니다. 다섯째, 구원을 받은 후 성령을 받습니다. 이를 성령론(聖靈論)이라고 합니다. 여섯째, 성령을 받은 사람들의 공동체가 교회입니다. 이를 교회론(敎會論)이라 합니다. 일곱째, 교회가 끝난 후 마지막 시대는 어떻게 되는가? 이를 종말론(終末論)이라 합니다.

마치 성경 말씀을 가르치는 사람은 하나님으로부터 계시를 받아서 가르치기 때문에 학문이 필요 없다고 생각하는 사람들이 있을 수 있습니다. 그러나 하나님은 인간을 통하여 복음을 전하기로 작정하셨고 그 인간에게 일반은혜로 주어진 이성을 주셨기에 반드시 배움이 따라야만 합니다. 일반인의 입장에서 성경을 읽다 보면 마치 모순되어 보이는 말씀들도 때로는 보여지고, 신약과 구약의 충돌되는 모습도 읽히는 경우가 많습니다. 그러나 조직신학과 언약신학, 그리고 성령의 조명(照明)하심을 통해 성경의 말씀들이 자연스럽게 연결되면 비로소 성경 말씀을 깊이 있게 이해하고 마음속에 굳건히 믿어지게 됩니다.

그렇다면, 사도 바울이 왜 갑자기 이스라엘의 구원에 대한 이야기를 꺼냈을까요? 로마서는 로마 교인들에게 보내는 편지로, 이미 구원을 받은 이방인 그리스도인과 유대인 그리스도인들이 함께 있는 교회를 향하고 있습니다.

그런데 바울은 갑자기 자신의 친척들, 곧 하나님을 믿지 않는 이스라엘을 향한 간절한 마음을 기록하고 있는 이유는 바울이 예수님을 만난 후에는 자신의 친척들이 생각나지 않을 수 없었던 것입니다. 즉 바울은 율법의 행위에 의한 구원이 아니라 하나님의 크신 은혜 안에서의 사랑을 경험한 이후에 그 사랑의 마음으로 이스라엘 백성을 예수님 앞으로 인도하고 싶은 마음이 간절하였던 것이었습니다.

그리고 바울은 이방인들이 보기에는 구약성경이 마치 폐하여진 것처럼 느껴질 수 있었기 때문에 하나님의 언약은 폐하여진 것이 아니라 태초부터 하나님이 본래 목적하신 것이 무엇인지를 밝혀서 하나님의 신실하심을 드러내어야 할 필요성도 있었습니다.

나아가 바울은 로마교회에 있는 이방인들에게는 이스라엘의 구원의 역사를 가르치면서 겸손할 것을 강조하려 했습니다. 그래서 로마서 11장을 보면 이방인들에 대한 가르침이 나옵니다. 우리는 자칫 "나는 하나님이 나를 택하셨기 때문에 구원받았다"라고 말하면서 사랑의 행함이 없는 교만으로 나아갈 수 있습니다. 오늘날 많은 이단들의 행태가 바로 그러한 것입니다. 따라서 바울은 이방인 그리스도인들에게 겸손할 것을 강조하고, 종말론적으로 이스라엘과 이방인의 구원이 어떻게 이루어지는가를 설명함으로써 로마교회 성도들이 말씀 안에서 하나가 되기를 원했습니다.

오늘 본문을 통해 우리는 하나님의 구원 계획이 얼마나 크고 놀라운지를 깨닫게 됩니다. 로마서 9장에서는 하나님이 우리를 택하신 그 예정(豫定)에 대해 집중적으로 다루며, 10장과 11장에서는 이스라엘의 남은 자에 대한 구원과 종말론적인 부분에 대한 내용을 기록하고 있습니다. 따라서 로마서 9~11장은 성경 전체를 이해하는 데 중요한 부분입니다.

오직 약속의 자녀가 씨로 여기심을 받느니라

바울의 근심

이제 로마서 9장 1~2절을 함께 보겠습니다.

> $^{1-2}$내가 그리스도 안에서 참말을 하고 거짓말을 아니하노라 나에게 큰 근심이 있는 것과 마음에 그치지 않는 고통이 있는 것을 내 양심이 성령 안에서 나와 더불어 증언하노니

3절은 다 같이 읽겠습니다.

> ^{3}나의 형제 곧 골육의 친척을 위하여 내 자신이 저주를 받아 그리스도에게서 끊어질지라도 원하는 바로라

이 말씀에서 바울의 간절한 마음을 볼 수 있습니다. 이러한 마음은 모세의 중보를 통한 모습을 통하여 더욱 잘 엿볼 수 있습니다. 출애굽기 33장 30절부터 32절을 보면 아래와 같습니다.

> ^{32}이튿날 모세가 백성에게 이르되 너희가 큰 죄를 범하였도다 내가 이제 여호와께로 올라가노니 혹 너희를 위하여 속죄가 될까 하노라 하고 ^{33}모세가 여호와께로 다시 나아가 여짜오되 슬프도소이다 이 백성이 자기들을 위하여 금 신을 만들었사오니 큰 죄를 범하였나이다 ^{34}그러나 이제 그들의 죄를 사하시옵소서 그렇지 아니하시오면 원하건대 주께서 기록하신 책에서 내 이름을 지워 버려 주옵소서

모세가 하나님의 인도하심을 따라서 이스라엘 백성을 애굽의 종살이에서 이끌어낸 후, 율법을 받기 위하여 시내산에 올라갔습니다. 그때 이스라엘 백성들은 모세가 40일 동안 내려오지 않자 "우리를 위하여 우리를 인도할 신을 만들라 이 모세 곧 우리를 애굽 땅에서 인도하여 낸 사람은 어찌 되

없는지 알지 못함이라"라고 하면서 금송아지를 만들었습니다.

그들에게는 애굽의 노예생활을 하면서 보아 왔던 소가 평생 자신들을 위해 일하는 존재였기 때문에 그보다 더 좋은 신이 없다고 생각했던 것입니다. 이러한 모습을 통하여 우리는 하나님을 마치 우리를 위해서 일을 해야 하는 금송아지로 만들어서 숭배하는 신앙을 가지는 것이 아닌가 돌아보아야 할 것입니다.

그때 하나님께서는 모세에게 말씀하신 모습이 출애굽기 32장 7절부터 10절까지 잘 나옵니다.

> [7]여호와께서 모세에게 이르시되 너는 내려가라 네가 애굽 땅에서 인도하여 낸 네 백성이 부패하였도다 [8]그들이 내가 그들에게 명령한 길을 속히 떠나 자기를 위하여 송아지를 부어 만들고 그것을 예배하며 그것에게 제물을 드리며 말하기를 이스라엘아 이는 너희를 애굽 땅에서 인도하여 낸 너희 신이라 하였도다 [9]여호와께서 또 모세에게 이르시되 내가 이 백성을 보니 목이 뻣뻣한 백성이로다 [10]그런즉 내가 하는 대로 두라 내가 그들에게 진노하여 그들을 진멸하고 너를 큰 나라가 되게 하리라

이러한 상황에서 모세는 하나님의 심판과 이스라엘 백성 사이에서 중보자로 섰습니다. 그는 하나님께 "그들의 죄를 사하시옵소서 그렇지 아니하시오면 원하건대 주께서 기록하신 책에서 내 이름을 지워 버려 주옵소서"라고 절박한 모습으로 간절히 기도했습니다. 하나님은 모세의 중보를 받아들였습니다. 바울도 이러한 모세의 간절한 마음을 담고 있는 것입니다.

한편, 마태복음 27장 46절에는 예수님이 하나님의 심판과 인간에 대한 구원 사이에 중보자로 십자가에 달리셔서 하나님으로부터 완전히 버림을 당

오직 약속의 자녀가 씨로 여기심을 받느니라

하는 모습이 기록되어 있습니다. 그때 예수님께서는 십자가에서 "엘리 엘리 라마 사박다니"라고 외치셨습니다. 이는 곧 "나의 하나님, 나의 하나님, 어찌하여 나를 버리셨나이까"라는 뜻입니다. 진실로 예수님은 디모데전서 2장 5절의 "하나님은 한 분이시요 또 하나님과 사람 사이에 중보자도 한 분이시니 곧 사람이신 그리스도 예수라"는 말씀과 같이 우리의 중보자이십니다.

하나님께서는 모세에게는 이스라엘의 심판을 담당시키지 않으셨지만, 예수님께는 인류의 심판을 모두 담당시키셨습니다. 예수님께서 진실로 하나님과 끊어지는 심판을 당하셨습니다.

바울은 예수님을 만난 후 중보자로서의 예수님의 마음을 깊이 깨달았습니다. 예전에는 율법을 지키면 복을 받을 줄 알았지만, 예수님을 만난 후 자신이 죽어야 할 죄인임을 깨닫게 되었습니다. 하나님을 위한다고 했던 것이 오히려 예수님을 대적하는 일이었음을 알았고, 예수님의 사랑을 통하여 그의 마음이 변화되었습니다.

우리도 골육 친척들을 위해 복음에 대한 간절한 마음을 가져야 합니다. 예수님이 우리를 위해 십자가에서 못 박히신 그 사랑을 깨달으면 깨달을수록, 가족들을 위한 기도가 더 간절해지는 것입니다. 우리가 하나님의 사랑을 이웃에게 전하면서 가족에게 전하지 않는다면, 디모데전서 5장 8절의 "누구든지 자기 친족 특히 자기 가족을 돌보지 아니하면 믿음을 배반한 자요 불신자보다 더 악한 자니라"의 말씀이 바로 우리를 향한 말씀임을 직시해야 합니다.

한편, 우리는 하나님의 심판에 대해 깊이 생각해 볼 필요가 있습니다. 하나님께서는 왜 사탄과 믿지 않는 자들을 무(無)의 세계로 사라지게 하지 않고, 영원한 심판을 내리실까요? 성경에는 명확히 나오지 않지만, 저는 이렇게 생각합니다. 만약 심판받은 영혼이 무(無)의 존재로 완전히 소멸된다면, 그것은 참된 심판이 아닙니다. 왜냐하면 그들에게는 언젠가 무(無)로 돌아갈 것이라는 희망으로 살아갈 수 있기 때문입니다. 그래서 하나님께서는 사탄과 믿지 않는 자들을 영원한 심판 가운데 두심으로써, 하나님의 공의가 완전하게 이루어지게 하셨습니다. 이러한 사실을 깨달을수록 우리는 가족을 위해 더욱 간절히 기도하고 복음을 전해야 합니다.

하나님의 이스라엘에 대한 약속

로마서 9장 4절을 보겠습니다.

> ⁴그들은 이스라엘 사람이라 그들에게는 양자 됨과 영광과 언약들과 율법을 우신 것과 예배와 약속들이 있고 조상들도 그들의 것이요 육신으로 하면 그리스도가 그들에게서 나셨으니 그는 만물 위에 계셔서 세세에 찬양을 받으실 하나님이시니라

이방인의 입장에서 생각해 보겠습니다. 바울이 이방인들에게 복음을 전할 때, 이방인들은 이렇게 말할 수 있습니다. "당신들은 하나님을 오래전부터 섬겨왔는데, 왜 당신들 백성도 믿지 않는 예수님을 나에게 전하십니까?"

복음을 전할 때 우리도 종종 이런 말을 듣습니다. "당신 남편도 안 믿는데 왜 나한테 믿으라고 하십니까?" 이러한 방해가 있을 수 있습니다. 바울은 이러한 이방인들에게 하나님의 약속이 결코 변하지 않음을 설명할 필요가 있었습니다.

오직 약속의 자녀가 씨로 여기심을 받느니라

로마서 9장 4절을 보면, 이스라엘 백성에게는 양자 됨과 영광과 언약들이 주어졌습니다. 출애굽기 4장 22절에는 "너는 바로에게 이르기를 여호와의 말씀에 이스라엘은 내 아들 내 장자라"라고 말씀하셨습니다. 하나님께서는 이미 그때 이스라엘을 장자로 부르셨습니다.

또한, 이스라엘은 하나님의 영광을 목격했습니다. 성막이 완성되었을 때 하나님의 영광이 드리워진 모습이 출애굽기 40장 33절부터 35절에 기록되어 있습니다.

> ³³그는 또 성막과 제단 주위 뜰에 포장을 치고 뜰 문에 휘장을 다니라 모세가 이같이 역사를 마치니 ³⁴구름이 회막에 덮이고 여호와의 영광이 성막에 충만하매 ³⁵모세가 회막에 들어갈 수 없었으니 이는 구름이 회막 위에 덮이고 여호와의 영광이 성막에 충만함이었으며

그리고 이스라엘은 하나님의 언약을 받았습니다. 그 첫 번째 언약은 하나님께서 아브라함과 약속하셨던 "네 씨로 말미암아 천하 만민이 복을 얻을 것이라"고 약속하셨습니다. 우리는 이것을 '아브라함 언약'이라고 하고 창세기 22장 18절에 기록되어 있습니다. 다음으로 하나님께서 모세를 부르시고 율법을 주시면서 "너희가 만일 내 말을 잘 듣고 내 언약을 지키면 너희는 모든 민족 중에서 내 소유가 되겠고."라고 약속하셨습니다. 이를 '모세 언약'이라고 부르고 출애굽기 19장 5절에 기록되어 있습니다. 이후 하나님께서는 다윗을 부르시고 "네 날이 차서 네 조상들과 함께 누울 때에 내가 네 몸에서 날 네 씨를 네 뒤에 세워 그의 나라를 견고하게 하리라."고 언약하셨습니다. 우리는 이를 '다윗 언약'이라고 하고 사무엘하 7장 12절에 기록되어 있습니다. 한편, 이스라엘이 고난 가운데 있을 때, 하나님께서는 예레미야를 통해 "나 여호와가 말하노라 보라 날이 이르리니 내가 이스라엘 집과 유다 집에 새 언약을 맺으리라"고 말씀하시면서 새 언약을 주셨습

니다. 이는 예레미야 31장 31절에 기록되어 있습니다.

한편, 하나님께서는 이스라엘 백성에게 특별히 시내산에서 율법을 주셨습니다. 당시에도 함무라비 법전과 같은 다른 나라의 법이 존재했습니다. 통치 구조가 있으면 법이 있기 마련입니다. 그러나 하나님의 율법은 특별합니다. 하나님께서 주신 이 법에는 사랑이 담겨 있습니다.

또한, 예배에 대한 내용은 레위기 1장부터 7장까지 번제, 소제, 화목제, 속죄제, 속건제에 대한 규례가 잘 나와 있습니다.

그렇다면 이러한 하나님이 약속하신 아들, 영광, 언약, 율법, 예배의 모습이 폐기가 되었나요? 결코 하나님의 약속은 폐하여진 것이 아니라는 것입니다.

하나님의 언약은 폐하여진 적이 없음

진정한 양자(養子), 곧 아들은 누구를 향한 것입니까? 예수님께서 세례 요한에게 세례를 받고 올라오실 때 하늘에서 음성이 들렸습니다. 마태복음 3장 17절의 "이는 내 사랑하는 아들이요 내가 기뻐하는 자라"고 하셨습니다. 하나님께서 구약에서부터 계속 말씀하셨던 그 아들은 바로 예수님을 향하고 있었던 것입니다. 우리는 예수님 안에 있으므로 하나님께서는 우리를 예수님 안에서 입양된 아들, 곧 양자로 여기십니다. 그렇다면 그 약속이 폐하여졌습니까? 아닙니다. 오히려 하나님이 이루시고자 하는 그 목적이 더욱 드러나게 된 것입니다.

다음은 하나님의 영광에 대해서 보겠습니다. '영광'은 히브리어 '샤칸'에서

오직 약속의 자녀가 씨로 여기심을 받느니라

유래한 '세키나'라고 합니다. '샤칸'의 뜻은 '거하다'라는 뜻입니다. 하나님의 영광이 성막 안에 충만했다는 것은 하나님께서 그곳에 임재하고 계셨다는 뜻입니다. 그런데 하나님이 정말 함께하셨던 분은 누구입니까? 바로 예수님입니다.

예수님의 제자 빌립이 예수님에게 "주여 아버지를 우리에게 보여주옵소서"라고 요청했을 때, 예수님께서는 요한복음 14장 9절에서 "나를 본 자는 아버지를 보았거늘 어찌하여 아버지를 보이라 하느냐"라고 말씀하셨습니다. 예수님 안에서 하나님께서 함께하시며 일하셨습니다. 예수님 안에 하나님이 계시므로 그 영광이 예수님 안에 있었습니다. 그렇다면 그 영광이 폐하여졌습니까? 아닙니다. 오히려 하나님의 임재가 더욱 예수님을 통하여 드러나게 된 것입니다.

하나님께서는 아브라함을 부르시며 "네 씨로 말미암아 천하 만민이 복을 받으리라"고 약속하셨습니다. 마태복음 1장 1절에는 "아브라함과 다윗의 자손 예수 그리스도의 계보라"라고 기록되어 있습니다. 그렇다면 그 언약이 없어졌습니까? 아닙니다. 오히려 구약의 약속대로 인자로 오셔서 영원한 왕위를 굳게 세우셨습니다.

그럼 율법은 어떻게 되었는지 보겠습니다. 마태복음 5장 17~18절을 보겠습니다.

> ¹⁷내가 율법이나 선지자를 폐하러 온 줄로 생각하지 말라 폐하러 온 것이 아니요 완전하게 하려 함이라 ¹⁸진실로 너희에게 이르노니 천지가 없어지기 전에는 율법의 일점 일획도 결코 없어지지 아니하고 다 이루리라

하나님께서 시내산에서 모세에게 율법을 주셨습니다. 그렇다면 이 율법은

누구를 향하여 주어진 것이었습니까? 예수님께서 이 율법을 온전히 이루셨습니다. 하나님께서는 이스라엘 백성에게 율법을 주실 때에는 그들이 율법을 온전히 지킬 수 없음을 이미 아셨습니다. 그래서 하나님은 율법을 통해 그들을 오직 메시야, 곧 구세주이신 예수 그리스도 앞으로 인도하려 하셨습니다. 결국, 율법을 온전히 지키라고 하신 대상은 참 이스라엘이신 예수님이었습니다.

하나님께서는 첫 사람 아담에게 "선악을 알게 하는 나무의 열매를 먹지 말라"는 법을 주셨고, 둘째 아담이신 예수님에게는 이스라엘의 율법을 모두 주셨습니다. 그리고 하나님은 율법을 다 지키면 모든 민족 중에서 하나님의 소유로 되겠다고 하시고, 복을 주겠다고 약속하셨습니다. 그 복을 실제로 받은 분은 누구입니까? 예수님이십니다. 우리는 예수님 안에 있으므로 예수님께서 받으신 복이 우리의 것이 되고, 예수님을 통하여 하나님의 소유로 된 교회의 일원이 된 것입니다.

하나님께서 이스라엘 백성에게 율법을 주셨지만, 그 율법은 진실로 예수 그리스도를 통해 완성되었습니다. 우리 역시 율법을 온전히 지킬 수 없어 심판을 받을 수밖에 없었지만, 예수님께서 온전히 지키셨기에 우리는 예수님 안에서 하나님의 은혜를 받게 된 것입니다. 이를 요약하면 하나님께서는 예수님께 율법을 행위언약으로 주셨고, 우리는 은혜언약을 통하여 예수 그리스도 안에서 구원을 받도록 이끄셨던 것입니다.

다시 로마서로 돌아가겠습니다. 로마서 9장 4절에 보면 율법을 세우신 것과 예배와 약속들이 있습니다. 이와 관련하여 히브리서 9장 11~15절을 보겠습니다.

오직 약속의 자녀가 씨로 여기심을 받느니라

¹¹그리스도께서는 장래 좋은 일의 대제사장으로 오사 손으로 짓지 아니한 것 곧 이 창조에 속하지 아니한 더 크고 온전한 장막으로 말미암아 ¹²염소와 송아지의 피로 하지 아니하고 오직 자기의 피로 영원한 속죄를 이루사 단번에 성소에 들어가셨느니라 ¹³염소와 황소의 피와 및 암송아지의 재를 부정한 자에게 뿌려 그 육체를 정결하게 하여 거룩하게 하거든 ¹⁴하물며 영원하신 성령으로 말미암아 흠 없는 자기를 하나님께 드린 그리스도의 피가 어찌 너희 양심을 죽은 행실에서 깨끗하게 하고 살아계신 하나님을 섬기게 하지 못하겠느냐 ¹⁵이로 말미암아 그는 새 언약의 중보자시니 이는 첫 언약 때에 범한 죄에서 속량하려고 죽으사 부르심을 입은 자로 하여금 영원한 기업의 약속을 얻게 하려 하심이라

구약 시대에 제사를 드리던 모습을 보여주신 것은 결국 누구를 향하고 있는 것입니까? 예수님께서 십자가에서 우리를 위하여 대속하시는 모습을 보여주시려고 계속해서 제사 제도를 통해 예표적으로 미리 보여주셨습니다. 그래서 예수님이 영원한 속죄를 단번에 이루셨기 때문에 우리는 구약 시대와 같이 제사를 지내지 아니하는 것입니다.

이러한 성경의 언약을 처음부터 끝까지 알게 되면 구약성경이 헷갈리지 않습니다. 이것을 모르는 상태에서 구약성경을 읽게 되면 성경 읽기가 두려워집니다. 그러나 하나님의 섭리를 알게 되면 우리는 신약과 구약성경을 조화롭게 읽어나갈 수 있습니다. 그리고 하나님의 신실하심으로 말미암아 우리는 더욱 담대히 하나님의 은혜의 보좌 앞으로 나아갈 수 있는 것입니다.

그렇다면 이 이야기를 듣는 로마 교인들은 어떻게 생각하겠습니까? "와우, 하나님의 계획이 너무나도 심오하구나! 우리는 율법이 그냥 없어지고 폐하여진 줄로만 알고, 이스라엘 백성들을 우습게 봤는데, 하나님께서는 예수님을 향한 큰 그림을 가지고 계셨구나! 그리고 우리를 예수님 안에서 부르셨구나, 정말 하나님은 한 번 말씀하시면 꼭 지키시고 변하지 않으시는 분이시구나!" 이렇게 깨닫게 되면서 하나님의 약속을 굳게 붙들게 되는 것입니다.

그래서 우리가 언약 신학이 중요하다는 것입니다. 이 언약을 일관되게 바라보면 하나님이 우리를 위하시는 큰 섭리를 알게 됩니다. 그렇다면 우리가 걱정할 것이 있습니까? 없습니다. 걱정할 일이 없는 것입니다.

저도 인생을 살아오면서 걱정이 왜 없겠습니까? 그런데 이 말씀을 계속 전하고 묵상하다 보니 똑같은 걱정이 오더라도 이제는 이를 다르게 받아들이는 것입니다. "그래, 하나님께서는 모든 것이 합력하여 선을 이루신다고 하셨는데, 이런 어려움을 허락하시는 데는 분명한 이유가 있을 거야." 이렇게 생각하면서 인내하면서 기도로 넘어가게 되는 것입니다. 하나님의 약속이 창세 때부터 변함이 없다는 것을 알면 우리는 정말 큰 믿음 안으로 들어갈 수 있습니다. 하나님의 약속은 결코 폐하여진 적이 없습니다.

하나님의 영원한 작정하심

이제 로마서 9장 10~18절을 보겠습니다.

> [10]그뿐 아니라 또한 리브가가 우리 조상 이삭 한 사람으로 말미암아 임신하였는데 [11]그 자식들이 아직 나지도 아니하고 무슨 선이나 악을 행하지 아니한 때에 택하심을 따라 되는 하나님의 뜻이 행위로 말미암지 않고 오직 부르시는 이로 말미암아 서게 하려 하사 [12]리브가에게 이르시되 큰 자가 어린 자를 섬기리라 하셨나니 [13]기록된 바 내가 야곱은 사랑하고 에서는 미워하였다 하심과 같으니라 [14]그런즉 우리가 무슨 말을 하리요 하나님께 불의가 있느냐 그럴 수 없느니라 [15]모세에게 이르시되 내가 긍휼히 여길 자를 긍휼히 여기고

오직 약속의 자녀가 씨로 여기심을 받느니라

불쌍히 여길 자를 불쌍히 여기리라 하셨으니 [16]그런즉 원하는 자로 말미암음도 아니요 달음박질하는 자로 말미암음도 아니요 오직 긍휼히 여기시는 하나님으로 말미암음이니라 [17]성경이 바로에게 이르시되 내가 이 일을 위하여 너를 세웠으니 곧 너로 말미암아 내 능력을 보이고 내 이름이 온 땅에 전파되게 하려 함이라 하셨으니 [18]그런즉 하나님께서 하고자 하시는 자를 긍휼히 여기시고 하고자 하시는 자를 완악하게 하시느니라

그리고 로마서 8장 29절부터 30절도 같이 보겠습니다.

[29]하나님이 미리 아신 자들을 또한 그 아들의 형상을 본받게 하기 위하여 미리 정하셨으니 이는 그로 많은 형제 중에서 맏아들이 되게 하려 하심이라 [30]또 미리 정하신 그들을 또한 부르시고 부르신 그들을 또한 의롭다 하시고 의롭다 하신 그들을 또한 영화롭게 하셨느니라

8장 29절을 보면 "하나님이 미리 아신 자" 이렇게 되어 있습니다. 헬라어로는 "프로에그노"라고 해서, 영어로는 "foreknew"라고 번역됩니다. 즉 하나님은 누가 하나님을 믿을 것인지를 "미리 알았다"는 것입니다. 이 구절을 해석하는 방식에 따라 교단이 나뉘어집니다.

카톨릭, 감리교, 성결교, 오순절 교단에서는 이 구절을 어떻게 바라보느냐 하면, 하나님께서 전지전능하시기 때문에 인류의 시작부터 "누구 김 아무개는 언제 나를 믿을 것이다. 그러므로 나는 그를 택해야지." 이렇게 구원이 이루어진다고 해석합니다. 물론 이렇게 믿음을 택하는 계기도 하나님의 선행은총(Prevenient Grace)이 있었기 때문에 가능하다고 봅니다.

그런데 칼뱅주의를 필두로 하는 개혁주의에서는 이를 어떻게 보느냐 하면 하나님은 미리 택정한 사람을 아는 관계적인 관점에서 "아신 자"라고 보고

있습니다.

특히 출애굽기 33장 12절을 보면 "모세가 여호와께 아뢰되 보시옵소서 주께서 내게 이 백성을 인도하여 올라가라 하시면서 나와 함께 보낼 자를 내게 지시하지 아니하시나이다 주께서 전에 말씀하시기를 나는 이름으로도 너를 알고 너도 내 앞에 은총을 입었다 하셨사온즉"이라고 기록되어 있습니다. 즉 하나님은 모세가 출생하기 전에 "이름으로도 알았다"는 것입니다. 그래서 이미 하나님은 택정한 사람을 관계적으로 알고 있다는 것입니다.

나아가 칼뱅주의는 로마서 8장 29절에서 "하나님이 미리 아신 자들을 또한 그 아들의 형상을 본받게 하기 위하여 미리 정하셨으니" 그리고 30절에서 "미리 정하신 그들을"이라고 되어 있는데, 여기서 "미리 정하다"는 단어는 헬라어로 "프로오리센"이라고 합니다. 특히 위 "프로오리센"은 그 문법적인 시제가 "아오리스트(aorist)"로서 한 번의 동작으로 완성되는 시제입니다. 그래서 하나님은 단번에 작정하시고 그 이후에는 변하지 않는다는 의미를 가집니다.

종교개혁 당시, 물론 그 이전에도 있었지만, 예정설(豫定說)이 보다 체계적으로 정리된 것이 칼뱅(John Calvin)에 의해서입니다. 칼뱅은 "하나님은 구원받을 자와 받지 않을 자를 미리 다 정해 놓으셨다."라는 이중선택설을 주장했습니다.

이에 반대하는 야코부스 알미니우스는 이러한 예정설에 반대를 하였습니다. 그리고 이후에 이러한 알미니우스의 사상을 따르는 일단의 무리들(항론파)이 하나님께서 우리를 구원하시는 것은 하나님은 누가 하나님을 믿을 것을 미리 아시고 선택하신 것, 곧 '예지예정설'을 주장하였습니다.

오직 약속의 자녀가 씨로 여기심을 받느니라

TULIP 조항

이러한 논쟁이 계속하여 발생하자 이를 공식적으로 판단하기 위하여 1618년부터 1619년까지 네덜란드 도르트레흐트에서 회의가 열렸습니다. 그리고 이때 채택된 신조를 도르트 신조라고 합니다. 이 부분을 잘 이해해야 우리가 받은 구원이 얼마나 크고 놀라운 것인지 알 수 있습니다. 우리는 도르트 신조에서 채택한 내용의 첫 글자만 따서 "TULIP 조항"이라고 부르고 있습니다.

위 TULIP 조항의 첫 번째 'T'는 "Total Depravity", 즉 전적 타락을 의미합니다. 인간은 전적으로 타락하였다는 것입니다. 그런데 알미니안주의, 즉 항론파에서는 이에 대해 다소 다른 견해를 가집니다. 그들은 인간이 타락한 것은 맞지만, 하나님께서 부르시면 응답할 수 있는 의지는 남아있다고 봅니다.

그다음으로 'U'는 "Unconditional Election", 즉 무조건적 선택입니다. 칼뱅주의에서는 하나님께서 아무 조건 없이 선택하셨다고 봅니다. 반면 알미니안주의에서는 하나님께서 누가 하나님을 믿을 것인지 미리 아시고 그 믿음을 보시고 우리를 택정하셨다고 해석합니다.

세 번째로 'L'은 "Limited Atonement", 즉 제한 속죄입니다. 칼뱅주의에서는 예수 그리스도의 보혈은 하나님이 택정한 자들에게만 효력이 있다고 바라봅니다. 반면 알미니안주의에서는 예수 그리스도께서 모든 인류를 위해 십자가에 달리셨으나, 그 효력은 믿는 사람에게만 미친다고 주장합니다.

네 번째로 'I'는 "Irresistible Grace", 즉 불가항력적 은혜입니다. 칼뱅주의에서는 하나님께서 택정하시면 아무리 그 사람이 "믿지 않겠습니다" 하더라도 불가항력적인 은혜로 인해 결국 구원에 이르게 된다고 설명합니다. 그러나 알미니안주의에서는 구원에 대해 인간이 응답할 수도 있고 거절할 수도 있는 자유가 있다고 봅니다.

마지막으로 'P'는 "Perseverance of the Saints", 즉 성도의 견인입니다. 칼뱅주의에서는 하나님께서 택정한 성도들을 끝까지 지켜주시고 인내하게 하셔서 결코 구원에서의 떨어짐이 없다고 합니다. 반면 알미니안주의에서는 구원이 중간에 상실될 수도 있다고 봅니다.

여러분이 듣다 보면 알미니안주의가 더 맞는 것처럼 보일 수도 있습니다. 그래서 신학적 논쟁이 생기는 것입니다. 그런데 감리교와 성결교는 알미니안주의에서 한 걸음 더 나아갑니다. 이를 웨슬리안주의라고 합니다. 이러한 웨슬리안주의는 구원을 받은 후에 그리스도인은 "완전한 성화"에 이를 수 있다고 봅니다.

여기서 말하는 완전한 성화란 예수님처럼 사는 것과 같은 차원의 개념이 아니라 성령의 인도하심을 받아 사랑의 마음으로 이웃을 돕고, 죄를 지으려는 동기가 없이 성령의 인도하심에 따라 충분히(fully) 거룩한 상태를 살아가는 것을 의미합니다. 이에 대하여 칼뱅주의와 알미니안주의는 구원을 받더라도 우리는 죄의 지배 아래에 있기 때문에 완전한 성화에는 이르지 못한다고 주장합니다.

당시 위 도르트 회의가 열렸던 1618~1619년에는 칼뱅주의가 옳다고 선포하고, 알미니안주의자들의 직분을 박탈하며 이단으로 규정하였습니다. 그러나 오늘날에는 이단으로 취급하지 않으며, 다만 하나님의 작정하심에 대하여 오해하고 있다고 평가하고 있습니다.

오직 약속의 자녀가 씨로 여기심을 받느니라

에서와 야곱, 바로를 통하여 바라본
하나님의 작정하심

그렇다면 이제 성경을 통해 하나님의 작정하심에 대하여 확인해 보아야 할 것입니다. 로마서 9장 10~11절을 보겠습니다.

> [10]그뿐 아니라 또한 리브가가 우리 조상 이삭 한 사람으로 말미암아 임신하였는데 [11]그 자식들이 아직 나지도 아니하고 무슨 선이나 악을 행하지 아니한 때에 택하심을 따라 되는 하나님의 뜻이 행위로 말미암지 않고 오직 부르시는 이로 말미암아 서게 하려 하사

그리고 위 말씀의 출처인 창세기 25장 20절부터 26절을 보면 다음과 같습니다.

> [20]이삭은 사십 세에 리브가를 맞이하여 아내를 삼았으니 리브가는 밧단 아람의 아람 족속 중 브두엘의 딸이요 아람 족속 중 라반의 누이였더라 [21]이삭이 그의 아내가 임신하지 못하므로 그를 위하여 여호와께 간구하매 여호와께서 그의 간구를 들으셨으므로 그의 아내 리브가가 임신하였더니 [22]그 아들들이 그의 태 속에서 서로 싸우는지라 그가 이르되 이럴 경우에는 내가 어찌할꼬 하고 가서 여호와께 묻자온대 [23]여호와께서 그에게 이르시되 두 국민이 네 태중에 있구나 두 민족이 네 복중에서부터 나누이리라 이 족속이 저 족속보다 강하겠고 큰 자가 어린 자를 섬기리라 하셨더라 [24]그 해산 기한이 찬즉 태에 쌍둥이가 있었는데 [25]먼저 나온 자는 붉고 전신이 털옷 같아서 이름을 에서라 하였고 [26]후에 나온 아우는 손으로 에서의 발꿈치를 잡았으므로 그 이름을 야곱이라 하였으며 리브가가 그들을 낳을 때에 이삭이 육십 세였더라

즉 하나님은 에서와 야곱이 출생한 이후 그들의 삶을 보고 선택하신 것이 아니라, 태어나기도 전에 하나님께서 이미 선택하셨다는 것입니다. 그리고

야곱이 출생한 이후에 하나님을 섬기는 과정을 보면 야곱이 자신의 행위로 하나님이 주시는 장자의 축복을 받고자 하였을 때에는 온갖 속임수와 곤경밖에 없었음을 우리는 성경을 통하여 확인할 수 있습니다. 그런데 야곱이 이스라엘의 열두 지파로 서게 된 것은 오직 하나님의 은혜로 말미암았습니다. 이러한 사정을 보면 결코 하나님의 구원은 우리 인간의 행위에 의지하지 않는다는 것을 잘 알 수 있습니다.

그리고 말라기 1장 2절부터 5절도 같이 보도록 하겠습니다.

> ²여호와께서 이르시되 내가 너희를 사랑하였노라 하나 너희는 이르기를 주께서 어떻게 우리를 사랑하셨나이까 하는도다 나 여호와가 말하노라 에서는 야곱의 형이 아니냐 그러나 내가 야곱을 사랑하였고 ³에서는 미워하였으며 그의 산들을 황폐하게 하였고 그의 산업을 광야의 이리들에게 넘겼느니라 ⁴에돔은 말하기를 우리가 무너뜨림을 당하였으나 황폐된 곳을 다시 쌓으리라 하거니와 나 만군의 여호와는 이르노라 그들은 쌓을지라도 나는 헐리라 사람들이 그들을 일컬어 악한 지역이라 할 것이요 여호와의 영원한 진노를 받은 백성이라 할 것이며 ⁵너희는 눈으로 보고 이르기를 여호와께서는 이스라엘 지역 밖에서도 크시다 하리라

즉 하나님은 야곱의 열두 아들에게서 비롯된 이스라엘을 아무런 이유 없이 사랑하셨고 에서는 미워하셨습니다.

이러한 하나님의 선택하심을 우리는 이성의 눈으로 바라보면 좀 의아하게 느껴지기도 하고, 알미니안주의적 관점이 그럴듯해 보입니다. 왜냐하면 우리는 선악의 열매를 먹고 눈이 밝아져 '자아'와 '타인'에 대하여 옳고 그름의 눈으로 바라보기 때문에 그러한 것입니다.

오직 약속의 자녀가 씨로 여기심을 받느니라

그러나 알미니안주의에서는 비록 선행은총(Prevenient Grace)이 전제가 되지만 마치 구원의 시작점이 인간의 믿음으로 출발하는 듯한 인상을 지울 수 없습니다. 왜냐하면 하나님께서 우리의 믿음을 미리 아시고 선택하셨다고 바라보기 때문입니다. 그리고 구원의 상실 여부도 결국은 우리의 의지에 달려 있는 형국이 되어버리고 맙니다.

저는 고등학교 시절에 하나님의 은혜를 강하게 체험한 이후에 말씀을 따라 살아보려고 정말 많은 노력을 한 사실이 있습니다. 그래서 심지어는 친구들과 일주일간 말을 하지 않은 적도 있습니다. 왜냐하면 우리의 죄가 입에서 대부분이 비롯되기 때문입니다. 그때 저는 느낀 것이 있습니다. 정말 우리가 육체를 덧입고서는 온전한 행함과 온전한 믿음이라는 것을 확신 있게 유지하는 것은 사실상 불가능하다는 것이었습니다. 우리가 여전히 공중의 권세 잡은 사탄이 영향력을 발휘하고 있는 육체의 삶을 살아가는 동안에는 언제든지 죄의 모양이 나올 수밖에 없습니다.

그래서 저는 고등학교 때 느낀 그 의문들이 해결되는 데에는 20년이 넘는 시간이 걸렸습니다. 하나님의 말씀이 깨달아지고 마음에 은혜가 넘치면 하나님의 구원하심에 대한 확신이 넘쳤지만, 그렇지 않은 경우에는 늘 흔들렸습니다. 그런데 이러한 흔들림은 예수님만을 바라보면서 모든 것이 자리를 잡기 시작하였습니다. 하나님은 "나"의 행위를 바라보는 것이 아니라 "예수님"이 행하신 것만 바라보기 때문입니다.

하나님이 나를 구원하시는 것은 "나"의 믿음에 기초로 하는 것이 아니라, 예수님께서 온전히 행하신 그 완벽한 의를 덧입는 것이기에 "나"의 행위에 구원이 좌우될 이유가 없었고, 때로는 인생을 사는 과정에 허물과 죄가 있다고 하더라도 예수님의 보혈의 피가 하늘의 성소에 "영원히" 뿌려졌기에 그 보혈을 믿고 하나님 앞에 담대하게 나아갈 수 있었고, 기도를 하더라도 "나"의 이름이 아니라 "예수님"의 이름으로 하기 때문에 염려할 필요가 없었습니다. 그리고 마지막 육체가 잠자는 죽음의 순간이 오더라도 예수님이 부활하셨기에 나도 부활할 것을 믿기 때문에 모든 것에서 자유로울 수 있었습니다.

그래서 칼뱅주의는 신앙의 관점을 "나"가 아닌 "하나님의 주권"으로 바라보기 때문에 우리는 언제나 하나님의 신실하심으로 말미암아 불안하지 아니하고 평안 가운데에서 신앙생활을 할 수 있습니다. 그래서 우리가 구원을 받아도 자랑할 것이 없습니다. 그리고 우리의 구원은 영원하신 하나님이 작정하신 것이기에 흔들릴 이유가 없는 것입니다. 그래서 우리는 참으로 하나님의 크신 사랑과 은혜에 감사하고 그 영광을 오직 하나님께만 돌릴 수 있는 것입니다.

그렇다면 칼뱅주의는 선한 삶을 살지 않아도 된다는 뜻인가요? 그것은 결코 아닙니다. 칼뱅주의에서도 동일하게 선한 믿음의 삶을 중요하게 바라보고 있습니다. 그러나 중요한 것은 그 선한 믿음의 삶의 시작점인 것입니다. 칼뱅주의에서는 선한 믿음의 삶의 시작점이 바로 하나님의 주권적이신 사랑입니다. 즉 우리는 원래 하나님의 앞에서 사망의 심판을 받을 수밖에 없는 죄인이었는데, 하나님께서 독생자이신 예수님을 우리를 위하여 주신 그 크신 사랑에 감동하여 우리는 하나님의 이름의 영광을 위하여 선한 삶으로 나아가는 것입니다. 그래서 선한 삶의 열매가 나온다 하더라도 우리는 하나님 앞에서 자랑할 것이 없는 것입니다.

오직 약속의 자녀가 씨로 여기심을 받느니라

인간의 자유의지와 충돌하지 아니함

한편 칼뱅주의를 따르면 "그러면 하나님께서는 인간의 자유의지를 무시하고 선택하시는가?"라는 의문이 생길 수 있습니다. 하나님께서는 우리가 참된 믿음과 순종으로 하나님과 동행하기를 원하십니다. 그러므로 인간은 자유로운 상태에서 선택해야만 진정한 동행이 이루어집니다. 그래서 우리는 로봇으로 창조되지 않았습니다. 그렇다면 하나님의 선택과 우리의 자유의지는 어떻게 조화를 이루는지 야곱과 에서, 바로의 삶을 통하여 확인할 수 있습니다.

리브가는 에서와 야곱을 출산하였습니다. 어느 날 야곱은 형 에서가 사냥을 마치고 지쳐 돌아왔을 때, 떡과 팥죽으로 장자의 명분을 얻고, 이후 아버지 이삭이 눈이 어두워졌을 때, 어머니 리브가와 함께 이삭을 속였습니다. 에서가 받아야 될 장자의 축복을 야곱이 에서의 모습으로 위장하여 장자의 축복을 받았습니다. 야곱이라는 이름의 뜻 그대로 '발뒤꿈치를 잡은 자', '속이는 자'의 뜻에 합당하게 거짓말을 하였습니다.

이를 알게 된 에서가 야곱을 죽이려고 하자 야곱은 밧단 아람에 있는 삼촌 라반의 집으로 도망갔습니다. 그런데 거기서 야곱은 자신이 거짓말하여 장자의 복을 받은 것처럼 삼촌 라반으로부터 그대로 당하게 됩니다. 즉 야곱은 삼촌 라반의 딸 중에서 아름다운 라헬과 결혼하기 위해 7년 동안 일했지만, 라반이 야곱에게 들여보낸 사람은 안력(眼力)이 달리는 못생긴 라헬의 언니 레아였습니다. 야곱은 라헬을 얻기 위하여 다시 7년을 더 종살이를 하였습니다.

이후 야곱이 삼촌 라반의 집을 떠나서 아버지가 있는 가나안 땅으로 돌아가려고 하자 삼촌 라반은 야곱의 품삯을 주기가 너무 아까웠습니다. 그런데 하나님이 라반에게 나타나셔서 "너는 삼가 야곱에게 선악간에 말하지 말라"고 하셨습니다. 이렇게 하나님은 야곱에게 은혜를 베푸셨습니다.

또한, 야곱이 형 에서를 만나기 전에는 에서가 사백 명을 거느리고 야곱을 만나려고 오는 이야기를 듣고 심히 두려워하였습니다. 그때 야곱은 얍복 강에서 날이 새도록 천사와 씨름을 하는 과정에 허벅지 관절이 어긋나면서까지도 천사를 붙들었습니다. 그래서 그때부터 야곱을 이스라엘이라고 부르게 되었습니다. 이스라엘은 곧 "하나님과 사람들과 겨루어 이겼음이니라"의 뜻입니다. 그리고 하나님은 야곱이 에서를 만나는 과정에서 서로 화해하도록 은혜를 베풀어 주셨습니다.

야곱의 인생을 보면, 하나님께서는 인간의 자유의지와 허물을 허락하시지만 그 가운데에서도 은혜를 베푸셨음을 알 수 있습니다. 즉 하나님의 선택과 인간의 자유의지는 충돌하지 않습니다. 하나님께서는 인간의 허물진 삶 속에서 자유롭게 선택할 수 있도록 허락하시면서 은혜를 베푸시면서 그 작정하신 섭리를 이루어 나가시는 것입니다.

한편, 우리는 야곱이 얍복강에서 기도했던 것처럼 끈질기게 해야 하는 것임을 알 수 있습니다. 사실 우리는 기도할 때도 처음에는 하나님을 속이려는 마음을 품고 앉습니다. 비록 겉으로는 거룩한 척하면서 "하나님, 저 기도하러 왔습니다."라고 하지만 속으로는 "하나님, 제 사업 잘되게 해 주셔야 합니다."라는 마음을 품기 마련입니다. 하지만 야곱처럼 절박한 심정으로 하나님을 붙들어야 합니다. 야곱이 천사를 붙잡았던 것처럼, "하나님, 저를 도와주시지 않으면 저는 죽을 수밖에 없습니다!"라고 간절히 부르짖어야 합니다. 그러면 하나님께서는 응답하십니다.

오직 약속의 자녀가 씨로 여기심을 받느니라

로마서 9장 14~16절에 이렇게 기록되어 있습니다.

> ¹⁴그런즉 우리가 무슨 말을 하리요 하나님께 불의가 있느냐 그럴 수 없느니라 ¹⁵모세에게 이르시되 내가 긍휼히 여길 자를 긍휼히 여기고 불쌍히 여길 자를 불쌍히 여기리라 하셨으니 ¹⁶그런즉 원하는 자로 말미암음도 아니요 달음박질하는 자로 말미암음도 아니요 오직 긍휼히 여기시는 하나님으로 말미암음이니라

구원은 누구의 긍휼을 입어야 합니까? 오직 하나님의 긍휼입니다. 그런데 여기에서 조금 오해할 수 있는 부분이 있습니다. 로마서 9장 17~18절에 이렇게 기록되어 있습니다.

> ¹⁷성경이 바로에게 이르시되 내가 이 일을 위하여 너를 세웠으니 곧 너로 말미암아 내 능력을 보이고 내 이름이 온 땅에 전파되게 하려 함이라 하셨으니 ¹⁸그런즉 하나님께서 하고자 하시는 자를 긍휼히 여기시고 하고자 하시는 자를 완악하게 하시느니라

이 구절을 보면 "완악하게 하시느니라" 하므로 하나님께서 죄를 짓게 하시는 원인처럼 보일 수도 있습니다. 그러나 그것이 아님은 에서와 바로의 행동을 통해서 알 수 있습니다.

에서가 아버지 이삭으로부터 장자의 축복을 받기 위하여 사냥을 마치고 돌아와 아버지 이삭 앞에 가서 "아버지여 일어나서 아들이 사냥한 고기를 잡수시고 마음껏 내게 축복하소서"라고 하였습니다. 그러자 이삭이 깜짝 놀랐고 에서는 울면서 "내 아버지여 아버지가 빌 복이 이 하나 뿐이리이까 내 아버지여 내게 축복하소서"라고 하자, 이삭이 "네 주소는 땅의 기름짐에서 멀고 내리는 하늘 이슬에서 멀 것이며 너는 칼을 믿고 생활하겠고 네 아우를 섬길 것이며 네가 매임을 벗을 때에는 그 멍에를 네 목에서 떨쳐버

리리라"고 사실상 저주를 하였습니다.

애굽의 왕 바로의 경우도 마찬가지입니다. 하나님께서 이스라엘 백성을 애굽에서 인도하실 때에도 바로가 하나님의 명령을 따르지 않도록 내 버려두었습니다.

본래 인간은 죄로 흘러가게 되어 있습니다. 우리는 자유의지가 있다고 하지만 구원받기 전에는 실제로는 죄를 향한 자유의지입니다. 하나님께서는 야곱에게 은혜를 베푸시어 삼촌 라반과 형 에서로부터 건지셨습니다. 그러나 에서와 바로는 은혜를 베푸시지 않아서 그들이 본래 가지고 있던 죄의 본성대로 내 버려두신 것입니다. 그래서 전도서 7장 29절에는 "하나님은 사람을 정직하게 지으셨으나 사람이 많은 꾀를 낸 것이니라."라고 기록되어 있는 것입니다.

결국 하나님은 그 택한 자의 삶에 대하여 죄로 향한 자유의지대로의 삶과 허물 가운데에서 은혜를 베푸시면서 일을 하시고, 그 택하지 아니한 자에게는 은혜를 베푸시지 아니함으로 인하여 그들의 본래의 본성인 죄를 향한 자유의지대로 버려두는 것입니다.

여러분 오늘 이 말씀을 통해 무엇을 느끼십니까? 우리가 처음에는 하나님께서 구원받을 자를 작정하시고 버릴 자를 애초부터 예정하셨다는 사실이 쉽게 믿어지지 않습니다.

그러나 우리는 두 가지의 차원에서 이를 받아들여야 합니다. 먼저 바울과 칼뱅은 지금 "하나님"이 이스라엘, 교회, 구원받은 자를 바라보는 입장을 말하고 있는 것입니다. 하나님은 전지전능하십니다. 하나님께서 누가 믿을

오직 약속의 자녀가 씨로 여기심을 받느니라

지를 미리 아시고 "네 믿음이 공로가 있다"고 인간의 행위를 통하여 구원하시는 분이 아닙니다.

또한, 하나님께서 예수 그리스도의 보혈을 통하여 구원케 하셨다면 그 보혈이 아무렇게나 믿지 않는 자에게 헛되이 쓰이도록 하시지 않습니다. 하나님께서는 진정으로 구원받을 자에게 칭의를 주시기 위해 보혈을 흘리신 것입니다. 마치 이스라엘 백성 중의 죄를 지어서 속죄제사를 지낼 때에는 그 속죄제사를 지낸 사람에게만 효력이 있고, 대속죄일에 속죄제사를 지낼 때에는 이스라엘 백성에게만 효력이 있었지 결코 이스라엘 밖의 사람에게 효력이 미치지 않은 것과 같습니다. 예수님이 십자가에서 우리의 속죄제물이 되셨다면 결국은 참 이스라엘 되는 구원받은 자들을 위한 속죄제물이 되신 것입니다.

그리고 하나님 입장에서 보면 하나님의 선택은 결코 변함이 없습니다. 하나님은 회전하는 그림자도 없으신, 결코 변하지 않으신 분으로서 하나님이 선택하시면 그 선택에서 떨어지는 일은 결코 없습니다.

우리는 어떻게 하나님의 선택하심을 알 수 있는가?

그러나 문제는 우리가 이러한 하나님의 선택을 알 수 있는 위치에 있지 않다는 것입니다. 즉 우리의 시각에서 하나님의 선택을 바라볼 경우에는 누가 구원을 받았는지 누가 버림을 받았는지 즉시 알 수 없다는 것입니다.

이 부분을 이해하기 위해서 창세기 45장 5절부터 8절을 가지고 설명을 하겠습니다.

⁵당신들이 나를 이 곳에 팔았다고 해서 근심하지 마소서 한탄하지 마소서 하나님이 생명을 구원하시려고 나를 당신들보다 먼저 보내셨나이다 ⁶이 땅에 이년 동안 흉년이 들었으나 아직 오 년은 밭갈이도 못하고 추수도 못할지라 ⁷하나님이 큰 구원으로 당신들의 생명을 보존하고 당신들의 후손을 세상에 두시려고 나를 당신들보다 먼저 보내셨나니 ⁸그런즉 나를 이리로 보낸 이는 당신들이 아니요 하나님이시라 하나님이 나를 바로에게 아버지로 삼으시고 그 온 집의 주로 삼으시며 애굽 온 땅의 통치자로 삼으셨나이다

야곱은 라헬과의 사이에서 요셉을 얻었습니다. 그러니 얼마나 야곱이 예뻐하였겠습니까? 그래서 야곱은 요셉에게만 채색옷을 입혔습니다. 그런데 요셉도 '곡식단이 일어서서 요셉의 단을 보고 절하고, 해와 달과 열한 별이 요셉에게 절하더라'는 꿈 이야기를 하여 형제들로부터 미움을 샀습니다.

그래서 형제들은 요셉을 구덩이에 던지고 이스마엘 사람들에게 팔고, 이스마엘 사람은 요셉을 애굽 바로의 친위대장 보디발에게 팔아버렸습니다. 요셉은 보디발의 집에서 수종을 들다가 그 보디발의 아내의 유혹을 거절하여 강간미수범으로 몰려서 왕의 죄수를 가두는 감옥에 갇혔습니다. 요셉은 거기서 떡 굽는 관원장과 술 맡은 관원장의 시종을 들고 그들의 꿈을 해석하여 주기도 하였습니다. 이후에 요셉은 바로의 꿈을 해석하여 애굽의 총리 자리에 올랐습니다.

요셉이 애굽의 총리에 오르고 전국에 가뭄이 극심하게 들자, 요셉을 팔아버린 그 형들이 식량을 사기 위하여 애굽을 찾아와서 절을 하였습니다. 요셉은 처음에는 자신의 신분을 나타내지 아니하였고 출애굽기 45장에 이르러서야 자신이 요셉인 것을 밝히 드러내었습니다.

그때 요셉은 비로소 하나님의 섭리를 알게 된 것이었습니다. 요셉의 입장

오직 약속의 자녀가 씨로 여기심을 받느니라

에서는 자기를 팔아버린 형들이 얼마나 가슴 사무치게 원망이 되었고 죽이고 싶었겠습니까? 낯선 애굽 땅에 종으로 팔려 오고, 바로의 부인으로부터 강간범으로 몰려서 감옥살이를 하는 과정에서 요셉은 도저히 자신의 인생을 받아들이기 쉽지 않았을 것입니다. 그런데 형들이 찾아와서 절을 하는 모습을 보면서 요셉이 꾼 꿈을 기억하게 되면서 하나님의 크신 섭리를 그제서야 알게 된 것입니다.

하나님의 우리를 향한 택정하심도 그렇게 알게 되는 것입니다. 우리는 각자의 삶 속에 모두가 죽을 만큼의 인생의 무게를 지고 살아갑니다. 어떤 사람들은 승승장구하는 듯하지만 그 내면은 허무하고, 어떤 사람은 고난의 연속인 것 같은 삶을 살아갑니다. 그렇지만 하나님의 섭리를 만나게 되면 비로소 우리는 하나님의 택정하심 가운데 모든 것들이 감사로 받아들여지는 것입니다.

정말로 죄 아래에서 죽을 수밖에 없는 야곱과 같은 삶인데도, 하나님께서 은혜를 베푸셔서 구원으로 이끄신 하나님의 사랑을 만나게 되면 하나님의 우리를 향한 사랑이 얼마나 크신지 깨닫게 됩니다. 그제서야 우리는 하나님께서 창세 전에 우리를 택정하셨다는 사실이 믿어지게 되는 것입니다.

그러므로 이 칼뱅주의를 바탕으로 하는 우리 개혁주의 신앙이 얼마나 깊은 세계인지 우리는 이해하기가 쉽지 않은 것입니다. 그러나 이 믿음이 우리 안에 있으면 하나님께서 우리를 위하시는데 우리가 무엇을 두려워하겠습니까? 걱정할 필요가 없습니다. 하나님께서는 우리에게 하나님이 베푸시는 사랑과 은혜가 얼마나 큰지를 보여주시기 원하십니다. 그 사랑을 깨닫게 되면 우리는 모든 짐을 내려놓을 수 있고 비로소 "하나님께서 모든 것을 합력하여 선을 이루실 것이다"라고 믿으며 나아갈 수 있는 것입니다.

하나님의 택정하심에 대한 우리의 태도

로마서 9장 19절부터 29절까지 보도록 하겠습니다.

> ¹⁹혹 네가 내게 말하기를 그러면 하나님이 어찌하여 허물하시느냐 누가 그 뜻을 대적하느냐 하리니 ²⁰이 사람아 네가 누구이기에 감히 하나님께 반문하느냐 지음을 받은 물건이 지은 자에게 어찌 나를 이같이 만들었느냐 말하겠느냐 ²¹토기장이가 진흙 한 덩이로 하나는 귀히 쓸 그릇을 하나는 천히 쓸 그릇을 만들 권한이 없느냐 ²²만일 하나님이 그의 진노를 보이시고 그의 능력을 알게 하고자 하사 멸하기로 준비된 진노의 그릇을 오래 참으시고 관용하시고 ²³또한 영광 받기로 예비하신 바 긍휼의 그릇에 대하여 그 영광의 풍성함을 알게 하고자 하셨을지라도 무슨 말을 하리요 ²⁴이 그릇은 우리니 곧 유대인 중에서뿐만 아니라 이방인 중에서도 부르신 자니라 ²⁵호세아의 글에도 이르기를 내가 내 백성이 아닌 자를 내 백성이라 사랑하지 아니한 자를 사랑한 자라 부르리라 ²⁶너희는 내 백성이 아니라 한 그곳에서 그들이 살아계신 하나님의 아들이라 일컬음을 받으리라 함과 같으니라 ²⁷또 이사야가 이스라엘에 관하여 외치되 이스라엘 자손들의 수가 비록 바다의 모래 같을지라도 남은 자만 구원을 받으리니 ²⁸주께서 땅 위에서 그 말씀을 이루고 속히 시행하시리라 하셨느니라 ²⁹또한 이사야가 미리 말한 바 만일 만군의 주께서 우리에게 씨를 남겨 두지 아니하셨더라면 우리가 소돔과 같이 되고 고모라와 같았으리로다 함과 같으니라

25절의 호세아의 글이라는 것은 호세아 2장 23절의 말씀입니다. 이는 북이스라엘이 BC 750년경에 여로보암 2세 때에 종교는 외적으로 형식화되어가고, 영적으로는 우상숭배가 만연하고, 사회적으로는 부정의가 만연한 시대에 회개를 촉구하기 위하여 하신 약속의 말씀입니다. 그리고 29절의 이사야가 미리 말한 것은 이사야 10장 20절부터 23절의 말씀에 기록되어 있습니다. 로마서 10장에서 자세히 설명하겠지만, 하나님의 이스라엘과 이방인을 향한 구원의 크신 작정하심을 선지자를 통하여 미리 선포하셨던

오직 약속의 자녀가 씨로 여기심을 받느니라

말씀입니다.

우리는 하나님의 작정하심을 깊이 생각해야 합니다. 우리는 피조물입니다. 피조물이 창조주 하나님께 "왜 나를 이렇게 만들어서 고생하게 하십니까?"라고 묻는 것은 우리를 하나님과 동등한 위치에 올려놓으려는 것입니다. 아담이 선악을 알게 하는 나무의 열매를 먹고 눈이 뜨여 하나님과 동등한 위치에 들어가니까 "하나님 당신이 만들어 준 그 여자가 먹으라 했습니다."라고 변명하면서 스스로 하나님을 판단하게 되었던 것입니다.

그러므로 우리 피조물은 먼저 이런 자세를 가져야 합니다. "하나님, 이 고난도 합당합니다. 하나님께서 은혜를 베풀어 주지 않으셨다면 저는 본래 멸망받을 자입니다. 그러나 저를 구원하여 주시니 너무 감사합니다. 주님께 영광을 돌립니다." 이러한 마음가짐을 가질 때, 우리는 참된 믿음으로 들어갈 수 있습니다.

그래서 우리는 하나님의 작정하심을 진정 깊이 생각해야 합니다. 이제 에베소서 1장 3~6절을 읽고 오늘 설교를 정리하겠습니다.

> ³찬송하리로다 하나님 곧 우리 주 예수 그리스도의 아버지께서 그리스도 안에서 하늘에 속한 모든 신령한 복을 우리에게 주시되 ⁴곧 창세 전에 그리스도 안에서 우리를 택하사 우리로 사랑 안에서 그 앞에 거룩하고 흠이 없게 하시려고 ⁵그 기쁘신 뜻대로 우리를 예정하사 예수 그리스도로 말미암아 자기의 아들들이 되게 하셨으니 ⁶이는 그가 사랑하는 자 안에서 우리에게 거저 주시는 바 그의 은혜의 영광을 찬송하게 하려는 것이라

우리가 하나님의 예정하심을 깨닫게 되면 우리는 하나님을 사랑할 수밖에 없으며, 하나님의 은혜로 충만할 수밖에 없고, 하나님께 영광을 돌릴 수밖

에 없습니다.

사랑하는 형제자매 여러분!

하나님께서 창세 전부터 우리를 택정하시고, 예수 그리스도 안에서 신령한
복을 지금 우리에게 부어주셨습니다. 때로는 허물과 고난이 있더라도, 믿
음으로 살아가야 합니다. 그것이 참된 믿음입니다. 고난이 온다고 좌절해
서는 안 됩니다. 하나님께서 모든 것이 합력하여 선하게 이루실 것을 믿고,
믿음의 기도를 올릴 때, 하나님께 영광이 되는 것입니다. 아멘!

유대인이나 헬라인이나 차별이 없음이라

로마서 9장 30절부터 10장 4절까지 읽겠습니다.

> [30]그런즉 우리가 무슨 말을 하리요 의를 따르지 아니한 이방인들이 의를 얻었으니 곧 믿음에서 난 의요 [31]의의 법을 따라간 이스라엘은 율법에 이르지 못하였으니 [32]어찌 그리하냐 이는 그들이 믿음을 의지하지 않고 행위를 의지함이라 부딪칠 돌에 부딪쳤느니라 [33]기록된 바 보라 내가 걸림돌과 거치는 바위를 시온에 두노니 그를 믿는 자는 부끄러움을 당하지 아니하리라 함과 같으니라

> [1]형제들아 내 마음에 원하는 바와 하나님께 구하는 바는 이스라엘을 위함이니 곧 그들로 구원을 받게 하려 함이라 [2]내가 증언하노니 그들이 하나님께 열심이 있으나 올바른 지식을 따른 것이 아니니라 [3]하나님의 의를 모르고 자기 의를 세우려고 힘써 하나님의 의에 복종하지 아니하였느니라 [4]그리스도는 모든 믿는 자에게 의를 이루기 위하여 율법의 마침이 되시니라

우리는 지금 로마서를 차례대로 살펴보고 있습니다. 어떻게 보면 로마서는 작년에 설교한 요한복음과 달리 이론적인 내용이 많습니다. 사도 바울이 구약 전체를 압축하여 언약 신학의 관점에서 정리했기 때문에 자칫하면 무미건조하게 느껴질 수도 있습니다. 하지만 우리는 성경을 하나님께서 우리에게 주신 사랑의 편지로 보아야 할 것입니다.

오늘날 우리는 휴대폰으로 쉽게 이메일이나 문자를 주고받을 수 있지만, 과거에는 편지를 보내고 답장을 받기까지 오랜 기다림이 필요했습니다. 그런 기다림 속에서 서로를 향한 애틋한 마음이 더욱 깊어졌습니다. 정말 사랑하는 연인에게 편지를 보내고, 답장을 기다리는 시간이 온통 그 사람을

향한 기대와 설렘으로 가득 차 있기에 떨어져 있지만 마음으로는 하나가 되었던 기억 말입니다.

우리는 성경을 그런 마음으로 읽어야 합니다. 천지를 창조하신 하나님께서 우리를 어떻게 사랑하시는지, 그 마음을 깊이 깨닫는다면 우리의 마음이 자연스럽게 그분께로 이끌릴 것입니다.

지난주까지 살펴본 바와 같이, 하나님께서는 이스라엘 백성을 향한 약속을 폐하지 않으셨습니다. 구약에서 약속하신 것들이 예수 그리스도를 통해 온전히 성취되었습니다. 그렇다면 이제 우리가 살펴볼 내용은, "하나님께서 구약에서부터 성실하게 약속하셨고, 그 약속이 변하지 않았다면, 왜 이스라엘 백성은 구원을 받지 못하는가? 왜 그들은 예수님을 믿지 않는가?" 하는 질문입니다.

이제 그에 대한 설명이 이어질 것입니다. 그리고 이 설명이 명확해지면, "이방인이든 이스라엘 사람이든 모두 믿음 안에서 구원을 받는구나"라는 결론에 이르게 될 것입니다. 그래서 이방인들도 이 사실을 깨달으면, "아, 이방인도, 유대인도 결국 예수님 안에서 한 형제자매구나. 그러면 서로 사랑해야겠구나."라는 깨달음을 얻게 됩니다. 이러한 내용은 로마서 11장 이후부터 계속하여 이어집니다.

유대인이 율법을 따라 구원을 받지 못한 이유

이번 장에서 다루는 핵심 주제는 다음과 같습니다. "왜 이스라엘 백성은 왜 하나님께서 율법을 주셨음에도 율법을 통해 구원을 받지 못했는가? 그렇다면 이스라엘 백성은 어떻게 구원을 받는가?"에 대한 설명이 이번 로마

유대인이나 헬라인이나 차별이 없음이라

서 10장에서 이루어집니다.

> [1]형제들아 내 마음에 원하는 바와 하나님께 구하는 바는 이스라엘을 위함이
> 니 곧 그들로 구원을 받게 함이라 [2]내가 증언하노니 그들이 하나님께 열심이
> 있으나 올바른 지식을 따른 것이 아니니라 [3]하나님의 의를 모르고 자기 의를
> 세우려고 힘써 하나님의 의에 복종하지 아니하였느니라

하나님께서는 이스라엘 백성에게 율법을 주셨습니다. 그렇다면 이스라엘 백성이 그 율법을 통해 구원을 받아야만 하나님의 본래 뜻에 부합할 것입니다. 그런데 그들은 왜 구원을 받지 못했습니까?

로마서 10장 2절을 보면 "하나님께 열심이 있으나 올바른 지식을 따른 것이 아니더라." 이것이 매우 중요한 부분입니다. 하나님께서 아담을 창조하시고, 아담이 선악을 알게 하는 나무의 열매를 먹었습니다. 그 순간 아담에게 '옳고 그름을 판단하는 눈'이 생겨버렸습니다. 하지만 하나님과의 관계가 끊어져 버렸기 때문에 자신의 내면의 영적인 상태를 바라보는 눈은 멀어버렸던 것입니다.

즉 하나님과의 관계가 단절되자 바깥세상을 보는 눈이 열렸고, 자신이 벗은 것을 깨달았습니다. 이에 무화과나무 잎으로 자신을 가렸습니다. 하나님께서 "아담아, 네가 어디 있느냐?"라고 부르셨을 때, 아담은 "내가 벗었으므로 두려워하여 숨었나이다"라고 대답하며 숨었습니다. 아담은 죄를 지은 후, 하나님의 심판이 두려웠던 것입니다. 이와 같이 인간의 본성에는 '자신의 허물을 감추고 싶은 마음'과 '하나님 앞에 나아가는 것을 두려워하는 마음'이 자리 잡고 있습니다.

이스라엘 백성도 마찬가지입니다. 하나님께서 율법을 주셨습니다. 그러면

이스라엘 백성이 그 율법을 온전히 지킬 수 있었을까요? 아닙니다. 이스라엘 백성도 여전히 죄 아래 있었습니다. 당시에는 성령이 그들 안에 내주(內住)하지 않았고, 다만 하나님의 성막이 그들 가운데 있었을 뿐입니다. 따라서 이스라엘 백성은 스스로 율법을 온전히 지킬 수 없었습니다.

그러므로 그들은 하나님 앞에 나아가 "하나님, 우리가 정말 율법을 지킬 수 있겠습니까?"라고 질문해야 했습니다. 또한 "다른 은혜를 구할 길은 없습니까?"라고 물어야 했습니다. 이스라엘 백성은 마땅히 "하나님, 우리가 율법을 온전히 지킬 수 있습니까?"라고 물어야 했음에도 불구하고, 그들은 이렇게 나아갔습니다. "아, 하나님이 율법을 주셨네. 그러면 이제 우리는 율법을 지켜서 복을 받아야지." 이들은 이러한 태도가 옳은 것이라 여겼습니다.

그러나 이것은 아담이 선악을 알게 하는 나무의 열매를 먹고 무화과나무 잎으로 자신을 가린 것과 같습니다. 하나님께서 아브라함과의 언약을 통하여 이스라엘 백성을 택하였다고 하더라도, 이스라엘 백성은 사실 율법을 온전히 지킬 수 없었습니다. 이는 양심이 명백히 증거하는 바입니다.

예를 들어, 율법에서 "이웃의 물건을 탐내지 말라."라고 하면 우리는 외형적으로 "나는 도둑질을 하지 않았으니까 율법을 잘 지켰어"라고 말할 수 있지만, 그 내면에는 이미 탐심으로 가득한 것이 인간입니다. 결국 이스라엘 백성은 그 외형적인 행동을 보고서는 자기의 "의"를 내세우지만, 그 속마음으로는 이미 율법을 어긴 것입니다. 그들은 오히려 도둑질을 하지 않았다는 외형만으로 그들의 내면의 탐심을 가렸던 것입니다.

아담은 무화과나무 잎으로 자신의 벗은 몸을 가렸고, 이스라엘 백성은 하나님이 주신 율법을 지켰다는 생각으로 자신을 의롭게 내세우며 죄를 가렸습니다. 그러나 이것은 참된 의가 아니었습니다. 그들은 하나님을 향한 열심이 있었지만 올바른 지식을 따르지 않았던 것입니다.

하나님께서 율법을 주신 본래 목적은, 이스라엘 백성에게 "너희가 정말 율법을 지킬 수 있는가? 너희 마음속에서 일어나는 탐심을 제어할 수 있는가?"를 깨닫게 하기 위함이었습니다. 율법을 통해 자신들의 죄를 인식하고, 하나님의 은혜를 구하게 하시려는 것이었습니다.

그러나 이스라엘 백성은 정반대로 나아갔습니다. 아담의 후손답게 그들은 "하나님이 율법을 주셨는데 나는 사람을 죽이지 않았어, 나는 거짓 증언을 하지 않았어"라고 생각하면서 그것으로 자신을 가렸습니다. 결국 그들은 율법을 지키는 행위를 통해 자신의 의를 드러내었고 힘써 하나님이 준비하신 믿음을 통한 의와는 반대의 길로 가고 말았습니다.

하나님께서는 아담이 취한 무화과나무 잎을 벗겨내고 무엇을 입히셨습니까? 바로 짐승의 가죽옷을 입히셨습니다. 마찬가지로, 하나님께서는 이스라엘 백성이 율법의 행위를 통하여 무화과나무 잎으로 삼아 자신을 가리는 것을 벗겨내고, 그들에게 새로운 옷을 입히길 원하셨습니다. 그렇다면 하나님께서 이들에게 입히고 싶으셨던 옷은 무엇입니까? 바로 예수 그리스도의 의(義)의 옷입니다.

이러한 관점에서 볼 때, 창세기 3장의 사건은 성경 전체를 관통하는 핵심적인 그림을 보여줍니다. 우리가 이를 알지 못하면, 늘 율법에 매인 신앙을 하게 됩니다. "이것을 해야 한다." "저것을 해야 한다."라며 자꾸 율법에 매이게 되는 것입니다.

그런데 세상 사람들이 착한 일을 하는 것이 하나님과 무슨 관계가 있습니까? 우리가 하는 많은 행위들이 결국 자신이 인정받고 싶은 마음에서 비롯된 경우가 많습니다. 욥기 35장 6절부터 7절은 "그대가 범죄한들 하나님께 무슨 영향이 있겠으며 그대의 악행이 가득한들 하나님께 무슨 상관이 있겠으며 그대가 의로운들 하나님께 무엇을 드리겠으며 그가 그대의 손에서 무엇을 받으시겠느냐"라고 기록되어 있는 것이 바로 이러한 인간의 현주소를 잘 보여주고 있는 말씀입니다. 하나님께서 진정으로 원하시는 것은 우리가 믿음으로 하나님을 바라보는 것입니다.

그리고 진실로 우리는 하나님을 바라보는 가운데, 하나님께서 주시는 사랑이 흘러나와 다른 사람에게 전달되며, 이를 통해 "하나님은 사랑이시다"라는 찬양이 하나님께 돌아가도록 해야 하는 것이 우리의 본분인 것입니다. 그러나 율법에 매인 신앙을 하고자 하면 모든 것이 자신의 생각과 자신의 의를 추구하는 데 집중됩니다.

로마서 10장 3절의 "하나님의 의를 모르고 자기 의를 세우려고 힘써 하나님의 의에 복종하지 아니하였느니라."라는 말씀이 바로 행위를 통하여 의를 추구하려고 하는 그것을 의미하는 것입니다. 하나님께서는 이스라엘 백성이 마치 아담이 무화과나무 잎으로 자신을 가렸던 것처럼, 율법의 외형적인 행함으로 자신의 의로 삼아 가리는 것을 벗겨내길 원하셨습니다. 그리고 짐승의 희생을 통해 가죽옷을 입히셨던 것처럼, 완전한 순종을 통해 의로우신 예수 그리스도의 옷을 우리에게 입히기를 원하셨던 것입니다.

그리고 예수님이 오신 당시 유대사회에서는 어떠한 일이 벌어졌는지 누가복음 11장 42~44절을 같이 보겠습니다.

유대인이나 헬라인이나 차별이 없음이라

⁴²화 있을진저 너희 바리새인이여 너희가 박하와 운향과 모든 채소의 십일조는 드리되 공의와 하나님께 대한 사랑은 버리는도다 그러나 이것도 행하고 저것도 버리지 말아야 할지니라 ⁴³화 있을진저 너희 바리새인이여 너희가 회당의 높은 자리와 시장에서 문안받는 것을 기뻐하는도다 ⁴⁴화 있을진저 너희여 너희는 평토장한 무덤 같아서 그 위를 밟는 사람이 알지 못하느니라

이 말씀에서 예수님께서는 율법과 제사에 정통한 바리새인들을 향해 저주의 말씀을 하십니다. 특히 44절 "너희는 평토장한 무덤 같다."라고 하신 의미를 이해하려면, 구약성경 민수기 19장 16절의 "누구든지 들에서 칼에 죽은 자나 시체나 사람의 뼈나 무덤을 만졌으면 이레 동안 부정하리니"의 말씀을 알아야 합니다.

즉 율법을 보면 사람이 시체를 만지면 일주일간 부정하게 됩니다. 무덤도 마찬가지로, 이를 만지면 일주일 동안 부정해지는 것입니다. 그래서 사람들이 무덤을 잘못 밟지 않도록 무덤에는 표시를 해 두었습니다. 그런데 "평토장한 무덤"이란 표식 없이 평평하게 덮인 무덤을 말합니다. 겉으로 보기에는 아무것도 없는 것처럼 보이지만, 그 아래에는 시체가 있는 것입니다. 사람들이 무심코 그 위를 밟으면 자신도 모르는 사이에 부정하게 되는 것입니다.

이제 이 비유를 바리새인들에게 적용해 보면, 그들은 겉으로는 거룩해 보였지만 실상은 사람들을 불법과 죽음으로 인도하는 존재였습니다. 바리새인들은 속으로는 탐심으로 가득 찬 상태이지만, 거룩한 외형으로 경문 띠를 넓게 하며 옷술을 길게 하고 잔치의 윗자리와 회당의 높은 자리와 시장에서 문안 받는 것과 사람에게 랍비라 칭함을 받는 것을 좋아하였습니다.

그러나 그들은 율법을 지키지도 못하면서 마치 자신들은 거룩한 행세를

하면서 이스라엘의 선생이 되고자 하였습니다. 결국 이스라엘 백성들은 바리새인들을 따라가다 죽음에 이르게 된 것입니다. 이는 사람들이 표시도 없는 무덤을 모르고 밟아 부정하게 되는 것처럼, 바리새인들을 따르는 이들도 자신들이 어디로 가는지조차 모르고 죽음의 길을 향해 가고 있었습니다. 이런 이유로 예수님께서는 바리새인들을 저주하셨던 것입니다.

하나님께서 구약 시대에 이스라엘 백성에게 율법을 주신 것은 은혜였습니다. 왜냐하면, 사람이 율법을 지켜보려고 하면 자신이 온전히 지킬 수 없다는 것을 깨달을 수 있기 때문입니다. 이방인들은 양심을 따라 옳고 그름을 분별하지만, 그것이 명확하지 않았습니다. 그러나 이스라엘 백성은 율법을 통해 "우리는 이것을 다 지킬 수 없다."라는 사실을 깨닫고, 구원자를 기다렸어야 했습니다. 그랬다면 아무 문제가 없었을 것입니다. 그러나 이스라엘 백성은 율법을 하나님께서 주시자 "이제 살길을 찾았다!"라고 착각하며, 자신들이 율법을 지킬 수 있다고 여겼습니다. 그리고 결국 율법을 지키지도 못하면서 율법의 행위를 자기 의(義)의 가리개 삼아 스스로를 가려버린 것입니다.

그렇다면 이러한 이스라엘 백성이 율법의 행위를 통하여 구원을 받을 수 있었습니까? 아닙니다. 그들은 율법의 행위를 통해서는 구원을 받을 수 없었습니다. 그러면서 바울은 이스라엘 백성에게 율법을 주신 것도 결국 이방인과 마찬가지로 믿음으로 구원받기 위한 동일한 목적이었다는 것을 설명해 주고 있습니다.

그리스도는 율법의 마침이 되시니라

로마서 10장 4절을 다 같이 보겠습니다.

유대인이나 헬라인이나 차별이 없음이라

⁴그리스도는 모든 믿는 자에게 의를 이루기 위하여 율법의 마침이 되시니라

여기서 예수님은 율법의 마침이 되었다는 것입니다. 이 '마침'이 헬라어로 '텔로스'입니다. 우리 인간의 유전을 전달하는 물질이 뭉쳐 있는 것을 염색하면 그 부분만 염색이 되는데 이를 염색체라고 합니다. 염색체가 세포 분열할 때 각 염색체의 제일 끝부분에 있는 물질을 '텔로미어'라고 합니다. 이 텔로미어는 세포가 분열될 때마다 조금씩 없어집니다. 그래서 이 텔로미어가 없어지면 사실상 생명이 끝나는 것입니다. 이 텔로미어가 염색체의 끝부분에 있어서 그 텔로스라는 표현을 거기에 가져온 것입니다.

그래서 텔로스, 예수 그리스도께서 율법의 마침이 되었다는 것입니다. 그러므로 이 율법은 본래 이스라엘 백성에게 "그래, 너희 지켜봐."라고 하신 것인데, 지켜집니까? 안 지켜집니다. 누가 지켰습니까? 예수 그리스도께서 율법의 일점일획도 결코 없어지지 아니하고 다 이루었습니다. 그래서 율법의 마침이 되었습니다.

그리고 또 율법이 하는 일은 무엇입니까? 율법은 율법을 지키지 못한 사람을 정죄하고 심판합니다. 누가 심판을 받았습니까? 우리가 받아야 할 심판을 예수님께서 받으셨습니다. 그래서 예수 그리스도께서는 율법에 온전히 순종하시고, 그 순종된 율법에 대한 의를 우리에게 주시고, 우리가 지었던 죄는 당신이 십자가를 지심으로써 율법의 마침이 되었던 것입니다. 아멘!

하나님께서 이스라엘에게도 우리에게도 "이제 너희 잘한 행동으로 의롭다 함을 받아 무화과 나뭇잎으로 가리는 것처럼 하지 말고, 예수 그리스도의 그 완벽한 의를 가지고 옷을 입어라. 이것은 오직 믿음으로 받는 것이다."

라고 이야기하고 있는 것입니다.

그러므로 이것을 듣는 이방인 그리스도인들도 "아, 이스라엘에게도 하나님께서 율법을 주신 본래 목적은 회개하고 예수님 앞으로 와서 믿음으로 구원받게 하시기 위함이었네요."라고 알게 되는 것입니다.

유대인이 넘어짐으로써
이방인에게 은혜의 문이 열린 것임

다시 로마서로 돌아와서 10장 16절부터 21절까지 읽겠습니다.

> [16]그러나 그들이 다 복음을 순종하지 아니하였도다 이사야가 이르되 주여 우리가 전한 것을 누가 믿었나이까 하였으니 [17]그러므로 믿음은 들음에서 나며 들음은 그리스도의 말씀으로 말미암느니라 [18]그러나 내가 말하노니 그들이 듣지 아니하였느냐 그렇지 아니하니 그 소리가 온 땅에 퍼졌고 그 말씀이 땅 끝까지 이르렀도다 하였느니라 [19]그러나 내가 말하노니 이스라엘이 알지 못하였느냐 먼저 모세가 이르되 내가 백성이 아닌 자로서 너희를 시기하게 하며 미련한 백성으로서 너희를 노엽게 하리라 하였고 [20]이사야는 매우 담대하여 내가 나를 찾지 아니하는 자들에게 찾은 바 되고 내게 묻지 아니한 자들에게 나타났노라 말하였고 [21]이스라엘에 대하여 이르되 순종하지 아니하고 거슬러 말하는 백성에게 내가 종일 내 손을 벌렸노라 하였느니라.

그럼 이제 이스라엘 입장에서 한번 생각해 봅시다. "아니, 하나님, 그러면 우리가 율법을 지키지 못할 줄 알면서 이렇게 주시면 우리를 속인 것 아닙니까?"라고 완악한 사람들은 이야기할 수 있습니다.

그러면 하나님께서 이스라엘 백성에게 율법을 주시고 율법을 지키지 않도록 방치하셨느냐? 그것은 결코 아니라는 것이 바로 로마서 10장 18절부터

21절까지 밝히고 있습니다. 하나님은 오히려 순종하지 아니하고 거슬러 말하는 백성에게 종일 손을 벌리면서 돌아오기를 요청하였습니다.

그럼에도 불구하고 이스라엘은 하나님의 사랑의 손길을 거부하였습니다. 그렇다면 이스라엘이 망한 이유는 무엇입니까? 신명기 32장 21절을 다 같이 보도록 하겠습니다.

> ²¹그들이 하나님이 아닌 것으로 내 질투를 일으키며 허무한 것으로 내 진노를 일으켰으니 나도 백성이 아닌 자로 그들에게 시기가 나게 하며 어리석은 민족으로 그들의 분노를 일으키리로다

하나님께서 이제 이스라엘 백성에게 율법을 주시고 모든 것을 다 아셨고 그들을 그들이 섬기는 이방신들을 섬기도록 그 이방에게 넘기겠다고 하셨습니다. 그래서 아모스 5장 26절부터 27절에서는 "너희가 너희 왕 식굿과 기윤과 너희 우상들과 너희가 너희를 위하여 만든 신들의 별 형상을 지고 가리라 내가 너희를 다메섹 밖으로 사로잡혀 가게 하리라 그의 이름이 만군의 하나님이라 불리우는 여호와께서 말씀하셨느니라"라고 기록되어 있는 것입니다.

하나님은 질투하시는 하나님이라고 말씀하십니다. 아가서 8장 6절에서 이른 바와 같이 사랑은 죽음 같이 강하고 질투는 스올 같이 잔인하며 불길 같이 일어나니 그 기세가 여호와의 불과 같으니라고 기록하고 있습니다. 이처럼 하나님께서는 이스라엘 백성을 장자로 부르시고, 언약하시고 섬기는 예법을 주셨음에도 불구하고 다른 우상을 섬겼으니 하나님이 질투를 일으키신 것입니다. 그래서 하나님은 오히려 그 이방인들에게 구원을 일으키셔서 그 이스라엘 백성으로 하여금 시기가 나게 하신 것입니다.

이를 두고 이사야 65장 1절은 "나는 나를 구하지 아니하던 자에게 물음을 받았으며 나를 찾지 아니하던 자에게 찾아냄이 되었으며 내 이름을 부르지 아니하던 나라에 내가 여기 있노라 내가 여기 있노라 하였노라"라고 기록하고 있습니다.

그렇게 될 경우 이스라엘 백성이 보기에 "아니, 우리만 택하신 줄 알았는데 하나님께서 저 이방 백성도 구원을 주시다니."라고 하며 이스라엘 백성들이 질투심을 느끼게 하시는 것입니다. 그렇게 해서 서로가 하나님 안에서 믿음으로 하나가 되도록 하나님께서 작정하셨던 것입니다. 그러므로 이스라엘 백성이 무너짐을 통하여 이방인에게로의 구원의 문이 열렸던 것입니다.

그래서 로마서 11장 29절부터 32절을 보겠습니다.

> [29]하나님의 은사와 부르심에는 후회하심이 없느니라 [31]너희가 전에는 하나님께 순종하지 아니하더니 이스라엘이 순종하지 아니함으로 이제 긍휼을 입었느니라 [31]이와 같이 사람들이 순종하지 아니하니 너희에게 베푸시는 긍휼로 말미암아 이제 그들도 긍휼을 얻게 하심이라 [32]하나님이 모든 사람을 순종하지 아니하는 가운데 가두어 두심은 모든 사람에게 긍휼을 베풀려 하심이로다 [33]깊도다 하나님의 지혜와 지식의 풍성함이여 그의 판단은 헤아리지 못할 것이며 그의 길은 찾지 못할 것이로다

우리는 이스라엘 백성들에게 감사하는 마음을 가져야 합니다. 하나님께서는 그 수효가 가장 작았던 민족인 이스라엘을 택하셨습니다. 이스라엘은 오직 하나님만을 의지해야 했던 민족이었지만, 행위로 나아감에 따라서 자기의 의만을 더욱 내세웠습니다. 그러나 하나님께서는 바로 그들의 실패를 통하여 우리에게 구원의 길을 열어 주셨습니다.

유대인이나 헬라인이나 차별이 없음이라

하나님께서 예수 그리스도 안에서 이스라엘과 이방인을 하나 되게 하시려는 계획을 준비하셨던 것입니다. 이스라엘이 받았던 고통이 얼마나 많습니까? 사실 그것은 우리가 받아야 할 고통이었습니다. 그러나 하나님께서는 이스라엘을 택하심으로써 우리에게 구원의 섭리를 보여주셨습니다. 아멘!

그래서 하나님의 섭리는 곧 사랑입니다. 우리 인류가 하나님을 떠나갔을 때 하나님께서는 우리를 찾아서 부르시고 또 하나님에게로 돌아올 것을 부르셨습니다. 이것이 바로 성경의 핵심 메시지입니다.

아담의 무너짐과 예수 그리스도 안에서의 은혜

이제 이 부분을 조금 더 확장해서 살펴보겠습니다. 사람들이 흔히 가지는 의문이 있습니다. 믿지 않는 분들뿐만 아니라 믿는 분들도 자주 묻는 질문입니다. "왜 하나님은 아담을 만드셨는가? 아담이 죄를 지을 줄 아시면서도 왜 창조하셨는가?" 이 질문에 대해 다시 한번 정리해 드리겠습니다. 오늘 말씀과도 같은 맥락입니다.

하나님께서는 아담에게 선악과의 열매를 먹지 말라는 율법을 주셨습니다. 하지만 아담이 율법을 어길 것을 이미 알고 계셨습니다. 그럼에도 불구하고 하나님은 창조와 구원의 섭리를 이루어 가셨습니다. 그 이유는 무엇일까요? 하나님께서는 아담이 죄를 짓고 난 후, 그의 후손들이 결국 예수 그리스도 안에서 구원받을 것을 이미 계획하셨습니다. 즉 하나님께서는 우리가 죄로 말미암아 사망의 가운데에서 구원을 받은 이후에야 비로소 우리가 하나님이 어떤 분인가를 온전히 알 수 있도록 섭리를 정하신 것입니다.

아담이 죄를 지었습니다. 그러나 하나님께서는 그 자리에서 즉각 심판하지 않으시고, 계속해서 구원의 역사를 이루어 가셨습니다. 이를 통해 우리는 "아, 하나님은 은혜로우신 분이구나" 하고 깨닫게 됩니다.

그러고 나서 하나님은 길이길이 오래 참으셨습니다. 그분께서는 예수 그리스도 안에서, 즉 하나님께서 사랑하시는 독생자를 우리를 위해 보내셨습니다. 예수님께서 우리를 위해 십자가에 못 박히셨습니다. 그렇다면 누가 예수님을 십자가에 못 박게 하셨습니까? 바로 하나님이십니다. 당신이 가장 사랑하는 아들을 십자가에 내어주신 그 모습을 보면서, 우리는 "와~, 하나님이 정말 우리를 이렇게 사랑하시는구나!" 하고 깨닫게 됩니다. 그리고 십자가에 못 박히신 예수 그리스도를 바라보면서, "하나님의 법을 불순종하면 심판을 받는구나." 하고 하나님의 공의로움을 깨닫게 됩니다. 그런 다음, 우리는 이렇게 고백하게 됩니다. "하나님께서 우리를 이렇게까지 사랑하시는구나! 그렇다면 나의 모든 것이 결국은 하나님의 은혜이구나!" 하면서 하나님께 영광을 올려드립니다.

그래서 하나님은 아담이 죄를 지을 것을 미리 아셨지만, 그대로 섭리를 이루어 가셨습니다. 그 과정을 통해 하나님은 당신이 은혜로우신 분이시고, 사랑이시고, 공의로우시고, 긍휼이 많은 분임을 드러내시기를 원하셨습니다. 모세는 출애굽기 34장 6절에서 "여호와라 여호와라 자비롭고 은혜롭고 노하기를 더디하고 인자와 진실이 많은 하나님이라"라고 찬양하고 있습니다.

이를 두고 라틴어로 "오 펠릭스 쿨파(O Felix Culpa)"라고 표현합니다. 이는 "오 복된 타락이여!(O Blessed Fall!)"라는 뜻입니다. 우리는 아담을 보면서 "어떻게 하나님의 말씀을 그렇게 어길 수 있을까?" 하고 비난할 수도 있습

유대인이나 헬라인이나 차별이 없음이라

니다. 하지만 깊이 생각해 보면, 아담의 타락을 통해 우리는 하나님의 은혜와 사랑, 공의를 더욱 분명히 알게 된 것입니다.

그래서 우리는 "펠릭스 쿨파(Felix Culpa), 복된 타락이여! 복된 아담의 죄여!"라고 외칠 수 있는 것입니다. 왜냐하면, 아담의 죄로 인해 우리는 하나님이 어떤 분인지 더욱 정확하게 알 수 있게 되었기 때문입니다.

예수님 안에서의 영원한 은혜

그러면 우리는 아담보다 어떻게 더 영화롭게 될 수 있을까요? 이에 대한 답을 고린도전서 15장 42절부터 46절을 통하여 확인을 해 보겠습니다.

> [42]죽은 자의 부활도 그와 같으니 썩을 것으로 심고 썩지 아니할 것으로 다시 살아나며 [43]욕된 것으로 심고 영광스러운 것으로 다시 살아나며 약한 것으로 심고 강한 것으로 다시 살아나며 [44]육의 몸으로 심고 신령한 몸으로 다시 살아나나니 육의 몸이 있은즉 또 영의 몸도 있느니라 [45]기록된 바 첫 사람 아담은 생령이 되었다 함과 같이 마지막 아담은 살려주는 영이 되었나니 [46]그러나 먼저는 신령한 사람이 아니요 육의 사람이요 그다음에 신령한 사람이니라

이 말씀을 다시 한번 생각해 보겠습니다. 아담의 몸은 "썩을 것", "욕된 것", "약한 것", "육의 몸", "육의 사람"이지만, 예수님 안에서 우리는 "썩지 아니할 것", "영광스러운 것", "강한 것", "신령한 몸", "영의 몸", "신령한 사람"이 된 것입니다. 그러니까 하나님의 이 섭리가 얼마나 놀랍습니까?

우리는 자꾸 세상을 향하고, 내 시각으로 모든 것을 판단합니다. 하나님이 눈에 보이지 않으니 그냥 내 생각대로 살아가려 합니다. 그러나 하나님의 크신 섭리를 알게 되면, 예수 그리스도가 얼마나 귀한 분인지, 하나님

이 우리를 얼마나 깊이 사랑하시는지 깨닫게 됩니다.

아담은 흙으로부터 만들어졌지만 예수 안에서 우리는 하늘로부터 영광스러운 모습을 덧입고, 아담의 생명은 자연적이고 육체적이지만 예수안에서 하나님과 동행하는 우리는 영적이고 영원하며, 아담의 육체는 부패하고 타락할 수 있었지만, 예수님 안에서는 결코 부패하고 타락할 수 없고, 아담 안에서는 행위에 따른 언약이지만 예수님 안에서는 오직 은혜로 말미암는 언약인 것입니다.

그래서 우리는 예수님을 믿는 것이 얼마나 깊은 의미인지 알게 되는 것입니다. "야, 하나님이 이렇게까지 섭리하시다니!" 그렇다면 내 인생에 어려움이 있을 때, 나는 어디로 가야 할까요? 바로 예수님께 나아가면 됩니다.

하나님께서 천지를 이처럼 사랑으로 우리를 위하여 섭리해 가시는데, 지금 우리 어려움도 하나님께서 다 알고 계시지 않겠습니까? 하나님은 예수 그리스도 안에서 우리를 영광스러운 몸으로 변화시키고 계십니다. 그러니 지금 우리의 모든 문제도 이미 하나님께서 다 아십니다. 우리는 그 하나님의 사랑 안에서 모든 문제를 맡기고 쉴 수 있습니다. 아멘!

성경의 처음과 끝을 깊이 알면, 성경 전체가 하나님의 섭리 안에 있다는 것을 깨닫게 됩니다. 그러나 이것을 모르면 자꾸 성경을 잘라서 보게 됩니다. "이렇게 하면 복 받는다! 저렇게 하면 하나님이 축복하신다!"는 식으로만 성경을 읽게 되면 이스라엘 백성이 율법을 의지하며 자기 의로 스스로를 가렸던 것과 같은 저주에 빠지게 됩니다.

우리는 어떤 문제가 있어도 어디로 달려가야 합니까? 예, 바로 예수님 앞

유대인이나 헬라인이나 차별이 없음이라

에 나아가야 합니다! 그분의 사랑을 경험해야 합니다. 그러면 우리 문제는 더 이상 문제가 아닌 것이 됩니다. 우리 마음은 하나님의 평안 안에서 끝이 납니다. 그래야만 우리가 원수를 사랑할 수도 있습니다. 우리는 연약한 인간입니다. 이스라엘 백성도 연약했고, 우리도 마찬가지입니다.

아프리카에서 원숭이를 잡는 방법을 아시죠? 좁은 입구가 있는 항아리 안에 사과나 견과류를 넣고 원숭이가 냄새를 맡고 손을 넣게 합니다. 그런데, 손을 넣어 먹이를 움켜쥔 원숭이는 사냥꾼이 오더라도 그 먹이 쥔 손을 빼지 못하고 결국 사냥꾼에게 잡히고 맙니다. 이 원숭이가 손을 놓기만 하면 살 수 있는데도 욕심을 버리지 못해서 결국 잡히고 마는 것입니다. 우리도 그렇습니다. 우리가 움켜쥐고 있는 것, 놓지 못하는 것들이 우리를 묶고 괴롭힙니다. 그러나 예수님 앞에서 모든 것을 내려놓으면, 우리는 자유를 얻고 참된 평안을 누릴 수 있습니다. 아멘!

믿음으로 말미암는 의란 무엇인가?

그럼 이제 이스라엘 백성도 믿음으로 구원을 받아야 했으므로, '어떻게 하면 믿음으로 구원을 받느냐?'하는 질문이 남는데, 이에 대한 답을 찾아보도록 하겠습니다. 다시 로마서로 가서 10장 5~13절까지 읽겠습니다.

> [5]모세가 기록하되 율법으로 말미암는 의를 행하는 사람은 그 의로 살리라 하였거니와 [6]믿음으로 말미암는 의는 이같이 말하되 네 마음에 누가 하늘에 올라가겠느냐 하지 말라 하니 올라가겠느냐 함은 그리스도를 모셔 내리려는 것이요 [7]혹은 누가 무저갱에 내려가겠느냐 하지 말라 하니 내려가겠느냐 함은 그리스도를 죽은 자 가운데서 모셔 올리려는 것이라 [8]그러면 무엇을 말하느냐 말씀이 네게 가까워 네 입에 있으며 네 마음에 있다 하였으니 곧 우리가 전파하는 믿음의 말씀이라 [9]네가 만일 네 입으로 예수를 주로 시인하며 또

하나님께서 그를 죽은 자 가운데서 살리신 것을 네 마음에 믿으면 구원을 받으리라 [10]사람이 마음으로 믿어 의에 이르고 입으로 시인하여 구원에 이르느니라 [11]성경에 이르되 누구든지 그를 믿는 자는 부끄러움을 당하지 아니하리라 하니 [12]유대인이나 헬라인이나 차별이 없음이라 한 분이신 주께서 모든 사람의 주가 되사 그를 부르는 모든 사람에게 부요하시도다 [13]누구든지 주의 이름을 부르는 자는 구원을 받으리라

로마서 10장 6절과 7절은 신명기 30장 11절부터 14절과 맥락을 같이하는 말씀으로서 이를 보면 다음과 같습니다.

[11]내가 오늘 네게 명령한 이 명령은 네게 어려운 것도 아니요 먼 것도 아니라 [12]하늘에 있는 것이 아니니 네가 이르기를 누가 우리를 위하여 하늘에 올라가 그의 명령을 우리에게로 가지고 와서 우리에게 들려 행하게 하랴 할 것이 아니요 [13]이것이 바다 밖에 있는 것이 아니니 네가 이르기를 누가 우리를 위하여 바다를 건너가서 그의 명령을 우리에게로 가지고 와서 우리에게 들려 행하게 하랴 할 것도 아니라 [14]오직 그 말씀이 네게 매우 가까워서 네 입에 있으며 네 마음에 있은 즉 네가 이를 행할 수 있느니라

로마서 10장 6절의 믿음으로 말미암는 의는 "네 마음에 누가 하늘에 올라가겠느냐 하지 말라"는 것입니다. 그렇다면 행위로 말미암는 의는 반대로 "내가 의로운 행위를 통하여 하나님에게 나아가는 길을 내겠다"는 것입니다. 그리고 로마서 10장 7절의 믿음으로 말미암는 의는 "누가 무저갱에 내려가겠느냐 하지 말라"는 것이고 행위로 말미암는 의는 반대로 "내가 무저갱에 내려가겠다"는 것입니다.

결국 행위의 측면에서의 구원을 바라보면 내가 의로운 행위를 통하여 하나님에게 나아가는 길을 내어야 하고, 내가 죽음을 정복하고 죽음으로부터 부활을 해서 구원을 얻는 것을 말합니다. 한편 믿음의 측면에서의 구원

유대인이나 헬라인이나 차별이 없음이라

을 바라보면 예수님이 이미 하늘에서부터 인자로 내려오셨고, 이미 죽음으로부터 부활을 하였기 때문에 우리의 구원은 우리의 입과 우리의 마음에 달려 있다는 것입니다.

그래서 로마서 10장 8절이 나오는 것입니다.

> [8]그러면 무엇을 말하느냐 말씀이 네게 가까워 네 입에 있으며 네 마음에 있다 하였으니 곧 우리가 전파하는 믿음의 말씀이라

그러니 우리가 이 성경을 가진 것이 얼마나 감사한 일입니까? 이 성경을 보면서 하나님의 놀라운 섭리를 알 수 있습니다. 예수님께서 하늘에 계시다가 인자로 내려오셨고, 인자로 오셔서 우리 죄를 다 담당하시고 죽음을 정복하시고, 죽음을 이기시고 부활하셨습니다. 그러므로 예수님께서 말씀 가운데, 믿음 가운데서 우리 안에 계시는 것입니다. 이렇게 구원을 이루는 믿음은 쉬운 것인데 사람들이 그것을 믿지 않는 것입니다. 왜냐하면 우리 인간은 선악과의 열매로 인하여 자꾸 자기의 옳음을 통하여 인정받기를 원하는 방향으로 나아가려는 본성 때문인 것입니다.

바울은 바리새인 중의 바리새인이었으며 가말리엘 문하의 랍비로서 분명히 모세오경을 너무나 잘 알고 있었을 것입니다. 그래서 바울은 예수님을 만나기 전까지는 신명기 30장 11절부터 14절의 말씀을 예수님 시대의 바리새인처럼 행위로 구원에 이르는 것인 줄로 알았던 것입니다. 그러나 예수님을 만난 이후에 비로소 위 신명기 말씀이 믿음으로 구원에 이르게 하는 하나님의 말씀임을 깨닫고 로마서 10장에서 이를 기록하고 있는 것입니다. 이것이 바로 성령의 조명하심인 것입니다. 그래서 성경은 하나님의 감동으로 기록된 말씀인 것입니다.

네 입으로 예수를 주로 시인하며
또 네 마음에 믿으면 구원을 받으리라

로마서 10장 9절을 보겠습니다.

> [9]네가 만일 네 입으로 예수를 주로 시인하며 또 하나님께서 그를 죽은 자 가운데서 살리신 것을 네 마음에 믿으면 구원을 받으리라

오늘 혹시라도 믿음이 부족하신 분들은 이 말씀을 잘 들어보십시오. 우리가 입으로 예수를 주로 시인하는 것이 단순한 것처럼 보이지만 결코 그렇지 않습니다. 이 말씀을 제대로 이해하기 위해서 바울이 이 글을 쓸 때가 로마시대라는 것을 상기해야 합니다.

로마시대에 예수를 나의 왕이시며, 나의 구세주시며, 하나님의 아들이시라고 외치는 것은 목숨을 담보로 하는 것이었습니다. 입으로 주로 시인한다는 것은 내 마음에서 하나님에 대한 사랑이 충만하여 "하나님, 저도 순교자처럼 하나님의 사랑 안에 있습니다. 온전히 주님만이 나의 왕이십니다."라고 확정하는 것입니다. 그러므로 막연히 "예수는 나의 주시요, 그리스도십니다."라고 하는 것이 무슨 의미가 있겠습니까? 입으로 예수를 주로 시인하는 것은 내 마음에서부터 정말 "예수님, 저는 예수님 사랑 때문에 죽어도 좋습니다. 정말 당신은 나의 구주십니다."라고 깊이 확신하며 나오는 것을 이야기하는 것입니다.

그러면서 "또 하나님께서 그를 죽은 자 가운데서 살리신 것을 네 마음에 믿으면 구원을 받으리라"고 합니다. 죽은 자 가운데서 살리신 것을 믿는다는 것이 바로 복음입니다. 본래 내가 죽어야 하는데, 예수님께서 죽으셨습니다. 그리고 예수님께서 살아나셨습니다. 우리 죄가 다 담당 되었으므로

유대인이나 헬라인이나 차별이 없음이라

살아나신 것입니다. 그러므로 예수님께서 나의 죄를 담당하시고 죽음을 정복하시고 심판이 끝났으므로 부활하셨다는 기쁜소식 그것이 바로 복음입니다. 그것을 믿으라는 것입니다. 그러므로 그것을 믿으면 "하나님, 이렇게 저를 사랑하시다니요?"라고 주님을 부르며 우리는 입으로 예수님을 구주로 선포하게 됩니다.

그래서 로마서 10장 10절의 "사람이 마음으로 믿어 의에 이르고 입으로 시인하여 구원에 이르느니라"의 말씀은 사도 바울이 이 성경 전체를 품어서 이야기하고 있는 것입니다.

그러므로 우리가 하나님을 "주여, 아버지"라고 부르짖는 것은 결코 단순히 넘어갈 일이 아닙니다. 이는 내적으로는 하나님의 사랑이 내 안에 들어왔기 때문에 정말 내 전부를 드리는 것을 말하는 것이고, 외적으로는 우리의 마음을 선포하고 확증하는 것으로서 우리 마음에서 사랑이 깊이 이루어지면 이루어질수록 우리는 주를 더욱 담대하게 부르짖습니다. 그래서 로마서 10장 11절에서 "누구든지 그를 믿는 자는 부끄러움을 당하지 아니하리라"고 하시는 것입니다. 하나님은 아담에게는 선악을 알게 하는 나무의 열매를 먹지 말라고 명령하셨고 이제는 우리에게 생명나무의 열매를 먹어라고 명령을 하고 계시는 것입니다.

신명기의 말씀은 행위구원을 가리키는가 은혜구원을 가리키는가?

우리는 일반적으로 모세가 시내산에서 받은 율법을 행위언약으로 바라보고 있습니다. 그런데 어떻게 이 율법이 믿음으로 말미암는 은혜언약의 성격을 가지는지 궁금해할 수 있습니다. 바울이 예수님을 만나기 전까지만 하더라도 그는 오직 그 율법을 행함으로써만 구원을 받는다고 믿었음에도 어떻게 예수님을 만나고 나서는 그 율법을 다시 은혜언약으로 해석을 하였는지와 궤를 같이하는 문제인 것입니다. 이를 이해하기 위해서는 신명기 29장 19절부터 28절, 신명기 30장 1절부터 6절을 체계적으로 이해할 필요가 있습니다.

먼저 신명기 29장 19절부터 28절을 보면 다음과 같습니다.

[19]이 저주의 말을 듣고도 심중에 스스로 복을 빌어 이르기를 내가 내 마음이 완악하여 젖은 것과 마른 것이 멸망할지라도 내게는 평안이 있으리라 할까 함이라 [20]여호와는 이런 자를 사하지 않으실 뿐 아니라 그 위에 여호와의 분노와 질투의 불을 부으시며 또 이 책에 기록된 모든 저주를 그에게 더하실 것이라 여호와께서 그의 이름을 천하에서 지워버리시되 [21]여호와께서 곧 이스라엘 모든 지파 중에서 그를 구별하시고 이 율법책에 기록된 모든 언약의 저주대로 그에게 화를 더하시리라 [22]너희 뒤에 일어나는 너희의 자손과 멀리서 오는 객이 그 땅의 재앙과 여호와께서 그 땅에 유행시키시는 질병을 보며 [23]그 온 땅이 유황이 되며 소금이 되며 또 불에 타서 심지도 못하며 결실함도 없으며 거기에는 아무 풀도 나지 아니함이 옛적에 여호와께서 진노와 격분으로 멸하신 소돔과 고모라와 아드마와 스보임의 무너짐과 같음을 보고 물을 것이요 [24]여러 나라 사람들도 묻기를 여호와께서 어찌하여 이 땅에 이같이 행하셨느냐 이같이 크고 맹렬하게 노하심은 무슨 뜻이냐 하면 [25]그 때에 사람들이 대답하기를 그 무리가 자기 조상의 하나님 여호와께서 그들의 조상을 애굽에서 인도하여 내실 때에 더불어 세우신 언약을 버리고 [26]가서 자기들이 알지도 못하고 여호와께서 그들에게 주시지도 아니한 다른 신들을 따라가서 그들을 섬기고 절한 까닭이라 [27]이러므로 여호와께서 이 땅에 진노하사 이 책에 기록된 모든 저주대로 재앙을 내리시고 [28]여호와께서 또 진노와 격분과 크게 통한하심으로 그들을 이 땅에서 뽑아내사 다른 나라에 내던지심이 오늘과 같다 하리라

유대인이나 헬라인이나 차별이 없음이라

하나님은 이스라엘 백성에게 율법을 지키지 않으면 저주를 받을 것임을 경고하면서 잘 지키기를 명하셨습니다. 그럼에도 불구하고 결국은 이스라엘이 다른 신들을 따라가서 섬기고 절하는 우상숭배에 빠질 것을 이미 아셨습니다.

다음으로 신명기 30장 1절부터 6절을 보겠습니다.

> [1]내가 네게 진술한 모든 복과 저주가 네게 임하므로 네가 네 하나님 여호와로부터 쫓겨간 모든 나라 가운데서 이 일이 마음에서 기억이 나거든 [2]너와 네 자손이 네 하나님 여호와께로 돌아와 내가 오늘 네게 명령한 것을 온전히 따라 마음을 다하고 뜻을 다하여 여호와의 말씀을 청종하면 [3]네 하나님 여호와께서 마음을 돌이키시고 너를 긍휼히 여기사 포로에서 돌아오게 하시되 네 하나님 여호와께서 흩으신 그 모든 백성 중에서 너를 모으시리니 [4]네 쫓겨간 자들이 하늘 가에 있을지라도 네 하나님 여호와께서 거기서 너를 모으실 것이며 거기서부터 너를 이끄실 것이라 [5]네 하나님 여호와께서 너를 네 조상들이 차지한 땅으로 돌아오게 하사 네게 다시 그것을 차지하게 하실 것이며 여호와께서 또 네게 선을 행하사 너를 네 조상들보다 더 번성하게 하실 것이며 [6]네 하나님 여호와께서 네 마음과 네 자손의 마음에 할례를 베푸사 너로 마음을 다하며 뜻을 다하여 네 하나님 여호와를 사랑하게 하사 너로 생명을 얻게 하실 것이며

신명기 30장 1절부터 6절을 보면 하나님은 이스라엘이 우상을 숭배하는 데서 회개하고 하나님에게로 돌아오면 마음에 할례를 베푸시고 생명을 얻게 하실 은혜를 이미 선포하셨다는 것을 우리는 알 수 있습니다.

즉 율법은 겉으로는 행위로 보여지지만 그 내면은 행위로 포장된 은혜임을 알 수가 있습니다. 그리고 우리가 진정으로 회개하고 돌아서는 마음의 할례

도 궁극적으로 하나님이 베푸시는 은혜임을 또한 알 수 있습니다. 그래서 구원은 유대인이나 이방인의 구별 없이 오직 은혜로 말미암는 것입니다.

복음전파의 귀한 사명

다시 로마서 10장 14절부터 15절까지 보겠습니다.

> [14]그런즉 그들이 믿지 아니하는 이를 어찌 부르리요 듣지도 못한 이를 어찌 믿으리요 전파하는 자가 없이 어찌 들으리요 [15]보내심을 받지 아니하였으면 어찌 전파하리요 기록된 바 아름답도다 좋은 소식을 전하는 자들의 발이여 함과 같으니라

하나님이 우리를 사랑하신다는 이 아름다운 소식을 누가 제일 먼저 전해 주셨습니까? 바로 예수님입니다. 우리 죄를 짊어지시고 피가 흘러내려 그 발걸음마다 핏자국을 내시며 우리가 담당해야 할 십자가를 지시고 골고다 언덕을 올라가시고 "다 이루었다"고 말씀하시고, 숨지시고 돌아가셨습니다. 그리고 부활하시고 제자들에게 먼저 이 기쁜 소식을 전해 주셨습니다.

그러므로 우리는 예수님의 제자, 예수님을 따라가는 사람이니 우리도 이 길을 걸어야 마땅합니다. 그래서 복음을 전하라는 것입니다. 그것이 하나님의 영광을 가장 높이 세우는 것입니다.

신명기 22장 6절부터 7절을 보면 "길을 가다가 나무에나 땅에 있는 새의 보금자리에 새 새끼나 알이 있고 어미 새가 그의 새끼나 알을 품은 것을 보거든 그 어미 새와 새끼를 아울러 취하지 말고 어미는 반드시 놓아 줄 것이요 새끼는 취하여도 되나니 그리하면 네가 복을 누리고 장수하리라"는 말씀이 있습니다. 이 말씀은 오늘날 복음을 전하는 우리를 위하여 주

시는 말씀입니다. 우리가 한 사람의 영혼을 구원하기 위하여 기도하고 섬기는 모습은 바로 그 어미새가 알을 품고 있거나 새끼를 품고 있는 것과 같은 것입니다.

그래서 우리가 가장 하나님의 보호하심 가운데 있는 길은 바로 복음을 전할 때인 것입니다. 하나님은 그 복음 전하는 자의 발걸음을 아름답다고 하십니다. 우리의 복된 사명은 남은 인생을 하나님 사랑 안에서 이 하나님의 사랑을 온전히 전하는 것입니다. 여기에 하나님은 복을 명하셨습니다. 아멘!

택하심을 따라 남은 자가 있느니라

로마서 11장 1절부터 5절까지 보겠습니다.

[1]그러므로 내가 말하노니 하나님이 자기 백성을 버리셨느냐 그럴 수 없느니라 나도 이스라엘인이요 아브라함의 씨에서 난 자요 베냐민 지파라 [2]하나님이 미리 아신 자기 백성을 버리지 아니하셨나니 너희가 성경이 엘리야를 가리켜 말한 것을 알지 못하느냐 그가 이스라엘을 하나님께 고발하되 [3]주여 그들이 주의 선지자들을 죽였으며 주의 제단들을 헐어 버렸고 나만 남았는데 내 목숨도 찾나이다 하니 [4]그에게 하신 대답이 무엇이냐 내가 나를 위하여 바알에게 무릎을 꿇지 아니한 사람 칠천 명을 남겨 두었다 하셨으니 [5]그런즉 이와 같이 지금도 은혜로 택하심을 따라 남은 자가 있느니라

지금 우리가 로마서 11장을 보고 있고, 앞으로 12~16장까지 남아 있습니다. 오늘 말씀은 성경 전체에서 종말에 대해 언급되는 중요한 부분 중 하나입니다. 그런데 우리는 종종 "14만 4천 명에 속하느냐, 속하지 않느냐" 같은 이단적인 해석에 집착하기도 합니다. 그러나 지금 우리가 집중해야 할 것은, 이 마지막 때를 살아가는 우리가 정말 하나님을 믿고 있는가 하는 것입니다.

오늘 말씀을 따라가다 보면, 사도 바울이 로마서를 기록할 당시의 마음을 생각하게 됩니다. 바울은 자신의 생명을 담보로 하여 로마교회에 있는 형제자매들이 예수 그리스도 안에서 온전히 하나가 되기를, 그리고 복음이 땅끝까지 전파되기를 간절히 기도하며 소망하는 마음으로 이 서신을 기록하였습니다. 그리고 그 기도와 소망이 오늘날 우리에게까지 이어졌습니다. 그렇다면 오늘날 우리는 어떤 위치에 서 있는가? 사실 우리도 동일한 위치

에 있습니다. 왜냐하면, 세상은 점점 더 악해지고 있기 때문입니다. 로마의 네로 황제 시대처럼 외적인 군사력이나 탄압이 아니라 오늘날 우리를 유혹하는 수많은 것들이 존재합니다.

우리는 이러한 유혹에 대해 어떻게 대응해야 할 것인가? 지금은 매우 중요한 시기입니다. 따라서 오늘 말씀을 들으시면서 "나는 지금 어디에 서 있는가?", "나는 앞으로 어떻게 살아야 하는가?"라는 질문을 가지고 말씀을 깊이 묵상하시길 바랍니다.

로마서 11장 1절 말씀을 다시 보면, "그러므로 내가 말하노니 하나님이 자기 백성을 버리셨느냐? 그럴 수 없느니라. 나도 이스라엘인이요, 아브라함의 씨에서 난 자요, 베냐민 지파라."라고 되어 있습니다. 여기까지는 우리가 지난주에 다루었던 내용과 연결됩니다. 즉 하나님께서 이스라엘 백성을 버리셨는가? 하나님께서 이스라엘에게 약속하신 언약, 양자 됨, 제사, 예법, 약속들을 다 폐기하고 전혀 새로운 길로 여셨는가? 결론은 하나님께서 구약에 이스라엘에게 약속하셨던 모든 것을 예수 그리스도 안에서 온전히 성취하셨다는 것입니다. 따라서 하나님께서 이스라엘 백성을 버리신 것이 결코 아닙니다. 오히려 이스라엘 백성도 택하심으로 구원을 받는다는 사실을 성경은 증언하고 있습니다.

그런데 이스라엘 백성은 종교적으로 율법을 따르는 데 집중하다 보니, 오히려 자기 의만을 세우게 되었습니다. "나는 율법을 지켰으니 하늘에 올라가 복을 받아야 한다"는 식으로, 스스로 하늘에 올라가 그리스도를 모셔오려는 태도를 보인 것입니다. 그러나 이것은 결국 저주를 자초하는 길이었습니다.

엘리야 시대의 구원

그래서 바울은 로마서 11장에서 이 마지막 남은 중요한 부분, 즉 이스라엘 백성이 앞으로 어떻게 구원을 받게 되는가 하는 문제를 설명하고 있습니다.

> [2] ……너희가 성경이 엘리야를 가리켜 말한 것을 알지 못하느냐 그가 이스라엘을 하나님께 고발하되 [3]주여 그들이 주의 선지자들을 죽였으며 주의 제단들을 헐어 버렸고 나만 남았는데 내 목숨도 찾나이다 하니 [4]그에게 하신 대답이 무엇이냐 내가 나를 위하여 바알에게 무릎을 꿇지 아니한 사람 칠천 명을 남겨 두었다 하셨으니 [5]그런즉 이와 같이 지금도 은혜로 택하심을 따라 남은 자가 있느니라

이 말씀을 이해하려면 엘리야 선지자가 활동하던 시대 상황을 조금 살펴볼 필요가 있습니다. 당시 엘리야는 북이스라엘에서 활동했으며, 아합 왕이 통치를 하였고 아합 왕의 아내가 이세벨이었습니다. 이세벨은 이방 지역 출신으로 특별히 바알을 열성적으로 섬겼습니다.

이세벨의 고향은 이스라엘 지도 가장 북쪽에 위치한 두로와 시돈 지역입니다. 해안가에 위치하여 매우 부유한 지역이었습니다. 바알은 폭풍과 바람의 신으로 여겨졌습니다. 오늘날에도 해안 지역에서는 해마다 굿이나 풍어제를 지내는 문화가 남아 있는데, 그 당시에도 이와 같은 풍요를 비는 문화가 있었습니다. 바다로 나가 고기를 잡고, 무역을 해야 했기 때문에 자연스럽게 바알을 숭배하게 되었던 것입니다.

이세벨이 바알을 섬기자 이스라엘 백성도 자연스럽게 "풍요의 신", 곧 바알을 숭배하기 시작하였습니다. 하나님께서는 이런 상황을 도저히 참을 수

없으셨습니다. 하나님께서는 이스라엘 열두 지파 중에서 열 지파를 떼어서 북이스라엘에게 주어서 하나님을 섬기게 하였음에도 그들이 섬기는 것이 결국 바알, 즉 물질의 신이었던 것입니다.

그래서 하나님은 엘리야 선지자를 보내셨습니다. 그리고 마지막에는 "갈멜산"에서 바알을 섬기던 선지자 450명, 아세라를 섬기던 선지자 400명과의 대결이 벌어졌습니다. 엘리야는 송아지를 잡아 제단 위에 올려놓고 "불로 응답하는 신 그가 하나님이니라"고 하면서 그들과 대결을 하였습니다.

바알과 아세라 선지자들은 온종일 부르짖고, 자기 몸에 피를 내며 기도했지만 하늘에서 아무런 응답도 없었습니다. 불은커녕 아무 일도 일어나지 않았습니다.

이제 엘리야의 차례가 되었을 때, 그는 제단 위에 물을 부으라고 했습니다. 도랑이 물로 가득 차도록 부으라고 했습니다. 불이 붙으려면 마른 장작이어야 하는데, 오히려 엘리야는 물을 더 부으라고 한 것입니다. 그 후 엘리야가 기도하자, 하늘에서 불이 내려와 모든 것을 다 태워버렸습니다.

이 놀라운 광경을 본 이스라엘 백성들은 "여호와 하나님이 참된 신이시다"라고 고백하며 하나님께 나아가야 마땅했지만, 그렇게 하지 않았습니다. 오히려 이세벨은 엘리야가 행한 모든 일을 보고 엘리야를 죽이려고 하였습니다.

그리하여 엘리야는 도망칠 수밖에 없었습니다. 사십 주야를 걸쳐 수백 킬로미터에 이르는 거리를 지나 하나님의 산 "호렙산"으로 도망한 것입니다. 그때 엘리야가 하나님께 드렸던 고백이 바로 이것입니다.

²……엘리야를 가리켜 말한 것을 알지 못하느냐 그가 이스라엘을 하나님께 고발하되 ³주여 그들이 주의 선지자들을 죽였으며 주의 제단들을 헐어 버렸고 나만 남았는데 내 목숨도 찾나이다 하니 ⁴그에게 하신 대답이 무엇이냐 내가 나를 위하여 바알에게 무릎을 꿇지 아니한 사람 칠천 명을 남겨 두었다 하셨으니

이 장면에서 엘리야가 하나님 앞에서 통곡하지 않을 수 없었습니다. "하나님, 저를 선지자로 세우셔서 주의 말씀대로 기적도 행하였는데, 이제 저는 그 왕후 이세벨에게 쫓기고 있습니다. 이 나라에는 더 이상 소망이 없어 보입니다. 하나님을 믿는 자가 하나도 남지 않은 것 같습니다."

이와 같은 엘리야의 탄식에 대해 하나님께서 "바알에게 무릎을 꿇지 아니한 사람 칠천 명을 남겨 두었다"고 하셨습니다. 즉 하나님은 이 말씀을 통해 이스라엘 백성 또한 구원을 받을 자가 남아 있다는 사실을 밝히신 것입니다.

구원은 행위로 받는 것이 아닙니다. 율법을 지켜서 받는 것도 아닙니다. 유대인이든 이방인이든 구원은 오직 하나님의 은혜와 택하심으로 받는 것입니다. 하나님께서 바로 그 사실을 말씀하고 계시는 것입니다.

우리가 이 구원의 진리를 생각할 때 마음 깊이 감격하게 됩니다. 사실 우리가 하나님 앞에 한 것이 무엇이 있겠습니까? 우리 역시 북이스라엘처럼 물질을 섬기고, 가나안 사람들이 섬기던 바알 신과 아세라 신을 따랐던 것과 다를 바 없었습니다.

그럼에도 불구하고 하나님은 우리를 은혜로 구원해 주셨습니다. 이스라엘 백성도 마찬가지입니다. 하나님께서 은혜로 구원하실 자, 칠천 명을 남겨

택하심을 따라 남은 자가 있느니라

두셨기에, 이스라엘도 결국은 은혜로 구원을 받게 됩니다.

칠천 명을 남기리니

이 사실을 바울은 어떻게 받아들였을까요? 칠천 명이라는 숫자를 문자 그대로 해석할 수도 있겠지만, 바울은 이 숫자 속에 담긴 더 깊은 의미를 보았습니다. 그는 이 칠천 명을 "온 이스라엘이 구원을 받게 될 것"이라는 말씀으로 연결하는 데 결정적인 역할을 합니다.

왜 바울은 "칠천 명"을 통하여 "온 이스라엘"이라고 표현하였을까요? 여기에는 상징적인 의미가 담겨 있습니다. "7,000"은 "7×1,000"입니다.

성경에서 숫자 7은 완전수를 상징합니다. 하나님께서 엿새 동안 천지를 창조하시고, 일곱째 날에 모든 것을 마치시고 안식하셨습니다. 그래서 "7"은 완전한 수입니다. 이스라엘의 절기에도 "7"이 반복됩니다. 그리고 요한계시록에서는 아시아 "일곱" 교회를 통해 온 교회를 상징하며, 마지막 심판 때에는 "일곱" 인, "일곱" 나팔, "일곱" 대접이 등장합니다. 이는 모두 하나님의 완전한 계획과 심판을 뜻하는 것입니다.

이제 남은 숫자 "1,000(천)"을 보겠습니다. "천"은 "10×10×10"입니다. 여기에 담긴 의미는 다음과 같습니다. 구약 시대 성소 안에는 지성소가 있습니다. 그 지성소의 규격이 어떻게 되는지 아십니까? 가로, 세로, 높이 모두 10규빗, 즉 완전한 정육면체입니다. 그리고 요한계시록 21장 6절을 보면 하나님의 성전의 모습이 나오는데, 그곳 역시 가로, 세로, 높이가 1만 2천 스타디온으로 되어 있어 완전한 정육면체를 의미합니다. 이러한 묘사는 단순한 공간의 형태가 아니라, 하나님의 임재하심으로 완벽함, 충만함을 상징하는 것입니다. 그래서 "천"이라는 숫자는 성경에서 충만하고 가득 찬 상태를 의미합니다. 따라서 "칠천"이라는 표현은 하나님께서 준비해 놓으신 완전하고 충만한 수, 곧 구원받을 자들의 수를 상징하는 것입니다.

엘리야 당시의 상황을 다시 생각해 보시길 바랍니다. 엘리야는 자신만 홀로 남았다고 생각했지만, 하나님께서는 바알에게 무릎 꿇지 않은 7천 명을 남겨 두셨다고 하셨습니다. 이 말씀을 들은 엘리야는 엄청나게 놀랐을 것입니다. 엘리야는 하나님을 믿는 사람으로 본인만 남았을 것이라고 생각했는데, 칠천 명이나 남아 있다는 이야기를 들었을 때 얼마나 많은 큰 숫자로 여기겠습니까?

바울은 이 말씀을 인용하여 "온 이스라엘이 구원을 받으리라." 이때 "온 이스라엘"이라는 표현은 하나님의 은혜로 말미암아 택하심을 따라 구원받기로 예정된 이스라엘을 의미하는 것입니다. 지금 바울이 전하고자 하는 핵심은 이것입니다. 이스라엘도 결국은 이방인과 동일하게 하나님의 택하심에 따라 구원을 받는다는 것입니다.

로마서 11장 6절을 보면 이렇게 기록되어 있습니다.

> 6만일 은혜로 된 것이면 행위로 말미암지 않음이니 그렇지 않으면 은혜가 은혜되지 못하느니라

곧, 구원은 결코 행위로 말미암은 것이 아닙니다. 만일 구원이 행위에서 비롯된다면, 그것은 더 이상 은혜가 아닙니다.

7절에서는 다음과 같이 말씀합니다.

택하심을 따라 남은 자가 있느니라

⁷그런즉 어떠하냐 이스라엘이 구하는 그것을 얻지 못하고 오직 택하심을 입은 자가 얻었고, 그 남은 자들은 우둔하여졌느니라

하나님께서 구원받을 자들을 미리 아시고 창세 전에 예정하셨습니다. 우리는 알 수 없지만, 하나님께서는 전지전능하시며, 이 모든 천지의 역사를 처음부터 끝까지 다 아십니다. 그렇기에 하나님께서는 구원받을 자를 미리 작정하셨습니다. 그 작정하신 자들에게는 때가 되면 회개하게 하시고, 은혜를 베풀어 말씀을 믿게 하십니다. 이것은 하나님의 예정된 섭리입니다.

반면 택함을 받지 못한 자들에 대해서는 다음과 같이 말씀합니다.

⁸기록된 바 하나님이 오늘까지 그들에게 혼미한 심령과 보지 못할 눈과 듣지 못할 귀를 주셨다 함과 같으니라

곧 택함을 받지 못한 자들에게는 하나님께서 은혜를 주시지 않으시기에, 그들은 타락한 본성 그대로 살아가게 됩니다. 말씀을 들어도 관심이 없고, 세상일에 바빠 하나님의 말씀을 귀담아듣지 않습니다. 성경을 읽어도 이해하지 못하고, 결국 율법의 행위로 나아가 버립니다. 눈으로 보아도 보지 못하고 귀로 들어도 들리지 않는 것입니다.

그러므로 믿는 우리들에게는 이러한 말씀을 접할 때 다시금 자신을 돌아보게 됩니다. "아, 하나님께서 이렇게까지 우리를 사랑하시는구나!" 하고 깨닫게 되며, 그 사랑 안에서 모든 것을 하나님께 의지하게 되는 것입니다. 우리가 믿음 안에서 살아가다가 마지막 육체의 허물을 벗는 순간, "주님, 내 영혼을 주께 의탁합니다"라고 고백하며 평안한 가운데 하나님께 맡길 수 있는 것입니다.

그러나 이 믿음이 정확하게 우리 안에 임하기 전까지는, 우리가 택함을 받았는지 받지 않았는지 우리는 알 수 없습니다. 그래서 우리는 계속해서 하나님의 말씀 가운데 거하며 하나님의 은혜를 구하고, 복음을 듣는 일에 힘써야 합니다.

우리가 온전히 택하심을 받아 하나님과 동행한다는 확신이 오기까지는 때로는 자신 안에 열매가 나타나지 않는다고 해서 낙심할 수 있습니다. 하지만 그렇게 생각해서는 안 됩니다. 왜냐하면, 예수님께서 십자가에 달리셨을 때, 그 오른편의 강도가 구원받을 것이라고 생각한 사람이 있었겠습니까? 또한, 오늘 로마서를 기록한 바울이 한때 그리스도인을 핍박하고 죽이는 일에 앞장섰던 인물이라는 사실을 생각해 보시길 바랍니다. 그런 그가 이토록 놀라운 복음을 기록한 사도가 되리라고 누가 상상했겠습니까? 그러므로 우리는 항상 겸손한 마음으로 하나님 앞에 나아가야 합니다.

다윗의 기도와 이스라엘의 남은 자

로마서 11장 9~12절을 보면 다음과 같이 기록되어 있습니다.

> [9] 또 다윗이 이르되 그들의 밥상이 올무와 덫과 거치는 것과 보응이 되게 하시옵고 [10] 그들의 눈은 흐려 보지 못하고 그들의 등은 항상 굽게 하옵소서 하였느니라 [11] 그러므로 내가 말하노니 그들이 넘어지기까지 실족하였느냐 그럴 수 없느니라 그들이 넘어짐으로 구원이 이방인에게 이르러 이스라엘로 시기 나게 함이니라 [12] 그들의 넘어짐이 세상의 풍성함이 되며 그들의 실패가 이방인의 풍성함이 되거든 하물며 그들의 충만함이리요

여기서 다윗이 말한 "밥상"이 등장합니다. 우리는 일반적으로 밥상 위에 차려진 음식을 통해 힘을 얻고 생명을 유지합니다. 하나님께서는 이스라엘

에게도 밥상을 차려주셨습니다. 곧, 하나님의 약속과 율법을 주시고, 하나님과의 교제를 통해 참 생명을 누리게 하신 것입니다. 그런데 이스라엘은 그 밥상을 차려주신 하나님의 본심을 보지 못했습니다.

"제사만 잘 드리면 되겠네. 죄 지으면 소 한 마리 끌고 가서 속죄 제사 드리면 되겠네. 율법 잘 지키면 되겠네" 하며, 율법과 제사 자체에만 초점을 맞추고 말았습니다. 결국, 하나님께서 생명을 위해 차려주신 그 밥상이 오히려 그들의 걸림돌이 되었던 것입니다.

로마서 11장 9절에서 말한 것처럼 그들의 밥상이 올무와 덫과 거치는 것과 보응이 됨으로써 그들은 본래 언약의 목적, 곧 예수 그리스도를 바라보게 하는 것을 놓쳐버렸던 것입니다. 만일 그들이 율법과 제사를 통해 메시아를 바라보는 눈을 가졌다면, 예수님을 십자가에 못 박지 않았을 것입니다. 하지만 그들은 행위만을 바라보며 본질을 놓쳐버렸습니다.

성막의 구조를 다시 생각해 보십시오. 바깥에는 번제단과 물두멍이 있고, 성소에 들어가면 오른쪽에는 진설병을 올려놓는 상이 있습니다. 여기에는 떡이 6개씩 두 줄로, 즉 12개가 놓여 있습니다.

이 진설병이 놓여진 떡상은 무엇을 의미합니까? 바로 생명의 떡 되신 예수 그리스도를 가리키는 것입니다. 그러나 이스라엘 백성은 상에 놓여진 진설병(陳設餠, show bread)의 깊은 의미를 보지 못했습니다. "오늘은 안식일이니까 떡을 바꿔야겠구나"하는 수준에서만 이해한 것입니다. 떡을 잘 바꾸어 놓았으니 율법도 잘 지켰고, 이제는 하나님께 복을 받아야겠다는 식의 사고방식이었습니다. 하지만 그것이 결국 그들에게 저주가 되고 말았습니다.

그렇다면 다윗이 과연 그 백성들을 진심으로 저주하려고 로마서 11장 9절부터 10절까지 기도했겠습니까? 이 말씀을 더 깊이 이해하기 위해 시편 69편 21~23절을 같이 보겠습니다.

> [21]그들이 쓸개를 나의 음식물로 주며 목마를 때에는 초를 마시게 하였사오니 [22]그들의 밥상이 올무가 되게 하시며 그들의 평안이 덫이 되게 하소서 [23]그들의 눈이 어두워 보지 못하게 하시며 그들의 허리가 항상 떨리게 하소서

이 말씀을 바울이 로마서에서 그대로 인용한 것입니다. 이제 마태복음 27장 34절로 넘어가 같이 보겠습니다.

> [34]쓸개 탄 포도주를 예수께 주어 마시게 하려 하였더니 예수께서 맛보시고 마시고자 아니하시더라

이 말씀이 바로 조금 전 시편 69편 21절의 말씀과 정확히 연결됩니다.

다윗이 이 시편을 기록할 당시, 본인의 고난 가운데에서 이를 썼다는 것은 분명합니다. 그러나 동시에 하나님께서는 다윗을 통하여 곧 다윗의 후손으로 오실 예수 그리스도께서 당하실 고난을 미리 예표하도록 하셨던 것입니다.

이처럼 다윗은 시편을 기록했을 뿐 아니라 선지자로서도 역할을 감당한 것입니다. 그는 오실 메시아께서 어떤 고난을 당하실 것인가를 예언하였습니다. 그리고 예수님께서 실제로 그 예언대로 고난을 당하셨습니다. 그렇다면 결국 이러한 다윗의 기도는 하나님의 크신 섭리와도 연결이 되어 있다는 것입니다.

택하심을 따라 남은 자가 있느니라

시편에는 이처럼 저주시(咀呪詩)가 몇 편 있습니다. 특히 원수에 대하여 저주하며, 그 자손까지 저주하는 내용도 일부 포함되어 있습니다. 이것을 성경 전체의 맥락 없이 본다면, "시편 기자도 저주를 하나님께 구하고 있으니 우리도 저주해도 되는구나" 하고 오해할 수 있습니다. 그러나 그것은 성경 전체를 바르게 이해하지 못한 결과입니다.

다윗이 저주한 것도 예수님 안에서 다시 보아야 하는 것입니다. 다윗이 저주의 시편을 기록한 것도 단순히 이스라엘 백성을 미워하거나 징벌하려는 것이 아니라, 그들의 넘어짐을 통해 누군가가 구원을 얻게 하시려는 하나님의 섭리 때문입니다. 그렇다면 누가 구원을 받게 되었습니까? 바로 이스라엘의 넘어짐으로 인해 이방인에게 구원이 이르게 된 것입니다.

이방인이 구원을 받으면 누가 시기합니까? 바로 이스라엘이 시기하게 됩니다. 그래서 하나님께서 이스라엘에게 저주를 내리신 이유는 그들이 행위로 나아가고 믿음으로 나오지 않았기 때문입니다. 하나님께서는 그들이 무너지도록 내버려 두신 것입니다.

지난주 설교에서 말씀드린 것처럼, 우리 인간은 마치 원숭이처럼 작은 구멍 속의 사과를 꺼내기 위해 손을 쥐고는 놓지 못합니다. 그 사과를 놓아야 사냥꾼을 피해서 살아날 수 있는데도, 끝까지 움켜쥐고 있다가 결국 잡히고 맙니다.

하나님께서도 마찬가지로, 그대로 그들을 내버려 두심으로써 그들이 스스로 무너지게 하신 것입니다. 그리고 그것을 두고 저주하셨던 것입니다. "그래, 네가 끝까지 그렇게 움켜쥐고 있어 봐라."

그러나 그 말씀 속에 담긴 하나님의 궁극적인 마음은 무엇입니까? 이스라엘이 넘어짐으로써 이방인에게 복음이 전해지고, 이방인이 구원을 받음으로써 이스라엘이 시기하게 되어, 결국 이스라엘도 구원에 이르게 하려는 뜻이었습니다.

예수님께서 십자가에 달리셨을 때, 사람들이 밑에서 조롱하고 저주했습니다. 그때 예수님께서 하신 말씀이 무엇입니까? "아버지여, 저들을 사하여 주옵소서. 자기들이 하는 것을 알지 못함이니이다." 예수님은 그들을 용서해 달라고 기도하셨습니다. 왜냐하면 그들은 자신들이 무엇을 하는지도 모르고 있었기 때문입니다.

그래서 우리가 시편을 읽을 때에는 예수 그리스도 안에서 성경을 재해석해야 하는 것입니다. 그럴 때에야 비로소, 시편의 저주시(咀呪詩)가 단순한 저주가 아니라 그들을 향한 간절한 중보의 표현이었다는 것을 깨달을 수 있습니다.

우리가 기도할 때, 누군가를 미워하고 저주한다면 그 기도는 사탄에게 속한 것입니다. "하나님, 저 사람이 저에게 이렇게 했으니, 천벌을 내려 주십시오" 이런 기도는 하나님이 원하시는 기도가 아닙니다. 우리가 드려야 할 기도는 모든 심판과 보응을 하나님께 맡기는 기도입니다.

로마서로 다시 돌아가 보겠습니다. 엘리야도, 다윗도 이스라엘 백성을 향해 저주의 기도를 했던 이유는 다른 데 있지 않습니다. 이는 그들이 하나님께서 이스라엘을 향하여 "네가 그렇게 행위를 의지하느냐? 그럼 끝까지 그렇게 해서 한번 하나님의 의를 이룰 수 있는지 해봐라." 하시며 겉으로는 버리시는 것 같지만 사실은 긍휼을 베풀려고 함과 같은 마음인 것입니다. 그런데 그 버려두심이 오히려 이방인에게는 부요함이 되고, 나중에는 이스라엘에게도 부요함이 되는 역사가 일어난 것입니다.

이스라엘의 넘어짐과 이방인의 구원

로마서 11장 11~12절 말씀으로 이어집니다.

> ¹¹그러므로 내가 말하노니 그들이 넘어지기까지 실족하였느냐 그럴 수 없느니라 그들이 넘어짐으로 구원이 이방인에게 이르러 이스라엘로 시기나게 함이니라 ¹²그들의 넘어짐이 세상의 풍성함이 되며 그들의 실패가 이방인의 풍성함이 되거든 하물며 그들의 충만함이리요

이처럼 사도 바울은 이스라엘도 충만함으로 남아 있다고 증언하고 있습니다. 하나님께서는 우리를 향한 훨씬 크고 깊은 계획을 가지고 계십니다. 이스라엘을 택하셨지만, 그들이 넘어졌고, 그로 인해 이방인이 구원을 받게 되었으며, 이방인이 구원을 받으니, 이스라엘이 '저 구원은 원래 우리의 약속이었는데…' 하며 시기하게 되고, 결국 이스라엘도 구원에 이르게 되는 것입니다. 하나님께서는 인간의 죄성을 너무나도 잘 아시기 때문에 이 모든 과정을 통해 놀라운 구속의 역사를 이루어 가신 것입니다.

로마서 11장 13절부터 보겠습니다.

> ¹³내가 이방인인 너희에게 말하노라 내가 이방인의 사도인 만큼 내 직분을 영광스럽게 여기노니 ¹⁴이는 혹 내 골육을 아무쪼록 시기하게 하여 그들 중에 얼마를 구원하려 함이라 ¹⁵그들을 버리는 것이 세상의 화목이 되거든 그 받아들이는 것이 죽은 자 가운데서 살아나는 것이 아니면 무엇이리요

여기서 "그 받아들이는 것"이란 바로 이스라엘이 믿음으로 예수님을 받아들이는 것을 의미합니다. 그들도 결국은 예수님을 믿음으로써 영적인 죽음에서 부활케 되는 것입니다.

제사하는 처음 익은 곡식가루가 거룩한즉 떡덩이도 그러하고

로마서 11장 16절과 17절은 함께 읽겠습니다.

> [16]제사는 처음 익은 곡식가루가 거룩한즉 떡덩이도 그러하고 뿌리가 거룩한즉 가지도 그러하니라 [17]또한 가지 얼마가 꺾이었는데 돌감람나무인 네가 그들 중에 접붙임이 되어 참감람나무 뿌리의 진액을 함께 받는 자가 되었은즉

여기서부터는 12절부터 이어진 내용의 연장으로, 이스라엘에게도 참된 구원의 역사가 더 크고 깊게 일어날 것이라는 구약의 약속을 들어 설명하고 있습니다.

로마서 11장 16절에 등장하는 "제사하는 처음 익은 곡식가루가 거룩한즉 떡덩이도 그러하고"라는 말씀은, 이스라엘의 제사 전통을 이해할 때 더 분명해집니다. 이스라엘 백성들이 하나님께 제사를 드릴 때, 곡식가루를 가지고 드리는 제사가 있었습니다. 이 제사를 소제(grain offering)라고 합니다. 곡식가루를 가져와 그대로 드리기도 하고, 번철에 굽기도 하며, 삶아서도 하나님 앞에 드렸습니다.

그런데, 예를 들어 내가 곡식가루가 가득하게 든 것을 소제로 드릴 때에는 그 전체를 불에 태워 드리는 것은 아닙니다. 한 움큼만 떼어 번제단에서 태워 드립니다. 그러나 하나님께 바친 한 움큼만 거룩한 것이 아니라 나머

택하심을 따라 남은 자가 있느니라

지 곡식가루 전체도 하나님께 드려졌기 때문에 모두 거룩한 것입니다. 이처럼 일부가 거룩하게 구별되면 전체도 거룩하게 여겨진다는 원리가 적용됩니다.

이스라엘 백성은 궁극적으로 아브라함의 언약으로부터 나왔습니다. 하나님께서는 아브라함의 믿음을 보시고 의롭다 하셨으며, 그의 약속의 씨를 통해 천하만민이 복을 받게 하겠다고 하셨습니다. 그렇다면, 아브라함이 거룩하게 된 이상 그로부터 나오는 자손들 또한 거룩함의 범주 안에 들어간다는 논리가 이어집니다. 그래서 떡덩이의 비유가 나오는 것입니다.

"처음 익은 곡식가루가 거룩한즉 떡덩이도 그러하고." 이 말씀처럼, 아브라함으로 말미암아 믿음으로 거룩함을 받은 이스라엘에게는 그 거룩한 무리가 지금도 남아 있습니다. 그러므로 이스라엘도 결국 구원을 받게 될 것임이 사도 바울이 말하고자 하는 핵심입니다.

이제 중요한 질문이 생깁니다. 그렇다면 아브라함의 모든 자손이 다 구원받는 것입니까? 그렇지 않습니다. 성경에 나오는 아브라함의 자손 중 대표적으로 육체를 따라 난 이스마엘, 약속을 따라 난 이삭이 있습니다. 그렇다면 아브라함의 "씨"는 누구를 통해 이어져야 합니까? 바로 이삭, 곧 믿음의 계승자를 통해서입니다.

하나님께서는 믿음으로 남은 자들을 통해 이스라엘의 계보를 이어가십니다. 그래서 지금도 하나님께서 남겨 두신 믿음의 자손들이 이스라엘 안에 있다는 것입니다. 결국 이스라엘이 구원받는 것도 육체를 따라 난 민족적인 전부를 가리키는 것이 아니라 믿음을 따라 남은 자들이 구원받는 것입니다.

이것을 우리는 "남은 자 사상"이라고 부릅니다. 이스라엘 전체가 무조건 구원을 받는다는 것은 성경적이지 않습니다. 하나님께서는 육체 자체를 택하신 것이 아닙니다. "처음 익은 곡식가루가 거룩한즉" 믿음으로 의롭다 하심을 받은 아브라함, 그 믿음의 자녀들이 지금도 남아 있다는 것을 사도 바울은 말하고 있는 것입니다.

뿌리가 거룩한즉 가지도 그러하니라

"뿌리가 거룩한즉 가지도 그러하니라" 요한계시록 5장 5절을 보면 "…다윗의 뿌리가 이겼으니"라는 표현이 나옵니다. 예수님께서 육체로는 다윗의 후손으로 오셨지만, 더 근본적으로는 다윗조차도 예수님의 뿌리로부터 난 존재입니다. 곧, 예수 그리스도 안에서 다윗의 존재가 가능하게 된 것입니다.

이처럼 다윗이 일어나고, 그의 후손들이 세워진 것은 하나님의 약속 때문입니다. 그렇다면 여기서 말하는 "뿌리"는 누구를 가리키는 것입니까? 바로 예수님이십니다. 예수님께서 거룩하시니, 믿음을 따라 난 다윗도, 약속을 따라 선택된 다윗의 자손들도 거룩한 것입니다. 결국 예수 그리스도를 통해 남겨진 이스라엘의 남은 자들이 거룩하게 되었다는 뜻입니다. 이 말씀을 통해 사도 바울은 이스라엘 백성 중 구원받을 자가 여전히 남아 있다는 사실을 말해주고 있는 것입니다.

여러분, 지금 우리가 성경 중에서도 매우 깊고 어려운 부분을 지나가고 있습니다. 우리는 보통 로마서 8장까지만 중요하다고 여기며 읽어 나가지만, 사실 앞으로 일어날 일들을 말해주는 이 구절들은 신앙적으로 대단히 중요합니다. 이스라엘 전체가 다 구원받는 것은 아닙니다. 그 가운데 남은 자들, 곧 믿음 안에서 남겨진 사람들이 있다는 것입니다.

참감람나무와 돌감람나무의 비유

로마서 11장 17~18절을 보면 다음과 같은 말씀이 나옵니다.

[17]또한 가지 얼마가 꺾이었는데 돌감람나무인 네가 그들 중에 접붙임이 되어 참감람나무 뿌리의 진액을 함께 받는 자가 되었은즉 [18]그 가지들을 향하여 자랑하지 말라 자랑할지라도 네가 뿌리를 보존하는 것이 아니요 뿌리가 너를 보존하는 것이니라

이제 감람나무 비유가 등장합니다. 하나님께서 이스라엘을 감람나무에 비유하신 이유가 있습니다. 감람나무는 말려서 분향용 향으로 쓰이기도 하고, 기름을 짜서 올리브유로 만들어 제사장에게 기름부음할 때 사용됩니다. 그래서 하나님께서 이스라엘을 택하셨다는 표지로써 감람나무를 사용하신 것입니다. 곧, 이스라엘은 하나님께 구별된 자, 기름부음을 받은 자, 거룩한 무리입니다. 그래서 본래 하나님께서 택하신 이스라엘 백성이 바로 참감람나무입니다.

그렇다면 우리는 누구입니까? 우리는 본래 돌감람나무였습니다. "돌감람나무"는 야생에 자라 누구의 돌봄도 받지 못하고 열매도 제대로 맺지 못하는 감람나무입니다. 그런데 이 참감람나무가 꺾인 자리에 우리가 접붙임을 받게 된 것입니다. 그래서 우리가 구원을 받은 것입니다.

여기서 중요한 점이 하나 더 있습니다. 보통 접붙임의 원리를 보면, 뿌리가 강한 나무에 좋은 열매를 맺는 가지를 붙입니다. 예를 들어 탱자나무에 귤 가지를 접붙이는 것이 그 예입니다. 귤나무에 탱자 가지를 붙이는 것이 아

니라 탱자나무에 귤 가지를 붙입니다. 이것이 접붙임의 원리입니다.

그러므로 이 비유대로라면, 참감람나무가 돌감람나무에 접붙여져야 올바른 접붙임입니다. 왜냐하면 돌감람나무는 척박한 곳에서 자라기 위하여 그 뿌리가 진액을 찾아서 깊이 박혀 있기 때문입니다. 하지만 하나님은 이 순리를 거꾸로 사용하셨습니다. 오히려 우리 돌감람나무에 참감람나무 가지를 붙인 것이 아니라, 참감람나무에 우리 같은 돌감람나무 가지를 접붙이셨습니다.

이것이 바로 하나님의 신비로운 은혜입니다. 접붙임의 원리로서는 이해가 되지 않는 오직 우리를 은혜로 부르셨다는 사실입니다. 아멘!

우리는 사실 돌감람나무로 살다가 불태워 없어질 인생이었는데, 어떻게 하나님께서 작정하시고 은혜를 베푸셔서, 이스라엘 백성 가운데 꺾인 가지를 잘라내고, 그 자리에 우리를 접붙임으로써 예수 그리스도 안에서 그 참감람나무 뿌리의 진액을 함께 받으며 살아가게 되었던 것이었습니다. 이 얼마나 놀라운 은혜입니까?

우리가 이 내용을 모르고 지나치면 그저 "아, 그런가 보다" 하고 넘어갈 수 있습니다. 그러나 이 장면 속에 하나님의 놀라운 은혜가 분명하게 드러납니다. 우리는 마땅히 죽어야 할 존재였습니다. 그런데 하나님께서 우리를 택하셔서, 참감람나무에 접붙이신 것입니다.

이방인의 겸손

그러므로 우리는 그 원줄기, 곧 참감람나무에 대해 감사해야 합니다. 정말로 감사해야 할 일입니다. 사도 바울은 지금 로마교회의 이방인 그리스도인들을 향해 "너희가 믿음으로 구원받았다고 해서 유대 그리스도인을 얕보아서는 안 된다." "오히려 그들이 참감람나무의 원가지이다, 그러므로 더욱 화목해야 한다"고 함으로써 겸손과 예수님 안에서의 화목을 강조하고 있습니다.

로마서 11장 19절부터 20절을 보겠습니다.

> [19]그러면 네 말이 가지들이 꺾인 것은 나로 접붙임을 받게 하려 함이라 하리니 옳도다 그들은 믿지 아니함으로 꺾이고 너는 믿음으로 섰느니라 [20]높은 마음을 품지 말고 도리어 두려워하라 하나님이 원가지들도 아끼지 아니하셨은즉 너도 아끼지 아니하시리라

로마서 11장 22절부터 24절도 함께 읽겠습니다.

> [22]그러므로 하나님의 인자하심과 준엄하심을 보라 넘어지는 자들에게는 준엄하심이 있으니 너희가 만일 하나님의 인자하심에 머물러 있으면 그 인자가 너희에게 있으리라 그렇지 않으면 너도 찍히는 바 되리라 [23]그들도 믿지 아니하는 데 머무르지 아니하면 접붙임을 받으리니 이는 그들을 다시 접붙이실 능력이 하나님께 있음이라 [24]네가 원 돌감람나무에서 찍힘을 받고 본성을 거슬러 좋은 감람나무에 접붙임을 받았으니 원가지인 이 사람들이야 얼마나 더 자기 감람나무에 접붙이심을 받으랴

이 말씀이 무슨 뜻입니까? 이스라엘 백성은 본래 참감람나무입니다. 그들의 영적 눈이 열리면 "아, 구약성경이 가르키는 것이 바로 예수 그리스도였구나!" 하고 바로 예수님을 알아보게 됩니다. 그들은 본래 참감람나무이기에 그 본성에 맞는 자리에 접붙여지면 얼마나 더 풍성하고 잘 자라겠습니까?

그러므로 이방인 그리스도인들, 곧 우리들은 유대 그리스도인들이나 믿지 않는 유대인들을 보더라도 결코 우습게 여겨서는 안 됩니다. 하나님께서 그들의 눈을 열어 주시기만 하면 그들은 이미 율법과 예언서, 성경 전체를 가지고 있기 때문에 얼마나 더 예수님을 잘 믿겠습니까? 그러니 우리는 겸손해야 합니다. 바울이 지금 그것을 우리에게 말하고 있는 것입니다.

하나님의 준엄하심과 인자하심

그리고 이 말씀 속에 오늘날 우리에게 주시는 아주 중요한 메시지가 있습니다. 로마서 11장 22절에서 다시 말합니다.

> [22]그러므로 하나님의 인자하심과 준엄하심을 보라 넘어지는 자들에게는 준엄하심이 있으니 너희가 만일 하나님의 인자하심에 머물러 있으면 그 인자가 너희에게 있으리라 그렇지 않으면 너도 찍히는 바 되리라

여기에는 우리에게 주시는 아주 중요한 경고의 말씀이 담겨 있습니다. 하나님께서 이스라엘 백성에게 율법을 주셨습니다. 그런데 그들이 율법에 순종하지 아니하고 우상을 숭배하였을 때 하나님께서 어떤 일을 행하셨습니까?

정말 기근이 오고, 전염병이 돌고, 외적의 침입을 받아 포로로 잡혀가고, 결국 망하게 되었습니다. 이것이 바로 하나님의 준엄하심입니다. 우리도 마찬가지입니다. 우리가 하나님의 백성으로서 하나님의 말씀에 온전히 순종해야 함에도 불구하고, 이스라엘 백성이 그랬던 것처럼 세상을 향해, 물질과 풍요의 신을 따라가게 될 경우, 우리에게도 이런 준엄하심이 임한다는 것입니다.

택하심을 따라 남은 자가 있느니라

그래서 바울은 "하나님의 인자하심과 준엄하심을 보라. 넘어지는 자들에게는 준엄하심이 있으니"라고 말하고 있는데, 여기서 "넘어지는 자"는 믿음에서 떨어지는 자들입니다. 또한, "너희가 만일 하나님의 인자하심에 머물러 있으면 그 인자가 너희에게 있으리라."라고 하므로 우리는 반드시 하나님의 인자하심에 머물러 있어야 합니다.

그렇다면, 인자하심이 무엇입니까? 바로 "은혜"입니다. 우리가 하나님의 은혜 안에 거하려면 우리는 어떤 자가 되어야 합니까? 바로 아무것도 아닌자, 하나님 앞에 철저히 낮아지는 자가 되어야 합니다. "하나님, 저는 이돌감람나무, 정말 베어져서 불에 태워질 수밖에 없는 불쏘시개 같은 존재였습니다. 그런 저를 접붙여 주셨습니까? 정말 저를 사랑해 주셨습니까?"

그 하나님의 사랑 안에 깊이 머무는 것, 이것이 바로 하나님의 인자하심에 붙어 있는 삶입니다. 그러므로 오늘날 구원받은 그리스도인들은 자신을 더욱더 낮추고 겸비하게 살아야 합니다.

그렇지 않고, 세상 사람들과 똑같이 돈을 사랑하고, 권력을 추구하고, 다른 사람을 판단하며 살아간다면 하나님께서 이스라엘 백성에게 행하셨던 것처럼 우리에게도 징계를 내리신다는 것입니다. 그래서 우리는 더욱더 하나님의 인자하심에 머물러 있어야 합니다. 구약성경을 읽을 때, 그것을 단순히 이스라엘 백성의 역사로 읽어서는 안 됩니다. 오늘날 나 자신의 이야기로 읽어야 합니다.

"아, 구약성경이 이스라엘 백성의 역사인 줄 알았더니, 지금 내 이야기구나. 내가 이렇게 하나님을 떠나고, 정말 우상숭배의 길로 나아가고, 내 잘난 맛에 살아가면, 이스라엘이 망했던 것처럼 나도 하나님의 준엄한 심판을 받을 수 있겠구나."

하지만 우리의 구원은 떨어집니까? 떨어지지 않습니까? 로마서 11장 29절을 함께 읽겠습니다.

> ²⁹하나님의 은사와 부르심에는 후회하심이 없느니라

하나님께서 우리를 택정하시고 부르셨습니다. 여기서 말하는 "후회하심이 없느니라"는 헬라어 "아메타멜로마이"로서 "되돌리심이 없다, 마음을 바꾸지 않으신다"는 뜻입니다. 즉 하나님께서는 자신의 결정을 번복하지 않으신다는 것입니다. 취소함이 없다는 것입니다. 그래서 하나님께서 한 번 택정하셔서 구원하신 백성에게 이런 경고를 하시는 것 자체가 하나의 은혜의 수단인 것입니다.

"내가 너희를 준엄하게 다룰 것이다. 너희를 징계할 것이다." 이 말씀을 들을 때, 택함을 받은 자들은 어떻게 반응합니까? "아, 하나님이 나를 자녀삼으셨구나. 나도 징계하시겠구나. 내가 더욱더 겸손하게 살아야겠구나." 그렇게 해서 다시 은혜 안에 머물게 되는 것입니다.

그래서 우리의 구원은 떨어지지 않습니다. 이 말씀을 들을 때 우리는 이렇게 고백하게 됩니다. "아, 하나님께서 정말 나를 사랑하셔서 이 말씀을 주시는구나." 그러면서 우리는 자신을 더욱 돌아보아야 하는 것입니다.

바울의 이스라엘에 대한 충만한 구원의 언급

로마서 11장 25~29절 말씀을 보겠습니다.

택하심을 따라 남은 자가 있느니라

^{25}형제들아 너희가 스스로 지혜 있다 하면서 이 신비를 너희가 모르기를 내가 원하지 아니하노니 이 신비는 이방인의 충만한 수가 들어오기까지 이스라엘의 더러는 우둔하게 된 것이라 ^{26}그리하여 온 이스라엘이 구원을 받으리라 기록된 바 구원자가 시온에서 오사 야곱에게서 경건하지 않은 것을 돌이키시겠고 ^{27}내가 그들의 죄를 없이 할 때에 그들에게 이루어질 내 언약이 이것이라 함과 같으니라 ^{28}복음으로 하면 그들은 너희로 말미암아 원수 된 자요 택하심으로 하면 조상들로 말미암아 사랑을 입은 자라 ^{29}하나님의 은사와 부르심에는 후회하심이 없느니라

이제 여기서부터 좀 더 깊이 들으셔야 합니다. 25절을 보면 "이방인의 충만한 수가 들어오기까지 이스라엘의 더러는 우둔하게 된 것이라 그리하여 온 이스라엘이 구원을 받으리라"라고 되어 있습니다.

바울은 로마서 11장 4절에서 "무릎을 꿇지 않은 사람 칠천 명", 12절의 "하물며 그들의 충만함이리요", 24절의 "원 가지인 이 사람들이야 얼마나 더 자기 감람나무에 접붙이심을 받으랴"라고 하면서 기록하고 있고, 요한계시록 7장 4절에서는 "이스라엘 자손의 각 지파 중에서 인침을 받은 자들이 십사만 사천이니", 그리고 요한계시록 7장 9절에서는 "아무도 능히 셀 수 없는 큰 무리가 나와 흰 옷을 입고"라고 기록되어 있는 등 이스라엘의 구원의 충만함에 대한 많은 기록들이 있습니다.

세대주의적 해석

이스라엘의 구원을 어떻게 해석하느냐에 따라 요한계시록을 바라보는 관점이 완전히 달라지게 됩니다.

그렇다면 여기서 말하는 충만한 수, 칠천 명, 온 이스라엘은 도대체 누구

를 의미하는가? 바로 이 지점을 두고, 성경을 바라보는 해석의 관점이 크게 두 갈래로 나뉘게 됩니다. 오늘날에도 "Back to Jerusalem"을 주장하는 일부 기독교 단체들은 예수님께서 마지막 때에 예루살렘으로 재림하실 것이라며, 우리가 그곳으로 가서 복음을 전해야 한다며 중동 지역으로 가서 "땅밟기 기도"를 하는 등의 활동을 벌이고 있습니다. 이러한 시각을 "세대주의"라고 합니다.

세대주의는 하나님께서 인류 역사를 일곱 개의 세대로 나누어 각 시대마다 다른 방식으로 일하신다고 보는 관점입니다. "무죄 세대"는 아담의 타락 이전, "양심의 세대"는 아담 타락 이후부터 노아까지, "인간정부 시대"는 노아 이후부터 아브라함까지, "약속의 시대"는 아브라함부터 모세까지, "율법의 시대"는 모세부터 예수님까지, "은혜의 시대"는 예수님의 초림부터 재림까지 그리고 "왕국의 시대"는 예수님의 재림 이후 천년왕국까지라고 말하고 있습니다.

세대주의자들은 성경을 문자 그대로 해석하며, 각 세대마다 하나님께서 일하심의 경륜이 다르다고 합니다. 세대주의는 요한계시록 7장 4절에 등장하는 "내가 인침을 받은 자의 수를 들으니 이스라엘 자손의 각 지파 중에서 인침을 받은 자들이 십사만 사천이니"의 "십사만 사천"을 문자적으로 해석하여 칠 년 대환난 시대에 특별히 하나님이 이스라엘 중 남겨놓은 자로 해석하고, 요한계시록 7장 9절의 "이 일 후에 내가 보니 각 나라와 족속과 백성과 방언에서 아무도 능히 셀 수 없는 큰 무리가 나와 흰 옷을 입고 손에 종려 가지를 들고 보좌 앞과 어린 양 앞에 서서"에 기록된 "아무도 능히 셀 수 없는 큰 무리"를 구원받은 교회로 구별을 합니다. 그리고 이 관점에서는 요한계시록에 언급된 "14만 4천 명"은 정확히 숫자가 정해진 자들이라고 주장합니다.

그리고 요한계시록 20장의 천년왕국 역시 문자적으로 해석하여 구원받은 그리스도인은 칠 년 대환난 이전에 공중들림, 곧 휴거가 되고 지상의 이스라엘에서는 칠 년 대환난이 일어나고 이때 구원받은 이스라엘 백성들은 예수님의 재림과 함께 이 땅에서 천년왕국의 통치가 물리적으로 이루어진다고 보고 있습니다. 즉 이스라엘이 민족적으로 이 때에 회복이 된다고 주장합니다.

천년왕국이 끝날 때에는 지상에서 다시 한번 마귀에 대한 최후 심판이 이루어지고 이후에 새 예루살렘에서의 삶이 이루어지는 동안 교회는 여전히 이스라엘과 구별된다고 바라보고 있습니다.

언약신학에서의 종말론

우리는 어떻게 바라봐야 하겠습니까? 세대주의는 성경을 세대별로 나누어 설명을 하면서 세대별로 하나님의 경륜을 잘 설명하는 측면이 있지만, 하나님의 영원한 언약의 섭리를 제대로 포착을 못하고 있습니다.

바울은 이스라엘에게 주어진 언약, 율법, 예법과 제사, 약속은 모두 예수 그리스도 안에서 성취가 되었다는 것을 로마서를 통하여 확증을 하고 있으며, 이스라엘이 받았던 할례도 예수 그리스도 안에서 마음의 할례로 변화되었고, 세례도 예수 그리스도 안에서 죽고 다시 살아나는 것이고, 사도행전 7장 38절에서는 이스라엘의 광야에서의 모습을 "광야교회"로 표현을 하고 있으며, 참감람나무에 모두 접붙임을 받은 우리는 결국 그리스도 안에서 하나가 된 성도이고, 창세기 3장 15절에서 말씀하신 "여자의 후손"에 대한 약속은 이스라엘에게 율법 이전에 주어졌던 그리스도에 대한 약속으로 모두 예수 그리스도 안에서의 동일한 언약임을 세대주의는 올바르게 보지 못하고 있는 것입니다.

특히 세대주의의 주창자인 넬슨 다비는 비록 히브리어, 헬라어, 라틴어에 정통한 사람이었지만 언약신학을 제대로 이해하지 못한 채 문자의 해석에만 집중하였기 때문에 성경에 일관적으로 흐르는 하나님의 구속언약을 제대로 이해하지 못하였습니다.

언약신학에서는 언약의 종류를 세 가지로 구분합니다. 곧 "구속언약", "행위언약", "은혜언약"입니다.

첫째, 구속언약은 하나님께서 창세 전에 세우신 언약입니다. 성부 하나님은 구속 사역을 이루기 위해 성자 하나님을 이 땅에 보내시기로 작정하셨고, 성자 하나님은 그 뜻에 순종하여 구속을 이루기로 하셨으며, 성령 하나님은 그 구원의 은혜를 각 사람에게 적용하시기로 약속하신 것입니다. 이것이 바로 구속 언약입니다. 하나님은 바로 이 구속언약을 이루시기 위하여 행위언약을 통하여 은혜언약만으로 그 택정함을 받은 사람을 부르신 것입니다.

둘째, 행위언약은 하나님께서 아담과 맺으신 언약입니다. "율법을 잘 지키면 영생을 얻을 것이며, 불순종하면 사망을 받을 것이다." 이것이 행위언약입니다. 결과적으로 우리는 행위언약 아래에 저주 가운데 있던 존재였습니다. 아담 안에서 모든 인류가 죄 아래 놓이게 되었기 때문입니다.

셋째, 은혜언약은 예수 그리스도를 믿음으로 구원을 받는 언약입니다. 우리는 본래 행위언약 아래에 있는 자들이었습니다. 그러나 예수 그리스도로 말미암아 하나님께서는 우리의 행위를 보지 않으시고, 예수 그리스도

택하심을 따라 남은 자가 있느니라

의 순종하심을 보시고, 우리에게 믿음을 통해 은혜 안으로 들어오게 하신 것입니다.

결국, 성경 전체는 이 언약의 관점에서 보아야 이해가 됩니다. 오늘 사도 바울이 로마서에서 이야기하는 내용도 바로 이 흐름 위에 있는 것입니다. 이스라엘이 구약에서 율법을 강조했지만 실제로 구원을 얻은 것은 은혜 안에서였습니다. 바울은 처음부터 끝까지 은혜로 구원받는다는 사실을 일관되게 말하고 있는 것입니다.

그렇다면 요한계시록에 나오는 "14만 4천"은 언약신학에서는 어떻게 해석할까요? 144,000(144는 상징적인 숫자입니다. "12×12=144"), 이는 구약의 12지파와 신약의 12사도를 기반으로 하는 구약과 신약의 모든 구원받은 백성을 포괄하는 표현입니다. 그 위에 1,000이라는 충만한 수를 곱하여 모든 구원받은 백성을 상징적으로 표현한 것입니다. 그리고 요한계시록 7장 9절의 "아무도 능히 셀 수 없는 큰 무리"가 나옵니다. 이는 동일한 구원받은 무리의 영광스러운 변화된 모습을 다른 각도에서 바라보는 것으로 144,000과 동일시 하고 있습니다. 이는 결국 하나님이 아브라함에게 약속하셨던 "네 씨로 말미암아 천하만민이 복을 받을 것이라"는 약속의 완전한 성취를 말하는 것입니다.

그렇다면 언약신학에서는 천년왕국을 어떻게 바라보는가? 언약신학의 입장에서는 지금 우리가 살아가는 이 교회의 시대가 바로 천년왕국 시대입니다. 왜냐하면, 교회의 머리이신 예수님께서 지금 하나님 우편에서 교회를 통치하시고 계시기 때문입니다.

그리고 요한계시록 6장부터 18장까지의 일곱 봉인, 일곱 나팔, 일곱 대접을 통한 심판은 교회와 세상을 향한 하나님의 경고하심과 심화되는 심판의 모습을 기록한 것으로 보고 있습니다. 이는 신명기에서 하나님이 이스라엘 백성들이 율법을 순종하지 아니할 경우에는 기근과 자연재앙, 전염병과 죽음, 하늘의 심판, 이방민족의 침략, 자녀들의 상실과 포로됨, 우상숭배와 배교, 회개와 축복, 축복 후의 새 땅에 대한 모습을 완전히 성취하는 모습과도 비견되는 것입니다.

마지막 때를 살아가는 우리의 자세

이제 마지막 때에 어떤 일이 일어나는지를 요한계시록 20장을 통해 함께 살펴보겠습니다. 요한계시록 20장 7절부터 10절까지 보겠습니다.

> [7]천년이 참에 사탄이 그 옥에서 놓여 나와 [8]땅의 사방 백성 곧 곡과 마곡을 미혹하고 모아 싸움을 붙이리니 그 수가 바다의 모래 같으리라 [9]그들이 지면에 널리 퍼져 성도들의 진과 사랑하시는 성을 두르매 하늘에서 불이 내려와 그들을 태워 버리고 [10]또 그들을 미혹하는 마귀가 불과 유황 못에 던져지니 거기는 그 짐승과 거짓 선지자도 있어 세세토록 밤낮 괴로움을 받으리라

하나님의 섭리적 역사는 무엇입니까? 은혜의 시대가 끝나면 하나님께서 그 은혜를 거두어 버리십니다. 그 순간부터는 이 세상이 완전히 사탄의 통치 아래에 놓이게 되는 것입니다. 그래서 사람들은 서로 미워하고 싸우며, 하나님을 대적할 수밖에 없게 되는 것입니다.

우리는 이 은혜의 때가 언제 끝날지 모릅니다. 예수님께서 100년 후나 200년 후에 오신다 할지라도, 우리 각자 개인의 주관적인 종말 곧 죽음의 시점은 아무도 알 수 없습니다. 그래서 우리는 항상 "지금이 마지막 순간이다"라는 마음으로 겸손하게 하나님의 인자하심 가운데 거해야 합니다.

이 마지막 때의 모습을 디모데후서 3장 1~5절 말씀을 읽고 오늘 내용을 정리하겠습니다.

> [1]너는 이것을 알라 말세에 고통하는 때가 이르러 [2]사람들이 자기를 사랑하며 돈을 사랑하며 자랑하며 교만하며 비방하며 부모를 거역하며 감사하지 아니하며 거룩하지 아니하며 [3]무정하며 원통함을 풀지 아니하며 모함하며 절제하지 못하며 사나우며 선한 것을 좋아하지 아니하며 [4]배신하며 조급하며 자만하며 쾌락을 사랑하기를 하나님 사랑하는 것보다 더하며 [5]경건의 모양은 있으나 경건의 능력은 부인하니 이 같은 자들에게서 네가 돌아서라

이것이 말세의 징조입니다. 하나님께서 지금까지 우리에게 은혜를 베풀어 주셨습니다. 그런데 그 은혜가 점점 걷어지면 걷어질수록, 이러한 현상들이 계속해서 일어나게 됩니다. 정말 오늘날 우리의 시대를 바라보면, 이 말씀과 너무나 닮아 있지 않습니까? 그래서 우리는 이런 때일수록 더욱 겸비해야 합니다.

요한계시록을 보면서 "나와는 상관없는 이야기다"라고 여겨버린다면, 그 마음이야말로 참으로 안타까운 것입니다. 하나님은 인간을 결코 무(無)의 존재로 돌려버리지 않으십니다. 만일 우리가 그냥 죽어 없어지는 존재라면, 심판도 없을 것이니 제일 좋은 일일지도 모릅니다. 그러나 이 세계는 그런 세상이 아닙니다. 하나님은 영원하신 분이십니다. 따라서 그분의 심판도 영원한 것입니다. 우리는 마음이 교만하고 완악해서 "죽으면 그게 끝이다"라고 생각하기 쉽지만 그렇지 않습니다.

저는 오늘 아침에도 하나님의 함께하심을 아주 강하게 느꼈습니다. 세상의 흐름을 바라봐도 그렇고, 제 안에서 사탄이 육체의 소욕을 일으키는 모습이 보여지고, 동시에 하나님께서 이 땅 가운데 역사하시는 모습도 선

명하게 느껴졌습니다.

지난주에 현 자매님의 몸 상태가 좋지 않았습니다. 그날 예배를 마치고 저녁에 커피숍에 들렀다가, 갑자기 현 자매님의 상태를 보여주는 모습이 눈에 스치는 것이었습니다. 열이 머리에 가득 차 있는 것이 보였습니다. 그래서 집으로 돌아온 뒤 휴대폰을 꺼내 들었습니다.

그리고 제가 피아노 방으로 들어가서 조용히 스피커폰으로 전화를 걸었습니다. 그리고 자매님께 "머리 위에 손을 얹으세요"라고 말씀드린 뒤 같이 기도하기 시작했습니다. 기도하는 중에 그 열이 쏙 내려가는 것이 보였고, 다음 날 자매님께서 정말 나았다고 말씀하셨습니다.

저는 이런 경험을 통해, 말씀의 세계, 하나님의 역사하심이 얼마나 실제적인지를 나누고 싶습니다. 하나님은 지금도 분명히 살아서 역사하고 계십니다. 그러므로 우리는 하나님께 택하심을 받은 백성으로서 생각 없이 살아가서는 안 됩니다. 하나님은 늘 우리와 함께하시며, 우리를 주목하고 계시고, 우리가 그분과 동행하기를 원하십니다. 그래서 우리는 항상 겸비해야 하며, 우리 삶 속에 사랑의 열매가 맺혀야 합니다.

저는 이것을 정말 간절히 전하고 싶습니다. 우리는 본래 돌감람나무, 곧 버리움을 당하고 찍혀 없어져야 할 존재였지만, 하나님의 은혜로 택하심을 받은 백성이 되었습니다. 그렇다면 우리는 어떻게 살아야 하겠습니까? 우리가 이 부분을 깊이 생각하고, 신앙 안에서 실천하며 살아가기를 바랍니다. 아멘!

택하심을 따라 남은 자가 있느니라

거룩한 산 제물로 드리라

로마서 12장을 보겠습니다. 1절과 2절을 제가 읽겠습니다.

> [1]그러므로 형제들아 내가 하나님의 모든 자비하심으로 너희를 권하노니 너희 몸을 하나님이 기뻐하시는 거룩한 산 제물로 드리라 이는 너희가 드릴 영적 예배니라 [2]너희는 이 세대를 본받지 말고 오직 마음을 새롭게 함으로 변화를 받아 하나님의 선하시고 기뻐하시고 온전하신 뜻이 무엇인지 분별하도록 하라

로마서 1장부터 11장까지는 구원과 복음에 대한 말씀을 기록하고 있습니다. 하나님께서는 모든 사람이 죄 아래에 놓여 있는 상태를 율법과 양심을 통해 미리 보여주셨습니다. 인간은 죄로 인해 죽을 수밖에 없었지만, 하나님께서는 새로운 길, 곧 예수 그리스도를 예비하셨습니다. 우리는 그 예수 그리스도를 믿고, 입으로 시인함으로써 구원을 받습니다. 이것이 바로 "이신칭의"의 복음입니다.

그리고 이어서 "그렇다면 이스라엘 백성, 곧 유대인들은 어떻게 되는가?"라는 질문에 대해 바울은 설명합니다. 유대인들도 교회와 분리된 존재가 아닙니다. 그들 역시 예수 그리스도 안에서 교회라는 한 몸의 지체로 구원받을 자들이 남아 있습니다. 그래서 이방인들과 이스라엘 백성은 모두 예수 그리스도 안에서 하나 된 몸으로, 은혜로 택하심을 따라서 믿음으로 구원을 받습니다. 이것이 로마서 11장까지의 핵심 요약입니다.

예배공동체로서의 교회

로마서 12장부터 16장까지는 어떤 내용을 다루고 있느냐 하면, 바로 "하나

361

님의 은혜로 구원받은 자들이 이제 어떻게 살아야 하는가?"에 대한 말씀입니다. 구약 시대에는 하나님께서 이스라엘 백성을 애굽에서 이끌어 내신 후, 돌판에 새긴 율법을 주셨습니다. 그러나 지금 우리에게 주어진 것은 돌에 새긴 율법이 아닙니다. 하나님께서 이방인과 유대인이 예수 그리스도 안에서 하나된 교회에는 예레미야를 통하여 약속하신 새 언약, 그리고 에스겔을 통하여 선포하신 바와 같이 마음에 법을 새겨 주셨습니다.

사랑이라는 것은 법으로 강제할 수 없는 것입니다. "이렇게 해야 한다", "저렇게 해야 한다"고 말하는 순간 그것은 참된 사랑이 아닙니다. 사도 바울은 이 예수님의 사랑을 형제자매들의 마음속에 심어주고 싶었습니다.

그래서 12장에서 교회의 정체성을 먼저 알아야 되겠습니다. 교회는 헬라어로 "에클레시아"라고 합니다. "에크"는 "~로부터", "클레시아"는 "클라오"의 "부르다"에서 유래되었습니다. 즉 교회는 세상으로부터 불러낸 무리, 세상과 구별된 거룩한 공동체인 것입니다.

여기서 말하는 교회는 눈에 보이는 건물을 의미하는 것이 아닙니다. 구원받은 무리의 집단, 곧 무형의 교회를 가리킵니다. 우리가 오늘날 예배드리는 이 유형의 교회를 통하여 복음이 선포가 되고, 여기서 믿음으로 구원을 받은 무리가 속한 곳이 참된 교회인 것입니다.

그래서 우리는 하나님 안에서 계속해서 말씀을 듣고, 그 말씀 가운데 내 영혼의 어둠이 드러나고 그 어둠을 이기는 사랑의 빛이 들어오게 되면 거룩한 무리 가운데 속하게 되는 것입니다. 이 점에서 우리는 이스라엘 백성과 동일합니다. 이스라엘 백성은 어디에서 불러냄을 받았습니까? 애굽에서, 곧 육체의 종살이하던 자리에서 불러냄을 받은 것입니다.

거룩한 산 제물로 드리라

그렇기 때문에 구약에 나타난 이스라엘의 여정은 오늘날 교회가 어떤 모습이어야 하는지를 그림자처럼 미리 보여주는 역할을 합니다. 이제 우리는 "교회 공동체" 안에 있습니다. 교회는 공동체입니다. 그러므로 우리는 흩어져서는 안 됩니다.

공동체 삶에 대한 잠언의 지혜

이에 대해 구약성경에서는 어떻게 말씀하고 있는지 살펴보겠습니다. 잠언 30장 24~28절로 가보겠습니다.

> ²⁴땅에 작고도 가장 지혜로운 것 넷이 있나니 ²⁵곧 힘이 없는 종류로되 먹을 것을 여름에 준비하는 개미와 ²⁶약한 종류로되 집을 바위 사이에 짓는 사반과 ²⁷임금이 없으되 다 떼를 지어 나아가는 메뚜기와 ²⁸손에 잡힐 만하여도 왕궁에 있는 도마뱀이니라

하나님께서는 이 네 가지 짐승을 두고 참으로 지혜로운 존재라고 말씀하십니다. 이는 우리 그리스도인들이 교회 안에서 어떻게 살아가야 하는지를 잘 가르쳐주고 있습니다.

먼저, "힘이 없는 종류로되 먹을 것을 여름에 준비하는 개미"가 있습니다. 개미는 밟으면 금세 죽을 만큼 연약한 존재입니다. 그러나 무리를 지어 여름 동안 먹을 것을 준비하여 겨울을 지나는 지혜로운 곤충입니다.

우리 그리스도인들도 이와 같습니다. 만약 우리가 세상에서 잘나가고 풍족하게 살고 있다면 이 자리에 앉아서 예배를 드릴 가능성은 오히려 적을 것입니다. 우리가 이 자리에 있다는 것 자체가 세상 사람들의 눈에는 의지할 데 없는 사람처럼 보일 수 있습니다.

그러나 하나님을 믿고 예배드리는 이 자리야말로 참으로 복된 자리입니다. 우리는 이처럼 세상에서 약한 자처럼 보이지만, 영적으로 모여 준비하고 예수님의 다시 오심을 기다리는 공동체여야 합니다. 그래서 히브리서 10장 25절에서는 "모이기를 폐하는 어떤 사람들의 습관과 같이 하지 말고 오직 권면하고 그 날이 가까움을 볼수록 더욱 그러하자"라고 말씀하고 있습니다.

다음으로 "약한 종류로되 집을 바위 사이에 짓는 사반"에 대해 말씀하고 있습니다. 사반은 바위너구리인데 토끼와도 비슷한 작은 짐승이라 합니다. 이러한 사반이 만일 들판을 무작정 돌아다니면 사자나 맹수에게 잡아먹힐 수밖에 없습니다. 그래서 사반은 바위틈 사이에 집을 짓습니다. 맹수조차 접근하지 못하는 안전한 곳에 거처를 마련하는 것입니다.

우리 그리스도인은 어디에 집을 지어야 합니까? 바로 반석 되신 예수 그리스도 안에 집을 지어야 합니다. 우리의 생각을 무너뜨리고, "예수님이 나와 함께 하신다. 예수님이 나를 붙들어 주신다"는 믿음으로 살아야 합니다.

이 그리스도의 반석 위에 집을 짓지 않으면 아무리 많은 신앙 지식을 가지고 있다 하더라도 어려움이 오면 순식간에 무너질 수밖에 없습니다. 그렇지만 이 반석 위에만 집을 지으면 어떠한 폭풍우가 오더라도 이겨내는 것입니다. 그래서 마태복음 16장 18절에는 "내가 이 반석 위에 내 교회를 세우리니 음부의 권세가 이기지 못하리라"고 말씀하십니다.

그다음은 "임금이 없으되 다 떼를 지어 나아가는 메뚜기"입니다. 중동이나 중국 서부 지역에서 메뚜기 떼가 몰려다니는 모습을 보면, 얼마나 무서운지 모릅니다. 그런데 놀랍게도 그 메뚜기 떼에는 임금, 곧 지도자가 없습니

거룩한 산 제물로 드리라

다. 그럼에도 불구하고 서로 신호를 주고받으며 함께 움직이고 떼를 지어 다닙니다.

교회도 이와 같습니다. 우리는 지금 하나님의 형상이나 예수님의 모습을 눈으로 볼 수는 없습니다. 예수님께서는 하나님 우편에서 교회의 머리로서 교회를 통치하고 계십니다. 그러나 눈에 보이지 않는다고 해서 우리가 무리에서 떨어져서는 안 됩니다. 우리는 늘 공동체 안에 있어야만 합니다. 이무리에서 떨어지는 순간, 즉 교회 공동체를 벗어나는 순간에는 사탄의 먹잇감이 되기 가장 쉬운 상태가 되는 것입니다.

그렇기 때문에 우리는 메뚜기처럼 연약해 보일 수 있지만 거룩한 공동체의 무리인 교회와 함께 인생을 걸어가야 합니다.

신앙은 지식만으로 되는 것이 아닙니다. 지식은 혼자서 쌓을 수 있지만 공동체 안에 들어오지 않으면 자기 부인을 할 수 없습니다. 자기 부인은 결코 혼자서는 되지 않습니다.

요즘 "가나안 성도"라는 표현을 자주 씁니다. "가나안" 성도를 거꾸로 읽으면 "안 나가"가 됩니다. 즉 교회를 나가지 않고 혼자서 예배를 드리겠다는 성도를 말합니다. 특히 코로나 사태 이후로 너무나 많아졌습니다. 예전에는 주일 아침에 일찍 일어나서 교회에 가기 위해 준비하고 움직여야 했지만, 지금은 늦게 일어나 유튜브로 설교를 듣고 점심은 배달시켜 먹으며 하루를 보냅니다. 육체가 편안하니 굳이 교회생활을 하려고 하지 않는 것입니다. 그런 생활 속에서는 자기 부인이 일어날 수 없습니다.

교회는 본질적으로 죄인들이 모이는 곳입니다. 그런데 그 죄인들이 모인 자리에서 우리는 예수님의 보혈로 말미암아 은혜로 구원을 받았지만, 자기 부인이 되기까지는 여전히 육체의 본성이 나오기 때문에 형제자매를 가시처럼 서로를 찌르게 됩니다. 그 가운데서 우리는 자기 부인을 경험하게 되는 것입니다.

교회는 그런 곳입니다. 그래서 그리스도인은 반드시 공동체 안에 있어야 합니다. 공동체 안에서 자기 부인이 일어나야만 예수 그리스도께서 반석이 되시고 그 위에서 성령의 열매들이 맺히게 되는 것입니다.

다음으로 잠언 30장 28절에 보면, "손에 잡힐 만하여도 왕궁에 있는 도마뱀이니라"고 되어 있습니다. 고린도전서 1장 27절에 보면 고린도 교회에 속한 형제자매들 역시 대부분 연약한 자들이었습니다. 학벌도 없고, 재력도 없고, 세상적으로 내세울 것 없는 이들이었습니다. 고린도 지방은 매우 부유한 지역이었는데, 그 가운데 약한 자들만 모여서 교회가 이루어졌습니다.

이처럼 우리는 모두 연약한 존재이지만 마음 안에서는 이미 하늘나라 왕궁, 곧 하나님 나라를 사모하는 백성들입니다. 우리가 그런 삶을 살아갈 때 하나님께서 우리를 향해 "너희가 참 지혜롭다"고 말씀하시는 것입니다.

결국 교회의 공동체란, 세상으로부터 불러냄을 받아 모인 자들의 모임입니다. 그런데 이 교회는 약한 자들이 모인 곳입니다. 그렇기 때문에 우리는 하나님을 의지해야만 참된 강함을 얻게 됩니다. 이러한 상태에 이르지 않고 지식만 쌓게 되면 교만해질 수밖에 없습니다. 결국 형제자매를 판단하고, 듣기 좋은 설교만 찾아다니면서 정작 자기 부인은 이루어지지 않습니다.

거룩한 산 제물로 드리라

그러므로 우리는 반드시 공동체 안에 있어야 합니다. 때로는 마음에 들지 않는 사람들이 내 옆에 있을 수도 있습니다. 그러나 그들과 부딪히고, 그들을 위해 기도하면서, 그 가운데 내 참모습을 발견하는 과정에서 자기 부인이 일어나는 것입니다.

이스라엘과 교회의 관계-예표와 실체

이제 우리가 교회라는 공동체는 함께 모여 살아가야 한다는 사실을 알게 되었습니다. 그런데 그렇다면 교회는 과연 어떤 모습으로 세워졌는지, 그 정체성을 알아야 합니다. 교회의 정체성을 바로 알 때, 우리는 진정한 하나가 될 수 있습니다.

사람이 모여 사는 곳에는 언제나 냄새가 날 수밖에 없습니다. 이스라엘 백성이 강한 선민의식을 가질 수 있었던 이유는 자신들이 아브라함의 자손, 곧 하나님께서 택하신 민족이라는 고유한 정체성을 분명히 갖고 있었기 때문입니다.

이러한 자의식이 있었기 때문에 세계 어느 곳에 흩어져 있어도 유대인들은 서로 회당을 세우고 돕고 연대하면서 살았습니다. 그래서 그들은 미국 사회 내에서 극소수에 불과하지만, 미국 경제를 좌우할 수 있을 정도로 강한 영향력을 갖게 되었습니다. 바로 이 "택한 민족"이라는 의식 때문입니다.

우리 교회도 마찬가지입니다. 교회의 본질을 제대로 알지 못하면 그저 예배당에 앉아 있는 것으로 만족하며 신앙생활을 하는 사람처럼 되어버립니다. 그러나 그 본질을 정확히 알고 나면 우리는 형제자매를 진심으로 사랑할 수 있게 됩니다.

이제 구약성경을 바탕으로 교회가 어떤 정체성을 가진 공동체인지 설명드리겠습니다. 이스라엘 백성은 어떤 약속을 따라 구원을 받았습니까? 바로 하나님께서 아브라함과 맺으신 언약 때문입니다. 그 언약에 따라 이스라엘 백성은 애굽에서 종살이하던 중에 "건짐"을 받았습니다.

그렇다면 우리는 어떤 약속으로 인해 구원을 받았습니까? 하나님은 창세기 3장 15절에서 여자의 후손에 대한 언약을 주셨고, 그 언약이 아브라함의 자손을 통해 구체화되었습니다. 그 약속을 성취하신 분이 바로 예수 그리스도이십니다.

따라서 구약의 이스라엘 백성은 육체적인 모양으로 보여주신 하나님의 백성이었다면 신약의 교회는 동일한 언약 아래에서 믿음으로 모인 하나님의 백성입니다. 본질은 같은 것입니다. 하나님께서 불러내신 백성이라는 점에서 동일합니다.

이스라엘 백성은 애굽에서 400년 동안 종살이를 했습니다. 하나님께서 그들을 불러내셨습니다. 그렇다면 오늘날 우리는 어디서 불러내심을 받았습니까? 우리는 죄와 육체의 종살이에서 "불러냄"을 받았습니다. 구약의 이스라엘 백성이 애굽에서 종살이했던 것처럼, 우리는 이 세상과 공중 권세 잡은 자에게 우리의 모든 에너지를 쏟아가며 살았던 종살이 상태에서 하나님께서 우리를 불러내신 것입니다. 이것이 바로 "에클레시아", 곧 "불러낸 자들의 모임"이라는 교회의 의미입니다. 그래서 우리는 이스라엘 백성처럼 하나님께서 택하시고 불러냄을 받은 존재라는 사실을 기억해야 합니다.

거룩한 산 제물로 드리라

그렇다면 하나님께서 그들을 불러내실 때 애굽에 어떤 심판을 내리셨습니까? 열 가지 재앙 중 마지막 심판은 모든 장자를 죽이는 것이었습니다. 사람과 짐승을 막론하고 장자는 힘의 근원이자 생명의 시작이기에 이것은 실로 모든 것에 대한 사망의 심판이었습니다.

그러나 이스라엘 백성은 어떻게 살아남았습니까? 유월절(Pass-Over)에 어린 양을 잡아 그 피를 문인방과 좌우 문설주에 바르고 그 안에서 기다리고 있었기 때문에 죽음이 그 피를 보고 넘어가서 살아남을 수 있었습니다.

그렇다면 오늘날 교회는 어떻게 구원을 받았습니까? 바로 하나님의 어린 양이신 예수 그리스도의 피로 말미암아 구원을 받은 것입니다. 그래서 고린도전서 5장 7절에서는 "우리의 유월절 양 곧 그리스도께서 희생되셨느니라"라고 기록되어 있습니다.

구약에서는 그 피를 문인방과 좌우 문설주에 발랐지만, 오늘날 우리는 그 피를 마음 판에 바릅니다. 마음판에 피를 바른다는 것은 무엇을 의미합니까? 내가 죽을 수밖에 없는 존재이며 심판받아 마땅한 자라는 사실을 깊이 인식하는 것입니다. 그때 "이 죄에서 누가 나를 구원할 수 있을까?"라는 갈망이 생기고, 그때 비로소 예수님의 보혈이 내 마음에 발라지는 것입니다. 그러므로 이것 역시 동일한 구조입니다.

그리고 유월절 어린 양의 피로 이스라엘 백성이 심판을 뛰어넘은 후에 홍해를 건넙니다. 그래서 사도 바울은 고린도전서 10장 2절에서 "모세에게 속하여 다 구름과 바다에서 세례를 받고"라고 말하고 있습니다. 이것은 바로 오늘날의 세례인 것입니다. 로마서 6장 4절에서는 "우리가 그의 죽으심과 합하여 세례를 받음으로 그와 함께 장사되었나니…"라고 표현하고 있습니다. 그러므로 구약의 모든 사건은 결국 오늘날의 교회를 보여주는 예표인 것입니다.

그다음, 이스라엘 백성이 홍해를 건너고 나서 처음 만난 오아시스는 마라의 쓴 물입니다. 하나님께서는 이스라엘 백성을 홍해에서 구출하셨지만 곧바로 가나안 땅으로 인도하지 않으셨습니다. 대신 광야의 여정을 통해서 그들을 훈련하셨습니다. 먼저 출애굽기 15장의 마라의 쓴 물을 통해 그들이 세상에서 좋아하던 것들을 다 토해내도록 하셨습니다. 그 쓴 물의 경험을 통해 자신의 육체적 본성과 세속적인 것들을 뱉어내야만 온전한 치유가 일어날 수 있기 때문입니다.

마라의 물이 쓰게 된 이유는 그 지역에 약초가 풍부했기 때문입니다. 하나님께서는 애굽에서 살던 육체적 삶 속에 쌓인 모든 질병과 상처를 씻어 주시기 위해 그 장소로 인도하셨습니다. 그런데 이 쓴 물을 받고 이스라엘 백성에게서 불평과 불만이 터져 나왔습니다. 하나님께서 그곳으로 인도하신 이유는 바로 그 불평과 불만을 토해내게 하시기 위함이었습니다.

오늘날 그리스도인도 마찬가지입니다. 구원을 받은 후 "이제는 모든 게 잘되겠지"라는 기대는 하나님을 향한 참된 신앙이 아니라 우상적인 기대일 수 있습니다. 하나님을 진정으로 만나게 되면 오히려 우리 안에 감춰졌던 더러운 것들이 드러나게 됩니다. 그래야 비로소 우리가 그것을 버릴 수 있기 때문입니다.

이 마라의 쓴 물의 체험을 거친 다음 하나님께서는 출애굽기 15장 27절에 기록된 바와 같이 그들을 엘림이라는 오아시스로 인도하셨습니다. 하나님은 우리 인생의 연약함을 아십니다. 그래서 엘림에서 쉼을 주시고 새로운 힘을 공급해 주시는 것입니다. 그리스도인은 하나님 앞에서 회개하고 기도하며, 말씀 가운데서 힘을 얻고 쉼을 통해 다시 걸어가는 존재입니다.

이처럼 구약의 역사는 신약의 교회 역사와 동일한 흐름을 가지고 있습니다. 그래서 구약성경을 읽으면, 교회의 모습이 계속해서 보입니다. "아, 이렇게 살아야 하는구나."하는 것을 깨닫게 됩니다.

그리고 하나님께서는 출애굽기 16장에서 기록된 바와 같이 이스라엘 백성에게 하늘의 만나를 내려주셨습니다. 이는 오늘날 우리가 매일 하나님 앞에서 말씀과 기도를 통해 영적인 생명을 공급받아야만 살 수 있다는 것을 보여주시는 것입니다.

그렇게 만나를 먹으며 여정을 이어가던 이스라엘 백성이 도착한 곳은 출애굽기 19장에 기록된 시내산입니다. 그곳은 이스라엘 백성이 하나님으로부터 율법을 받는 거룩한 장소였습니다. 이제 하나님은 그들에게 말씀하십니다. "너희가 거룩한 백성으로서 율법을 지켜라." 그래서 하나님께서는 십계명과 율례를 주셨습니다.

오늘날에는 그 율법을 바로 우리 마음판에 새기십니다. 이것은 단순히 "도둑질하지 마라", "살인하지 말라" 하는 외적인 명령이 아닙니다. 내 마음 안에서 "하나님께서 이렇게 나를 사랑하셨는데, 내가 여전히 세상적인 욕심에 이끌려 헛되이 살아간다면 과연 하나님의 성령이 얼마나 근심하겠는가?"라는 자각을 통하여 새겨지는 것입니다. 이것이 바로 거룩한 백성의 자세이며 하나님께서 우리의 마음판에 새겨 주시는 율법의 본질입니다.

한편, 율례에는 성막과 제사제도가 있습니다. 이러한 제도를 통하여 이스라엘 백성이 제사 중심의 삶을 살아가도록 하셨습니다. 이것이 바로 예배 중심의 오늘날의 삶인 것입니다.

제사 지낼 때 드리는 제물을 히브리어로 "고르반"입니다. 고르반은 하나님께 가까이 나아가는 길입니다. 즉 제물은 하나님께 가까이 가는 방편인 것입니다. 이스라엘 백성은 하나님께 나아가기 위해 속죄제물, 화목제물 등 여러 제사를 드리면서 자기를 부인하고 겸손히 하나님 앞에 나아가 경배하였습니다.

오늘날 우리도 마찬가지입니다. 우리는 늘 예수 그리스도의 보혈을 의지하여 나아갑니다. 우리가 허물이 있다 하더라도 "하나님, 제게 이런 허물이 있습니다. 그러나 저는 예수 그리스도의 피를 담대하게 의지하여 주님 앞에 나아왔습니다. 이 허물들도 주님의 피로 정결케 하셔서 막힌 담을 허물어 주시고 제게 온전한 믿음을 주시며 말씀하여 주옵소서." 이렇게 고백하며 나아가는 것이 바로 예배인 것입니다. 이처럼 구약의 율법은 오늘날 교회와 계속해서 긴밀하게 연결되어 있는 것입니다.

그런 다음, 이스라엘 백성은 요단강을 건너 가나안 땅으로 들어갑니다. 그들은 홍해도 한 번 건넜고, 요단강도 건넙니다. 홍해는 죄에서 건짐받은 사건이라면 요단강은 다른 의미를 지닙니다. 가나안 땅은 단순히 들어가기만 하면 천국이 되는 곳이 아닙니다. 이미 그곳에는 일곱 족속이라는 강력한 원주민들이 살고 있었습니다.

오늘날 구원받은 그리스도인도 마찬가지입니다. 단지 예수님을 영접하고 성령이 내 안에 오셨다고 해서 이후로는 아무 걱정도 없이 평안하게 살 것이라는 생각은 잘못된 것입니다. 요단강을 건넌다는 것은 이제부터 믿음의

거룩한 산 제물로 드리라

전쟁을 시작하겠다는 결단을 의미합니다. 요단강을 건너야 비로소 가나안 땅을 정복할 수 있는 것입니다.

우리 그리스도인 안에는 어떤 전쟁이 있습니까? 바로 육체의 소욕과 성령의 소욕 사이의 끊임없는 전쟁입니다. 우리 마음은 늘 그 전쟁터입니다. 그렇기 때문에 이 전쟁에서 승리하려면 반드시 "이제 나는 믿음으로 나아가겠습니다"라는 결단이 필요합니다. 그것이 바로 요단강을 건너는 것입니다. 이를 두고 갈라디아서 5장 17절은 "육체의 소욕은 성령을 거스르고 성령은 육체를 거스르나니 이 둘이 서로 대적함으로 너희가 원하는 것을 하지 못하게 하려 함이니라"라고 말씀하고 있습니다.

가나안 땅을 정복한 이스라엘 백성이 처음 세운 왕은 사울입니다. 그들은 자기들 보기에 좋은 사람을 왕으로 세웠습니다. 오늘날도 많은 그리스도인들이 교회에 나올 때 모두가 하나님을 섬길 것 같지만 실상은 그들의 눈에 보기에 좋은 화려한 교회, 교회에서의 권세를 여전히 추구합니다. 그러나 하나님께서는 그런 사울의 왕국을 무너뜨리시고, 볼품없고 연약한 다윗을 왕으로 세우셨습니다. 이것은 예수 그리스도께서 우리 마음의 왕이 되시는 것을 보여주는 것입니다.

그런 다음 하나님께서는 이스라엘 백성에게 계속해서 선지자들을 보내셨습니다. "너희는 율례를 지켜야 한다. 그렇지 않으면 망할 것이다." 끊임없이 경고하신 것입니다.

오늘날 하나님께서는 말씀과 설교, 징계를 통하여 계속해서 우리를 책망하고 있습니다. 이스라엘 백성이 말씀을 떠나서 우상숭배로 나아갔을 때, 그들이 하나님으로부터 어떤 징계를 받고 고통을 겪었는지를 성경은 보여줍니다. 그래서 요한계시록 3장 19절부터 20절은 "무릇 내가 사랑하는 자를 책망하여 징계하노니 그러므로 네가 열심을 내라 회개하라 볼지어다 내가 문 밖에 서서 두드리노니 누구든지 내 음성을 듣고 문을 열면 내가 그에게로 들어가 그와 더불어 먹고 그는 나와 더불어 먹으리라"라고 기록되어 있습니다.

우리가 육체의 소욕을 따라가면, 우리의 눈만 커지고 하나님이 보이지 않게 됩니다. 마음이 다르면 하나님과 함께 걸어갈 수 없습니다. 그렇기에 주님은 지금도 우리 마음 문을 두드리시며 말씀하시는 것입니다. 그렇게 하나님께서는 우리 마음 가운데 율법을 상기시키시고 사랑을 부어주시며, "너는 나와 동행하자. 너희는 거룩한 삶을 살아야 한다"고 말씀하시며 우리를 이끌어 가십니다.

결국 신약의 백성인 우리는 신약성경을 통해 하나님의 뜻과 그분의 전반적인 구속 계획을 먼저 바라보고, 다시 구약을 돌아보면서 하나님이 우리에게 지금 무엇을 원하시는지를 그 사랑 안에서 깨달아 가야 하는 것입니다.

거룩한 산 제물로서의 삶

이제 로마서로 다시 돌아가겠습니다. 로마서 12장 1절~2절 말씀입니다.

> [1]그러므로 형제들아 내가 하나님의 모든 자비하심으로 너희를 권하노니 너희 몸을 하나님이 기뻐하시는 거룩한 산 제물로 드리라 이는 너희가 드릴 영적 예배니라 [2]너희는 이 세대를 본받지 말고 오직 마음을 새롭게 함으로 변화를 받아 하나님의 선하시고 기뻐하시고 온전하신 뜻이 무엇인지 분별하도록 하라

거룩한 산 제물로 드리라

우리는 거룩한 산 제물입니다. 제물은 죽어야만 제물이 되는데 우리는 살아 있는 상태로 제물이 된 것입니다. 살아 있으나 제물이 되었기에 우리의 온몸을 하나님 앞에 순종으로 드려야 합니다. 그렇기 때문에 우리는 이 거룩한 산 제물로 하나님께 나아가려면 하나님께서 나를 얼마나 사랑하셨는지를 끊임없이 묵상해야 합니다.

우리가 어떠한 어려움 가운데 있을지라도 십자가 앞에 나아가 무릎 꿇으라는 말이 무엇입니까? 십자가를 보면 하나님이 나를 어떻게 사랑하셨는지가 보입니다. 그 사랑으로 인해 지금 내가 세워졌음을 알게 됩니다. 그렇기에 이렇게 살아서는 안 되겠다는 마음이 생기는 것입니다.

"하나님이 우리를 위하시면 누가 우리를 대적하겠습니까?" 하며, 자기 자신을 쳐서 복종시키고 무너뜨린 다음에 계속해서 하나님이 기뻐하시는 일을 해 나가는 것입니다. 이것이 마음이 새롭게 되는 것입니다. 예수님께서도 거룩한 산 제물이 되셨습니다. 예수님은 하나님의 대제사장이셨지만 온 인류를 위한 속죄제물이 되셨습니다.

우리도 그렇습니다. 지금 이 세상을 바라보면 마치 엘리야 시대와 같습니다. "하나님, 이런 세상에서 누가 구원받겠습니까? 밤마다 술 마시고 방탕한 세상인데 누가 주님을 찾겠습니까?" 하고 절망할 수 있습니다. 그러나 하나님께서는 "내가 바알에게 무릎 꿇지 아니한 칠천 명을 남겨 두었다"고 하신 것처럼 추수할 많은 영혼들을 여전히 남겨 두고 계십니다.

우리도 그들처럼 연약하지만 우리 자신의 허물을 알기 때문에 오히려 그들에게 복음을 전하고 예수님께로 인도할 수 있는 것입니다. 그것이 제사장의 사명입니다.

그러나 우리가 복음을 전할 때, "예, 그러겠습니다" 하고 순종하는 사람은 거의 없습니다. 오히려 "저도 하나님 믿습니다", "성경 몇 번 읽었습니다", "저는 카톨릭 신자입니다" 같은 말들만 하기 다반사입니다. 그렇기 때문에 우리는 그들을 섬겨내야 합니다. 그 섬김이 곧 속죄제물이 되는 것입니다. 그것이 바로 내 십자가를 지는 것입니다.

예수님께서 "자기를 부인하고 자기 십자가를 지라"고 하신 말씀처럼 그들의 허물과 죄와 고통을 짊어지고 복음을 전하면서 "하나님, 저분들이 복음을 듣고 믿게 하여 주옵소서"라고 기도하는 것, 이것이 바로 우리가 드릴 거룩한 산 제물입니다. 이렇게 되기 위해서 우리는 늘 말씀을 귀하게 여기고 기도와 예배의 자리에서 자기를 던져 넣어야 될 것입니다.

교회질서의 순종함

다음은 로마서 12장 3~8절 말씀입니다.

> [3]내게 주신 은혜로 말미암아 너희 각 사람에게 말하노니 마땅히 생각할 그 이상의 생각을 품지 말고 오직 하나님께서 각 사람에게 나누어 주신 믿음의 분량대로 지혜롭게 생각하라 [4]우리가 한 몸에 많은 지체를 가졌으나 모든 지체가 같은 기능을 가진 것이 아니니 [5]이와 같이 우리 많은 사람이 그리스도 안에서 한 몸이 되어 서로 지체가 되었느니라 [6]우리에게 주신 은혜대로 받은 은사가 각각 다르니 혹 예언이면 믿음의 분수대로 [7]혹 섬기는 일이면 섬기는 일로 혹 가르치는 자면 가르치는 일로 [8]혹 위로하는 자면 위로하는 일로 구제하는 자는 성실함으로 다스리는 자는 부지런함으로 긍휼을 베푸는 자는 즐거움으로 할 것이니라

3절에서 바울은 "내게 주신 은혜로 말미암아 너희 각 사람에게 말하노니,

거룩한 산 제물로 드리라

마땅히 생각할 그 이상의 생각을 품지 말라"고 권면합니다. 헬라어 원문을 풀어보면 이는 곧 자신을 과대평가하지 말고, 교만하지 말라는 뜻입니다. 이는 공동체 안에서 자기 위치를 바르게 인식하고 겸손하라는 의미입니다. 우리가 함께 모여 공동체를 이루는 곳에는 의사 결정과 이에 따른 순종이 필요하기 때문에 반드시 지휘 체계와 질서가 있어야 합니다.

그래서 하나님께서는 교회 안에 목사도, 장로도 세우시며 공동체 안의 질서를 세우십니다. 사람에게는 허물이 있지만, 질서가 없는 것보다는 질서 있는 체계 속에서 이끌려 가는 것이 낫기 때문에 하나님이 이를 허락하신 것입니다.

그런데 이 질서가 무너질 경우 어떤 일이 일어나는지를 우리는 구약성경 민수기 12장을 통해 확인할 수 있습니다. 민수기 12장 1~2절 말씀입니다.

> [1]모세가 구스 여자를 취하였더니 그 구스 여자를 취하였으므로 미리암과 아론이 모세를 비방하니라 [2]그들이 이르되 여호와께서 모세와만 말씀하셨느냐 우리와도 말씀하지 아니하셨느냐 하매 여호와께서 이 말을 들으셨더라

모세가 이스라엘 여인이 아니라 구스 여인, 곧 에티오피아 여인과 결혼하자 그의 누이 미리암과 형 아론이 그를 비방합니다. 모세가 태어났을 때 애굽의 바로가 히브리 남자아이들을 죽이라고 했습니다. 이때 모세를 갈대 상자에 넣어 강물에 띄워 보내자 바로의 공주가 그 아이를 건져낼 때 쫓아가서 "내가 가서 당신을 위하여 히브리 여인 중에서 유모를 불러다가 이 아기에게 젖을 먹이게 하리이까" 하며 모세의 어머니를 유모로 데려온 사람이 바로 모세의 누이 미리암입니다.

그러니 미리암에게 모세는 어린 시절부터 자신이 돌본 아기로서 모세를 너무나 잘 아는 존재였습니다. 그런 모세가 이제 장성하여 이방 여인과 결혼하자, 미리암의 마음에는 서운함과 함께, "왜 하필 이스라엘 여인이 아닌 이방 여인을 택했느냐"는 마음이 일었을 것입니다. 이것이 "여호와께서 모세와만 말씀하셨느냐? 우리와도 말씀하지 아니하셨느냐?"는 비방으로 이어진 것입니다.

이것은 곧 교회 직분자들이 조심해야 할 태도입니다. "저도 하나님의 음성을 듣습니다. 목사님만 듣는 것입니까?"라는 식의 말이 나오기 시작하면, 교회의 질서가 흔들리게 됩니다.

그러나 모세가 하나님의 사람인데 결혼에 관해 하나님께 묻지 않았겠습니까? 모세는 하나님과 대면하듯 하나님과의 교제 속에서 살았습니다. 그리고 우리는 모세가 예수님의 예표라는 사실을 기억해야 합니다.

모세가 구스 여인을 아내로 맞은 것은 마치 예수님께서 "룻", "기생 라합"과 같은 이방 여인의 계보를 통해 오신 것처럼, 이방인도 하나님의 백성 안으로 불러들이신다는 상징적인 사건입니다. 모세의 결혼은 단순한 개인적인 차원을 넘어서 하나님께서 이스라엘과 이방인이 예수 안에서 하나가 되는 구속의 그림자로 우리에게 보여주신 장면입니다.

그러나 미리암은 선민의식, 즉 택한 민족이었던 이스라엘의 입장에서만 판단하며, "어떻게 네가 이스라엘 백성이 아닌 구스 여인을 아내로 맞을 수 있느냐"고 비방했습니다. 그 결과, 하나님께서는 미리암을 공동체 밖으로 내치십니다. 하나님께서 미리암을 징계하셨고 모세가 중보하였습니다.

거룩한 산 제물로 드리라

이처럼 내가 "옳다"는 판단이 내 속에 확고히 자리 잡는 순간 우리는 교회 공동체에서 멀어지게 됩니다. 겉으로는 앉아 있고 말씀을 듣는 것 같지만 그 말씀이 더 이상 마음에 들어오지 않는 것입니다. 그러므로 하나님께서는 교회에 늘 질서를 세우십니다. 이와 관련하여 히브리서 13장 17절 말씀을 함께 보겠습니다.

> [17]너희를 인도하는 자들에게 순종하고 복종하라 그들은 너희 영혼을 위하여 경성하기를 자신들이 청산할 자인 것 같이 하느니라 그들로 하여금 즐거움으로 이것을 하게 하고 근심으로 하게 하지 말라 그렇지 않으면 너희에게 유익이 없느니라

히브리서 13장 18~19절에는 이렇게 이어집니다.

> [18]우리를 위하여 기도하라 우리가 모든 일에 선하게 행하려 하므로 우리에게 선한 양심이 있는 줄을 확신하노니 [19]내가 더 속히 너희에게 돌아가기 위하여 너희가 기도하기를 더욱 원하노라

목회자가 모든 성도들의 기호에 맞는 사람이라면, 그는 목사가 되어서는 안 됩니다. 목사는 하나님께로부터 받은 말씀을 전해야 하기 때문에 성도들이 육체로 흘러갈 때에는 이를 지적해야 하며 때로는 권징도 해야 합니다. 그래서 성도들의 옳다고 생각하는 방향과는 다르게 설교나 인도를 해야 할 때도 있습니다. 만일 모든 성도가 "목사님 말씀이 다 옳습니다"라고만 한다면 오히려 그 목사는 진정한 목사로서 자격이 없는 사람일 수 있습니다. 목회자와 성도는 반드시 구별되어야 합니다.

물론 목회자도 사람이다 보니 허물이 있을 수밖에 없고 실수할 수 있습니다. 그럴 때는 기도해 주셔야 합니다. 목회자를 위해 기도해 주셔야 교회

공동체가 하나님의 뜻 안에서 온전히 세워질 수 있습니다.

그러면 어떤 분들은 이렇게 말할 수 있습니다. "목사라면 아무렇게나 살아도 되는 겁니까?" 물론 아닙니다. 만일 목회자가 하나님의 영광을 가리는 일을 하게 되면 그러한 목회자는 스스로 물러날 줄 알아야 합니다. 오늘날 교회 안에 많은 분쟁이 일어나는 이유 중 하나는 목회자가 교회를 자신의 자리를 지켜야 할 "직장"처럼 여기기 때문입니다. 직분을 내려놓아야 할 때가 있음에도 자리를 고집하니 문제가 생기는 것입니다.

뿐만 아니라 장로를 비롯한 직분자들이 "목사가 문제다"라고 지적하는 이유도 마찬가지입니다. 자신이 교회를 개척했고 세웠다는 생각에 사로잡혀, 마치 교회가 자신의 소유인 것처럼 여기는 마음이 있기 때문입니다.

하지만 교회는 하나님의 교회입니다. 우리는 시간이 지나면 교회를 떠나서 천국으로 가고, 새로운 사람들이 우리를 대신하여 이 자리를 차지하게 됩니다. 그렇기 때문에 교회는 하나님의 것입니다.

목회자들은 성도들이 시험에 들지 않도록 더욱 조심하고, 성도들은 말씀에 귀 기울이며 함께 순종하는 자세를 가져야 교회가 하나님 앞에서 은혜를 받을 수 있습니다.

성령의 은사에 대한 우리의 자세

다음으로, 로마서 12장 6절부터 8절의 말씀을 더욱 이해하기 위하여 고린도전서 12장 4절부터 7절 말씀도 같이 보도록 하겠습니다.

거룩한 산 제물로 드리라

⁴은사는 여러 가지나 성령은 같고 ⁵직분은 여러 가지나 주는 같으며 ⁶또 사역은 여러 가지나 모든 것을 모든 사람 가운데서 이루시는 하나님은 같으니 ⁷각 사람에게 성령을 나타내심은 유익하게 하려 하심이라

여기서 말하는 은사는 헬라어로 "카리스마타"로서 성령의 역사를, 직분은 "디아코니아니"로서 섬김의 예수님의 역사를, 사역은 "에네르게마타"로서 하나님의 일하심을 나타내는 것으로서 곧 삼위일체 하나님의 사역이 모두 교회를 세우는 것에 있음을 강조하고 있습니다. 그래서 하나님께서 교회에 은사를 주시는 이유는 공동체를 섬기게 하시려는 것입니다.

우리 교회만 보아도 아침 일찍 나와 청소하시는 분이 계시고, 열심히 기도하시는 분도 계십니다. 또 말씀 나눔에 힘쓰시는 분들도 계시며 특별한 은사를 받으신 분들도 계십니다.

그런데 이러한 은사를 자칫 잘못 이해하면 "내가 이런 사람이야"라고 교만해지게 되는데, 이것은 무당들이 마치 장군신을 받아서 "내가 이런 신을 섬기고 있어"라고 말하는 것과 다를 바 없습니다. 하나님께서 은사를 주신 목적은 오직 교회를 섬기게 하시기 위함입니다. 이 사실을 마음에 새겨야 합니다. 그래야 은사를 받더라도 교만하지 않고 겸손해질 수 있으며 몸의 비유를 주신 것과 같이 성도간에 서로 의존적이고 연결되어 있을 수 있는 것입니다.

교회 안에서의 형제자매와의 사랑

이제 로마서 12장 9절부터 13절을 같이 보도록 하겠습니다.

⁹사랑에는 거짓이 없나니 악을 미워하고 선에 속하라 ¹⁰형제를 사랑하여 서로 우애하고 존경하기를 서로 먼저 하며 ¹¹부지런하여 게으르지 말고 열심을 품고 주를 섬기라 ¹²소망 중에 즐거워하며 환난 중에 참으며 기도에 항상 힘쓰라 ¹³성도들의 쓸 것을 공급하며 손 대접하기를 힘쓰라

이 말씀은 말로는 쉽지만 행하는 데는 결코 쉽지 않습니다. 우리가 이 말씀대로 살지 못하기에 하나님께서 이렇게 명하시는 것입니다. 그러므로 이 말씀이 실현되기 위해서는 먼저 형제자매를 바라보는 우리의 시각이 변화되어야 합니다.

레위기 19장 9절부터 10절을 보면 "곡물을 거둘 때에 너는 밭 모퉁이까지 다 거두지 말고 네 떨어진 이삭도 줍지 말며…너는 그것들을 가난한 자와 나그네를 위하여 버려두라 나는 너희 하나님 여호와니라"라는 말씀이 있습니다. 그리고 출애굽기 23장 4절부터 5절을 보면 "네 원수의 길 잃은 소나 나귀를 보거든 반드시 그 사람에게 돌릴지며 네가 너를 미워하는 자의 나귀가 짐을 싣고 엎드러짐을 보거든 그것을 버려두지 말고 반드시 그것을 도와 그 짐을 풀지니라"라고 기록하고 있습니다.

구약성경에서 위와 같은 공동체의 삶을 강조한 것은 그들은 모두 아브라함의 언약에 따라 선택된 백성으로서 한 민족이고 사랑을 베풀어 줌으로써 하나님의 성품이 사랑임을 드러내어서 하나님이 영광을 받도록 하기 위함입니다.

마태복음 25장 31절부터 40절을 같이 보도록 하겠습니다.

³¹인자가 자기 영광으로 모든 천사와 함께 올 때에 자기 영광의 보좌에 앉으

거룩한 산 제물로 드리라

리니 ³²모든 민족을 그 앞에 모으고 각각 구분하기를 목자가 양과 염소를 구분하는 것 같이 하여 ³³양은 그 오른편에 염소는 왼편에 두리라 ³⁴그 때에 임금이 그 오른편에 있는 자들에게 이르시되 내 아버지께 복 받을 자들이여 나아와 창세로부터 너희를 위하여 예비된 나라를 상속받으라 ³⁵내가 주릴 때에 너희가 먹을 것을 주었고 목마를 때에 마시게 하였고 나그네 되었을 때에 영접하였고 ³⁶헐벗었을 때에 옷을 입혔고 병들었을 때에 돌보았고 옥에 갇혔을 때에 와서 보았느니라 ³⁷이에 의인들이 대답하여 이르되 주여 우리가 어느 때에 주께서 주리신 것을 보고 음식을 대접하였으며 목마르신 것을 보고 마시게 하였나이까 ³⁸어느 때에 나그네 되신 것을 보고 영접하였으며 헐벗으신 것을 보고 옷 입혔나이까 ³⁹어느 때에 병드신 것이나 옥에 갇히신 것을 보고 가서 뵈었나이까 하리니 ⁴⁰임금이 대답하여 이르시되 내가 진실로 너희에게 이르노니 너희가 여기 내 형제 중에 지극히 작은 자 하나에게 한 것이 곧 내게 한 것이니라 하시고

이 말씀을 보면 하나님은 우리가 형제자매를 돕는 것을 하나님을 직접적으로 돕는 것이라고 표현하고 있습니다. 이러한 말씀을 깊이 묵상하여 보면 하나님께서 이러한 형제자매들을 둠으로써 하나님의 사랑을 알고 실천할 수 있도록 이끌어 주신다는 것도 우리가 알 수 있습니다. 즉 하나님께서는 우리에게 "너희는 사랑의 공동체요, 나의 피로 구속받은 형제자매다"라는 사실을 마음에 새기게 하십니다. 이 마음이 깊이 새겨질 때 억지로가 아닌 참된 사랑이 자연스럽게 흘러나오게 됩니다.

우리는 모두 예수 그리스도의 보혈로 말미암아 하나가 된 형제자매입니다. 그 은혜로 말미암아 하나 된 사람들입니다. 이 사실을 알고 깨달으면 한 아버지 아래 있는 형제자매가 얼마나 귀한 존재인지 자연히 알게 됩니다. 이러한 시각으로 형제자매를 바라볼 때 비로소 사랑이 흘러나올 수 있습니다.

마치 이스라엘 백성이 택한 민족으로서 공동의 유대관계를 통하여 하나가 되었던 것처럼 교회는 예수 그리스도의 보배로운 피로 사신 바 된 형제자매들이기에 우리는 형제자매를 사랑으로 바라보아야 하는 것입니다. 그러므로 지금 옆에 계신 형제자매들을 바라보시길 바랍니다. 모두가 귀한 분들입니다. 진실로 귀한 분들이며 하나님께서 우리 공동체 안에 함께 하도록 두신 분들입니다. 지금 하나님께서 우리에게 원하시는 삶은 바로 공동체 안에서 사랑으로 예배드리는 모습인 것입니다.

세상과의 화평

다음은 로마서 12장 14절부터 18절입니다.

> [14]너희를 박해하는 자를 축복하라 축복하고 저주하지 말라 [15]즐거워하는 자들과 함께 즐거워하고 우는 자들과 함께 울라 [16]서로 마음을 같이하며 높은 데 마음을 두지 말고 낮은 데 처하며 스스로 지혜 있는 체하지 말라 [17]아무에게도 악으로 악을 갚지 말고 모든 사람 앞에서 선한 일을 도모하라 [18]할 수 있거든 너희로서는 모든 사람과 더불어 화목하라

말씀은 이렇게 선포되어 있지만 우리의 현실을 돌아보면 우리가 살아가는 방식과는 거리가 있습니다. 예를 들어 "너희를 박해하는 자를 축복하라"고 하셨지만 우리는 대개 박해하는 자를 저주하게 됩니다.

또 "즐거워하는 자들과 함께 즐거워하고, 우는 자들과 함께 울라"고 하셨지만 인간의 본성은 그렇게 움직이지 않습니다. 즐거워하는 자들과 함께 겉으로는 웃지만, 속으로는 질투와 시기가 가득할 때가 있습니다. 그리고 우는 자들이 있으면 안타까워하며 위로하지만, 속으로는 은근히 기뻐하는 경우도 있습니다.

거룩한 산 제물로 드리라

"서로 마음을 같이 하며 높은 데 마음을 두지 말라"고 하셨습니다. 그런데 현실에서는 두 사람만 모여도 서로 선생이 되어서 가르치려고 들고 자신의 생각이 항상 옳다고 주장하기 쉽습니다.

또 "낮은 데 처하며 스스로 지혜 있는 체하지 말라"고 하셨지만, 우리는 조금만 아는 이야기를 가지고도 마치 세상을 다 아는 것처럼 말할 때가 많습니다. 이처럼 우리는 끊임없이 얕은 자신의 지혜와 의견을 과장하며 드러내며 살아갑니다.

"아무에게도 악을 악으로 갚지 말고 모든 사람 앞에서 선한 일을 도모하라"고 말씀하셨지만, 우리는 누군가 나에게 악하게 대하면, 일곱 배로 갚아주고 싶어 합니다. "내게 어떻게 이럴 수 있느냐"며 감정이 앞서고, 선한 일조차도 내 가족이나 가까운 사람에게만 하려고 합니다. 요즘은 심지어 가족 간에도 그마저도 잘 하지 않으려 합니다.

그야말로 우리는 말씀과는 정반대로 살아가는 존재입니다. "할 수 있거든 너희로서는 모든 사람과 더불어 화목하라"는 이 말씀이 들리십니까? 현실에서는 조금만 마음이 안 맞아도 관계를 끊어버립니다. 그것이 우리의 인생입니다.

그렇다면 이러한 현실을 어떻게 극복할 수 있겠습니까? 이는 로마서 12장 19~21절을 통해서 확인해 보겠습니다.

> [19]내 사랑하는 자들아 너희가 친히 원수를 갚지 말고 진노하심에 맡기라 기록되었으되 원수 갚는 것이 내게 있으니 내가 갚으리라고 주께서 말씀하시니라 [20]그러므로 네 원수가 주리거든 먹이고 목마르거든 마시게 하라 그리함으로 네가 숯

불을 그 머리에 쌓아 놓으리라 ²¹악에게 지지 말고 선으로 악을 이기라

이 말씀을 자칫 오해하면, 이렇게 기도하게 됩니다. "하나님, 저를 괴롭히는 저 사람 주님도 아시지요? 주님 손에 맡기라고 하셨으니 심판해 주십시오." 그런데 이런 마음으로 주님의 손에 맡긴다면 그 마음속에는 이미 미움이 자리 잡고 있습니다. 이러한 미움은 하나님의 사랑과 함께 할 수 없습니다.

여기서 "내가 숯불을 그 머리에 쌓아 놓으리라"는 말씀은 당시 고대 애굽이나 중동 지역의 풍습에서 비롯된 표현입니다. 어떤 사람이 죄를 지었음에도 그 사람을 용서를 하여 준 경우에는 죄를 지은 사람이 회개의 표시로 머리에 숯불을 이고 다니며 "내가 이런 죄를 지었습니다"라고 공개적으로 고백하였다고 합니다.

이는 곧 하나님의 진노가 머리 위에 있다는 의미이며, 그것을 자기가 자백하고 회개함으로써 그 진노를 누그러뜨리려 했던 것입니다.

그러므로 우리가 기도할 때에는 "하나님, 진노를 맡겨 놓습니다"라고만 하지 말고 더 나아가 원수를 사랑으로 껴안아야 합니다. 그럴 때 상대는 '나는 분명히 저 사람에게 악을 행했는데, 저 사람이 나를 받아주네?' 하며 마음의 양심이 찔리게 됩니다. 그 찔림이 회개의 기회가 되며 그 사람이 변화될 수 있는 가능성이 열리게 됩니다. 이 말씀은 바로 그 점을 강조하는 것입니다.

숯이라는 것은 본래 정결하게 하는 기능이 있습니다. 이 숯불이 상대의 양심을 깨우고 하나님 앞에 바로 설 수 있도록 돕는 도구가 되는 것입니다.

거룩한 산 제물로 드리라

이처럼 내가 누군가를 용서하고 받아들이는 것은 우리의 노력의 결과가 아니라 자기중심적인 삶을 포기하고 하나님의 긍휼하심에 머물러야만 되는 것입니다. 이는 성령이 주시는 사랑의 능력으로 자기 십자가를 지고 예수님을 따르는 삶인 것입니다.

그래서 마태복음 5장 44절부터 55절에서는 "나는 너희에게 이르노니 너희 원수를 사랑하며 너희를 박해하는 자를 위하여 기도하라 이같이 한즉 하늘에 계신 너희 아버지의 아들이 되리니 이는 하나님이 그 해를 악인과 선인에게 비추시며 비를 의로운 자와 불의한 자에게 내려주심이라"라고 말씀하고 있습니다.

손양원 목사님의 삶을 떠올려 보십시오. 그의 두 아들 동인과 동신을 강철민이라는 사람이 죽였습니다. 두 아들이 목사님께 얼마나 귀한 존재였겠습니까? 그러나 손양원 목사님은 그 강철민을 원수로 대하지 않으셨습니다. 오히려 그를 껴안아 양자로 삼으셨고, 이름도 안재선으로 바꾸어 주셨습니다.

안재선은 이후에 손양원 목사님을 따라 다니며 사역도 하였습니다. 그리고 안재선의 아들이 안경선 목사인데, 지금은 손양원 목사님을 기념하기 위해서 헌신하고 있을 뿐만 아니라 손양원 목사님이 나병 환자들을 돌보셨던 것처럼 나병 환자들을 돌보는 사역을 하고 있다고 들었습니다.

손양원 목사님께서는 열 번을 죽여도 마음이 풀리지 않을 것 같던 원수 안재선을 껴안고 진심으로 품으신 것입니다. 그렇게 껴안아 주니 안재선은 "내가 이런 사람이었구나" 하며 깊이 회개하게 되었고 복음을 받아들이게 되었으며 그의 아들에게도 생명의 복음이 전해지게 되었습니다.

이처럼 우리 교회는 세상과는 구별된 특별한 공동체입니다. 세상과 다른 가치를 따르기 때문에 특별한 것입니다. 이러한 삶을 살아갈 수 있는 힘은 오직 하나님의 끊을 수 없는 사랑을 깊이 묵상할 때 생깁니다. 하나님의 우리를 향한 사랑을 깊이 묵상할수록 우리 안에 성령의 충만함이 일어나고, "하나님께서 이렇게 나를 사랑하셨는데, 나도 복음을 전해야지. 나도 저 사람을 품어야지."라는 마음이 생기는 것입니다.

우리는 언제 하나님 앞에 설지 모르는 존재입니다. 그렇기에 날마다 하나님을 바라보며 서로를 사랑하며 살아가야 합니다. 그래야만 하나님의 사랑이 온 세상에 증거되는 삶을 살 수 있는 것입니다. 아멘!

사랑은 율법의 완성이니라

로마서 13장 1절부터 7절까지 읽겠습니다.

> ¹각 사람은 위에 있는 권세들에게 복종하라 권세는 하나님으로부터 나지 않음이 없나니 모든 권세는 다 하나님께서 정하신 바라 ²그러므로 권세를 거스르는 자는 하나님의 명을 거스름이니 거스르는 자들은 심판을 자취하리라 ³다스리는 자들은 선한 일에 대하여 두려움이 되지 않고 악한 일에 대하여 되나니 네가 권세를 두려워하지 아니하려느냐 선을 행하라 그리하면 그에게 칭찬을 받으리라 ⁴그는 하나님의 사역자가 되어 네게 선을 베푸[1]느니라 그러나 네가 악을 행하거든 두려워하라 그가 공연히 칼을 가지지 아니하였으니 곧 하나님의 사역자가 되어 악을 행하는 자에게 진노하심을 따라 보응하는 자니라 ⁵그러므로 복종하지 아니할 수 없으니 진노 때문에 할 것이 아니라 양심을 따라 할 것이라 ⁶너희가 조세를 바치는 것도 이로 말미암음이라 그들이 하나님의 일꾼이 되어 바로 이 일에 항상 힘쓰느니라 ⁷모든 자에게 줄 것을 주되 조세를 받을 자에게 조세를 바치고 관세를 받을 자에게 관세를 바치고 두려워할 자를 두려워하며 존경할 자를 존경하라

우리는 지난 시간까지 로마서 11장까지의 말씀을 통해 복음에 대해 살펴보았고, 12장부터는 그리스도인이 이 사랑 가운데서 어떻게 살아가야 하는지를 다루기 시작했습니다.

교회란 무엇입니까? "에클레시아"라는 말처럼, 세상에 속해 있던 사람들 가운데 하나님께서 택하신 백성을 불러내어 거룩한 무리로 세우시고, 공동체로서 살아가도록 하신 것이 바로 교회입니다.

이 교회는 예수님께서 그 보혈로 값 주고 사신 것이므로, 우리는 사랑 안에서 서로 섬기며 살아야 합니다. 우리는 또한 교회에 주신 권세에 대해서도 살펴보았습니다.

오늘은 이 교회가 비록 하나님께서 세상에서 불러내신 공동체이지만, 예수님께서 다시 오시는 그 날까지는 여전히 세상 속에서 살아야 하기에 교회가 세상과 어떤 관계를 맺으며 살아가야 하는지를 먼저 말씀해 주십니다.

세상 권세의 기원

로마서 13장 1절을 보면 "각 사람은 위에 있는 권세들에게 복종하라"고 하였습니다. "권세는 하나님으로부터 나지 않음이 없나니 모든 권세는 하나님께서 정하신 바라"고 하셨습니다. 이 말씀은 국가를 비롯한 모든 권세가 하나님께서 정하신 것임을 뜻합니다.

인류의 역사를 돌아보면, 인류는 어느 곳이든 큰 집단을 이루면 반드시 법을 만들고 이를 집행하여 왔습니다. 고대의 함무라비 법전도 모세가 하나님께 직접 율법을 받기 이전에 만들어졌습니다. 하나님은 인간에게 다른 동물들과는 비교되는 고도의 이성을 주셨습니다. 하나님은 인간이 그 이성을 통해 국가도 세우고 공동체가 질서 있게 살아갈 수 있도록 법도 허락하셨습니다.

이렇게 인류는 문화를 형성해 나갔습니다. 그리고 이 문화를 통하여 하나님께서는 누구를 불러내십니까? 문화 속에서의 기록된 말씀을 통해 하나님은 택하신 백성을 불러내시고 계시는 것입니다. 이 모든 것은 하나님께서 택하신 자들을 이 땅에서 불러내시기 위해 허락하신 섭리입니다.

사랑은 율법의 완성이니라

그러므로 마지막 심판 때가 되면 이 땅은 새 하늘과 새 땅이 임하게 됩니다. 하나님께서 구원받은 자들을 불러내시는 이 일을 우리는 "특별은혜"라고 부르고 있다는 것을 로마서의 처음 부분에서 살펴본 바 있습니다.

그런데 하나님께서는 이 세상이 질서 있게 잘 돌아가도록 밤과 낮을 주시고, 또 사계절을 주시고, 온갖 푸르른 수목과 짐승들을 허락해 주셨습니다. 또 선인과 악인을 차별하지 않으시고 햇볕과 비를 골고루 주십니다. 이러한 은혜를 우리는 "일반은혜"라고 부른다는 것도 확인하였습니다.

하나님께서는 모든 사람을 위해 일반은혜를 베푸시지만, 궁극적으로는 구원받을 자들을 위하여 이 은혜를 허락하신 것입니다. 그래서 마지막 심판이 끝나면 이 세상은 완전히 새 하늘과 새 땅으로 바뀌게 됩니다. 결국 하나님께서 이 세상도 택하신 자들을 위해 잠시 허락하고 계신 것입니다. 이와 같이 하나님께서는 "국가"라는 제도도 일반은혜의 한 부분으로 주셨습니다.

정의의 선한 사역자로서의 국사

그렇다면 국가가 해야 할 일은 무엇입니까? 창세기 9장 5~6절을 보겠습니다.

> [5]내가 반드시 너희의 피 곧 너희 생명의 피를 찾으리니 짐승이면 그 짐승에게서 사람이면 그의 형제에게서 그 생명을 찾으리라 [6]다른 사람의 피를 흘리면 그 사람의 피도 흘릴 것이니 이는 하나님이 자기 형상대로 사람을 지으셨음이니라

6절에 보면, "다른 사람의 피를 흘리면 그 사람의 피도 흘릴 것"이라 하였

습니다. 누군가 다른 사람을 죽이면, 그도 역시 피 흘림으로 심판을 받게 된다는 말씀입니다.

여기서 "피도 흘릴 것"이라는 단어는 히브리어로 "이샤페크"라고 하는데, 이는 "샤파크"는 "피를 흘리다", "쏟다"의 미완료 수동태입니다. 이는 곧 다른 사람이 그를 심판하여 피를 흘리게 한다는 의미를 담고 있습니다. 즉 인간 사회 안에서 심판자를 세우신다는 것입니다. 이 말씀에서부터 "국가"라는 제도의 존재 목적이 나옵니다. 국가는 하나님의 정의를 실현하는 도구로서 허락하신 것입니다.

만일 하나님께서 친히 인간을 심판하신다면, 그것은 전면적인 심판이 될 수밖에 없습니다. 노아의 홍수 때를 보십시오. 하나님께서 물로 세상을 심판하실 때에 방주 안에서 은혜를 입은 노아의 가족과 짐승 이외에는 모두 전면적으로 심판을 받아 멸망하였습니다.

그 후로 하나님께서는 그런 전면적인 심판을 자제하시고, 대신 그 심판의 권한을 국가에 위임하셨습니다. 따라서 국가는 반드시 정의를 세우고 그 정의를 실현해야 할 책임이 있습니다. 만약 국가가 악한 자를 즉시 심판하지 않는다면 사람들이 자력으로 복수하려 할 것이며 그로 인해 사회는 순식간에 무법 상태가 될 것입니다.

예를 들어, 누군가 벌목하다가 도끼날이 튀어나와서 누군가를 죽게 했다면, 유족들이 피의 복수를 하게 될 것이고 이러한 피의 복수는 또 다른 복수를 연쇄적으로 낳을 것입니다. 이러한 무법적인 상태가 계속된다면 인류는 결코 번성할 수가 없게 됩니다. 그래서 하나님께서는 인간의 악을 억제하시기 위하여 그리고 택하신 백성의 수가 충만해지기까지 사회 질서가

사랑은 율법의 완성이니라

유지되도록 "국가"라는 제도를 허락하신 것입니다.

그렇다면 국가가 가장 먼저 해야 할 일은 무엇입니까? 국가는 무엇보다 정의를 세우는 역할을 감당해야 합니다. 악을 억제하는 일을 해야 합니다. 그래서 로마서 13장에서 하나님께서 국가는 하나님의 사역자라고 말씀하신 것입니다. 하지만 우리가 인류의 역사를 돌아보면, 국가가 언제나 정의만을 행하여 온 것은 아니라는 것을 알 수 있습니다.

하나님의 도구로서의 앗수르

이사야 10장 1~12절까지의 말씀입니다.

> [1]불의한 법령을 만들며 불의한 말을 기록하며 [2]가난한 자를 불공평하게 판결하여 가난한 내 백성의 권리를 박탈하며 과부에게 토색하고 고아의 것을 약탈하는 자는 [3]벌하시는 날과 멀리서 오는 환난 때 너희가 어떻게 하려느냐 누구에게로 도망하여 도움을 구하겠으며 너희의 영화를 어느 곳에 두려느냐 [4]포로 된 자 아래에 굽히며 죽임을 당한 자 아래에 엎드러질 따름이니라 그럴지라도 여호와의 진노가 돌아서지 아니하며 그의 손이 여전히 펴져 있느니라 [5]앗수르 사람은 화 있을진저 그는 내 진노의 막대기요 그의 손에 몽둥이는 내 분노라 [6]내가 그를 보내어 경건하지 아니한 나라를 치게 하며 내가 그에게 명령하여 나를 노하게 한 백성을 쳐서 탈취하며 노략하게 하며 또 그들을 거리의 진흙같이 짓밟게 하려 하거니와 [7]그의 뜻은 이같지 아니하며 그의 마음의 생각도 이같지 아니하고 다만 그의 마음은 허다한 나라를 파괴하며 멸절하려 하는도다 [8]그가 이르기를 내 고관들은 다 왕들이 아니냐 [9]갈로는 갈그미스와 같지 아니하며 하맛은 아르밧과 같지 아니하며 사마리아는 다메섹과 같지 아니하냐 [10]내 손이 이미 우상을 섬기는 나라들에 미쳤나니 그들의 조각한 신상들이 예루살렘과 사마리아의 신상들보다 뛰어났느니라 [11]내가 사마리아와 그의 우상들에게 행함같이 예루살렘과 그의 우상들에게 행하지 못하

겠느냐 하는도다 [12]그러므로 주께서 주의 일을 시온 산과 예루살렘에 다 행하신 후에 앗수르 왕의 완악한 마음의 열매와 높은 눈의 자랑을 벌하시리라

하나님께서는 이스라엘 백성에게 율례를 주셨습니다. 하나님께서는 고아와 과부를 위하여 곡식을 수확할 때 밭모퉁이의 이삭은 남겨 두고, 수확하는 과정에서 떨어진 이삭은 줍지 말라고 하셨습니다. 하나님은 이 율례를 통해 백성들이 사랑을 실천하도록 명하셨습니다.

또한 모든 것을 새롭게 회복시키는 제도가 "희년"입니다. 안식년이 일곱 번지난 후, 곧 49년이 지난 50년째 되는 해가 바로 희년입니다. 그 해에는 형편이 어려워 땅을 팔았더라도 모든 것이 원래대로 회복되는 해였습니다. 이스라엘 백성은 이러한 하나님의 원칙에 따라 매 50년이 되면 처음 받은 기업의 분깃만큼 회복하여 다시 시작할 수 있었습니다.

그러나 이스라엘 백성은 그렇게 하지 않았습니다. 가진 자들은 땅을 더하고 또 더해 모든 땅을 독차지하려 했으며, 가난한 자들은 단 한 벌의 옷조차 담보로 잡히는 일이 있었습니다. 그 옷은 낮에는 햇볕을 가리고 밤에는 이불처럼 덮는 유일한 생존 수단이었는데 그것마저 전당 잡혀 고리대금의 수단이 되어버렸습니다.

이처럼 악한 시대를 이스라엘이 살아가고 있었던 것입니다. 그래서 하나님께서 누구를 통해 심판하셨습니까? 그것이 바로 앗수르 나라입니다. 앗수르는 매우 잔인한 민족이었습니다. 사람의 피부를 벗기고 사람을 높은 장대에 매달아 불에 태우는 잔혹한 형벌을 자행하던 자들이었습니다.

그런데도 하나님께서는 이 잔인한 앗수르를 도구로 사용하셔서 이스라엘

사랑은 율법의 완성이니라

을 징계하셨습니다. 즉 앗수르는 일반은혜에 속한 나라였습니다. 그런데 이 일반은혜에 속한 나라를 가지고 이스라엘이라는 특별히 선택된 민족을 징계하는 도구로 사용하셨습니다.

그러므로 하나님께서 세상의 모든 나라들을 주관하신다는 것입니다. 우리가 볼 때는 세상이 마음대로 돌아가고 권력자에 의해 좌우되는 것 같지만, 실제로는 그렇지 않습니다. 하나님께서는 그야말로 모든 곳에서 섭리하시며 이 인류의 역사를 이끌어 가시는 것입니다.

그러면 이제 하나님께서 또 어떻게 일하시는지 한번 보겠습니다. 앗수르는 늘 부강했던 나라가 아니었습니다. 이 당시 디글랏 빌레셀은 BC 745년경부터 BC 727년까지 앗수르를 통치를 하였습니다. 북이스라엘이 앗수르에 의하여 멸망했던 시기가 BC 720년경이었습니다.

앗수르는 그전까지는 크게 부강했던 나라가 아니었습니다. 그런데 마침 그때가 역사적으로 북쪽 이스라엘과 남쪽 유다 모두 정치적으로 매우 혼란스러웠습니다. 그래서 앗수르를 견제할 수 있을 정도로 국력이 강하지 않았습니다. 그뿐만 아니라 앗수르 옆에 있던 바벨론과 남쪽에 있던 애굽 역시 그 당시에는 국력이 약했던 시기였습니다. 정치적으로 그러한 시기였습니다.

그리고 앗수르는 티그리스강과 유프라테스강의 비옥한 토지를 보유한 나라였는데, 이 당시에는 큰 홍수도 없고 곡식이 매우 잘 되던 시기였습니다. 그러니까 앗수르 지방은 주변 나라들의 큰 견제를 받지 않고 농사도 잘되어서 풍년이 들어 곡식을 많이 쌓아 놓았습니다. 그리고 앗수르는 티그리스강과 유프라테스강을 통하여 상업적인 무역도 많이 발달하였습니다.

그래서 앗수르는 바로 그러한 경제력을 바탕으로 상비군 체제를 만들 수 있었습니다. 즉 군대라는 조직을 국가에서 월급을 주고 먹여 살리는 제도가 만들어진 것이 바로 이때였습니다. 그리고 이때 앗수르가 성벽을 공략하는 철기구를 개발했던 시기였습니다.

하나님께서 이스라엘을 징계하시려 할 때 앗수르를 도구로 사용하려고 작정하셨기 때문에 앗수르가 강성해지도록 하셔야만 했습니다. 이러한 사정을 자세히 살펴보면 하나님께서는 이 모든 인류의 역사를 섭리하고 계심을 잘 알 수 있습니다.

앗수르의 교만과 멸망

그러면 이제 국가라는 제도가 정의를 수행하기 위해 만들어졌고, 하나님께서 또 국가들을 통해 이 세상의 질서를 지켜 가시는데, 사람은 늘 어떻게 됩니까? 늘 권력이 주어지면 어떻게 되겠습니까? 남용할 수밖에 없습니다.

그래서 이사야 10장 12절에 "이러므로 주께서 주의 일을 시온 산과 예루살렘에 다 행하신 후에 앗수르 왕의 완악한 마음의 열매와 높은 눈의 자랑을 벌하시리라"고 기록되어 있습니다.

하나님께서 앗수르를 도구로 사용하셨지만 앗수르가 겸비한 마음으로 이스라엘을 징벌하는 도구로 사용이 되어야만 했지만, 그들이 정복하는 모든 곳에서 그들이 신이 되어가는 교만으로 가득하였습니다.

그러므로 하나님께서는 또한 이 앗수르를 벌하실 수밖에 없었습니다. 그래서 이사야 10장 15절 말씀을 함께 보겠습니다.

¹⁵도끼가 어찌 찍는 자에게 스스로 자랑하겠으며 톱이 어찌 켜는 자에게 스스로 큰 체 하겠느냐 이는 막대기가 자기를 드는 자를 움직이려 하며 몽둥이가 나무 아닌 사람을 들려 함과 같음이로다

인간이 늘 교만하고 부패하면 이렇게 되는 것입니다. 그래서 하나님께서 앗수르를 심판하십니다.

이 앗수르를 어떻게 심판하시는지 나훔 1장 8절을 보겠습니다.

⁸그가 범람하는 물로 그 곳을 진멸하시고 자기 대적들을 흑암으로 쫓아내시리라.

이어서 나훔 2장 6절도 함께 보겠습니다.

⁶강들의 수문이 열리고 왕궁이 소멸되며

이 말씀처럼 앗수르는 결국 BC 612년에 멸망하게 됩니다. 누구에게 멸망하였습니까? 바로 새롭게 일어난 메대와 바벨로니아 두 연합국에 의해 멸망당했습니다.

한때는 앗수르의 수도였던 니느웨가 역사적으로 실재했는지에 대해 회의적인 시각도 있었습니다. 그러나 1840년대, 영국의 고고학자가 니느웨의 유적을 발굴하기 시작했습니다.

그리고 마침내 니느웨 성터를 발견하게 됩니다. 그 성터를 하나하나 발굴해 보니 티그리스강의 지류인 코스르강이 범람하여 성 주변의 지형에 진흙층이 형성된 것이 발견되었습니다.

또한 바벨로니아의 고대 기록에 의하면 당시 이 코스르강의 범람으로 인해 니느웨 성의 성벽이 무너져 있었고, 메대-바벨로니아 연합군은 그 기회를 이용해 손쉽게 성을 점령하게 되었다고 전해집니다.

여러분, 참으로 놀랍지 않습니까? 고고학적 발견이 계속될수록 하나님께서는 천지 만물을 주관하시고, 성경의 말씀이 단 한 마디도 헛되이 떨어지지 않음을 깨닫게 되는 것입니다.

이처럼 하나님께서는 정의를 이루기 위해 일반은혜 가운데 국가라는 제도를 세우도록 인간에게 이성과 질서를 따를 수 있는 마음을 주셨습니다. 그러나 하나님은 죄 아래에 있는 인간의 본성도 아십니다. 인간이 국가라는 제도를 만들어 놓으면 결국 그 권세를 남용하게 된다는 사실을 아시기에 하나님께서는 모든 나라를 다스리시며 때를 따라 심판하시는 것입니다.

국가 권세의 복종은 하나님에게 순종하는 것

결국 우리가 국가에 순종하는 것이 누구에게 순종하는 것과 같습니까? 바로 하나님께 순종하는 것과 같다는 사실을 기억해야 합니다. 그래서 성경은 국가의 권세에 복종하라고 명하고 있는 것입니다.

다시 로마서 13장 4절을 보겠습니다.

> [4]그는 하나님의 사역자가 되어 너희에게 선을 베푸는 자니라 그러나 네가 악을 행하거든 두려워하라 그가 공연히 칼을 가지지 아니하였으니 곧 하나님의 사역자가 되어 악을 행하는 자에게 진노하심을 따라 보응하는 자니라

이렇듯 국가는 하나님의 사역자입니다. 그러므로 국가는 선을 행할 때 우리

사랑은 율법의 완성이니라

가 기꺼이 순종해야 한다는 것입니다. 그러면 국가가 어떠한 행위를 하든지 간에 우리는 모두 복종해야 합니까? 이 질문이 남게 되는 것입니다.

국가권세의 본질적인 한계

그렇다면 오늘날 그리스도인은 국가와 어떤 관계를 맺고 살아가야 하는지를 지금부터 잘 들으시길 바랍니다. 사도행전 5장 28절을 보겠습니다.

> ²⁸이르되 우리가 이 이름으로 사람을 가르치지 말라고 엄금하였으되 너희가 너희 가르침을 예루살렘에 가득하게 하니 이 사람의 피를 우리에게로 돌리고자 함이로다

이어서 29절은 다 함께 합독하겠습니다.

> ²⁹베드로와 사도들이 대답하여 이르되 사람보다 하나님께 순종하는 것이 마땅하니라

위 말씀은 부활하신 예수님을 전하던 베드로에게 산헤드린, 곧 대제사장들이 찾아와 "예수의 죽음과 부활을 전하지 말라"고 명령했을 때, 베드로와 사도들은 "사람보다 하나님께 순종하는 것이 마땅하다"고 답한 것입니다.

다니엘 6장을 보면 다니엘을 시기하던 총리들과 고관들이 다리오 왕에게 누구든지 왕 외의 어떤 신에게나 사람에게 무엇을 구하면 사자 굴에 던져 넣도록 하는 법률을 세우자고 다리오 왕을 부추겼습니다. 그럼에도 다니엘은 여전히 예루살렘으로 향한 창문을 열고 하루 세 번씩 무릎을 꿇고 하나님께 기도하고 감사하였습니다. 이로 인하여 다니엘은 결국 사자굴에

던져지는 상황을 맞게 됩니다.

분명히 로마서 말씀에는 "국가의 권세에 복종하라"고 하였지만, 베드로와 다니엘의 삶에는 그 명령에 순종하지 않은 부분도 나타납니다. 아울러 로마서 13장 4절의 말씀도 "너희에게 선을 베푸는 자니라"라고 국가의 권세에의 순종은 바로 국가가 선을 베풀 때인 것입니다. 그렇다면 그 "선"의 기준이 무엇인지에 대하여 오늘날 우리 그리스도인들은 이 균형을 잘 잡아야 합니다.

이처럼 하나님께서 오늘 우리에게 주시는 말씀은 국가의 모든 권세에 무조건 순종하라는 의미가 아닙니다. 분명히 하나님의 말씀과 국가의 명령이 충돌하는 경우가 존재하는 것입니다.

국가는 하나님께서 선한 목적을 위해 사용하시는 도구입니다. 그렇다면 우리는 어떤 기준을 가지고 살아가야 할까요? 지금부터 몇 가지 예를 들어 드리겠습니다. 제가 이해하고 있는 기준을 말씀드릴 테니, 여러분들도 각자 생각의 구조를 정리해 보시길 바랍니다. 제 의견과 다를 수 있지만 함께 깊이 생각해 보셨으면 합니다.

사형제도

앞서 말씀드린 사형제도를 예로 들어보겠습니다. 사형제도는 성경과 합치가 되는 제도입니다. 하나님께서는 인간의 본성을 아셔서 악을 억제할 필요성이 있었기 때문에 사형제도를 허락하신 것입니다. 따라서 사형제도가 성경에 반하는 것은 아닙니다.

사랑은 율법의 완성이니라

그러나 문제는 운용의 방식입니다. 국가라는 제도는 언제나 남용의 위험을 안고 있습니다. 국가의 편에 서지 않는 세력에게는 거짓 증거를 만들어서라도 죄를 씌우고 그를 사형에 처하는 일이 무수히 벌어졌다는 것은 인류의 역사가 증언하고 있습니다.

이처럼 사형제도 자체는 성경에 부합하지만 운용할 때는 율법에서 기록한 바와 같이 두세 사람의 증인이 있어야 하는 것과 마찬가지로 매우 신중하게 다루어져야 합니다.

동성애 차별금지와 관련한 입법

다음으로, 오늘날 동성애 문제가 큰 이슈가 되고 있습니다. 많은 교회에서 동성애를 반대하고 있으며 심지어 유튜브에는 설교자가 "여러분, 동성애는 안 됩니다!"라고 외치면, 곧이어 누군가가 등장해 그 설교자를 체포해 가는 식의 꽁트 장면도 있습니다.

동성애는 성경적으로 허락이 됩니까? 로마서 1장 26절부터 27절에는 동성애로 인해 상당한 보응을 그들 자신이 받은 것을 잘 보여주고 있습니다. 동성애는 하나님의 창조 질서에 어긋나는 것입니다.

그러나 인간이 죄 아래에 놓여 있다 보니, 점점 성에 대한 관념이 왜곡되어 남자는 남자끼리, 여자는 여자끼리 '한번 연애해 보면 어떨까' 하는 식으로 죄의 싹이 자라나는 것입니다. 본래의 창조 질서가 죄로 인해 왜곡되는 것입니다. 그래서 성경적으로 보면 그것은 옳지 않습니다.

그렇다면 이러한 상황 속에서 우리는 어떻게 반응해야 할까요? 예수님께서 십자가 고난을 당하시기 전, 체포되실 때 베드로가 말고의 귀를 칼로 잘랐습니다. 그때 예수님께서는 뭐라고 말씀하셨습니까? 마태복음 26장 52절부터 54절은 "이에 예수께서 이르시되 네 칼을 도로 칼집에 꽂으라 칼을 가지는 자는 다 칼로 망하느니라 너는 내가 내 아버지께 구하여 지금 열두 군단 더 되는 천사를 보내시게 할 수 없는 줄로 아느냐 내가 만일 그렇게 하면 이런 일이 있으리라 한 성경이 어떻게 이루어지겠느냐 하시더라"고 기록되어 있습니다.

이처럼 우리 그리스도인은 어떠한 상황에서도 불법적인 폭력이나 강제적인 방법으로 하나님의 말씀을 전하는 도구로 사용해서는 안 됩니다. 우리도 예수님 안에서 결국 하나님의 영광을 위하여 이 땅에서의 삶을 살아가는데 만일 폭력을 행사하고 욕설을 하면서 이를 저지하고자 할 경우에 이를 지켜보는 사람들은 하나님을 무엇이라고 평가하겠습니까?

동성애에 빠진 사람들도 죄 아래에 있기 때문에 그런 행위를 하는 것입니다. 그렇다면 우리는 그들을 정죄하는 것이 아니라 먼저 복음을 전해야 합니다. 성령께서 그들 안에 임하시면 하나님의 질서가 회복되고 그들은 회복될 수 있는 것입니다. 그 역할을 감당하지 않으면서 "동성애자는 지옥에 간다"고 겁을 주는 것은 올바른 복음의 전도 방식이 아닙니다.

그러므로 동성애자들에게 교회는 먼저 손을 내밀어야 합니다. 그들에게 복음을 전해야 합니다. 그리고 만약 국가에서 그러한 동성애 관련 제도를 시행하려 한다면, 우리는 정확히 그 사실관계를 먼저 정확히 알아야 합니다.

제가 어제 국회 전자도서관에 들어가서 차별금지법에 대해 검색을 해 보았습니다. 현재는 제22대 국회인데 지금까지는 차별금지법안이 발의된 바는 없습니다. 다만 제21대 국회 당시 정의당 의원 6명이 중심이 되어, 총 10명이 이 법안을 발의했던 적이 있었습니다. 그런데 정의당은 이번 국회에서는 국회의원이 단 한 명도 당선되지 못했습니다. 참으로 특이한 상황이라 하겠습니다.

그리고 저는 그 21대 국회에서 정의당이 주도하였던 법안의 내용을 확인해 보았습니다. 도대체 어떤 내용이 담겨 있길래 그런 오해들이 있었는가 궁금했습니다. 제가 설교를 하면서 "여러분, 동성애는 안 됩니다. 우리는 그런 사람들을 받아들여서는 안 됩니다"라고 말하면, 이를 처벌하는 조항이 있는가 확인해 보았습니다. 그러나 그런 벌칙 조항은 없었습니다.

형사처벌 규정은 직장 등에서 동성애자라는 이유로 차별을 받고, 그 사람이 국가에 소송 등을 제기한 경우를 문제삼아 불이익을 부과할 때에만 있었습니다. 그래서 오늘날 한국의 많은 교회는 차별금지법의 내용을 잘못 알고 있는 것임을 알게 되었습니다.

여러분, 많이 다르지 않습니까? 그래서 우리는 정확히 알아야 합니다. 그리고 만약 정말로 그와 같은 법이 제정되어 시행된다 하더라도 우리는 어떻게 대응해야 하겠습니까? 만약 그것이 하나님의 질서에 어긋난다고 판단된다면, 우리는 기도하고 평화적인 방법으로 입법에 반대하는 의견을 표명하는 것입니다. 그럼에도 불구하고 입법이 강행된다면 우리는 불법적인 자세로 그것을 저지할 것이 아니라 하나님이 주신 신앙의 양심에 따라서 처벌을 감수하고 불복종하면 되는 것입니다. 이것이 바로 신앙의 양심에 따른 결단인 것입니다. 그런 결단은 존중받아야 합니다.

기독교 국가의 설립 문제

한국에서 일부 목회자들이 세계를 아우르는 "기독교청"을 만들겠다고 말하면서 헌금도 받고 있습니다. "이 나라를 기독교 국가로 만들겠다"고 말하는 것은 언약신학적인 입장에서는 성경과 합치되지 아니한 주장입니다.

이스라엘도 구약 시대와 같이 신정국가로는 다시 세워지지 않습니다. 참된 신정국가는 예수님이 재림하셔서 새 하늘 새 땅에 구원받은 백성이 하나님의 통치 아래에서 살아가는 그 나라인 것입니다. 그러함에도 불구하고 마치 인간적인 노력으로 "대한민국에 기독교청을 만들어 기독교 국가를 세우겠다"는 것은 성경에 반하는 주장입니다.

중세 카톨릭의 역사를 되돌아봅시다. 사도 바울이 로마서를 기록할 당시에는 교회를 핍박한 존재가 바로 국가권력이었습니다. 그런데 중세 가톨릭은 천 년 이상 동안 국가권력과 종교권력이 결합되면서 종교가 타락하면 어디까지 타락할 수 있는가를 모두 보여주었습니다. 그래서 교회는 국가권력과 결합이 되어서는 안 되는 것입니다. 국가는 일반은혜 아래에서 주어지는 것이고 교회는 특별은혜 아래에서 보호하심을 받는 것이기 때문에 차원이 다른 제도를 하나로 묶어서는 참된 교회가 세워질 수가 없는 것입니다.

믿음이라는 것은 억지로 생기는 것이 아닙니다. 여러분도 경험하시듯이, 교회 안에 있다고 해서 다 믿음이 무조건 생기는 것도 아닙니다. 진정한 믿음은 하나님께서 역사하셔야 생겨나는 것입니다. 국가가 믿음을 강제할 수는 없습니다.

사랑은 율법의 완성이니라

언론의 자유와 저항권

이제 마지막으로, 최근 이슈였던 비상계엄과 관련된 부분을 말씀드리겠습니다. 국가라는 존재는 정의를 실현하기 위해 존재합니다. 그리고 하나님께서 택하신 백성들을 위해, 하나님의 선한 일꾼으로서 역할을 감당해야합니다.

그런데 저는 이번 비상계엄 관련 내용을 보면서 매우 충격을 받았습니다. 당시 비상계엄령이 내려질 경우, 집회·결사, 모든 정치 활동의 자유가 금지된다고 했습니다. 민주사회에서는 언론의 자유가 가장 기초되는 자유입니다. 언론의 자유가 보장되어야만 올바른 선거를 할 수 있는 토대가 마련되기 때문입니다. 종교의 자유도 마찬가지입니다. 종교의 자유 역시 언론의 자유와 본질적으로 연결되어 있습니다. 교회가 국가의 비상계엄 조치에 반대를 계속할 경우에는 결국 나중에는 종교의 자유도 제한하거나 침해하지 않겠습니까?

저는 "21세기에 자유민주주의 국가에서 이런 일이 정말 가능할까?" 하는 생각이 먼저 들었습니다. 그리고 그 상황이 과연 하나님의 선한 사역자의 모습으로서의 국가인지 깊이 고민하게 되었습니다. 아무리 생각해도 그것은 바른 모습이 아니었습니다. 그래서 저는 탄핵을 촉구하는 집회에 두 차례 다녀왔습니다. 그 집회가 열린 자리를 돌아다니면서 기도하였습니다. "하나님, 이 나라가 왜 여기까지 왔습니까? 이 나라를 속히 회복시켜 주십시오. 교회가 바로 서지 못해서 여기까지 왔습니다. 회개합니다"라고 하면서 회개와 이 나라를 위하여 기도하였습니다.

저는 그렇게 저의 신앙의 선한 양심에 바탕을 둔 의사를 표명했습니다. 제가 무슨 국가 질서를 어지럽히거나 국회를 점령하려는 그런 마음이 아니었습니다. 저는 '하나님, 이렇게 되면 우리가 복음을 전하고 선교를 해야 하는 데 어려움이 있습니다. 이를 어찌해야 합니까?' 이제 이런 마음으로 저는 나가 기도했습니다. 만일 계엄이 성공해서 그 자리에서 체포가 되었다 하더라도 저는 그렇게 하고 왔을 것입니다. 사실 우리가 이 땅에서 사는 것이 얼마이겠습니까? 조만간에 하나님 앞에 우리가 모두 서야 되는데, 인간의 권력에 자기 한 몸 잠시 살고자 그 선한 양심을 버리고 두려움에 굴복해서야 되겠습니까?

손양원 목사님이 일제강점기 검사로부터 신앙의 전향(덴코), 즉 신사참배를 강요받았을 때 "당신은 전향(덴코)이 문제지만 나는 신앙(신코)이 문제입니다"라고 한 말씀이 있습니다. 바로 우리는 이러한 손양원 목사님의 순전한 신앙을 본받아야 할 것입니다.

그런데 요즘에는 또 저항권이라는 이름을 가지고 이야기합니다. 이 저항권이 등장하게 된 것은 사회계약설에 의하면 국가는 개인이 가지고 있는 권한을 위임받아서 존재하게 되는 단체입니다. 그리고 이러한 위임을 받은 국가는 그 위임권자인 국민의 생명, 자유, 재산을 보호해 주어야 합니다. 그런데 국가가 이것을 남용할 때는 그 위임한 권력을 다시 회수하는 것이 바로 저항권입니다.

즉 국가가 개인에게 폭력을 행사할 때 발동되는 것이 저항권인데, 지금 다소 혼란스러운 가운데에 있지만 국가는 헌법재판소의 판결을 통해 어느 정도 위기가 극복이 되어가고 있습니다. 이는 또한 국가가 하나님의 선한 사역자의 역할을 포기하고 오히려 그 본래의 사명을 망각한 경우에 다시 찾는 것과도 같은 것입니다. 그런데 저항권이라는 이름 아래에 헌법재판소

사랑은 율법의 완성이니라

를 무너뜨리자고 하는 것은 저항권의 탈을 쓴 내란에 해당하는 것입니다. 이것은 저항권이 아닙니다.

그래서 저는 일부 극우 목회자들이 저항권이라는 이름 아래에 폭력을 선동하고 조장하는 것을 보면서 "저 사람들은 도대체 성경을 어떻게 이해하고 있는가? 그리고 우리 그리스도인들은 이 국가에 대해 어떠한 자세를 취해야 하는가?"를 대하여 상당한 실망감을 감출 수 없었습니다. 그리하여 오늘 국가권력에 대하여 그리스도인의 자세를 설교하면서 우리는 과연 어떻게 신앙과 국가 안에서의 삶을 조화롭게 살아갈 수 있는가를 여러모로 살펴보았습니다.

그래서 로마서 말씀을 통해 이 부분을 조금 더 정리하며 나누겠습니다. 로마서 13장 4절에 기록된 것처럼 "그는 하나님의 사역자가 되어 네게 선을 베푸느니라" 하셨습니다.

그러므로 우리는 일단 국가에 대해 원칙적으로는 다 순종해야 합니다. 조세의 영역에서도 마찬가지입니다. 그런데 이것이 하나님의 신앙과 정면으로 배치되고 모순될 때는 우리는 폭력이 아닌 평화로운 방법으로 의견을 표명하고 이 나라를 위하여 기도해야 하는 것입니다. 그리고 때로는 신앙의 양심에 따라서 국가의 잘못된 권한 행사에 불순종하여 불이익을 받더라도 이를 받아들일 줄 알아야 합니다. 그렇게 해야만 세상의 빛과 소금이 되는 것입니다.

그래서 그리스도인은 세상과는 아무런 관심 없는 삶을 사는 것이 아니라 바로 그들과 함께 호흡하면서 모범이 되고 그러한 삶을 통해서 복음이 전해지는 사역자가 되어야 하는 것입니다.

율법의 세 가지 기능

이어서 로마서 13장 8~10절까지 말씀입니다.

> ⁸피차 사랑의 빚 외에는 아무에게든지 아무 빚도 지지 말라 남을 사랑하는
> 자는 율법을 다 이루었느니라 ⁹간음하지 말라 살인하지 말라 도둑질하지 말
> 라 탐내지 말라 한 것과 그 외에 다른 계명이 있을지라도 네 이웃을 네 자신
> 과 같이 사랑하라 하신 그 말씀 가운데 다 들었느니라 ¹⁰사랑은 이웃에게 악
> 을 행하지 아니하나니 그러므로 사랑은 율법의 완성이니라

오늘은 부활절입니다. 정말 예수님의 부활이 있었기에 우리는 하나님과 우
리 사이에 죄로 말미암아 막혔던 모든 담이 허물어지고 성소의 휘장이 찢
어져서 하나님 앞으로 나아가는 길을 얻었습니다. 그리고 이제는 하나님을
아빠, 아버지라 부를 수 있는 기도의 자리에 나아갈 수 있습니다. 이러한
기도의 자리를 통하여 하나님의 사랑 가운데에서 찬양을 부르면서 하나님
을 경배할 수 있는 것입니다.

하나님은 이제 우리를 다시금 사랑의 법으로 우리를 부르시고 동행하실
것을 말씀하고 계십니다. 그런데 우리가 앞에서 살펴보았듯이 율법은 무엇
이며 어떤 역할을 하였습니까? 우리를 죄인 되게 만들고 그리스도 앞으로
인도하는 것 그것이 율법의 목적이라고 했습니다. 그런데 오늘 말씀을 읽
으니, 율법을 또 지키라고 합니다. 이것이 결코 모순되는 것이 아닙니다.

그래서 말씀드리자면, 이 율법은 세 가지 용도를 함께 가지고 있습니다. 첫
번째는 이스라엘 백성에게 주어졌을 때 이 법을 지키라는 것입니다. 즉 바
로 삶의 행동규범인 것입니다. 그런데 죄 아래에 있는 인간이 율법이 지켜
집니까? 안 지켜집니다. 그래서 율법을 통해 우리가 얼마나 죄인인지를 알

사랑은 율법의 완성이니라

게 되고 우리를 구원해 주실 메시아, 곧 예수 그리스도께로 인도하는 기능, 그것이 율법의 두 번째 역할입니다.

이제 세 번째 용도는 오늘 말씀에서 이야기하는 것으로 구원받은 그리스도인을 향한 것입니다. 구원받은 그리스도인은 이제 율법을 지켜낼 수 있습니다. 바로 성령을 받았기 때문입니다. 예수님은 율법을 온전히 지키셨는데, 그분의 영이 바로 성령 하나님이십니다. 즉 성령이 우리 안에 계시면 우리가 아직 육체를 입고 있기에 비록 예수님처럼 완벽하게 지키지는 못할지라도, 계속해서 율법을 지켜 나갈 수 있는 힘이 우리 안에 있는 것입니다.

그래서 로마서 13장 8~10절은 실제로 그 이야기를 말씀하고 있는 것입니다. 이제 구원받은 너희에게 사랑하라고 말씀하십니다. 모든 율법을 한마디로 요약하면 무엇입니까? 사랑입니다. 사랑! 바로 사랑입니다.

사랑에 빚진 우리

우리는 하나님 앞에 얼마나 큰 빚을 졌습니까? 마태복음 18장 23절부터 35절을 보면, 일만 달란트 빚진 자의 비유가 나옵니다.

[23]그러므로 천국은 그 종들과 결산하려 하던 어떤 임금과 같으니 [24]결산할 때에 만 달란트 빚진 자 하나를 데려오매 [25]갚을 것이 없는지라 주인이 명하여 그 몸과 아내와 자식들과 모든 소유를 다 팔아 갚게 하라 하니 [26]그 종이 엎드려 절하며 이르되 내게 참으소서 다 갚으리이다 하거늘 [27]그 종의 주인이 불쌍히 여겨 놓아 보내며 그 빚을 탕감하여 주었더니 [28]그 종이 나가서 자기에게 백 데나리온 빚진 동료 한 사람을 만나 붙들어 목을 잡고 이르되 빚을 갚으라 하매 [29]그 동료가 엎드려 간구하여 이르되 나에게 참아 주소서 갚으리

이다 하되 [30]허락하지 아니하고 이에 가서 그가 빚을 갚도록 옥에 가두거늘 [31] 그 동료들이 그것을 보고 몹시 딱하게 여겨 주인에게 가서 그 일을 다 알리니 [32]이에 주인이 그를 불러다가 말하되 악한 종아 네가 빌기에 내가 네 빚을 전부 탕감하여 주었거늘 [33]내가 너를 불쌍히 여김과 같이 너도 네 동료를 불쌍히 여김이 마땅하지 아니하냐 하고 [34]주인이 노하여 그 빚을 다 갚도록 그를 옥졸들에게 넘기니라 [35]너희가 각각 마음으로부터 형제를 용서하지 아니하면 나의 하늘 아버지께서도 너희에게 이와 같이 하시리라

일만 달란트는 오늘날 몇십 조에 달하는 큰돈인데, 왕이 그 사람의 빚을 그냥 탕감해 주었습니다. 그러면 그 사람은 이제 어떻게 살아야 하겠습니까? 평생을 갚을 수도 없는 이 빚을 임금님께서 탕감해 주셨으니, "이 임금님이 얼마나 은혜롭고 사랑스러우신 분인지 내가 온 세상에 전파해야겠다" 하는 마음으로 살아야 합니다. 그것이 바로 로마서 13장 8~10절까지의 말씀과도 같은 맥락인 것입니다.

그런데 우리는 어떻습니까? 일만 달란트라는 엄청난 빚보다도 비교할 수 없는 더 큰 우리의 영원한 죄를 예수 그리스도의 사망과 부활을 통하여 탕감받고서도, 백 데나리온 빚진 형제자매에게 "왜 돈을 갚지 않느냐!"며 멱살을 잡고 다투는 삶, 이것이 도대체 사랑이라고 할 수 있겠습니까? 진정으로 사랑한다면 어떻게 해야 하겠습니까? 상대방이 가장 기뻐하는 것이 무엇인지 늘 마음에 생각하며, 그를 기쁘게 하는 일을 하게 됩니다.

예수님께서 세례를 받으시고 올라오셨을 때, 하나님께서 이렇게 말씀하셨습니다. "내 사랑하는 아들이요 내 기뻐하는 자라." 왜 기뻐하는 자입니까? 하나님께서 태초부터 약속하셨던 구속(救贖)사역을 위해 예수님께서 인간의 몸으로 오셨기 때문입니다. 그래서 하나님께서는 "이제 나의 종 예수가 내 기뻐하는 그 사명을 온전히 행하는구나"하면서 예수님을 기뻐하

사랑은 율법의 완성이니라

신 것입니다.

그렇다면 오늘날 우리가 어떻게 하면 하나님께서 기뻐하시는 삶을 살 수 있겠습니까? 하나님은 무엇을 기뻐하십니까?

우리가 하나님의 사랑과 영광을 온 세상에 널리 전하여, 천지 만물이 하나님을 찬양하듯이 모든 사람들이 "하나님께서 이렇게 우리를 사랑하셨습니까? 독생자까지 우리에게 주셨습니까? 하나님의 사랑이 이렇게 아름답습니까?" 하고 고백하게 하는 것, 이것을 하나님께서 가장 기뻐하십니다. 그래서 우리는 사랑해야 합니다. 그것이 우리에게 남겨진 사명인 것입니다.

그래서 세상의 빚은 원금과 이자를 갚으면 더 이상 갚을 것이 없는데 사랑은 아무리 갚아도 여전히 빚을 지고 있는 자처럼 계속해서 우리는 그러한 사랑을 베풀어야 합니다. 이것이 하나님을 영화롭게 하는 것입니다. 아멘!

빛의 갑옷을 입자

로마서 13장 11절부터 14절까지 읽겠습니다.

> [11]또한 너희가 이 시기를 알거니와 자다가 깰 때가 벌써 되었으니 이는 이제 우리의 구원이 처음 믿을 때보다 가까웠음이라 [12]밤이 깊고 낮이 가까웠으니 그러므로 우리가 어둠의 일을 벗고 빛의 갑옷을 입자 [13]낮에와 같이 단정히 행하고 방탕하거나 술 취하지 말며 음란하거나 호색하지 말며 다투거나 시기하지 말고 [14]오직 주 예수 그리스도로 옷 입고 정욕을 위하여 육신의 일을 도모하지 말라

우리는 지난주까지 그리스도인의 공동체인 교회가 어떻게 살아가야 하는지를 살펴보았습니다. 국가와의 관계 속에서 그리스도인이 어떻게 살아야하는가를 먼저 다루었고, 이어서 "사랑은 율법의 완성이다"라는 말씀을 함께 나누었습니다.

이어서 오늘 다루는 부분은, 그 사랑이 어떻게 형제자매들에게 흘러갈 수있는가에 대한 것입니다. 그렇게 되기 위해서는 우리가 지금 어떠한 위치에있는지를 정확하게 인식해야 합니다.

자다가 깰 때가 되었으니

11절에 보면, "또한 너희가 이 시기를 알거니와 자다가 깰 때가 벌써 되었으니 이는 이제 우리의 구원이 처음 믿을 때보다 가까웠음이라"라고 기록되어 있습니다.

이 말씀을 보면, "아, 이제 우리의 구원, 곧 예수님께서 이 땅에 마지막 재림으로 오시는 시기가 가까워졌구나"라는 생각을 자연스럽게 하게 됩니다.

초대교회 당시에도 이러한 기대가 많았습니다. 초대교회는 사도들이 살아있을 때, 혹은 사도들의 제자인 속사도들이 살아 있을 때 예수님께서 재림하실 것이라는 소문이 많이 돌았습니다.

그러나 시간이 지나 속사도들까지 모두 소천한 후에는, "예수님께서 오신다고 하셨는데 언제 오시는가?" 하는 시기가 길게 이어지게 되었습니다. 이는 예수님 당시에도 제자들이 주님께 물었던 질문이었습니다. 마태복음 24장 1절부터 14절까지 읽겠습니다.

[1]예수께서 성전에서 나와서 가실 때에 제자들이 성전 건물들을 가리켜 보이려고 나오니 [2]대답하여 이르시되 너희가 이 모든 것을 보지 못하느냐 내가 진실로 너희에게 이르노니 돌 하나도 돌 위에 남지 않고 다 무너뜨려지리라 [3]예수께서 감람산 위에 앉으셨을 때에 제자들이 조용히 와서 이르되 우리에게 이르소서 어느 때에 이런 일이 있겠사오며 또 주의 임하심과 세상 끝에는 무슨 징조가 있사오리이까 [4]예수께서 대답하여 이르시되 너희가 사람의 미혹을 받지 않도록 주의하라 [5]많은 사람이 내 이름으로 와서 이르되 나는 그리스도라 하여 많은 사람을 미혹하리라 [6]난리와 난리 소문을 들겠으나 너희는 삼가 두려워하지 말라 이런 일이 있어야 하되 아직 끝은 아니니라 [7]민족이 민족을 나라가 나라를 대적하여 일어나겠고 곳곳에 기근과 지진이 있으리니 [8]이 모든 것은 재난의 시작이니라 [9]그때 사람들이 너희를 환난에 넘겨주겠으며 너희를 죽이리니 너희가 내 이름 때문에 모든 민족에게 미움을 받으리라 [10]그때 많은 사람이 실족하게 되어 서로 잡아주고 서로 미워하겠으며 [11]거짓 선지자가 많이 일어나 많은 사람을 미혹하겠으며 [12]불법이 성하므로 많은 사람의 사랑이 식어지리라 [13]그러나 끝까지 견디는 자는 구원을 얻으리라 [14]이 천국 복음이 모든 민족에게 증언되기 위하여 온 세상에 전파되리니 그제야 끝이 오리라

이제 예수님께서 성전을 바라보시며 "돌 위에 돌 하나도 남지 않고 다 무너질 것이다"라고 말씀하시니, 제자들은 궁금해졌습니다. 그래서 조용히 다가와 "예수님, 어느 때에 이런 일이 있겠습니까?"라고 물었습니다. 헬라어로 "포테", 영어로는 "when"이라고 표현하며 "언제입니까?"라고 질문한 것입니다. 제자들은 우리와 똑같은 마음으로, "몇 년, 몇 월, 며칠입니까?"를 궁금해했던 것입니다.

성경에는 시간에 대한 두 가지 개념이 나옵니다. 하나는 "크로노스"로 시계처럼 시간이 자연스럽게 흘러가는 연속적인 시간을 의미합니다. 다른 하나는 "카이로스"로 결정적인 일이 일어나는 특별한 시점을 뜻합니다.

비유하자면, 부모가 자녀에게 "때가 되면 차를 사주겠다"고 말할 때, 자녀는 "몇 살 때입니까?"라고 묻지만, 부모는 "네가 성장하고, 운전면허도 따고, 운전할 준비가 되었을 때"라는 카이로스를 의미하는 것과 같습니다.

예수님께서 말씀하시는 "때" 역시 바로 이 "카이로스"입니다. 우리는 늘 "몇 년, 몇 월, 며칠입니까?"를 궁금해하지만, 예수님은 연속적인 시간을 알려주신 것이 아니라, 하나님의 정하신 결정적인 사건의 시점을 가르쳐 주셨던 것입니다.

제자들은 "언제입니까?"라며 사실은 정확한 날짜를 알고 싶어 한 것입니다. 그러나 예수님께서는 "앞으로 100년 뒤에 일어날 것이다"라고 말씀하시지 않고, 결정적인 사건과 징조를 가르쳐 주셨습니다. 이것이 바로 "카이로스"입니다.

첫 번째 징조를 보면 5절에 "많은 사람이 내 이름으로 와서 이르되 나는

빛의 갑옷을 입자

그리스도라 하여 많은 사람을 미혹하리라" 하셨습니다. 예수님의 승천 후 초기교회 당시의 상황을 기록한 요세푸스의 유대전쟁사에 의하면 "테우다"라는 인물이 기원후 약 44년경에 "내가 바로 그리스도다"라고 주장하며 사람들을 요단강으로 데려갔습니다. 그는 모세가 홍해를 건넜고 여호수아가 요단강을 건넌 것처럼 메시아로서 요단강을 건너는 기적을 보여주겠다고 하면서 사람들을 미혹하였지만, 결국 로마 군인에게 잡혀 참수당하고 말았습니다.

그리고 기원후 66년경에는 "시몬"이라는 인물이 등장하였습니다. 당시 유대는 로마와의 전쟁, 즉 독립전쟁을 하고 있었습니다. 당시 유대지방에서는 66년부터 70년 사이에 전쟁이 크게 일어났고, 이 "시몬"은 성전을 점령한 후 왕복을 입고 자신이 메시아라고 주장하며 통치했습니다. 그러나 얼마 지나지 않아 로마 군인에게 잡혀 역시 참수당하고 말았습니다.

그리고 실제로 70년경, 예루살렘 성전은 예수님께서 말씀하신 대로 돌 위에 돌 하나도 남지 않고 완전히 무너졌습니다. 당시에는 "이스라엘 사람들이 돈과 황금을 돌과 돌 사이에 숨겨 놓았다"는 소문이 퍼져 있었습니다. 그로 인해 로마 군인들이 돌 하나도 남기지 않고 성전을 철저히 허물었던 것입니다.

이처럼 예수님께서 첫 번째로 말씀하신 일은 실제로 이미 일어났습니다. 이제 남아 있는 사건들에 대하여 살펴보아야 합니다. 우리는 이를 신학적으로 먼 산을 바라보는 것과 같은 시각으로 종말을 이해합니다. 멀리서 산을 보면 하나의 큰 산처럼 보이지만 가까이 다가가 보면 각각의 봉우리가 따로 있음을 알게 됩니다. 예수님께서 말씀하신 "때"도 이와 같습니다. 하나의 큰 사건으로 보여지는 것이지만 그 안에는 여러 시기와 사건들이 겹

쳐 있는 것입니다.

조금 전 말씀드린 것처럼, 첫 번째 징조는 "내 이름으로 와서 이르되 나는 그리스도라 하여 많은 사람을 미혹하리라"는 것입니다. 이는 지금도 여전히 나타나고 있습니다. 한국에도 자칭 "보혜사"라고 주장하는 이들이 여럿 있습니다. 이와 관련하여 이런 농담도 있습니다. 정신병원에 가보면, 한쪽에서는 "나는 예수다"라고 하고, 다른 쪽에서는 "나는 너를 보낸 적이 없도다"라고 하는 사람들이 있다는 것입니다. 이처럼 많은 사람들이 거짓된 메시아를 자처하고 있는데 이는 모두 사탄이 계속해서 사람들을 미혹하고 있기 때문입니다.

이어서 6절을 보면, "난리와 난리 소문을 듣겠으나 너희는 삼가 두려워하지 말라. 이런 일이 있어야 하되 아직 끝은 아니니라"고 하셨습니다. 7절에서는, "민족이 민족을, 나라가 나라를 대적하여 일어나겠고"라고 하셨습니다.

마지막 때가 될수록 사람들 사이에 사랑이 점점 식어갑니다. 모두가 "나"를 중심에 두게 됩니다. 국가도, 민족도 자신들의 이익을 중심에 두게 됩니다. 이는 인간의 타락한 본성으로 볼 때 자연스러운 일입니다.

"나만 잘되어야 한다"는 생각이 극단으로 치닫게 되면, 필연적으로 전쟁은 더욱 빈번하게 일어날 수밖에 없습니다. 따라서 이 세상에 전쟁이 많아지면 많아질수록, 우리는 마음으로 "하나님 나라가 가까워지고 있구나" 하는 것을 더욱 깊이 느껴야 합니다.

그리고 7절에서는 "곳곳에 기근과 지진이 있으리니 이 모든 것은 재난의

빛의 갑옷을 입자

시작이니라"고 하셨습니다. 즉 마지막 때가 가까워질수록 기근과 지진, 각
종 환경 재난들이 더욱 빈번해질 것이라는 것입니다.

로마서 8장 19절의 "피조물이 고대하는 바는 하나님의 아들들이 나타나
는 것이나"라는 말씀처럼, 모든 피조물도 인간의 죄로 인해 신음하고 있습
니다. 인간이 죄를 범하지 않았다면 세상은 이렇게 신음할 이유가 없었습
니다. 인간이 죄를 짓다 보니 땅이 저주를 받았고 그로 인하여 자연이 황
폐해지고 온난화가 진행되면서, 바다도 신음할 수밖에 없는 시대가 되었습
니다. 지금 우리가 세상을 보면 볼수록 그 때가 가까워지는 것 같지 않습
니까?

9절에서는, "그 때에 사람들이 너희를 환난에 넘겨주겠으며 너희를 죽이
리니 너희가 내 이름 때문에 모든 민족에게 미움을 받으리라" 하였습니다.
그때 많은 사람이 실족하게 되어 서로 잡아주고 서로 미워하게 될 것입니
다. 마지막 때에는 예수님을 믿는 사람들에 대한 환난이 반드시 있을 것입
니다.

어떻게 보면, 물질문명이 더욱 번성하면 번성할수록 하나님을 믿는 것이
세상 사람들에게 어리석게 보일 수 있습니다. 그러므로 얼마나 우리를 우
습게 여기며 핍박하겠습니까? 믿지 않는 사람들은 '지금 시대가 어떤 시대
인데 아직도 하나님을 믿고 있느냐'고 조롱하는 것입니다. 마지막 때가 될
수록 민족적인 이스라엘이 아닌 하나님을 믿는 교회 전체를 향하여 세상
은 모욕과 비난을 퍼붓게 될 것입니다.

그리고 14절에서 보는 바와 같이 천국 복음이 모든 민족에게 증언이 되는
그 시기가 마지막이라고 하십니다. 지금 하나님의 이 귀한 복음이 온 세상

의 끝을 향하여 전파되고 있습니다. 정말로 우리는 지금 마지막의 시대에 살고 있습니다.

오늘 이 말씀을 통해 여러분이 요한계시록을 읽어 보시면, 요한계시록의 내용과 큰 맥락에서 동일하다는 것을 알 수 있습니다. 요한계시록은 일곱 인을 떼고, 일곱 나팔을 불고, 일곱 대접의 재앙이 이어지는 등 보다 상세하게 기록되어 있지만 본질적으로는 이 내용을 담고 있는 것입니다. 따라서 지금 우리는 요한계시록의 어느 장을 통과하고 있는 것입니다. 우리는 이를 명확히 인식하고, 이럴 때일수록 더욱 믿음을 굳건히 해야 합니다.

다음은 사도행전 1장 6절부터 8절까지 읽도록 하겠습니다.

> ^{6}그들이 모였을 때에 예수께 여쭈어 이르되 주께서 이스라엘 나라를 회복하심이 이 때이니이까 하니 ^{7}이르시되 때와 시기는 아버지께서 자기의 권한에 두셨으니 너희가 알 바 아니요 ^{8}오직 성령이 너희에게 임하시면 너희가 권능을 받고 예루살렘과 온 유대와 사마리아와 땅 끝까지 이르러 내 증인이 되리라 하시니라

예수님께서 승천하시기 직전, 제자들은 매우 궁금해했습니다. 그래서 "예수님, 이스라엘 나라를 회복하심이 이 때입니까?"라고 여쭈었던 것입니다. 당시 제자들은 아직 성령이 임하지 않았기 때문에, 민족적인 이스라엘의 회복만을 생각하고 있었습니다. "이 때"라고 할 때 사용된 단어는 "크로노스"입니다. 몇 년, 몇 월, 며칠처럼 구체적인 시간을 의미합니다.

그러자 예수님께서는 때와 시기를 말씀하시며, "크로누스 에 카이루스"라고 언급하셨습니다. 이는 크로노스와 카이로스의 복수형 형태입니다. 즉 예수님은 마지막 때의 구체적인 연월일과 결정적인 순간은 아버지께서 자

빛의 갑옷을 입자

신의 권한에 두셨으니 너희가 알 바 아니라 하신 것입니다.

그러므로 우리는 마지막 날을 마치 달력을 보면서 "이제 며칠 남았다"고 말할 수 없는 것입니다. 우리는 하나님 안에서 묵묵히 기다려야 합니다.

이미 그러나 아직

예수님께서도 분명히 말씀하셨습니다. "오직 성령이 너희에게 임하시면" 너희가 권능을 받고, 예루살렘과 온 유대와 사마리아와 땅 끝까지 이르러 내 증인이 될 것이라고 하셨습니다.

조금 전에 읽었던 마태복음 24장에도, 복음이 땅 끝까지 전파되면 그때가 마지막 때라고 기록되어 있습니다. 여기서도 예수님께서 동일한 말씀을 하신 것입니다. 지금 우리가 하나님을 믿을 수 있는 것은 무엇 때문입니까? 바로 성령이 우리에게 임하셨기 때문입니다. 비록 눈에는 보이지 않지만, 예전과는 분명히 달라진 우리의 모습을 통하여 성령의 내주하심을 알 수 있습니다.

예전에는 단지 지식적으로 성경을 한번 읽어볼까 생각하며, "나도 성경 몇 번 읽어봤다"고 말하는 정도였습니다. 그러나 성령이 임하시면 성경 말씀이 믿어지기 시작합니다. "아, 예수님께서 이렇게 하시니 귀신도 떠나갔구나! 하나님, 나도 이 말씀을 믿게 해주십시오"라고 기도하게 됩니다.

이처럼 예수님께서 우리 안에서 함께 동행하시는 것이 바로 성령의 역사입니다. "성령이 임하시면"이라고 하였으니, 지금은 마지막 때가 이미 시작된 것입니다. 아직 오지 않은 것이 아니라 이미 시작된 것입니다. "already", 즉 이미 시작되었지만, 끝은 아직 이르지 않은 것, 즉 not yet입니다.

그렇다면 끝은 언제입니까? "예루살렘과 온 유대와 사마리아와 땅끝까지 이르러 내 증인이 되리라" 하셨으니, 복음이 땅끝까지 전해진 그 시점이 곧 예수님께서 재림하시는 마지막 때인 것입니다.

"마지막 때"는 예수님께서 부활하셨을 때부터 이미 시작되었습니다. 그래서 마지막 때는 already이지만 not yet인 상태인 것입니다. 이것이 언약신학에서 마지막 때를 바라보는 관점입니다. 이미 마지막 때가 시작되었습니다. 다만, 우리가 그 사실을 잘 인식하지 못할 뿐입니다.

오늘 마태복음 말씀에서도 읽었듯이, 내일 당장 예수님께서 재림하신다 하여도 성경의 모든 말씀이 폐하여지지 않는 것처럼 우리는 거의 모든 예언이 이루어진 시점에 살고 있는 것입니다. 그러므로 우리는 더욱 각성해야 합니다. 하지만 한편으로는 이런 생각이 들 수 있습니다. "마지막 때라고 하지만 2천 년이 지나도 여전히 마지막 때입니까?" 이러한 의문을 품을 수 있습니다.

하루가 천 년 같고 천 년이 하루 같다

이에 대해 베드로후서 3장 8절부터 11절을 보겠습니다.

> [8]사랑하는 자들아 주께는 하루가 천 년 같고 천 년이 하루 같다는 이 한 가지를 잊지 말라 [9]주의 약속은 어떤 이들이 더디다고 생각하는 것 같이 더딘 것이 아니라 오직 주께서는 너희를 대하여 오래 참으사 아무도 멸망하지 아니하고 다 회개하기에 이르기를 원하시느니라 [10]그러나 주의 날이 도둑같이

오리니 그 날에는 하늘이 큰 소리로 떠나가고 물질이 뜨거운 불에 풀어지고 땅과 그 중에 있는 모든 일이 드러나리로다 [11]이 모든 것이 이렇게 풀어지리니 너희가 어떠한 사람이 되어야 마땅하냐 거룩한 행실과 경건함으로

예수님께서 이 "마지막 때"에 대해 말씀하셨고, 베드로는 이를 성령의 계시를 통하여 다시 풀어서 설명해 주고 있습니다. 하나님은 영원하신 분이십니다. 그렇기 때문에 하나님께는 과거, 현재, 미래라는 구분이 있을 수 없습니다. 시간의 구분이 존재한다는 것은 영원하지 않다는 것을 의미합니다. 하나님은 영원하시기에 천 년이든 하루든 비교할 수 없는 것입니다. 항상 현재이십니다. 하나님의 입장에서는 지금 심판을 행하시든, 이후에 심판을 행하시든 동일한 것입니다.

하지만 인간의 눈으로 보면, 천 년, 이천 년을 기다리는 동안 지치고 의심할 수 있습니다. 우리는 겨우 백 년도 살기 어려운 존재입니다. 그런데 인류는 오랜 세월을 지나면서 "그때부터 예수님이 재림하신다고 했는데 아직도 오시지 않았다"고 말하며 마지막 때를 오해하기도 합니다. 그러나 하나님은 변함이 없으십니다.

하나님께서 심판을 지체하시는 이유는 무엇입니까? 모든 사람이 회개하고 하나님께로 돌아오기를 원하시기 때문입니다. 하나님은 지금 은혜의 시간을 베풀고 계신 것입니다. 사실 여기 계신 분들도 10년 전쯤에 예수님께서 오셨다면 우리는 끝장이었을 것입니다. 그렇지 않습니까? 그러므로 우리는 지금 이 순간이 얼마나 귀한 시간인지 깊이 깨달아야 합니다.

또한 우리가 사랑하는 가족들도 이 복음을 들어야 합니다. 그런데 복음이 전해지지 않은 채 영원한 심판 속에 들어간다면, 우리 마음이 얼마나 아프

겠습니까? 그래서 하나님께서는 지금 심판을 지체하시면서 우리에게 은혜를 베풀어 주시고 계신 것입니다. 우리는 더욱 감사해야 합니다.

그런데 옛날부터 "그때가 온다"고 하였지만, 그때가 언제인지, 몇 월 며칠인지 기다리지 못하여 재림의 시간을 정해버리는 이단들이 득세하고 있습니다. 왜 이러한 현상이 일어나는 것일까요?

이러한 문제는 우리나라의 대학교 입학과 관련한 문화만 보더라도 알 수 있습니다. 즉 우리나라의 많은 고등학생의 경우에는 어느 대학교에 입학하는지가 목표가 되어버린 것입니다. 대학교는 사회에 나가기 위한 기초적인 지식을 배우는 곳입니다. 그런데 우리나라는 국토가 좁고 경쟁이 치열하다 보니, "누가 어느 대학에 갔다더라"는 데만 관심이 쏠려 있습니다.

그래서 대학에 가는 것이 목표가 되어버렸습니다. 대학에 입학하고 나서부터는 공부를 제대로 하지 않는 경우가 많습니다. 술을 마시고 방탕한 생활을 하는 경우도 적지 않습니다. 반면, 미국은 대학에 입학하는 것은 비교적 쉽지만 졸업이 어렵습니다. 과제가 워낙 많기 때문입니다.

"마지막 때"를 바라보는 우리의 시각도 이와 비슷합니다. 이 세상살이에 지쳐서 빨리 마지막 때가 오기를 바라는 것입니다. 그러다 보니 마지막 때 자체가 목표가 되어버려 "언제 오십니까?" 하고 끊임없이 묻게 됩니다.

그러나 진정한 마지막 때가 오면 우리는 누구와 동행합니까? 예수님과 동행하게 됩니다. 예수님께서 왕이신 그 나라에서 우리는 주님과 함께 살아가게 될 것입니다.

빛의 갑옷을 입자

우리는 천사처럼 단순히 영적인 존재로 영생의 삶을 살아가는 것이 아니라 여전히 인간의 존재로 살아가는 것입니다. 즉 부활한 이후에도 인간입니다. 지금의 육체와는 다르지만, 부활 이후에도 우리에게는 자유의지가 남아 있습니다. 그래야 하나님의 사랑과 순종 가운데 동행할 수 있기 때문입니다.

그러므로 우리는 예수님께서 다시 오시는 이 마지막 시점에 무엇을 해야 하겠습니까? 우리는 예수님의 사랑 가운데에서 자신을 부인함으로써 더욱 거룩한 행실과 경건함으로 살아가야 합니다. 이것이 곧 혼인잔치를 앞두고 있는 참된 신부로서의 자세인 것입니다.

데살로니가 교인들의 잘못된 종말에 대한 신앙관

그런데 오늘날 잘못된 신앙관을 가진 사람들은 그때만 기다리면서 먹고 놀자는 식의 생활을 하고 있습니다. 이것은 비단 우리 시대만의 문제가 아닙니다. 초대교회 때에도 같은 문제가 있었습니다. 데살로니가후서 3장 10절부터 15절까지 읽겠습니다.

> 10우리가 너희와 함께 있을 때에도 너희에게 명하기를 누구든지 일하기 싫어하거든 먹지도 말게 하라 하였더니 11우리가 들은 즉 너희 가운데 게으르게 행하여 도무지 일하지 아니하고 일을 만들기만 하는 자들이 있다 하니 12이런 자들에게 우리가 명하고 주 예수 그리스도 안에서 권하기를 조용히 일하여 자기 양식을 먹으라 하노라 13형제들아 너희는 선을 행하다가 낙심하지 말라 14누가 이 편지에 한 우리 말을 순종하지 아니하거든 그 사람을 지목하여 사귀지 말고 그로 하여금 부끄럽게 하라 15그러나 원수와 같이 생각하지 말고 형제같이 권면하라

데살로니가 교회는 사도 바울이 2차 전도 여행 중 마케도니아 지방에 세운 교회입니다. 빌립보 아래에 위치한 데살로니가 교회는 사도 바울이 아주 짧은 기간 동안 복음을 전하였음에도 불구하고 든든히 세워졌습니다. 그래서 사도 바울이 그러한 소식을 듣고 감격하여 첫 번째로 쓴 편지가 바로 데살로니가전서입니다.

그 편지를 전달한 제자는 디모데였는데, 디모데가 데살로니가 교회에 편지를 전달하고자 방문을 하였는데 당시 일부 교인들이 예수님이 곧 재림한다고 하여 일을 그만두고 교회에 의존하는 삶을 살아가고 있었습니다.

이러한 소식을 듣고 다시 쓴 편지가 바로 데살로니가후서입니다. 사도 바울은 그런 사람들을 향해 무엇이라고 말합니까? 10절 말씀을 다시 함께 읽어 보겠습니다.

> [10]······누구든지 일하기 싫어하거든 먹지도 말게 하라 하였더니

"예수님 오시면 이제 세상이 끝나는데" 하며, 일은 하지 않고 교회에 앉아 남의 돈으로 살아가려는 사람들이 있습니다. 이런 경우 다른 형제자매들이 얼마나 힘들겠습니까? 그러므로 우리 교회에도 혹시 그런 분이 있다면, 분명히 말해야 합니다. "먹지도 말라, 일해야 한다." 우리는 더욱 열심히 일해야 합니다.

또한 사도 바울은 "원수와 같이 생각하지 말라"고 권면합니다. 우리는 그런 사람들을 더욱 아끼고 도와주어야 합니다. 이것이 바로 그리스도인으로서 "마지막 때"를 살아가는 우리의 자세입니다. 마지막 때가 가까울수록 우리는 어떻게 살아야 할지 이해가 될 것입니다.

빛의 갑옷을 입자

그러므로 우리는 마지막 때일수록 더욱 예수님의 자녀답게, 신부로서 더욱 열심히 살아야 합니다. 나의 행실을 돌아보고, 나를 부인하며, 예수님을 사랑하고 찬양해야 합니다.

하나님의 전신갑주를 입자

그래서 오늘 사도 바울은 로마서 13장에서 "빛의 갑옷을 입고 낮에와 같이 단정히 행하자"고 말하고 있는 것입니다. 그러면 "빛의 갑옷을 입는다"는 것이 구체적으로 무엇을 의미하는지 살펴보겠습니다. 에베소서 6장 12절부터 18절까지 보겠습니다.

> [12]우리의 씨름은 혈과 육을 상대하는 것이 아니요 통치자들과 권세들과 이 어둠의 세상 주관자들과 하늘에 있는 악의 영들을 상대함이라 [13]그러므로 하나님의 전신갑주를 취하라 이는 악한 날에 너희가 능히 대적하고 모든 일을 행한 후에 서기 위함이라 [14]그런즉 서서 진리로 너희 허리띠를 띠고 의의 호심경을 붙이고 [15]평안의 복음이 준비한 것으로 신을 신고 [16]모든 것 위에 믿음의 방패를 가지고 이로써 능히 악한 자의 모든 불화살을 소멸하고 [17]구원의 투구와 성령의 검 곧 하나님의 말씀을 가지라 [18]모든 기도와 간구를 하되 항상 성령 안에서 기도하고 이를 위하여 깨어 구하기를 항상 힘쓰며 여러 성도를 위하여 구하라

그러므로 우리는 하나님의 전신갑주를 입어야 합니다. 머리의 투구부터 신발까지, 전신갑주의 각 부분이 구체적으로 무엇을 의미하는지 하나하나 설명해 주고 있습니다.

14절을 보면, "진리로 너희 허리띠를 띠고"라고 말씀합니다. 허리띠를 졸라매는 것은 전투 준비를 의미합니다. 자신을 든든히 지탱하는 것입니다. 여

기서 말하는 진리는 무엇입니까? 성경과 예수님에 대해 정확히 아는 것을 의미합니다. 그래야만 이단이 무슨 주장을 하든, 사탄이 거짓말로 현혹하더라도 우리가 흔들리지 않는 것입니다. 그러므로 우리는 성경을 정확하게 알아야 합니다. 성경도 많이 읽고, 설교도 많이 듣고, 생각도 깊이 하며, 때로는 흔들리기도 하고, 교제도 하면서 점점 더 든든히 설 수 있는 것입니다. 아멘!

또 "의의 호심경을 붙이고"라고 했습니다. 호심경은 가슴과 심장을 보호하는 갑옷입니다. 화살이 날아와도 막아주는 것입니다. 우리의 의(義)는 누구의 의(義)입니까? 바로 예수님의 의(義)입니다. 우리의 의(義)는 우리가 잘해서 얻은 것이 아닙니다. 전적으로 예수님의 순종으로 인하여 우리에게 주어진 공의입니다.

때로는 우리가 허물을 범하고 죄를 짓게 되면 사탄은 "너 그렇게 해서 하나님의 사람 맞느냐? 구원받은 사람 맞느냐?"고 속삭이면서 하나님과 우리 사이에 담을 쌓습니다. 그럴 때 우리는 어떻게 해야 합니까? "사탄아, 네 말처럼 내가 허물이 있는 것은 맞다. 그러나 내가 가진 의(義)는 내 것이 아니라 예수님의 것이다. 예수님의 의는 완벽하고 영원하기 때문에 너의 참소는 거짓이다. 사탄아 떠나가라"라고 선포해야 합니다.

예수님을 의지하면 흔들릴 이유가 없습니다. 우리는 기본적으로 나의 기준으로 생각하려고 합니다. 기도를 잘하면 신앙이 잘 되는 것 같고, 기도를 못 하거나 세상일에 바빠 신앙생활이 소홀해지면 구원받았는지 의심하게 됩니다. 이는 기준을 자기 자신에게 두기 때문입니다. 우리는 모두 허물 많은 죄인이며 악한 죄인입니다. 그렇지만 우리의 의는 예수님의 것이며, 하나님께서 기뻐하시는 것은 바로 예수님이십니다. 그러므로 우리는 예수님

빛의 갑옷을 입자

의 이름표만 달고 나아가면 어떤 염려도 필요 없는 것입니다.

15절에서는 "평안의 복음이 준비한 것으로 신을 신고"라고 하였습니다. 신을 신고 걸어간다는 것은 삶을 살아간다는 의미입니다. 우리의 발은 원래 피 흘리는 데 빠르지만, 예수님과 하나님 안에서 그분의 손을 붙들고 동행한다면 우리의 마음은 평안할 수 있습니다. 이리저리 분주하게 다닐 필요가 없습니다. 예수님께서 나와 함께하신다면 우리는 평안할 수 있습니다.

지난주 말씀처럼 세상의 역사는 하나님의 크신 섭리의 경영에 있습니다. 그 섭리 안에 우리가 있습니다. 그러므로 우리에게 일어나는 일들도 하나님의 섭리 안에 있습니다. 누군가 내게 나쁜 짓을 해서 마음에 분노가 일어나더라도, 그 분노를 따라가면 누구의 섭리를 거스르는 것입니까? 하나님의 섭리를 거스르는 것입니다.

우리에게 어려움이 없었다면 과연 하나님을 찾았겠습니까? 하나님께서 어려움을 통해 우리를 부르신 것입니다. 그 어려움은 이해되지 않을 수도 있지만, 하나님의 크신 섭리와 은혜 가운데 있다는 사실을 기억해야 합니다. 그러면 걸음걸이가 평안해집니다. 세상 권세에 의지하러 다닐 필요가 없습니다.

16절에는 "모든 것 위에 믿음의 방패를 가지고 이로써 능히 악한 자의 모든 불화살을 소멸하라"고 했습니다. 믿음의 방패가 얼마나 귀합니까? 하나님께서는 우리를 얼마나 사랑하셨습니까? 독생자까지 우리에게 주셨습니다. 부모라면 자식을 대신해 죽을지언정, 자식이 죽는 것을 볼 수는 없습니다. 그럼에도 불구하고 하나님께서는 사랑하는 독생자를 인자로 보내셔서 허물 많은 세상 죄를 지게 하시고 십자가에서 버리셨습니다. 이보다 큰 사랑이 있을 수 없습니다.

이 사실을 알게 되면 인생에 어떤 어려움이 있다 하더라도 "그래, 하나님께서 이렇게까지 나를 사랑하시는데 내가 무엇을 두려워하겠는가?" 하면서 모든 것을 이겨낼 수 있는 것입니다.

17절에 "구원의 투구와 성령의 검 곧 하나님의 말씀을 가지라"고 하였습니다. 하나님께서 나를 택하여 주셨다는 믿음이 머릿속에 자리 잡으면 사탄이 무엇을 말하더라도 우리는 흔들리지 않습니다. 아무리 여러 생각이 들어오더라도 우리는 말씀으로 이겨나가는 것입니다. 사탄은 우리를 겁박하고 두려움을 주려고 하지만, 하나님의 말씀은 이렇게 증언합니다.

우리 함께 로마서 8장 31절과 32절을 보겠습니다.

> [31] 그런즉 이 일에 대하여 우리가 무슨 말 하리요 만일 하나님이 우리를 위하시면 누가 우리를 대적하리요 [32] 자기 아들을 아끼지 아니하시고 우리 모든 사람을 위하여 내주신 이가 어찌 그 아들과 함께 모든 것을 우리에게 주시지 아니하겠느냐

사탄이 아무리 우리를 어렵게 하고 세상의 어려움이 다가온다 하더라도, 이 말씀을 마음에 품고 사탄에게 선포해야 합니다. "사탄아, 하나님께서 이렇게 말씀하셨다. 네가 아무리 속이려 해도 나는 평생 너에게 속았던 것을 회개했고, 이제는 더 이상 속지 않을 것이다. 사탄아, 떠나가라."

우리는 이렇게 말씀으로 나아가야 합니다. 이것이 우리의 무기입니다. 광선검으로 번쩍이며 사탄을 무찌르는 것이 아니라, 말씀으로 대적하고 기도와 간구로써 사탄을 이겨내는 것입니다. 예수님께서도 사탄을 이기실 때 말씀으로 "떠나가라" 하셨습니다. 이것이 우리의 참된 무기입니다.

빛의 갑옷을 입자

예수 그리스도의 옷을 입자

이제 로마서 13장 11절부터 14절까지 다시 보겠습니다.

> [11]또한 너희가 이 시기를 알거니와 자다가 깰 때가 벌써 되었으니 이는 이제 우리의 구원이 처음 믿을 때보다 가까웠음이라 [12]밤이 깊고 낮이 가까웠으니 그러므로 우리가 어둠의 일을 벗고 빛의 갑옷을 입자 [13]낮에와 같이 단정히 행하고 방탕하거나 술 취하지 말며 음란하거나 호색하지 말며 다투거나 시기하지 말고 [14]오직 주 예수 그리스도로 옷 입고 정욕을 위하여 육신의 일을 도모하지 말라

우리가 예수 그리스도의 옷을 입었기 때문에 겉으로 볼 때 우리는 예수님을 대표하는 자들입니다. 그런데 예수님의 옷을 입고 사탄의 일을 한다면 그것은 예수님의 이름을 욕되게 하고 사탄의 일을 따르는 것이 되는 것입니다. 그러므로 우리는 예수 그리스도로 옷 입었기에 더욱 거룩하고 세상과 구별되며, 형제자매를 더 사랑하는 삶을 살아야 합니다.

모든 것을 먹을 만한 믿음과 채소만 먹는 믿음

이 사랑이 좀 더 구체화되는 것이 로마서 14장 1절부터 4절입니다.

> [1]믿음이 연약한 자를 너희가 받되 그의 의견을 비판하지 말라 [2]어떤 사람은 모든 것을 먹을 만한 믿음이 있고 믿음이 연약한 자는 채소만 먹느니라 [3]먹는 자는 먹지 않는 자를 업신여기지 말고 먹지 않는 자는 먹는 자를 비판하지 말라 이는 하나님이 그를 받으셨음이라 [4]남의 하인을 비판하는 너는 누구냐 그가 서 있는 것이나 넘어지는 것이 자기 주인에게 있으매 그가 세움을 받으리니 이는 그를 세우시는 권능이 주께 있음이라

여기서 "먹는 이야기"가 나옵니다. 이 이야기가 등장하는 이유는 사도 바울이 로마서를 기록할 당시에는 아직 예루살렘 성전이 기원후 70년에 무너지기 전의 시점이기 때문에 더욱 그러한 것입니다. 따라서 실제로 성전에서 제사도 드려졌고 동시에 예수님의 복음도 존재하던 시대였습니다. 겉으로 볼 때는 율법과 복음이 마치 함께 공존하고 있었던 것처럼 보여지던 시대였습니다. 즉 겉으로 볼 때, 로마교회의 유대인 그리스도인들은 구약성경에 나오는 정한 음식은 먹고 우상에게 제사 지냈던 음식이나 부정한 짐승은 먹지 않는 등 구약의 율례를 그대로 지키고 있었습니다.

그런데 이방인 그리스도인들은 "우리가 믿음으로 구원받았는데 무슨 구약의 음식에 대한 규례를 지키냐?"고 하면서 정한 짐승이든 부정한 짐승이든 다 맛있게 먹었습니다.

그러다 보니 로마 교회 안에서 서로가 서로를 평가하고 있었습니다. 유대인들은 "이방인 너는 어떻게 우상에게 제사 지낸 음식을 먹어?"라고 말하고, 이방인 그리스도인들은 "유대인 너는 그렇게 믿음이 없니?"라고 말하였던 것입니다.

여기서 말하는 "믿음이 연약한 자"는 누구입니까? 바로 유대인 그리스도인인 것입니다. 따라서 "믿음이 강한 자"는 이방인 그리스도인으로 구별되는 것입니다. 그러면 이제 지금 우리가 이 신약에서는 이 율법이 폐지되었습니까?, 그대로 유지가 됩니까? 폐지가 되었습니다.
사도행전 10장 9절부터 16절을 보겠습니다.

> [9]이튿날 그들이 길을 가다가 그 성에 가까이 갔을 그때 베드로가 기도하려고 지붕에 올라가니 그 시각은 제 육시더라 [10]그가 시장하여 먹고자 하매 사람

들이 준비할 때 황홀한 중에 ¹¹하늘이 열리며 한 그릇이 내려오는 것을 보니 큰 보자기 같고 네 귀를 매어 땅에 드리웠더라 ¹²그 안에는 땅에 있는 각종 네 발 가진 짐승과 기는 것과 공중에 나는 것들이 있더라 ¹³또 소리가 있으되 베드로야 일어나 잡아먹어라 하거늘 ¹⁴베드로가 이르되 주여 그럴 수 없나이다 속되고 깨끗하지 아니한 것을 내가 결코 먹지 아니하였나이다 한 대 ¹⁵또 두 번째 소리가 있으되 하나님께서 깨끗하게 하신 것을 네가 속되다 하지 말라 하더라 ¹⁶이런 일이 세 번 있은 후 그 그릇이 곧 하늘로 올려져 가니라

레위기 11장에 보면 정한 짐승과 부정한 짐승에 대한 규례가 있습니다. 정한 짐승은 첫 번째로 굽이 갈라져 쪽발이 되고 되새김질하는 짐승, 예를 들어 소 같은 것입니다. 그다음, 물에 있는 것 중에는 비늘과 지느러미가 있는 것이 정한 물고기입니다. 공중의 새의 경우에는 다른 짐승을 잡아먹는 새는 부정하고 나머지는 정하였습니다. 곤충 중에는 날개가 있고 뛰어오를 만한 다리가 있는 것이 정한 곤충이고, 땅에 기어다니는 모든 것은 부정한 것입니다.

여기에 대하여는 다양한 의견들이 있지만, 언약신학의 입장에서 보면 이것은 모두 흠 없는 예수님의 모습들을 잘 드러내 주는 것입니다. 정한 짐승은 굽이 갈라져 있어 선악에 대한 구별이 명확하고 되새김질하는 것은 하나님 말씀을 늘 묵상함을 의미합니다. 예수님께서는 이 땅에 인자로 오셨지만 선악을 정확하게 구분하시고 늘 하나님의 말씀을 따라가셨습니다. 이러한 모습은 바로 우리가 따라가야 할 삶의 모습입니다.

그다음 물고기는 비늘이 있어 갑옷처럼 보입니다. 사탄이 어떤 말을 넣어주더라도 모두 물리치고, 꼬리를 통해 앞으로 나아가듯 성령의 힘을 받아 나아가는 모습을 보여줍니다.

그리고 예수님의 초림은 평화를 나타내는 비둘기와 같이 이 땅에 심판을 선포하는 것이 아니라 평화를 선포하기 위하여 온유함으로 오셨습니다.

날개 달린 곤충이 하늘을 향해 도약하는 모습은 예수님께서 이 땅에 발을 딛고 사셨지만 늘 하늘을 향해 사셨던 모습과 같습니다. 그런데 우리 인간은 늘 땅만 바라봅니다. 하늘을 제대로 바라보는 경우가 거의 없습니다. 땅에 무엇이 있는지, 항상 땅과 사람만 보고 다닙니다.

구약 시대는 성령이 오시기 전이었으므로, 하나님께서 이것을 그냥 그림책처럼 보여주신 것이었습니다. "너희가 먹을 때 이것이 정한지 부정한지 잘 살펴보라"고 하셨던 것입니다.

그래서 오늘날 우리는 그리스도인으로서 입으로 들어가는 것이 문제가 되지 않습니다. 예수님께서 마가복음 7장 18절부터 23절에서 밖에서 들어가는 것이 능히 사람을 더럽게 하지 못한다고 하십니다.

> [18]예수께서 이르시되 너희도 이렇게 깨달음이 없느냐 무엇이든지 밖에서 들어가는 것이 능히 사람을 더럽게 하지 못함을 알지 못하느냐 [19]이는 마음으로 들어가지 아니하고 배로 들어가 뒤로 나감이라 이러므로 모든 음식물을 깨끗하다 하시니라 [20]또 이르시되 사람에게서 나오는 그것이 사람을 더럽게 하느니라 [21]속에서 곧 사람의 마음에서 나오는 것은 악한 생각 곧 음란과 도둑질과 살인과 [22]간음과 탐욕과 악독과 속임과 음탕과 질투와 비방과 교만과 우매함이니 [23]이 모든 악한 것이 다 속에서 나와서 사람을 더럽게 하느니라

즉 사람을 더럽게 하는 것은 음식이 아니라, 우리 마음에서 나오는 것이 악한 것입니다. 본래 하나님께서 주신 것은 오늘 이 말씀처럼 모두 깨끗합니다.

우상 앞에 절하기 위하여 차려졌다고 하여 음식의 본질이 바뀌지 않으며, 음식은 여전히 음식입니다. 먹으면 됩니다. 그런데 내가 이러한 관념에 잡혀서 그것을 먹지 못하더라는 것입니다. 율법을 정확하게 알면 "아, 구약 성경이 이래서 이러했구나. 그렇다면 우리가 예수님 안에 있으니 자유롭구나" 하며 먹으면 됩니다. 그런데 이 믿음이 사실상 하나님께서 주시는 분량대로 모두 다르더라는 것입니다.

우리 교회 안의 삶도 마찬가지입니다. 어떤 분들은 열심히 기도하시고, 어떤 분들은 열심히 봉사도 하시고, 금식도 많이 하십니다. 그렇다고 해서 다른 형제자매를 판단하면 되겠습니까? 그것은 안 되는 것입니다. 하나님께서 주신 달란트대로 살아가는 모습들인 것입니다.

오늘 지금 말씀은 이 음식이 우리에게 문제가 되는 것이 전혀 아니라는 것입니다. 그런데 로마교회에서 보니 유대인 그리스도인과 이방인 그리스도인이 먹는 것 가지고 하나 되지 못하더라는 것입니다. 그러면 우리는 도대체 어떻게 해야 하겠습니까? 로마서 14장 15절을 보겠습니다.

> [15]만일 음식으로 말미암아 네 형제가 근심하게 되면 이는 네가 사랑으로 행하지 아니함이라 그리스도께서 대신하여 죽으신 자를 네 음식으로 망하게 하지 말라

그래서 형제를 판단할 필요가 없다는 것입니다. 율례를 지킴으로써 음식을 가리는 사람은 그 역시 하나님을 잘 섬기려 하는 것입니다. 또 믿음이 강한 사람은 하나님께서 주신 믿음대로 강하게 나아가는 것입니다.

믿음을 따라 하지 아니하는 것은 다 죄니라

그런데 내 생각과 다르다고 해서 "이렇게 해야 된다, 저렇게 해야 된다"라고 말하면 문제가 생깁니다. 그 형제가 걸려 넘어지게 됩니다. 형제가 걸려 넘어지는 것과 관련된 말씀을 보겠습니다. 로마서 14장 22절부터 23절입니다.

> ²²네게 있는 믿음을 하나님 앞에서 스스로 가지고 있으라 자기가 옳다 하는 바로 자기를 정죄하지 아니하는 자는 복이 있도다 ²³의심하고 먹는 자는 정죄되었나니 이는 믿음을 따라 하지 아니하였기 때문이라 믿음을 따라 하지 아니하는 것은 다 죄니라

먹는 것이 어떻게 죄와 연결되는지 한번 살펴보겠습니다. 출애굽기 34장 15절은 "너는 삼가 그 땅의 주민과 언약을 세우지 말지니 이는 그들이 모든 신을 음란하게 섬기며 그들의 신들에게 제물을 드리고 너를 청하면 네가 그 제물을 먹을까 함이며"라고 기록되어 있습니다. 즉 우상에게 바쳐진 음식을 먹는 것을 염려하며 금하였습니다. 그런데 이제 내가 그 음식을 먹었습니다. 그때 믿음이 약한 사람이 그것을 보면 "우상에게 바쳤던 음식을 먹어도 되나?" 하는 마음이 드는 것입니다. 그 형제는 그 정도의 믿음만 가지고 있습니다.

그런데 이제 믿음이 강한 사람이 그 믿음 약한 사람에게 "괜찮습니다. 예수님께서 그 모든 것을 다 끝내셨습니다"라고 말해 주었습니다. 그렇지만 이러한 이야기를 듣고 강한 믿음이 딱 들어오면 좋겠지만 아직 믿음이 온전히 서지 않았습니다.

빛의 갑옷을 입자

그런데도 믿음이 약한 사람은 믿음이 강한 사람이 잘 먹으니까 먹기는 하지만, 내 마음속에 아직 확신이 없는 것입니다. 여전히 의심 가운데 있는 것입니다. 즉 의심 가운데서 먹었습니다. 그러면 믿음이 약한 사람의 마음에 죄책감이 드는 것입니다. 죄책감으로 인해 "우상에게 바쳤던 음식을 먹었는데 하나님께서 내 기도도 들어주실까? 이렇게 해도 정말 괜찮을까?" 하는 의심이 생깁니다.

그래서 의심하며 먹으니까 내가 하나님과 거리가 멀어지는 것입니다. 이것은 마치 아담이 죄를 짓고 나서 자기를 가리고 하나님이 부르실 때에 숨는 것과 동일한 것입니다. 그래서 믿음을 따라 하지 아니하는 것은 다 죄가 되는 것입니다. 그러므로 안 먹는 형제에게 굳이 먹으라고 강요하면 그 형제의 믿음을 더 떨어뜨리고 의심하게 하며 죄를 짓게 만드는 것입니다.

저도 옛날에 제사 지냈던 음식을 잘 먹었습니다. 그러다가 형수께서 "도련님은 교회 다니시니까, 이 제사 음식을 안 드시겠지요?"라고 말씀하셨습니다. 그 말 한마디에 내가 그것을 먹을 수 없게 되었습니다. 왜냐하면 만약 제가 그것을 먹으면, 아직 교회를 다니지는 않지만 앞으로 다닐 수도 있는 형수께서 "교회 다니는 사람이 저런 음식을 먹어도 되는가?" 하고 의문을 가질 수 있기 때문입니다. 그분의 신앙에 방해될까 봐 제가 안 먹은 것입니다.

이처럼 우리는 하나님의 사랑을 받은 사람이므로, 먹는 문제조차도 율법으로서가 아니라 사랑으로 품어주라는 것입니다. 이것이 바로 율법의 세 번째 용도 가운데 사랑이 곧 우리가 살아가는 기준점이 된다는 의미입니다.

우상에게 바쳐진 음식을 먹으라 또는 먹지 말라고 하는 것이 중요한 것이 아니라, 우리는 모두 자유로운데 형제를 사랑하는 가운데서 자유를 누려야 하며 내 마음의 원대로 자유를 사용해서는 안 된다는 것입니다.

우리가 교회 안에서 신앙생활을 하다 보면 믿음의 정도가 다양합니다. 그런데 그것을 가지고 "나는 믿음이 좀 있다" 하면서 "형제님, 이렇게 하십시오. 자매님, 이렇게 하십시오"라고 강요해서는 안 됩니다.

시간이 걸리고 단계가 필요한 일입니다. 그렇다 하더라도 우리는 그들을 내버려 두는 것이 아닙니다. 이 사람들은 모두 신앙생활을 잘 하려고 하는 사람들입니다. "내가 이 음식을 먹어도 되나 안 되나?" 하는 것들을 고민하는 사람들은 하나님 앞에서 더욱 신앙생활을 잘 하려고 하는 사람들입니다. 그런 사람들은 그렇게 하는 것이 맞습니다.

성도에 대한 권면과의 구별

그런데 교회에 보면 신앙생활을 제대로 하지 않는 사람들도 있습니다. 단순히 술에 빠져 사는 그러한 사람들에 대해서는 권면해야 합니다. 제가 직접 권면하든, 설교를 통해 권면이 전달되든, 교회에서 정한 방법으로 권면하든 그것은 권면하는 것이 맞습니다. 그것 또한 그 성도를 사랑하는 마음으로 해야 할 것입니다.

그러나 열심히 신앙생활을 하려고 하는 사람에게 "자매님, 이렇게 해야 합니다. 저렇게 해야 합니다"라고 강요하는 것은 하지 말라는 것입니다. 그 믿음은 바로 하나님께서 세우시는 것입니다. 때가 되면 자라게 되어 있습니다.

모든 날들에 관한 문제도 동일함

그다음 로마서 14장 5~12절 말씀을 한번 보겠습니다.

> [5]어떤 사람은 이 날을 저 날보다 낫게 여기고 어떤 사람은 모든 날을 같게 여기나니 각각 자기 마음으로 확정할지니라 [6]나를 중히 여기는 자도 주를 위하여 중히 여기고 먹는 자도 주를 위하여 먹으니 이는 하나님께 감사함이요 먹지 않는 자도 주를 위하여 먹지 아니하며 하나님께 감사하느니라 [7]우리 중에 누구든지 자기를 위하여 사는 자가 없고 자기를 위하여 죽는 자도 없도다 [8]우리가 살아도 주를 위하여 살고 죽어도 주를 위하여 죽나니 그러므로 사나 죽으나 우리가 주의 것이로다 [9]이를 위하여 그리스도께서 죽었다가 다시 살아나셨으니 곧 죽은 자와 산 자의 주가 되려 하심이라 [10]네가 어찌하여 네 형제를 비판하느냐 어찌하여 네 형제를 업신여기느냐 우리가 다 하나님의 심판대 앞에 서리라 [11]기록되었으되 주께서 이르시되 내가 살았노니 모든 무릎이 내게 꿇을 것이요 모든 혀가 하나님께 자백하리라 하였느니라 [12]이러므로 우리 각 사람이 자기를 하나님께 직고하리라

그리고 "날"에 관한 문제가 또 있습니다. 안식일을 지켜야 하고, 초실절, 무교절, 나팔절, 그리고 초막절을 지켜야 한다고 생각하는 유대인 그리스도인들이 있었습니다. 그런데 이방인 그리스도인들 입장에서는 그것이 이해가 되지 않았습니다.

구약의 절기들은 사실 예수 그리스도를 예표하는 것이었습니다. 유월절은 어린 양 되신 예수 그리스도의 십자가 고난을 이야기하는 것이고, 초실절은 무교절 기간 중에 있는 절기로 예수님께서 부활하심으로 첫 열매가 되신 것을 기념하는 것이며, 무교절은 죄 없는 거룩한 예수님 안에서 우리가 성화되어 가는 삶을 나타내는 것이고, 칠칠절(오순절)은 성령 강림을 나타내는 것이고, 나팔절은 마지막 심판을 기다리며 예수님께서 마지막 나팔을

부실 때 우리가 하늘에서 홀연히 변화될 새 날을 가리키는 것이며, 장막절 (초막절)은 우리가 천국에서 하나님과 동행하는 모습을 미리 보여준 예표적 인 날들이었습니다.

그러면 이것을 정확하게 알면 "그 절기들은 이런 의미였구나! 왜 그렇게 절 기를 지키는 형식에 구속이 된단 말인가? 우리는 예수님 안에서 함께 동 행하면 되는 것이구나" 하고 생각할 수 있습니다. 이렇게 생각하면 되는데, 이것을 잘 모르는 믿음이 약한 사람들은 "그래도 나는 절기를 지켜야 해" 라고 생각하는 것입니다. 우리 교회에서 절기를 그렇게 많이 지키지 않는 것이 바로 이러한 의미 때문입니다.

또 어떤 분들은 "주기도문을 외우면 하나님이 기도를 들어주십니까?" "사 도신경을 외우면 믿음이 생기는 것입니까?"라고 묻기도 합니다. 그러나 기 도와 믿음은 형식이 중요한 것이 아닙니다. 우리의 삶이 진실로 기도의 삶 이 되어야 하고, 진실로 하나님의 영원하신 사랑을 사모하며 사는 것이 중 요한 것입니다. 수단이 본질을 전도해서는 안 되는 것입니다. 그래서 형식 적인 의식을 계속하여 고집하다 보면 행위에 의존하는 신앙, 곧 믿음이 약 한 쪽으로 흘러가게 되는 것입니다.

형제사랑으로 나아가기 위한 우리의 정체성

사도 바울은 로마서 14장 7절부터 9절에서 이렇게 말씀을 하고 있는 것입 니다.

> [7]우리 중에 누구든지 자기를 위하여 사는 자가 없고 자기를 위하여 죽는 자 도 없도다 [8]우리가 살아도 주를 위하여 살고 죽어도 주를 위하여 죽나니 그 러므로 사나 죽으나 우리가 주의 것이로다 [9]이를 위하여 그리스도께서 죽었

빛의 갑옷을 입자

다가 다시 살아나셨으니 곧 죽은 자와 산 자의 주가 되려 하심이라 ¹⁰네가 어찌하여 네 형제를 비판하느냐 어찌하여 네 형제를 업신여기느냐 우리가 다 하나님의 심판대 앞에 서리라 ¹¹기록되었으되 주께서 이르시되 내가 살았노니 모든 무릎이 내게 꿇을 것이요 모든 혀가 하나님께 자백하리라 하였느니라 ¹² 이러므로 우리 각 사람이 자기 일을 하나님께 직고하리라

그렇다면 형제들을 판단하지 않고 화목할 수 있는 방법은 무엇이겠습니까? 그것은 저 형제도 주님의 것이고, 나도 주님의 것이라는 것을 정확하게 인식하는 것입니다. 예수님께서 우리를 모두 당신의 보혈로 사셨기 때문에, 저 형제도 주의 것이요 나도 주의 것입니다.

그러면 누가 믿음을 일으켜 세우시는 것입니까? 바로 예수님께서 이 모든 것을 하시는 것입니다. 하나님께서는 우리가 "이 형제가 어떻고, 저 형제가 어떻다" 하며 판단해서는 안 된다는 것을 보여주시기 위해, 우리가 모두 주님 안에서 하나임을 알려주시는 것입니다. 그러므로 우리는 율법 안에서가 아니라 사랑 안에서 형제자매를 더욱더 사랑해야 합니다. 지금 사도 바울이 로마서 14장 13절부터 21절에서 이를 더욱 강하게 말씀하고 있는 것입니다.

¹³그런즉 우리가 다시는 서로 비판하지 말고 도리어 부딪칠 것이나 거칠 것을 형제 앞에 두지 아니하도록 주의하라 ¹⁴내가 주 예수 안에서 알고 확신하노니 무엇이든지 스스로 속된 것이 없으되 다만 속되게 여기는 그 사람에게는 속되니라 ¹⁵만일 음식으로 말미암아 네 형제가 근심하게 되면 이는 네가 사랑으로 행하지 아니함이라 그리스도께서 대신하여 죽으신 형제를 네 음식으로 망하게 하지 말라 ¹⁶그러므로 너희의 선한 것이 비방을 받지 않게 하라 ¹⁷하나님의 나라는 먹는 것과 마시는 것이 아니요 오직 성령 안에 있는 의와 평강과 희락이라 ¹⁸이로써 그리스도를 섬기는 자는 하나님을 기쁘시게 하며 사람에게도 칭찬을 받느니라 ¹⁹그러므로 우리가 화평의 일과 서로 덕을 세우는 일을

힘쓰나니 [20]음식으로 말미암아 하나님의 사업을 무너지게 하지 말라 만물이 다 깨끗하되 거리낌으로 먹는 사람에게는 악한 것이라 [21]고기도 먹지 아니하고 포도주도 마시지 아니하고 무엇이든지 네 형제로 거리끼게 하는 일을 아니함이 아름다우니라

우리가 이렇게 함으로써 주님 안에서 참된 "에클레시아" 거룩한 공동의 무리인 교회에서 하나가 되는 것입니다. 아멘!

빛의 갑옷을 입자

그리스도 예수의 일꾼

로마서 15장 1절부터 7절까지 먼저 보도록 하겠습니다.

> [1]믿음이 강한 우리는 마땅히 믿음이 약한 자의 약점을 담당하고 자기를 기쁘게 하지 아니할 것이라 [2]우리 각 사람이 이웃을 기쁘게 하되 선을 이루고 덕을 세우도록 할지니라 [3]그리스도께서도 자기를 기쁘게 하지 아니하셨나니 기록된 바 주를 비방하는 자들의 비방이 내게 미쳤나이다 함과 같으니라 [4]무엇이든지 전에 기록된 바는 우리의 교훈을 위하여 기록된 것이니 우리로 하여금 인내로 또는 성경의 위로로 소망을 가지게 함이니라 [5]이제 인내와 위로의 하나님이 너희로 그리스도 예수를 본받아 서로 뜻이 같게 하여 주사 [6]한 마음과 한 입으로 하나님 곧 우리 주 예수 그리스도의 아버지께 영광을 돌리게 하려 하노라 [7]그러므로 그리스도께서 우리를 받아 하나님께 영광을 돌리심과 같이 너희도 서로 받으라

우리가 올 초 로마서를 시작하면서 "의인은 믿음으로 말미암아 살리라"는 말씀을 붙들었습니다. 여러분 우리가 세상의 계산으로 신앙을 하는 것보다는 차라리 세상에서 더 열심히 사는 것이 났습니다. 왜냐하면 고린도후서 6장 15절의 말씀처럼 그리스도와 벨리알이 어찌 조화되겠습니까? 오늘날 많은 사람들이 오늘날 하나님을 믿는다고 말하지만, 그들이 말하는 믿음은 자신의 인식과 의지를 바탕으로 하는 "가짜 믿음"인 경우가 많습니다.

그래서 조금만 고난의 바람이 불어도 "하나님이 안 계신가 보다" 하며 하나님을 원망하고 다 무너지는 것입니다. 그러나 진짜 믿음은 내 모든 것이 무너진 그 자리에서 하나님께서 일으켜 세우시는 것이기에 결코 무너지는

법이 없습니다.

사도 바울은 로마서를 통하여 예수님 안에서의 유대인과 이방인의 구별이 없는 하나된 복음을 증거하고, 이 복음 안에서 거룩함을 받은 교회 공동체와 그 삶에 대하여 기록하고 있습니다.

지난주에는 로마서 14장에서 로마교회의 어려움들에 대해서 언급이 되었습니다. 그런데 그 문제는 당시 로마교회뿐 아니라 바울이 세운 다른 초대교회들에도 공통적으로 존재했던 문제였습니다.

왜냐하면 외형적으로는 예루살렘 성전도 있었고, 예수님의 복음도 함께 전해지는 이중 구조 속에 있었기 때문입니다.

즉 로마서 14장은 교회 내에서 정결한 음식과 부정한 음식, 날과 절기를 구분하는 문제를 다루었습니다. 믿음이 약한 자의 입장에서 보면, "내가 율법에 따라 음식을 잘 구분해서 먹어야만 하나님께 복을 받겠구나" 생각을 합니다. 그러나 이는 믿음이 약한 것입니다. 왜냐하면, 자신의 행위를 의지하기 때문입니다.

그러나 믿음이 강한 사람은 구약성경의 모든 예식들은 예수 그리스도 안에서 이미 이루어졌기 때문에 우리는 예수님만 의지하고 하나님 앞에 나아가는 자유함을 가졌습니다. 그렇기에 믿음이 강한 자의 입장에서는 믿음이 약한 형제를 판단하기가 쉽습니다. "저렇게 하면 안 되는데" 하며 판단하게 됩니다. 반면, 믿음이 약한 자는 자신의 믿음 약한 위치도 모르고 "저 사람들은 율법도 모르면서, 이방인 주제에 나를 평가해?" 하며 반발합니다. 그러니 로마교회가 하나 되기가 어려운 상황이었던 것입니다.

그리스도 예수의 일꾼

그래서 오늘 말씀도 바로 그 연장선상에서, 형제자매를 어떻게 하면 더 사랑할 수 있는가에 대한 이야기입니다. 이 말씀은 곧 오늘날 우리에게 주시는 동일한 말씀입니다.

우리는 각기 다르게, 하나님께서 주신 믿음의 분량대로 살아가고 있습니다. 어떤 사람은 믿음이 강하고 또 어떤 사람은 아직 믿음이 약한 상태에 머물러 있습니다. 그럴 때 우리는 "저 사람은 몇 년이 지나도 왜 저렇게 안 바뀌나?" 하며 판단해서는 안 됩니다. 반대로 믿음이 약한 사람은 "나는 언제 저 형제자매처럼 될까?" 하며 시기할 것도 아닙니다. 서로를 품고 안아주는 자세, 바로 그런 모습들을 오늘 로마서 15장에서 다시 말씀하고 계신 것입니다.

선을 이루고 덕을 세우라

로마서 15장 2절에 보면 이렇게 기록되어 있습니다. "우리 각 사람이 이웃을 기쁘게 하되, 선을 이루고 덕을 세우도록 할지니라." 여기서 "덕을 세우다"라는 표현은 우리가 한국어로 생각하면 도덕적 의미로 받아들이기 쉬운데, 헬라어 원어는 "오이코도메"라는 단어에서 왔습니다. 이 말은 "집을 짓다, 건축하다"는 뜻입니다.

즉 "이웃을 기쁘게 하되 선을 이루고 덕을 세우라"는 말씀은 단지 착하게 살라는 도덕적인 교훈이 아니라, 교회를 든든히 세우라는 의미입니다. 우리 한 사람 한 사람이 교회의 지체이자 구성원으로서, 벽돌 하나하나처럼 교회를 함께 세워가는 존재라는 것입니다.

그래서 우리는 고린도전서 3장 16절의 "너희는 너희가 하나님의 성전인 것과 하나님의 성령이 너희 안에 계시는 것을 알지 못하느냐"라는 말씀처럼 한 사람 한 사람이 바로 성전된 백성입니다. 형제자매 한 분 한 분이 바로 쌓여질 때, 영적으로 교회는 든든히 서게 됩니다. 그런데 서로를 판단하고 비난하게 되면 교회가 든든히 세워질 수가 없습니다. 덕을 세운다는 것은 곧 교회를 세우는 것이며, 형제자매를 사랑하는 것이 곧 하나님의 교회를 건축해 나가는 거룩한 사역이라는 것입니다.

그렇다면 이 교회를 어떻게 지어야 하겠습니까? 이 말씀을 그대로 마음에 새기고 열왕기상 6장 7절로 가서 합독하겠습니다.

> ⁷이 성전은 건축할 때 돌을 그 뜨는 곳에서 다듬고 가져다가 건축하였으므로 건축하는 동안에 성전 속에서는 방망이나 도끼나 모든 철 연장 소리가 들리지 아니하였으며

솔로몬이 예루살렘에 하나님의 성전을 지을 때의 모습입니다. 성전을 지을 때, 돌을 떠내는 곳에서 미리 다듬어서 가져와, 조용히 하나씩 하나씩 쌓아 올렸습니다. 그 과정에서는 방망이나 도끼, 철 연장의 소리가 들리지 않았습니다. 조용하게, 마치 "안에서 무슨 일이 벌어지고 있나?" 싶을 정도로 성전이 지어졌습니다. 이렇게 성전이 지어질 때에 소리가 들리지 아니하였다는 것은 평화롭게, 서로 존중하고 하나님의 질서에 따라서 건축이 되어진 것을 잘 나타냅니다.

이것이 바로 교회가 세워져 가는 방식입니다. 우리 교회도 그런 점에서 참 아름답습니다. 개척교회이기 때문에 바울이 세운 서신 속의 교회의 모습을 많이 닮아 있습니다. 우리는 처음 이 교회에 올 때 각자가 자기 인생의 가시 하나씩을 들고 왔습니다. 마치 그것이 무너지면 내 인생도 함께 무너

그리스도 예수의 일꾼

질 것처럼 자존심도 내세우고 자기 의도 앞세우고 그렇게 왔습니다. 그러나 말씀 가운데서 자신의 악한 부분이 점점 드러나면서 자신을 의지하는 것을 하나씩 내려놓게 되고 교회의 사랑과 기도를 통해서 그 마음이 위로를 받고 부드러워지면서 결국 아름다운 벽돌 하나로 다듬어져 가는 것입니다.

그리고 그렇게 하나님께서 주신 달란트의 모양이 나오면 그 벽돌을 떼어서 교회에 세우는 겁니다. 그러므로 이 교회가 아름답게 세워지기 위해서는, 큰 소리가 나지 않아야 합니다. "저 자매는 어떠하며, 이 형제는 또 왜 그래?"와 같은 말들이 바로 교회를 짓는 중에 방망이나 도끼나 모든 철연장 치는 소리와 같은 것입니다.

그래서 이 교회가 정말로 소리 없이 세워져 가기 위해서는 참 사랑 안에서 서로 용납하고 조화로운 가운데에서 품어내는 것 외에는 다른 방법이 없습니다. 우리는 음식을 먹는 것, 날을 지키는 일 등은 주 예수 그리스도 안에서는 아무것도 아니라는 사실을 이미 복음 안에서 잘 알고 있습니다. 그렇지만 그러한 자유조차도 형제사랑 가운데에서 절제되어야만 교회는 든든히 세워질 수 있는 것입니다.

믿음이 강한 자는 믿음이 약한 자의 약점을 담당하라

다시 로마서로 돌아가겠습니다. 로마서 15장 1절과 3절을 제가 읽겠습니다.

> ^{1}믿음이 강한 우리는 마땅히 믿음이 약한 자의 약점을 담당하고 자기를 기쁘게 하지 아니할 것이라 ^{3}그리스도께서도 자기를 기쁘게 하지 아니하셨나니

기록된 바 주를 비방하는 자들의 비방이 내게 미쳤나이다 함과 같으니라

이 말씀처럼 교회를 건축해 나가는 일은 바로 믿음이 강한 자가 믿음이 약한 자의 약점을 담당하는 데서부터 시작됩니다. 그런데 여기서 우리가 본받아야 할 가장 분명한 교훈은, 그리스도께서도 자기를 기쁘게 하지 아니하셨다는 것입니다.

예수님께서 이 땅에 오셨을 때, 누구의 죄를 짊어지셨습니까? 온 세상의 죄를 다 짊어지셨습니다. 그러면 세상 사람들은 어떻게 반응해야 마땅합니까? 우리의 구세주, 메시아께서 우리의 짐을 대신 져 주셨으니, "할렐루야!" 외치며 나아가야 하지 않겠습니까?

그런데 현실은 어땠습니까? 바리새인들은 예수님이 전하는 복음이 그들이 의지하는 율법의 행위와 상반되었기 때문에 예수님을 이단처럼 여겼습니다. 그리고 이러한 거짓교사인 바리새인의 말에 현혹된 유대 백성들은 예수님을 비방하고, 침을 뱉고, 결국 십자가에 못박았습니다. 십자가 위에서조차 "네가 하나님의 아들이거든 내려와 보라. 그리하면 믿겠다"고 조롱했습니다. 참으로 율법의 행위에 의지하는 의로움은 자신의 행동에 자신이 책임을 지는 것이기에 다른 사람의 허물을 담당하는 사랑과는 전혀 반대의 길입니다.

그렇게 온갖 조롱과 비방을 받으셨지만, 예수님은 결국 누구를 얻으셨습니까? 세상 가운데서 하나님께서 택하신 백성을 다 얻으셨습니다. 예수님께서 자기를 기쁘게 하지 않으시고, 세상의 모든 비방을 감당하셨기 때문에 하나님의 택한 백성들이 구원을 얻게 된 것입니다. 우리도 이와 같아야 한다는 것입니다.

그리스도 예수의 일꾼

우리가 교회 안에서 생활하다 보면, 믿음이 약한 형제자매들을 만나게 됩니다. 또한 교회는 죄인이라고 고백하는 사람들이 모이는 곳이기 때문에 서로 허물이 많을 수밖에 없습니다. 그리고 세상적으로 보면 연약한 사람들이 많을 수밖에 없습니다. 왜냐하면 부자들은 하나님이 아니더라도 의지할 수 있는 것이 많기 때문입니다. 그래서 마태복음 19장 24절에서 말씀과 같이 "낙타가 바늘귀로 들어가는 것이 부자가 하나님의 나라에 들어가는 것보다 쉬우니라"고 말씀하시는 것입니다. 우리는 이 말씀처럼 세상에서 잘 살게 되면 더욱더 겸비해져야 할 것입니다.

이처럼 교회는 다양한 삶의 배경과 스펙트럼을 가진 분들이 모인 것입니다. 그런데 우리가 다른 사람의 허물을 안아줄 때 그것은 곧 예수님께서 비방을 감당하심으로 택한 백성을 얻으셨던 것처럼, 우리도 형제자매를 얻는 일이 된다는 것입니다.

마태복음 16장 24절부터 25절을 보면 "이에 예수께서 제자들에게 이르시되 누구든지 나를 따라오려거든 자기를 부인하고 자기 십자가를 지고 나를 따를 것이니라 누구든지 제 목숨을 구원하고자 하면 잃을 것이요 누구든지 나를 위하여 제 목숨을 잃으면 찾으리라"라고 기록되어 있습니다.

우리는 이 말씀을 자칫 오해하여 "아, 내가 이제 내 십자가를 져야 하는구나. 내 인생에 다가오는 고통과 아픔을 감수하며 예수님을 따라야지"라고 여길 수 있습니다. 그러나 그것은 "자기 십자가"의 본뜻이 아닙니다. 예수님께서 지신 십자가는 세상의 짐, 즉 다른 사람들의 죄와 허물이었습니다. 예수님은 죄가 없으신 분이시기에 예수님 당신의 짐을 지신 것이 아닙니다. 그러므로 "자기 십자가"는 내 짐이 아니라, 다른 사람의 허물과 약함을 내가 대신 짊어지고 가는 것을 의미합니다.

교회 생활을 하다 보면 마음에 들지 않거나, 나와 다른 성향을 가진 사람들을 만나게 됩니다. 그럴 때마다 우리는 이 십자가를 짊어지고 또 걸어가야 하는 것입니다. 때로는 그 과정에서 권면도 필요하고, 책망도 필요합니다. 그러나 근본적으로 우리가 책망하고 권면하더라도 반드시 사랑의 마음 안에서 그 십자가를 짊어져야만 예수님의 길을 따라갈 수 있는 것입니다. 그것이 예수님을 위하여 자기 목숨을 버리는 것입니다.

그래서 우리는 신앙의 첫 시작을 바르게 해야 합니다. 많은 사람들이 자신의 인생에 닥친 고난을 피하고자 신앙을 갖거나 종교를 선택하려는 경우가 많습니다. 그러나 기독교 신앙은 그런 것이 아닙니다. 이 신앙은 자기 부인에서부터 출발합니다. 그리고 형제자매의 짐을 짊어지는 것, 바로 사랑이 기독교 신앙의 본질입니다. 우리가 일반적으로 생각하는 종교와는 너무도 다릅니다.

우리는 종종 "교회에 가서 기도하면 하나님이 내 기도를 들어주시겠지"라고 생각합니다. 그러나 그것이 신앙의 주된 목적이 되어서는 안 됩니다. 우리는 세상에서 잘 살아보겠다는 목적을 가지고 교회에 오는 것이 아닙니다. 우리는 예수님의 종이 되어, 예수님께서 걸어가신 그 길을 따라가는 존재입니다. 자기를 부인하고 십자가를 짊어질 때만, 우리는 다른 사람들을 얻어내고 그 사랑을 온 세상에 전파할 수 있는 존재가 되는 것입니다.

그래서 신앙의 첫 시작이 잘못되면, 교회에 나오다가도 결국 떠나는 일이 생깁니다. 자기 부인이 이루어지지 않은 상태에서는 하나님은 단지 하나의 우상에 불과합니다. 진정한 자기 부인이 이루어진 상태에서 예수님이 걸어가신 길을 따라갈 때 주님은 우리에게 성령으로 힘을 주시고, 우리의 발을 붙들어 주시며 그렇게 우리를 온전히 하나 되게 하시는 것입니다.

그러면 우리가 어떻게 하면 이 예수님의 길을 걸어갈 수 있을까요? 로마서 15장 1절에는 "자기를 기쁘게 하지 아니할 것이라"라고 되어 있습니다. 그런데 사실 우리는 신앙생활이 잘 되고 직분을 맡고 형제자매들이 "자매님, 찬양이 너무 아름다워요" 하면 은근히 자기를 기쁘게 여깁니다. 그런데 성경은 말합니다. 자기를 기쁘게 하지 말라. 어떻게 하면 자기를 기쁘게 하지 않을 수 있을까요?

첫 번째로는, 기록된 말씀을 통해 끊임없이 내 영혼 안의 죄를 드러나게 해야 합니다. 죄가 드러나야 비로소 "내가 이런 존재였구나" 하는 것을 깨닫게 됩니다. 그러면서 우리는 다른 사람을 용납할 수 있게 됩니다.

그리고 그다음에 하나님께서 때로는 우리를 고난 가운데 두십니다. 마치 이스라엘 백성이 광야의 삶을 살았던 것처럼, 우리에게도 고난은 반드시 필요합니다. 금을 채취하는 과정을 보면 금을 포함하고 있는 흙덩이를 채취하여 수은을 넣고 불을 가열합니다. 이러한 과정을 거치면 정금이 나오듯이 우리 삶의 연단 속에서 하나님은 순수한 정금과 같은 믿음만을 남기시고자 합니다. 그렇기 때문에 우리는 고난 속에서도 바로 그러한 하나님의 마음을 바라볼 줄 알아야 합니다.

그래서 성경은 "환난은 인내를, 인내는 연단을, 연단은 소망을 이루는 줄 앎이로다"고 말씀합니다. 하나님은 그렇게 일하십니다. 말씀으로 일하시고, 때로는 우리를 고난 가운데 두시며, 우리를 정금같이 단련하십니다. 그리고 마침내, 하나님께서는 성경 말씀을 통해 우리를 변화시키십니다.

하나님께서는 우리를 성령을 통해 변화시켜 가십니다. 그러나 혼자 앉아서 하는 신앙생활은 늘 무너지기 쉽습니다. 그래서 하나님께서는 우리를 보호하시고자 교회라는 공동체를 주신 것입니다. 형제자매들을 귀하게 여겨야 하는 이유가 바로 또 여기에 있는 것입니다.

우리가 신앙이 잘되지 않을 때 "나만 이런가…" 하며 쉽게 좌절할 수 있지만, 교회 내에서의 다른 형제자매들의 삶을 보면서 때로는 위로를 얻기도 하고 때로는 하나님을 진심으로 찬양하고, 믿음 안에서 단정하게 성장해 가는 성도를 보면 격려가 되기도 합니다. 이렇게 서로가 서로에게 하나님 안에서 의미 있는 존재로 다가서는 것입니다.

그러면서 "그래, 저 형제님, 저 자매님에게 역사하신 그 성령님이 내게도 함께하시지" 하고 믿음의 확신이 생기게 되는 것입니다. "내가 언제 이 성경의 말씀을 기뻐했던가?", "내가 언제 이 찬양을 즐거워했던가?", "내가 언제 설교 듣는 것을 기뻐했던가?"라고 스스로 묻게 되며, 내 안에서 하나님이 일하시는 역사로 인해 다시금 힘이 솟아나는 것입니다. 그렇기 때문에 이 교회 공동체가 너무나도 귀한 것입니다.

예수님 한 분으로 만족하자

이틀 전, 제가 산을 오르며 여러 생각을 했습니다. 저도 세상살이에 힘들고 어려운 일들이 많지 않겠습니까? 아침에 일어나 산에 갈까 말까 망설이다가 결국 올라갔습니다. 산 정상을 올라서 내려오는 도중에 저의 귀를 통하여 들려오는 새소리가 얼마나 아름다운지, 저도 모르게 '하나님께서 새도 이렇게 아름답게 창조하시고 그 새를 통하여 하나님의 솜씨를 드러내시는데, 내가 예수님 한 분으로 만족하면 되잖아!'라는 마음이 확 밀려왔습니다.

그리스도 예수의 일꾼

생각해 보면, 제가 이 세상에 잠시 살다가 하나님이 은혜를 저에게 베풀어 주시지 않았다면 결국 육체는 흙으로 돌아가고 저의 영혼은 영원한 심판에 이르게 되었을 것입니다. 그러나 예수님께서 지금까지 참아주시고 복음을 듣게 하시고, 하나님의 영이신 성령께서 내 안에서 증거하시니, 나는 이제 예수님 한 분만으로도 만족할 수 있는 것입니다.

하나님의 가장 크신 사랑을 받았는데 "내가 뭘 더 바랄 게 있으랴!" 하는 마음이 드니까 힘이 확 솟아나서, 온 산을 찬양하며 내려왔습니다. 그래서 히브리서 12장 2절에서 "믿음의 주요 또 온전하게 하시는 이인 예수를 바라보자…"라고 하신 것입니다.

여러분도 이런 은혜를 입으시기를 바랍니다. 세상만 바라보면, 세상은 점점 더 커 보이고, 하나님은 작고 약해 보일 수 있습니다. 그러나 우리가 때때로 어려움을 겪더라도, "그래, 하나님이 나를 이렇게 사랑하시는데, 독생자까지 주셨는데, 내가 이렇게 사랑받는 존재인데, 부족할 것이 무엇이랴!" 하는 마음을 가지게 되면, 우리는 하나님과 끝날까지 동행함을 믿음으로써 평안히 이 길을 걸어갈 수 있는 것입니다.

아버지께 영광을 돌리게 하려 하노라

이제 조금 더 나아가 보겠습니다. 로마서 15장 4절부터 6절까지 말씀입니다.

> [4]무엇이든지 전에 기록된 바는 우리의 교훈을 위하여 기록된 것이니 우리로 하여금 인내로 또는 성경의 위로로 소망을 가지게 함이니라 [5]이제 인내와 위로의 하나님이 너희로 그리스도 예수를 본받아 서로 뜻이 같게 하여 주사 [6]

> 한 마음과 한 입으로 하나님 곧 우리 주 예수 그리스도의 아버지께 영광을
> 돌리게 하려 하노라

여기 아주 특별한 말씀이 있습니다. 그리스도 예수를 본받아 서로 뜻이 같게 하여 주사, 한 마음과 한 입으로 하나님께 영광을 돌리게 하신다는 말씀입니다.

우리가 형제를 사랑하려고 하면 쉽지 않습니다. 그럴 때 우리는 예수님을 바라보아야 하겠습니다. 예수님은 우리를 사랑하시기 위해 이 천지를 창조하신 하나님의 약속대로 인자로 오셔서 우리의 죄를 다 짊어지셨습니다.

내가 그 예수님을 바라보면서 형제자매를 사랑하게 되면 그 사랑의 시작과 끝은 바로 예수님이신 것입니다. 그래서 내게 사랑이 나타났다고 해서 자랑할 것이 있습니까? 하나도 없습니다. 내가 형제자매를 섬기고 사랑하게 된 것, 모두가 다 주님께서 주신 사랑인 것입니다. 그래서 우리는 다시 하나님 앞에 그 사랑으로 찬송을 올리는 것입니다. 이 사랑이라는 것은 참으로 특별한 것입니다. 사랑은 정말로 여러 사람을 하나로 묶어주는 능력이 있습니다.

삼위일체 하나님을 생각해 보시길 바랍니다. 분명히 세 분이시지만 한 분이십니다. 성부 하나님은 구속의 사역을 다 계획하시고, 인자로서 성자 예수님을 보내시려는 뜻을 품으셨습니다. 그리고 성자 하나님, 곧 예수님께서 실제로 인자의 몸을 입고 이 땅에 오셔서 우리의 죄를 짊어지셨습니다. 지금은 성령 하나님께서 우리 가운데 계시며, 우리의 더럽고 완악한 마음을 새롭게 하시고 그 안에 거하시며, 우리를 성화의 길로 인도하고 계십니다.

그리스도 예수의 일꾼

이처럼 분명히 세 위격은 다르십니다. 그러나 이 세 분이 결국은 한 분 하나님이시라는 것입니다. 어떻게 이럴 수가 있습니까? 바로 사랑 때문입니다. 서로가 서로를 향해 모든 것을 내어주십니다. 성부 하나님, 성자 하나님, 성령 하나님, 각각 위격은 다르지만 사랑 안에서 서로를 온전히 비워서 내어주시니 결국 하나가 되시는 것입니다. 이것이 바로 참된 사랑입니다.

그러므로 우리에게서 사랑이 나온다면 그것은 바로 삼위일체 하나님의 것입니다. 우리가 사랑을 품게 될 때, "하나님, 이 사랑은 당신의 것입니다. 저에게서 나온 것은 아무것도 없습니다"라고 고백하게 됩니다. 그러면서 우리는 하나님께 영광을 올리게 됩니다. 이것이 바로 "카보드", 곧 영광을 하나님에게 다시 돌려드리는 것입니다.

그리스도께서 할례의 추종자가 되셨으니

이제 로마서 15장 8절부터 13절까지 말씀을 함께 읽겠습니다.

[8]내가 말하노니 그리스도께서 하나님의 진실하심을 위하여 할례의 추종자가 되셨으니 이는 조상들에게 주신 약속들을 견고하게 하시고 [9]이방인들도 그 긍휼하심으로 말미암아 하나님께 영광을 돌리게 하려 하심이라 기록된 바 그러므로 내가 열방 중에서 주께 감사하고 주의 이름을 찬송하리로다 함과 같으니라 [10]또 이르되 열방들아 주의 백성과 함께 즐거워하라 하였으며 [11]또 모든 열방들아 주를 찬양하며 모든 백성들아 그를 찬송하라 하였으며 [12]또 이사야가 이르되 이새의 뿌리 곧 열방을 다스리기 위하여 일어나시는 이가 있으리니 열방이 그에게 소망을 두리라 하였느니라 [13]소망의 하나님이 모든 기쁨과 평강을 믿음 안에서 너희에게 충만하게 하사 성령의 능력으로 소망이 넘치게 하시기를 원하노라

여기에도 참으로 특별한 말씀들이 담겨 있습니다. 지금 사도 바울은 로마 교회가 하나 되는 모습을 통해, 모든 열방이 예수 그리스도 안에서 하나가 되는 구원의 질서, 곧 그 하나님의 뜻을 증거하고 있습니다.

특별히 8절을 보면, "내가 말하노니 그리스도께서 하나님의 진실하심을 위하여 할례의 추종자가 되셨으니 이는 조상들에게 주신 약속들을 견고하게 하시고"라고 되어 있습니다.

예수님께서 할례의 추종자가 되셨다는 말은, 곧 율법 아래 오셨다는 의미입니다. 누가복음 1장 59절의 말씀과 같이 예수님께서는 태어나신 지 8일 만에 성전에 가서서 할례를 받으셨습니다. 그것은 예수님께서 율법 아래 태어나셨기 때문이며, 율법을 완전히 순종하셔야 했기 때문입니다.

마태복음 5장 17절과 18절에는 "내가 율법이나 선지자를 폐하러 온 줄로 생각하지 말라 폐하러 온 것이 아니요 완전하게 하려 함이라 진실로 너희에게 이르노니 천지가 없어지기 전에는 율법의 일점일획도 결코 없어지지 아니하고 다 이루리라"라고 기록되어 있습니다.

예수님은 율법의 "일 점, 일 획"도 폐하지 아니하시고 완전히 이루시기 위해 오셨습니다. 이처럼 율법 아래 오신 예수님을 통해 우리는 하나님의 신실하심, 진실하심을 보게 됩니다. 곧 창세 때부터 말씀하신 그 여자의 후손, 아브라함의 씨, 이삭, 야곱을 통하여 말씀하신 그 자손, 그리고 다윗의 자손으로 오실 그 구원자에 대한 약속을 하나님께서 신실하게 지키셨다는 증거입니다.

한번 말씀하시면 식언지 아니하시고 온전히 이루어 가시는 하나님, 이 하

그리스도 예수의 일꾼

나님은 참으로 신실하신 분입니다. 이처럼 예수님께서 율법을 온전히 이루심으로 하나님의 신실하심이 드러납니다.

또한, 예수님이 십자가에 달리셨을 때에는 하나님의 공의로우심이 드러났습니다. 우리는 "죄 가운데 있는 자는 바로 저렇게 십자가에서 심판을 받고 하나님으로부터 버림을 받는 것이구나" 하는 것을 깨닫게 됩니다. 예수님은 율법 아래 나셔서 하나님의 신실하심과 공의로우심을 드러내셨습니다.

그렇다면 이제 그 복음을 받는 자의 입장에서 한번 보겠습니다. 9절을 보면,

> ⁹이방인들도 그 긍휼하심으로 말미암아 하나님께 영광을 돌리게 하려 하심이라

라고 되어 있습니다. 우리 이방인들은 은혜로 믿게 된 것입니다. 하나님께서 구약의 약속대로 예수님을 율법 아래 두시고, 십자가에 못 박으심으로 우리를 구원하셨습니다. 우리는 하나님의 약속 밖, 언약 밖의 백성이었습니다. 원래는 정말 우리가 십자가에서 죽었어야만 했습니다.

그런데 우리를 구원하셨습니다. 그래서 우리는 "하나님, 너무 감사합니다. 이 모든 것이 하나님의 사랑이며, 은혜입니다."라고 고백합니다. 그렇게 우리는 예수님의 십자가를 통하여 하나님의 은혜와 사랑을 바라볼 수 있게 되었습니다. 그래서 십자가에서 달리신 예수님과 부활하신 예수님을 바라보며 하나님의 신실하심, 공의로우심, 은혜로우심 그리고 사랑까지 다 드러납니다.

그리고 이방인을 통해 누가 또 믿음을 통해 구원을 받게 됩니까? 이스라엘 백성입니다. 이방인이 구원받는 것을 시기하여, 이스라엘 백성이 다시 믿음으로 구원받는 역사를 하나님께서 이루어 가십니다.

하나님은 구약성경을 통하여 메시아를 약속하시고 예표로 보여주시고, 그후에 실제로 예수님을 보내시며, 그로 말미암아 우리가 은혜로 구원을 받고, 이방인의 구원을 통해 이스라엘의 회복을 이루시고, 마침내 온 세상이 예수 그리스도 안에서 하나가 되어, 하나의 교회가 되게 하십니다. 그래서 사도 바울은 로마교회로부터 시작하여 모든 이들이 예수님 앞에서 하나가 되는 모습을 보여주고 있습니다.

요한계시록 7장 9절부터 12절로 가보겠습니다.

> [9]이 일 후에 내가 보니 각 나라와 족속과 백성과 방언에서 아무도 능히 셀 수 없는 큰 무리가 흰 옷을 입고 손에 종려 가지를 들고 보좌 앞과 어린 양 앞에 서서 [10]큰 소리로 외쳐 이르되 구원하심이 보좌에 앉으신 우리 하나님과 어린 양에게 있도다 하니 [11]모든 천사가 보좌와 장로들과 네 생물의 주위에 서 있다가 보좌 앞에 엎드려 얼굴을 대고 하나님께 경배하여 [12]이르되 아멘 찬송과 영광과 지혜와 감사와 존귀와 능력과 힘이 우리 하나님께 세세토록 있을지어다 아멘 하더라

여러분! 우리는 이미 믿음 안에서 이 요한계시록에서 말하는 찬양의 자리에 있는 것입니다. 요한계시록을 단지 미래에 있을 일로만 보지 마시고 믿음의 시각으로 바라보시길 바랍니다. 믿음으로 보면 우리는 이미 그곳에 참여하고 있는 것입니다.

그리스도 예수의 일꾼

지금 이 장면은 예수님께서 왕으로 좌정하신 자리입니다. 거기에는 모든 민족들 가운데 택하심을 받은 자들이 어린 양 앞에 나아가, "하나님, 우리는 아무것도 한 것이 없습니다. 오직 주의 은혜입니다. 오직 주의 영광입니다"라고 하나님을 찬양하고 예수 그리스도를 찬송하며 고백합니다. 우리는 세세토록 하나님을 찬양하고 찬송할 자들입니다.

진실로 삼위일체 하나님의 구속언약에서 비롯된 사랑으로 말미암아 아담으로 말미암아 깨어져 버렸던 아담과 하와, 하나님과 인간에 대한 사랑이 모두 하나로 회복이 되는 것입니다.

하나님의 복음의 제사장 직분을 하게 하사

로마서 15장 14절부터 21절까지 함께 보겠습니다.

> [14]내 형제들아 너희가 스스로 선함이 가득하고 모든 지식에 차서 능히 서로 권하는 자임을 나도 확신하노라 [15]그러나 내가 너희로 다시 생각나게 하려고 하나님께서 내게 주신 은혜로 말미암아 더욱 담대히 대략 너희에게 썼노니 [16]이 은혜는 곧 나로 이방인을 위하여 그리스도 예수의 일꾼이 되어 하나님의 복음의 제사장 직분을 하게 하사 이방인을 제물로 드리는 것이 성령 안에서 거룩하게 되어 받으실 만하게 하려 하심이라 [17]그러므로 내가 그리스도 예수 안에서 하나님의 일에 대하여 자랑하는 것이 있거니와 [18]그리스도께서 이방인들을 순종하게 하기 위하여 나를 통하여 역사하신 것 외에는 내가 감히 말하지 아니하노라 그 일은 말과 행위로 [19]표적과 기사의 능력으로 성령의 능력으로 이루어졌으며 그리하여 내가 예루살렘으로부터 두루 행하여 일루리곤까지 그리스도의 복음을 편만하게 전하였노라 [20]또 내가 그리스도 이름을 부르는 곳에는 복음을 전하지 않기를 힘썼노니 이는 남의 터 위에 건축하지 아니하려 함이라 [21]기록된 바 주의 소식을 받지 못한 자들이 볼 것이요 듣지 못한 자들이 깨달으리라 함과 같으니라

사도 바울은 이방인을 위하여 부르심을 받았습니다. 사도행전 9장 15절에 보면 "이 사람은 내 이름을 이방인과 임금들과 이스라엘 자손들에게 전하기 위하여 택한 나의 그릇이라"라고 기록되어 있습니다.

사도 바울이 예수님을 계시 중에 만났을 때 그의 눈이 멀게 되었습니다. 그때 하나님께서 아나니아에게 나타나 바울에게 가서 기도해 주라고 하셨을 때, 아나니아는 두려워했습니다. 그래서 아나니아는 "…주여 이 사람에 대하여 내가 여러 사람에게 들사온즉 그가 예루살렘에서 주의 성도에게 적지 않은 해를 끼쳤다 하더니 여기서도 주의 이름을 부르는 모든 사람을 결박할 권한을 대제사장들에게서 받았나이다…"라고 말씀드리자 주께서 위와 같이 말씀하신 것입니다.

바울은 실제로 터키, 그리스, 로마 지역에 해당하는 아시아, 마케도냐, 아가야, 갈라디아 등지에서 복음을 전파했습니다. 바울은 복음을 전할 때, 주로 먼저 유대인의 회당을 찾아갔습니다. 그로 인해 이스라엘 사람들에게도 복음이 전해졌고, 그 계기를 통하여 많은 이방인들에게 복음이 전하여져서 교회들이 세워졌던 것입니다. 그리고 로마로 압송되기 전, 유대 땅에서도 왕들과 관리들 앞에서 복음을 전하였고, 결국 로마에 가서도 복음을 증거한 자였습니다. 이 모든 것은 예수 그리스도의 섭리 가운데 있었던 일입니다.

사도 바울은 바로 이방인을 위한 제사장 직분을 위하여 부름을 받았습니다. 그렇다면 "제사" 즉 코르반은 무엇입니까? 하나님 앞에 나아가는 방법입니다. 히브리어 "코르반(korban)"은 "하나님께 가까이 나아가다"라는 뜻입니다.

그리스도 예수의 일꾼

구약 시대 제사장은, 누군가 제물을 가져오면, 그것이 흠이 있는지 없는지, 다리가 그 개수대로 있는지, 비틀어지지 않았는지 등을 살펴서 온전한 제물임을 확인한 후, 그것을 죽이고 피를 뿌리고, 번제단 위에 불로 태우는 일을 했습니다. 그러면 하나님께서 그 제물이 탈 때 향기로운 냄새가 되어서 하나님이 흠향하셨습니다.

사도 바울은 바로 이런 의미에서 제사장 직분을 감당한 것입니다. 자신이 복음을 전한 대상은 이방인들이었습니다. 바울은 이방인들을 그리스도의 피로 정결하게 하며, 그들이 점차 성화되어 가는지, 흠이 있는지 없는지를 살피며, 하나님 앞에 제물로 올려드렸습니다. 그리고 이렇게 "하나님, 이방인 가운데 역사하셔서 당신의 백성으로 만드신 이 제물을 하나님께서 기쁘게 받아주시옵소서"라고 제사를 드린 것입니다.

이렇게 바울은 자신의 사명을 복음의 제사장 직분으로 인식하고 충성스럽게 감당한 것입니다. 한편, 베드로는 우리를 "너희는 택하신 족속이요 왕 같은 제사장들이요…"라고 이야기하고 있습니다. 우리도 지금 제사장입니다. "나는 제사장이 아닌데요"라고 생각할 수도 있는데 그 이유는 제사장의 일을 하지 않고 있기 때문입니다. 제사장의 일을 해야만 비로소 복음 전도의 사명과 그 마음을 알게 되는 것입니다.

한 사람에게 복음을 전하는 일이 얼마나 어렵습니까? 전도할 때 우리는 기도하고, 그 사람을 교회로 인도하며, 복음을 전하고, 때로는 상처받고 피 흘리듯 마음 아파하면서도 그를 품습니다. 그 가운데 그 사람의 변화가 일어날 때, 그것이 하나님께서 기쁘게 받으시는 제사가 되는 것입니다.

그 일은 말과 행위로 표적과 기사와 능력으로 성령의 능력으로

사도 바울은 복음을 전하면서도 자기의 공로를 말하지 않고 늘 겸비한 자세를 잃지 않았습니다. 말과 행위, 표적과 기사, 그리고 성령의 능력을 통해 복음이 전파되었음을 고백하고 있습니다. 사도 바울은 남이 이미 닦아 놓은 터 위에 사역하지 않고 복음을 들어본 적 없는 이방 땅에 처음으로 복음을 전하는 사도로 부르심을 받았던 것입니다.

그러므로 우리도 바울처럼 복음을 전하는, 복음의 제사장 직분을 다해야 합니다. 그렇다면 이 복음의 제사장 직분을 올바로 감당하려면 어떻게 해야 합니까? 18절을 다시 보겠습니다.

> [18]그리스도께서 이방인들을 순종하게 하기 위하여 나를 통하여 역사하신 것 외에는 내가 감히 말하지 아니하노라 그 일은 말과 행위로 표적과 기사의 능력으로 성령의 능력으로 이루어졌으며…

사도 바울에게는 자신을 드러낼 수 있는 이유가 얼마나 많았겠습니까? 바울은 바리새인 중에 바리새인이요, 가말리엘 문하생이요, 로마 시민권자요, 예루살렘으로 유학하여 율법에 정통한 자였습니다.

그럼에도 불구하고 바울은 이 모든 것들은 다 내팽개치고, 하나님 말씀과 그다음에 텐트를 만드는 일로 초대 교회를 섬기는 진정한 사랑의 섬김의 행위와 귀신을 쫓아내고 병든 자를 고치는 그 표적과 기사의 능력으로 제사장의 직분을 다 하였던 것입니다. 그리고 그 모든 것들은 바로 성령의 능력으로 말미암았던 것입니다.

그리스도 예수의 일꾼

그러면서 이 사도 바울은 예루살렘뿐만 아니라 일루리곤까지 교회를 섬기는 이 일을 하셨던 것입니다.

바울은 빌립보서 3장 5절부터 9절에서 다음과 같이 고백하고 있습니다.

> [5]나는 팔일 만에 할례를 받고 이스라엘 족속이요 베냐민 지파요 히브리인 중의 히브리인이요 율법으로는 바리새인이요 [6]열심으로는 교회를 박해하고 율법의 의로는 흠이 없는 자라 [7]그러나 무엇이든지 내게 유익하던 것을 내가 그리스도를 위하여 다 해로 여길 뿐더러 [8]또한 모든 것을 해로 여김은 내 주 그리스도 예수를 아는 지식이 가장 고상하기 때문이라 내가 그를 위하여 모든 것을 잃어버리고 배설물로 여김은 그리스도를 얻고 [9]그 안에서 발견되려 함이니 내가 가진 의는 율법에서 난 것이 아니요 오직 그리스도를 믿음으로 말미암은 것이니 곧 믿음으로 하나님께로부터 난 의라

이에 반하여 거짓 교사는 바울의 권위를 비방하고, 육체인 할례와 율법을 자랑하고, 이방인에게 율법과 전통의 짐을 지우고, 예수 그리스도로 말미암는 은혜의 복음이 아니라 율법의 행위로 말미암은 의를 가르치고 교회를 분열시켰습니다.

이러한 상황에서 바울이 복음을 전하고 교회를 섬기는 것은 쉽지 않았습니다. 우리가 형제자매와 교회를 섬겨나가는 것도 결코 쉽지 않습니다. 바울을 한번 보시길 바랍니다. 정말 돌에 맞아 죽을 지경에 이르렀다가 깨어나 다시 복음을 전하러 갑니다. 믿지 않는 사람의 입장에서 보면 그냥 미친 사람 같았을 것입니다. 저렇게 죽어가면서까지 저 십자가에 달린 예수를 전하다니 말입니다.

그런데 바울은 그것을 너무나 기뻐했고 자기가 가졌던 모든 것을 다 내려

놓았습니다. 바로 그러한 바울의 섬김으로 말미암아 초대 교회가 든든히 섰던 것입니다. 우리가 형제자매를 섬기고 교회를 섬길 때에도 바울처럼 자기의 세상적인 지식과 행위, 지위를 모두 배설물로 여기고 오직 예수 그리스도 안에서 하나된 사랑의 마음으로 섬겨야 할 것입니다.

성도를 섬기는 일로 예루살렘에 가노니

로마서 15장 22절부터 33절까지 보겠습니다.

> ²²그러므로 또한 내가 너희에게 가려 하던 것이 여러 번 막혔더니 ²³이제는 이 지방에 일할 곳이 없고 또 여러 해 전부터 언제든지 서바나로 갈 때에 너희에게 가기를 바라고 있었으니 ²⁴이는 지나가는 길에 너희를 보고 먼저 너희와 사귐으로 얼마간 기쁨을 가진 후에 너희가 나를 그리로 보내 주기를 바람이라 ²⁵그러나 이제는 내가 성도를 섬기는 일로 예루살렘에 가노니 ²⁶이는 마게도냐와 아가야 사람들이 예루살렘 성도 중 가난한 자들을 위하여 기쁘게 얼마를 연보하였음이라 ²⁷저희가 기뻐서 하였거니와 또한 저희는 그들에게 빚진 자니 만일 이방인들이 그들의 영적인 것을 나누어 가졌으면 육적인 것으로 그들을 섬기는 것이 마땅하니라 ²⁸그러므로 내가 이 일을 마치고 이 열매를 그들에게 확정한 후에 너희에게 들렀다가 서바나로 가리라 ²⁹내가 너희에게 나아갈 때에 그리스도의 충만한 복을 가지고 갈 줄을 아노라 ³⁰형제들아 내가 우리 주 예수 그리스도와 성령의 사랑으로 말미암아 너희를 권하노니 너희 기도에 나와 힘을 같이하여 나를 위하여 하나님께 빌어 ³¹나로 유대에서 순종하지 아니하는 자들로부터 건짐을 받게 하고 또 예루살렘에 대하여 내가 섬기는 일을 성도들이 받을 만하게 하고 ³²나로 하나님의 뜻을 따라 기쁨으로 너희에게 나아가 너희와 함께 편히 쉬게 하라 ³³평강의 하나님께서 너희 모든 사람과 함께 계실지어다

이제 바울이 이 로마서를 기록하는 또 하나의 목적을 이야기하고 있습니다. 마게도냐와 아가야는 지금의 그리스와 그리스의 북쪽 지역인데, 그곳

에서 헌금을 낸 것입니다. 사도행전 11장 28절부터 29절을 보면 로마 글라우디오 황제 때 예루살렘에 가뭄이 매우 심하게 들었습니다. 그리고 사도행전 8장 1절에 보면 예루살렘에 있는 그리스도인들은 유대인들로부터 엄청나게 핍박을 받았습니다.

이제 이 소문이 사방에 전파되어 퍼지므로, 마게도냐와 아가야에 있던 교회 형제자매들이 헌금을 기쁘게 낸 것입니다. 바울이 예루살렘으로 간다는 소식을 듣고는 예루살렘에 있는 그리스도인을 도와 섬겨 달라고 요청하는 것입니다.

이렇게 이방교회에서 예루살렘 교회를 섬길 수 있는 이유에 대하여 바울은 이방 교회가 영적으로 예루살렘 교회에 빚진 자라는 것을 이야기합니다.

실로 이방인들에게 복음이 전해질 수 있었던 것은 이스라엘에게 하나님이 약속하신 양자됨, 영광, 언약들, 율법과 예배, 약속들이 잘 맡겨져 있었기 때문이었습니다. 이렇게 이방인 교회가 예루살렘 교회를 섬김으로써 온 세계가 지역과 민족을 초월하여 하나의 교회가 되는 것입니다.

바울은 바로 이러한 관점에서 당시 땅 끝으로 여겨진 서바나로 가는데 로마 제국의 수도에 위치한 로마교회가 또한 역할을 담당하기를 원하였습니다.

성도를 섬기는 기쁨

이것은 온 세상의 교회가 하나 되는 모습이며, 출애굽기 16장 16절부터 18절의 만나 이야기와도 아주 비슷합니다.

¹⁶여호와께서 이같이 명령하시기를 너희 각 사람은 먹을 만큼만 이것을 거둘 지니 곧 너희 사람 수효대로 한 사람에 한 오멜씩 거두되 각 사람이 그의 장 막에 있는 자들을 위하여 거둘지니라 하셨느니라 ¹⁷이스라엘 자손이 그같이 하였더니 그 거둔 것이 많기도 하고 적기도 하나 ¹⁸오멜로 되어 본즉 많이 거 둔 자도 남음이 없고 적게 거둔 자도 부족함이 없이 각 사람은 먹을 만큼만 거두었더라

이스라엘 백성들은 만나를 하루에 한 오멜씩만 거두어 요리해 먹고, 안식 일 전날에는 두 오멜을 거두어 안식일에 함께 먹었습니다. 만약 거기서 욕 심을 내어 더 많이 거두면, 썩어 냄새가 났습니다. 그들이 만나를 먹을 때 를 한 번 생각해 보시길 바랍니다.

광야 한복판에 만나가 떨어졌습니다. 이를 처음 본 사람들의 의문, 처음에 는 "What is it?" 이것이 무엇인가? 라는 뜻의 히브리어가 "만나"인 것입니 다. 그리고 이스라엘 백성은 그 만나를 먹었습니다. 그리고 "이 광야에서 장정만 육십만가량인 우리에게 만나를 주시는구나. 하나님을 경배합니다! 영광 받으십시오!"라고 하면서 찬양했을 것입니다. 그리고 온 가족이 "하나 님께서 우리를 온전히 살리시는구나!"라고 하며 온전히 하나님을 의존하 는 예배를 드릴 수 있었습니다.

그런데 만나를 계속 먹다 보니 사람이 바뀌어 "아휴, 오늘도 만나, 내일도 만나"라고 불평의 소리를 내기 시작합니다. 사람의 육체는 참으로 희한합 니다. 교회 생활도 그렇습니다. 교회에서 말씀을 듣는데 처음에는 내 마음 이 확 와닿아 "하나님 살아계시는구나! 내 모든 것을 드리겠습니다!"라고 감격에 겨워하지만, 계속 성경 말씀을 듣다 보면 "아이고, 또 그 말씀이네" 하게 되는 것입니다.

그리스도 예수의 일꾼

그래서 우리가 이것을 벗어나야 합니다. 이것을 벗어나기 위해서는 어려운 형제자매와 어려운 교회를 연합하여 돕고, 기쁨을 나누면서 나아가야 합니다. 이러한 섬김을 받은 교회는 "우리가 전혀 모르는 교회의 형제자매들이 예수님의 사랑 안에서 이렇게 기쁘게 헌금하였구나!"라고 하나님을 경배하고 찬양하게 됩니다. 그렇게 하나님 앞에 쓰임을 받은 교회는 자기를 기쁘게 하는 교만으로 흘러가는 것이 아니라, 하나님께서 그들을 사역에 동참하도록 사용하여 주신 것에 대하여 감사와 영광을 올려드리는 것입니다. 이렇게 모든 교회가 하나가 되는 것입니다.

이러한 모습이 곧 사도 바울이 마게도냐 교회의 풍성한 연보를 보면서 고린도 교회로 하여금 성도 섬기는 일에 참여할 것을 구하는 모습이 고린도후서 8장 9절에서부터 15절에 잘 나타나 있습니다.

> [9]우리 주 예수 그리스도의 은혜를 너희가 알거니와 부요하신 이로서 너희를 위하여 가난하게 되심은 그의 가난함으로 말미암아 너희를 부요하게 하려 하심이라 [10]이 일에 관하여 나의 뜻을 알리노니 이 일은 너희에게 유익함이라 너희가 일 년 전에 행하기를 먼저 시작할 뿐 아니라 원하기도 하였은 즉 [11]이제는 하던 일을 성취할 지니 마음에 원하던 것과 같이 완성하되 있는 대로 하라 [12]할 마음만 있으면 있는 대로 받으실 터이요 없는 것은 받지 아니하시리라 [13]이는 다른 사람들은 평안하게 하고 너희는 곤고하게 하려는 것이 아니요 균등하게 하려 함이니 [14]이제 너희의 넉넉한 것으로 그들의 부족한 것을 보충함은 후에 그들의 넉넉한 것으로 너희의 부족한 것을 보충하여 균등하게 하려 함이라 [15]기록된 것 같이 많이 거둔 자도 남지 아니하였고 적게 거둔 자도 모자라지 아니하였느니라

교회가 선교하지 않는다면 우리는 만나를 맛없고 식상하다고 하며 이제는 고기를 달라고 했던 이스라엘 백성들과 같아지는 것입니다. 그래서 우리

는 어렵다 하더라도 계속하여 땅 끝까지 선교하고 형제자매를 섬겨냄으로써 하나님의 사역에 동참을 해야 하는 것입니다. 만일 우리가 세상에서 부요하게 되기 위하여 형제자매를 섬기지 아니하고 재물을 쌓게 되면 만나가 썩어서 냄새나는 것처럼 세상의 냄새를 풍겨낼 수밖에 없는 것입니다. 그런데 그러한 재물을 교회를 섬기는 데 사용이 되어질 때 하나님이 재물을 맡은 청지기의 삶을 살아갈 수 있는 것입니다.

세상에서도 부모님이 자식들이 서로 도우면서 살아가는 모습을 볼 때에 얼마나 기뻐합니까? 이처럼 영적으로 하나된 우리는 하나님의 자녀로서 지역과 민족을 초월하여 마땅히 서로가 서로를 섬기는 삶으로 살아가야 할 것입니다. 아멘!

그리스도 예수의 일꾼

신비의 계시에 따른 복음

제가 로마서 16장 1절부터 2절을 읽겠습니다.

> [1]내가 겐그레아 교회의 일꾼으로 있는 우리 자매 뵈뵈를 너희에게 추천하노니 [2]너희는 주 안에서 성도들의 합당한 예절로 그를 영접하고 무엇이든지 그에게 소용되는 바를 도와 줄지니 이는 그가 여러 사람과 나의 보호자가 되었음이라

우리가 로마서를 마무리하게 되었습니다. 이 과정을 함께 해 주신 성도 여러분께도 진심으로 감사드립니다. 긴 시간 동안, 매주 한 시간씩 말씀을 듣고 자리를 지켜주신 여러분 모두에게 고마움을 전합니다.

우리는 무엇을 위해 살아가는가?

오늘 우리는 로마서 16장을 마지막으로 살펴보게 되었습니다. 아침에 산행을 하면서 인생에 대해 곰곰이 생각해 보았습니다. 인생을 겉으로 보면, 우리는 태어나고 자라며 결혼하고 나이가 들고, 병들고 죽음에 이르게 됩니다. 이것이 인생의 외형적인 모습입니다.

그런데 이러한 외형적인 모습은 사람이나 짐승이나 별 차이가 없습니다. 그러면 과연 우리 인생이 이러한 모습에 만족하는가? 그렇지 않습니다. 인간은 이성을 가진 존재이기 때문에 늘 행복을 추구하며 살아갑니다. 물론 행복이라는 개념은 사람, 지역, 시대마다 기준이 다르지만, 적어도 우리는 고통이 없는 상태를 원하고 그것을 추구하고자 합니다.

그런데 우리가 인생을 살아보면 알게 되는 것이 있습니다. 내가 행복하려면 반드시 다른 사람이 필요하다는 사실입니다. 나 혼자만으로는 온전한 기쁨이나 만족을 누릴 수 없습니다.

우리 인생은, 내 존재의 행복감이나 의미를 느끼기 위해 반드시 타인에게 의존하는 속성을 지니고 있습니다. 그래서 우리는 타인이 나를 어떻게 바라보는지, 나를 인정해 주는지, 나를 사랑해 주는지를 중요하게 여깁니다. 우리는 그 관계 속에서 행복을 얻으려 합니다.

그런데 이 타인도 마찬가지입니다. 그들도 나를 통해 행복을 느끼고, 존재의 의미를 찾으려 합니다. 그러나 문제는 인간이 늘 자기 기준으로 세상을 바라본다는 점입니다. 동일한 설교를 들어도, 어떤 이에게는 은혜가 되지만, 또 어떤 이에게는 아무런 감동이 되지 않듯이 우리는 늘 상대적인 시선으로 살아가고 있습니다.

상대주의 철학에서 "한 인생이 죽으면 하나의 세계가 소멸한다"고 말하듯이, 우리는 늘 상대적인 존재이면서 동시에 그 상대방을 스스로 판단하고 통제하려는 태도를 가지고 있습니다. 나의 기준으로 상대방을 바라보고, 상대방도 자기 기준으로 나를 바라보기 때문에 그 가운데에서는 반드시 충돌이 일어나는 것입니다.

우리가 인류 문명의 역사를 보면, 수많은 철학과 종교가 등장했다가 사라졌습니다. 그 이유는 바로 이 중간에서 발생하는 갈등과 충돌의 문제 때문입니다. 나는 분명 타인을 통해 행복을 느끼는데, 아이러니하게도 타인으로 인해 고통을 받습니다.

신비의 계시에 따른 복음

그래서 어떤 사람은 타인에게 받은 고통 때문에 "내가 다시는 사람을 만나는지 한번 보라"며 자기 방에 틀어박혀 버립니다. 그러나 그렇게 되면 그 사람은 점점 더 불행해질 수밖에 없습니다. 이처럼 인간은 타인과의 관계에서 오는 갈등과 충돌을 피할 수도 없고, 그렇다고 완전히 끊어낼 수도 없습니다. 이 문제를 어떻게 해결할 것인가? 이것이 인류가 직면한 영원한 숙제입니다.

그래서 사람들은 이 문제를 해결하기 위해 자신이 생각하는 올바른 기준을 세우기도 하고, 어떤 경우에는 종교적으로 율법이나 경전의 가르침을 따라서 살아가기도 합니다. 또 어떤 사람들은 그런 고민조차 하지 않고, "어차피 인생은 한 번뿐인데, 잘 먹고 잘 살면 그만이지"라며 육체적인 삶에만 몰두하기도 합니다.

현세의 삶에만 치우치거나 영적인 삶에만 치우치는 극단적인 경우를 제외하면 대부분의 사람들은 이 양쪽을 어느 정도 혼합하여 살아갑니다. 자신을 만족시키려 하면서도 동시에 타인을 의식하는 것입니다. 그러면서 "나는 어떻게 살아야 하는가?"를 고민하게 되고 그 고민의 결과로 종교나 신앙의 길을 택하게 됩니다.

한편으로는 종교에 발을 내딛는 사람들의 내면을 깊이 살펴보면 이 세상의 고통을 내세의 복락으로 대체하려고 하는 경우도 많이 있습니다. 신앙을 통해 위로받으면서 현실의 문제를 잊어버리고자 하는 것입니다. 이러한 신앙은 현세의 행복감을 내세의 행복으로 연기하는 것에 불과한 것입니다.

그러나 안타깝게도 많은 사람이 그러한 신앙을 하고 있는 것이 현실입니다. 즉 "지금은 고통스럽지만 참아내고, 천국에 가면 내가 잘 살 것이다"라고 하며 행복을 유예하는 수준에 있는 것입니다. 그래서 이런 경우는 진정한 신앙이라기보다 종교에 불과한 것입니다. 그래서 많은 사람이 신앙에 실패하는 것입니다.

우리를 돌아보면 대부분 교회에 처음 나오게 되는 이유는 삶의 고난이 있기 때문입니다. 또는 재정적 문제나 인간관계의 문제 등 고통 속에서 위로를 얻고자 교회를 찾습니다. 문제는 그 이후의 신앙의 과정입니다. 이러한 마음으로 하나님을 바라볼 때 사람들은 하나님을 나의 행복을 충족시켜 주는 존재, 나의 소원을 들어주는 존재로 생각하게 됩니다. 그렇게 되면 하나님은 어느새 우상이 되어 버립니다.

그래서 하나님을 생각하며 인생의 고통을 참고 견디는 이유가 "나는 천국 갈 거야, 내가 이렇게 열심히 행위로 섬기면 하나님이 알아주실 거야"라는 식으로 흘러갑니다. 전부 다 자기 행위로 천국을 얻으려 하고, 자기 행위로 하나님으로부터 인정함을 받고 싶어 하는 것입니다. 결국 대부분의 사람들은 이처럼 신앙을 "행위 중심의 우상숭배"로 바꾸어 버립니다. 그래서 신앙이 중간에서 실패하고 마는 것입니다. 신앙은 결코 그런 것이 아닙니다. 그것은 종교일 뿐입니다.

때로는 하나님을 사랑해서, 하나님의 길을 따르는 것이 너무 기쁘고 즐거워서 신앙의 길을 걷는 사람도 있습니다. 반면에, 이 세상의 고통을 기도를 통해 조금이나마 완화해 보려 하거나, 자신의 욕망을 채우기 위해 신앙을 택하는 이들도 있습니다. 또는, "한번 가보자. 믿어지면 믿는 거고, 아니면 말고" 하는 냉담한 태도를 가진 사람도 있습니다.

이처럼 사람마다 출발점은 다르지만, 우리는 신앙의 출발점에서 우리의 시

신비의 계시에 따른 복음

각을 분명히 점검해야 합니다. 내가 세상의 행복을 위해서 하나님을 믿고 교회를 다니는가? 아니면 하나님께서 지금 나를 어떻게 바라보고 계신가? 이 둘 중 무엇을 기준으로 삼을 것인가에 대한 시각을 분명히 가져야 합니다.

오늘날은 과학이 크게 발달한 시대입니다. 중세 천 년 동안 이어졌던 카톨릭의 권위가 끝나고, 종교개혁이 일어나면서 인간의 이성에 대한 새로운 인식이 열리게 되었습니다. 그와 동시에 과학도 발달하고, 고대 그리스 인문주의가 다시 조명되면서 인간의 이성과 자유가 강조된 르네상스 시대가 열렸습니다. 이제 인간은 자연을 해석하고자 하고, 자연의 법칙을 발견하여 그것을 예측하려고 합니다. 그래서 오늘날에는 DNA 조작기술로 질병도 정복하려고 하고 죽음도 연장하려고 하고 있습니다. 우리는 지금 그런 시대에 살아가고 있는 것입니다.

이런 시대의 사람들 입장에서는 신앙이라는 것이 때로는 참 이해하기 어려운 개념처럼 느껴집니다. 그러나 과학은 분명한 한계를 가지고 있습니다. 과학은 지금 존재하는 현상을 설명하고, 거기서 법칙을 찾아내며, 미래를 예측하는 학문입니다. 하지만 아무리 과학이 발전하였다고 해도 존재의 근원에 대해서는 침묵할 수밖에 없습니다. 그 존재의 근원이 바로 하나님이십니다. 그리고 신앙은 그 존재의 근원을 다루는 영역인 것입니다.

우리는 신앙을 할 때 내가 하나님을 어떻게 바라보는가 하는 관점보다는 하나님께서 지금 나를 어떻게 바라보시는가 하는 관점이 더 중요하다는 것입니다. 이 시각을 가질 때만 우리는 흔들리지 않습니다.

그러나 보이지 않는 세계, 즉 하나님의 존재를 믿고 신앙의 길을 걸어가는 것은 우리가 부인되지 아니하는 한 결코 쉬운 길이 아닙니다. 그래서 우리가 신앙생활을 하다가 죄를 짓고 허물이 생기다 보면 죄책감이 들 때가 많습니다. "내가 하나님을 믿는다고 하면서 왜 이렇게밖에 못 사는가?" 하는 자책이 밀려옵니다. 이럴 때일수록 우리는 더욱 예수님께서 어떻게 사셨는가를 바라보아야 하는데 인간은 "내가 더 잘해야지" 하면서 행위로 빠져버리는 것입니다.

이렇게 행위 중심으로 흐르다 보면 더욱 믿음이 흔들리게 됩니다. 믿음이라는 것은 우리가 하나님을 인지적 또는 의지적으로 믿는다고 해서 저절로 생기는 것이 아닙니다.

야곱을 부르시는 하나님

그래서 지난 수요기도회에서도 전했던 이사야 43장 말씀이 너무나도 은혜로웠습니다. 이제 이사야 43장을 1절을 보겠습니다.

> ¹야곱아 너를 창조하신 여호와께서 지금 말씀하시느니라 이스라엘아 너를 지으신 이가 말씀하시느니라 너는 두려워하지 말라 내가 너를 구속하였고 내가 너를 지명하여 불렀나니 너는 내 것이라

하나님께서 지금 이스라엘을 부르시는데, 처음에 뭐라고 부르십니까? "야곱아"라고 부르십니다. 야곱은 "속이는 자", "발뒤꿈치를 잡은 자"라는 뜻입니다. 이스라엘 백성들은 자신들이 하나님의 백성이라고 생각하고 있었는데 갑자기 "야곱아"라고 부르는 것입니다.

히브리어로 "셈(shem)"이라는 단어는 "이름"을 뜻합니다. 이것은 "이빨(shin)"과 "생명(mem)"이라는 의미가 합쳐진 것입니다. 즉 이빨로 음식을 구분하

신비의 계시에 따른 복음

듯이 어떤 개체에 대하여 분간하여 의미 있는 생명으로 구별된 의미를 부여받는 것이 "이름"입니다.

그래서 "야곱"이라는 이름을 들으면, 이스라엘 백성들은 다시 야곱이라는 이름으로 불린 근원적인 상태로 돌아가게 됩니다. "우리 조상 야곱은 속이는 자였지." 하면서 야곱의 인생을 떠올리게 되는 것입니다. 야곱은 태어날 때도 형 에서의 발뒤꿈치를 잡고 따라 나왔습니다. 태어날 때부터 사기를 쳤던 것입니다.

그리고 형이 배고파하자 팥죽 한 그릇에 장자의 명분을 사고, 아버지 이삭이 장자 에서에게 축복하려 하자, 어머니와 소위 공모해서 염소 가죽을 손에 붙여서 털을 흉내 내고는 "제가 에서입니다" 하며 아버지를 속여서 장자의 축복을 받았습니다. 형 에서가 얼마나 분했겠습니까? 그래서 에서가 "그의 이름을 야곱이라 함이 합당하지 아니하니이까 그가 나를 속임이 이것이 두 번째니이다"라고 말한 것입니다.

야곱을 이스라엘이라 부르신 하나님

야곱은 형의 분노가 두려워 삼촌 라반의 집으로 도망갑니다. 그런데 그곳에서 자기보다 더한 사기꾼을 만납니다. 야곱은 예쁜 라헬을 아내로 얻기 위해 7년을 일했지만, 삼촌 라반은 첫날 밤에 라헬 대신에 못난 레아를 들여보냈습니다. 야곱은 밤이라 라헬과 레아를 구별하지 못하고 아침이 되어 보니 하룻밤을 보낸 여자가 바로 레아였습니다.

야곱이 항의하자 삼촌 라반은 "언니보다 아우를 먼저 주는 것은 우리 지방에서 하지 아니하는 바이라"고 말했습니다. 그리고 다시 7년을 더 일하라고 합니다. 이렇게 라헬을 얻기 위해 14년을 종살이했고, 이후에도 6년을 더 일해 총 20년을 삼촌 밑에서 일했습니다.

20년을 일했으면 퇴직금 명목의 삯도 받을 만한데, 삼촌 라반은 그것조차도 주지 않으려 하니 야곱은 몰래 도망쳐야 했습니다. 그러나 야곱이 그 본향으로 돌아가려고 하니 이제는 그 길목에 형 에서가 기다리고 있는 것입니다. 그 뒤로는 삼촌 라반이 있어서 함께할 수도 없고, 아버지가 있는 본향으로 돌아가자니 에서가 있고 그야말로 진퇴양난이었습니다.

그래서 야곱은 이제 얍복강 나루의 브니엘이라는 장소에서 하나님 앞에 엎드려 매달립니다. 하나님께서도 야곱이 얼마나 끈질기게 매달렸으면 야곱의 환도뼈를 쳐서 어긋나게 하셨습니다. 그 사건 이후 하나님께서 "너의 이름은 이제 야곱이 아니라 이스라엘이다. 네가 겨루어 이겼다"라고 말씀하셨습니다. 그렇게 이름이 바뀐 것입니다.

이스라엘 백성은 "야곱아"라는 부름을 들을 때 "우리 조상은 속이는 자였지." 하는 마음이 들었지만, 이어서 "이스라엘아" 하고 부르실 때 "하나님께서 우리를 불쌍히 여기셔서 붙들어 주셨구나"라는 생각을 합니다. 그 이름을 통해 자기 정체성이 정리되는 것입니다.

야곱에서 이스라엘의 삶으로 나아가는 방법

이름을 불러준다는 것은 그만큼 중요합니다. 우리가 "하나님을 믿어야지, 믿어야지" 한다고 해도, 하나님께서 나를 모르신다면 그것이 나 혼자 애쓴 것에 불과합니다. 하나님께서 내 이름을 불러주셔야만 비로소 내가 하나님 앞에 의미 있는 존재가 되는 것입니다.

야곱이 어떻게 해서 이스라엘이라는 이름을 얻었습니까? 바로 자신의 현재의 위치와 지위를 똑똑히 인식했기 때문입니다. 야곱은 "이제는 뒤로 갈 수도 없고, 앞으로 갈 수도 없구나. 진퇴양난이구나. 이 이상 내가 어찌할 수 없구나. 나를 도와주실 분은, 벧엘에서 나타나셨던 하나님밖에 없구나."하는 절박한 순간에서 그는 하나님을 붙들게 되었던 것입니다. 그때 하나님은 야곱을 "이스라엘"이라고 불러주셨던 것입니다.

이처럼 하나님께서 우리의 이름을 불러주실 때, 곧 우리가 하나님 앞에 진정으로 회개하고 매달릴 때 하나님이 우리를 부르신 확신을 얻게 되는 것입니다. 그때 비로소 하나님과 우리의 관계가 하나로 연결되는 것입니다.

사실 우리의 인생도 야곱과 다를 바 없습니다. 야곱이 장자의 명분을 받아서 두 배의 유산을 얻으려 했던 것처럼, 우리도 세상에서 더 잘 살고자, 즉 두 배를 얻으려고 속이며 살아가는 것이 우리의 적나라한 삶이기도 합니다. 그러나 세상에 나가보면 우리보다 더한 사기꾼들이 널려 있지 않습니까? 그러다 보니 우리는 세상에도 실망하고 자기 자신에게도 더 이상 기대할 수 없게 됩니다. 그때서야 우리를 하나님만을 붙들게 되고 비로소 하나님께서 우리를 "이스라엘아" 하고 불러주시는 것입니다.

이 일이 우리에게만 해당되겠습니까? 아담 때부터 시작된 것입니다. 아담이 왜 하와와 함께 선악과를 먹었습니까? "그것을 먹으면 지혜로워지고, 하나님처럼 될 수 있다"는 말을 들었기 때문입니다. 사탄이 그렇게 말했습니다. 아담도 하나님 안에서 뭔가 한몫 잡아보려 했던 것입니다. 그러나 사탄의 말을 믿고 따르다 보니 결국 죽음과 질병과 저주 아래 놓이게 되었습니다. 아담부터 시작된 그 불행한 상태가 지금까지 이어져 내려온 것입니다. 우리도 그와 동일한 인생을 살아왔습니다.

이스라엘을 위하여 속량물을 주신 하나님

이제 하나님께서 야곱을 "이스라엘"로 부르시는데, 이사야 43장 3절을 함께 읽겠습니다.

> ³대저 나는 여호와 네 하나님이요 이스라엘의 거룩한 이요 네 구원자임이라 내가 애굽을 너의 속량물로 구스와 스바를 너를 대신하여 주었노라

하나님께서는 "야곱"을 "이스라엘"로 부르시고, 포로로 끌려가고 심판을 받는 상황 속에서도 그들을 구원하시겠다고 하십니다. 그런데 그 구원이 그냥 이루어진 것이 아니었습니다. 당시 부강했던 나라 애굽, 그리고 구스와 스바를 그들의 대속물로 삼아 이스라엘을 구원하신 것입니다.

우리 인간이란 참 이상합니다. 비싼 값을 치르면 귀하게 여기고, 아무리 귀한 것도 헐값에 얻으면 가볍게 여깁니다. 인간의 마음이 참으로 간사한 것입니다. 은혜를 받았으면 그 은혜를 베푸는 마음까지도 귀하게 여겨서 더욱 감사하는 것이 마땅합니다. 그런데 인간은 은혜를 가볍게 여깁니다. 아담과 하와도 아마 하나님이 얼마나 인간을 귀하게 여기시는지를 가볍게 여겼기 때문에 죄로 나아갔을 것입니다. 이렇듯 하나님께서는 이러한 인간의 마음을 잘 아십니다.

예수님을 속량물로 주신 우리의 구원

그래서 이스라엘을 구원하실 때, 당시 부유한 나라들을 대신하여 속량물로 삼으셨습니다. 오늘날 우리는 그 이스라엘보다 더 귀한 존재입니다. 우리 역시 야곱처럼 스스로 아무것도 할 수 없는 존재였지만, 하나님께서는 우리를 누구를 통해 구원하셨습니까? 바로 천지를 창조하신 예수 그리스

도를 속량물로 우리를 구속하신 것입니다.

그런데도 우리는 그 은혜를 너무 가볍게 생각합니다. 이제 에스라 3장 12절 합독하겠습니다.

> ¹²제사장들과 레위 사람들과 나이 많은 족장들은 첫 성전을 보았으므로 이제 이 성전의 기초가 놓임을 보고 대성통곡하였으나 여러 사람은 기쁨으로 크게 함성을 지르니

이 구절만으로는 다소 이해가 어려울 수 있습니다. 솔로몬 성전은 정말 화려하고 영광스러웠습니다. 그러나 바벨론에 의해 완전히 파괴되고 백성들은 포로로 끌려갔습니다. 70년의 포로 생활 후에 귀환하여 스룹바벨이 성전의 기초를 놓게 됩니다.

그런데 이전의 솔로몬 성전을 기억하는 이들은 스룹바벨 성전이 너무 초라하게 보였습니다. 그래서 하나님 앞에 대성통곡을 했던 것입니다. "하나님, 어찌하여 우리가 이 지경이 되었습니까?" 하고 눈물을 흘렸습니다. 솔로몬 시대의 화려했던 성전은 온데간데없고 돌 몇 개로 초라하게 세워지는 성전을 바라보며 그들은 통곡했습니다.

그런데 이것이 바로 십자가의 모습입니다. 하나님께서 왜 스룹바벨 성전을 세우도록 허락하셨습니까? 사람의 눈에는 초라해 보이더라도 하나님이 그곳에 계시면 진짜 성전이 됩니다. 아무리 솔로몬 성전이 화려하다고 해도 그곳에서 우상숭배가 넘치는데 어떻게 하나님이 거기에 계실 수 있었겠습니까?

예수님의 십자가를 바라보십시오. 얼마나 초라했습니까? 누가 십자가를 지고 골고다 언덕길을 올라가시는 예수님을 하나님의 아들이라고 생각했겠습니까? 그래서 사람들은 십자가에 달리신 예수님을 향해 "네가 하나님의 아들이거든 내려와 보아라. 그리하면 우리가 믿겠다."라며 조롱했습니다. 세상은 예수님이 지신 십자가를 마치 스룹바벨 성전처럼 보잘것없는 것으로 생각합니다. 그래서 예수님을 믿는 사람들이 강권하니까 "한번 믿어보자"라는 식으로 신앙을 하는 경우가 허다합니다. 그리고 자기의 욕망을 마구 쏟아내고서는 "예수님 이름으로 기도합니다"라고 하면서 하나님을 우상으로 만들어 버리는 것입니다.

예수님 안에서 모든 것이 발견되어져야 함

우리는 스룹바벨 성전을 보면서, 하나님께서 예수 그리스도의 모습을 미리 보여주셨다는 사실을 기억해야 합니다. 신앙이란, 십자가를 계속해서 바라보는 가운데 바로 세워지는 것입니다. 그 십자가를 바라볼 때, 우리는 하나님의 변하지 않는 "헤세드" 사랑을 깨닫게 됩니다. 하나님은 참으로 언약과 율법을 통하여 말씀하신 것을 신실하게 홀로 수행하였습니다. 그것은 바로 우리를 향한 사랑이십니다. 그 사랑 안에 내가 거하고 있다면 무엇을 두려워하겠습니까? 이것이 십자가를 믿는 것입니다.

그리고 그 십자가를 바라볼 때 '예수님은 아무 죄도 없으신 분인데 왜 십자가에 달리셨는가? 전부 우리의 죄 때문이었구나'하는 믿음이 옵니다. 그리고 예수님은 부활하셨고 우리의 죄는 다 갚아졌다는 것을 알게 됩니다. 그러므로 우리가 인생을 살아가면서 어떤 허물이 있다 하더라도 내 허물을 바라보는 것이 아니라, 이 모든 허물을 다 짊어지시고 심판을 온전히 받으신 그 예수님을 다시 바라보는 것입니다. 죗값이 이미 치러졌다면, 비록 나에게 허물이 있더라도 하나님 앞에 나아가는 데 아무런 지장이 없는 것입니다. 그래서 우리는 묵묵히 하나님 앞으로 걸어갈 수 있는 것입니다.

그리고 예수님의 생애를 보면 예수님은 늘 제자들과 함께하셨습니다. 예수님께서 고난을 당하시기 전에 "내 아버지 집에 거할 곳이 많도다. 내가 너희를 위하여 처소를 예비하러 가노니…"라고 말씀하시며 보혜사 성령을 보내시겠다고 하셨습니다.

예수님은 단 한 순간도 우리를 떠나지 않으시는 분 그야말로 임마누엘 하나님이시라는 것입니다. 그러므로 우리가 예수님의 십자가를 바라보면, "하나님의 사랑이 지금도 나와 함께하시는구나. 내가 두려워할 게 무엇이랴" 하고 담대해질 수 있습니다.

그 하나님의 사랑이 우리 안에 들어오면 하나님과 우리가 서로에게 의미 있는 존재, 곧 인격적인 관계가 되는 것입니다. 이것이 바로 로마서 1장부터 11장까지 기록되었던 복음의 핵심을 다른 측면에서 설명드린 것입니다.

온 세상이 하나되는 연합

이제 다시 이사야 43장을 보겠습니다. 제가 5절부터 7절 말씀을 읽겠습니다.

> ^{5}두려워하지 말라 내가 너와 함께하여 내 자손을 동쪽에서부터 오게 하며 서쪽에서부터 너를 모을 것이며 ^{6}내가 북쪽에게 이르기를 내놓으라 남쪽에게 이르기를 가두어 두지 말라 하리니 내 아들들을 먼 곳에서 이끌며 내 딸들을 땅끝에서 오게 하며 ^{7}내 이름으로 불려지는 모든 자 곧 내가 내 영광을 위

하여 창조한 자를 오게 하라 그를 내가 지었고 그를 내가 만들었느니라

하나님께서는 이스라엘을 통해 하나님이 창조하신 택한 백성들을 동서남북, 땅끝에서부터 다 모으시겠다고 이사야를 통해 말씀하십니다. 예수님은 이제 이 땅끝까지 복음을 전하는 사명을 누구에게 맡기셨습니까? 우리에게 맡기신 것입니다.

그러므로 구원받은 존재, 곧 그리스도인이라는 사실은 엄청난 가치를 지니고 있는 것입니다. 우리는 하나님의 뜻을 이루는 도구로서 부르심을 받았구나 하는 사실을 알게 되는 것입니다. 그래서 복음을 전하는 일은 정말로 복된 사명입니다. 복음을 전해 봐야만 하나님의 사랑의 마음에 더 가까이 갈 수 있고, 형제자매를 사랑하는 마음이 어떤 것인지 조금 더 깊이 이해할 수 있게 됩니다.

그런데 교회에서 봉사하지 않고, 복음을 전하지 않는 사람은 이 세계를 알지 못합니다. 그냥 예배에 와서 잠깐 앉아 있다가 가버리는 사람은 결국 자기 지식만 채우는 것입니다. 교회는 서로가 서로를 섬기는 공동체입니다.

남녀의 지배관계에서 하나된 관계로

이제 다시 로마서 16장 1절부터 16절까지 읽겠습니다.

> [1]내가 겐그레아 교회의 일꾼으로 있는 우리 자매 뵈뵈를 너희에게 추천하노니 [2]너희는 주 안에서 성도들의 합당한 예절로 그를 영접하고 무엇이든지 그에게 소용되는 바를 도와 줄지니 이는 그가 여러 사람과 나의 보호자가 되었음이라 [3]너희는 그리스도 예수 안에서 나의 동역자들인 브리스가와 아굴라에게 문안하라 [4]그들은 내 목숨을 위하여 자기들의 목까지도 내놓았나니 나뿐 아

니라 이방인의 모든 교회도 그들에게 감사하느니라 ⁵또 저의 집에 있는 교회에도 문안하라 내가 사랑하는 에배네도에게 문안하라 그는 아시아에서 그리스도께 처음 맺은 열매니라 ⁶너희를 위하여 많이 수고한 마리아에게 문안하라 ⁷내 친척이요 나와 함께 갇혔던 안드로니고와 유니아에게 문안하라 그들은 사도들에게 존중히 여겨지고 또한 나보다 먼저 그리스도 안에 있는 자라 ⁸주 안에서 내 사랑하는 암블리아에게 문안하라 ⁹그리스도 안에서 우리의 동역자인 우르바노와 나의 사랑하는 스다구에게 문안하라 ¹⁰그리스도 안에서 인정함을 받은 아벨레에게 문안하라 아리스도불로의 권속에게 문안하라 ¹¹내 친척 헤로디온에게 문안하라 나깃소의 가족 중 주 안에 있는 자들에게 문안하라 ¹²주 안에서 수고한 드루배나와 드루보사에게 문안하라 주 안에서 많이 수고하고 사랑하는 버시에게 문안하라 ¹³주 안에서 택하심을 입은 루포와 그의 어머니에게 문안하라 그의 어머니는 곧 내 어머니니라 ¹⁴아순그리도와 블레곤과 허메와 바드로바와 허마와 및 그들과 함께 있는 형제들에게 문안하라 ¹⁵빌롤로고와 율리아와 또 네레오와 그의 자매와 올름바와 그들과 함께 있는 모든 성도에게 문안하라 ¹⁶너희가 거룩하게 입맞춤으로 서로 문안하라 그리스도의 모든 교회가 다 너희에게 문안하느니라

여기에도 이름이 나옵니다. 이 편지를 받은 사람들은 자기 이름이 있는 것을 보고 "바울이 이렇게 나를 기억해 주는구나!"하며 얼마나 감격했겠습니까? 어떻게 보면 그 사람들에게는 생명책과도 같습니다. 그러므로 이름이라는 것이 참으로 소중한 것 같습니다.

그런데 오늘 불려진 이름을 보면 아주 특별한 것들이 있습니다. 첫 번째로, 1절에 뵈뵈라는 이름이 나오고, 3절에 브리스가, 6절에 마리아, 7절에 유니아, 그리고 12절에 드루배나와 드루보사, 버시라는 이름이 나옵니다. 이 이름들은 자매들의 것입니다.

우리가 헬라어에서 성에 대해 문법적으로 접근하면, 성만 바뀌어도 뒤따르

는 모든 문장의 단어 형태가 바뀌기 때문에 남성인지 여성인지 구분이 아주 쉽습니다. 이 당시 시대 상황을 한번 생각해 보시기 바랍니다.

로마시대에 여성은 남편의 소유물처럼 취급되었고, 결혼하지 않았으면 아버지의 소유물처럼 취급되었습니다. 그런데 그리스도 안에서는 어떻습니까? 당당한 일꾼으로 등장하게 되는 것입니다.

그래서 뵈뵈 같은 경우는 1절 말씀을 보면, "우리 자매 뵈뵈를 너희에게 추천하노니 너희는 주 안에서 성도들의 합당한 예절로 그를 영접하고 무엇이든지 그에게 소용되는 바를 도와 줄지니 이는 그가 여러 사람과 나의 보호자가 되었음이라"고 되어 있습니다. 이 뵈뵈는 물질적으로나 영적으로 아주 헌신했던 것으로 보입니다.

그다음에 3절과 4절을 보면, "너희는 그리스도 예수 안에서 나의 동역자들인 브리스가와 아굴라에게 문안하라 그들은 내 목숨을 위하여 자기들의 목까지도 내놓았나니 나뿐 아니라 이방인의 모든 교회도 그들에게 감사하느니라"고 기록되어 있습니다. 이 브리스가 자매는 정말 목숨까지도 내놓고 위험 가운데서 헌신했던 것입니다.

여러분은 교회의 구성원 중에 이 뵈뵈처럼 교회를 섬깁니까? 아니면 브리스가처럼 목숨을 내놓습니까? 아니면 6절에 "너희를 위하여 많이 수고한 마리아"처럼 교회에 수고하십니까? 우리는 바로 이 말씀을 통하여 스스로 우리에게 지금 "나"의 위치는 어디인가 물어보아야 할 것입니다.

또, 7절을 보면 "내 친척이요 나와 함께 갇혔던 안드로니고와 유니아에게 문안하라 그들은 사도들에게 존중히 여겨지고"라고 되어 있습니다. 이 유

신비의 계시에 따른 복음

니아라는 자매는 사도인지 여부에 대해서 지금도 논의가 있습니다. 유니아를 사도라고 보는 분도 있고 사도는 아니지만 사도보다 더 존중을 받았다고 바라보는 분도 있습니다. 이 교회 안에서는 남녀의 관계를 포함한 모든 것이 다시 재정립된 공동체가 된 것입니다.

하나님께서 아담과 하와를 심판하셨을 때, 하와에게 "너는 남편을 원하고 남편은 너를 다스릴 것이니라"고 말씀하셨습니다. 하와는 남편에게 "이렇게 해줘요, 저렇게 해줘요"라고 하면서 지배하고 싶어했습니다. 그런데도 불구하고 "너는 남편의 아래에 있으라" 하였습니다. 이는 하와의 유혹으로 말미암아 아담이 선악과를 먹은 것에 대한 저주였습니다.

그런데 교회 안에 오면, 이제 남녀가 동일한 위치로 들어서게 되는 것입니다. 그래서 이 교회라는 곳은 하나님의 본래 질서가 온전히 회복되어 가는 곳입니다.

모두가 동일한 하나님의 권속

8절에 "주 안에서 내 사랑하는 암블리아에게 문안하라"고 되어있고, 9절에 "그리스도 안에서 우리의 동역자인 우르바노와 나의 사랑하는 스다구에게 문안하라"고 기록되어 있습니다.

이 암블리아, 우르바노, 스다구는 노예로 알려져 있습니다. 교회 안에서는 노예든 주인이든 상전이든 구분이 없고, 하나님 안에서 전부 동일하게 구원받은 형제자매들입니다. 이를 두고 히브리서 2장 11절에는 "거룩하게 하시는 이와 거룩하게 함을 입은 자들이 다 한 근원에서 난지라 그러므로 형제라 부르시기를 부끄러워하지 아니하시고"라고 기록되어 있습니다. 예수님이 우리를 형제라 부르시는데 우리는 더욱 형제로 하나가 되어야 하는 것입니다.

그래서 교회 안에서는 세상 지위를 가지고 섬기고 판단해서는 안 됩니다. 교회에서는 세상에서 아무리 높은 지위에 있다고 하더라도 더욱 낮은 위치에서 형제자매를 섬겨야 하는 것입니다.

영적으로 회복된 가족

그다음 13절에 "주 안에서 택하심을 입은 루포와 그의 어머니에게 문안하라 그의 어머니는 곧 내 어머니니라"고 기록되어 있습니다. 사도 바울이 루포의 어머니를 자신의 어머니라고 부르는 것입니다. 예수님께서 이 땅에 오셨을 때, 예수님의 어머니와 동생들이 찾아왔습니다. 주변 사람들이 "당신의 어머니와 동생들이 당신께 말하려고 밖에 서 있나이다"라고 이야기했을 때, 예수님께서 무엇이라고 말씀하셨습니까? 이제 마태복음 12장 49절부터 50절을 보겠습니다.

> ⁴⁹손을 내밀어 제자들을 가리켜 이르시되 나의 어머니와 나의 동생들을 보라 ⁵⁰누구든지 하늘에 계신 내 아버지의 뜻대로 하는 자가 내 형제요 자매요 어머니이니라 하시더라

이 가족이라는 개념이 교회 안에서는 영적인 것으로 바뀌는 것입니다. 그래서 우리가 모두 하나님 아버지를 모시고 있기 때문에, 한 형제 한 자매가 되고 나이가 드신 분들을 모친이라 부르고 하듯이 교회 안에서는 새로운 질서가 바로잡히는 것입니다.

그래서 하나님께서는 이 교회를 그렇게 귀하게 생각하시는 것입니다. 이

교회를 보면 한편으로는 재무관 에라스도와 같은 사람도 있었지만, 대부분은 연약한 사람들이었습니다. 그래서 고린도전서 1장 26절부터 29절을 보면 다음과 같이 기록되어 있습니다.

> [26]형제들아 너희를 부르심을 보라 육체를 따라 지혜로운 자가 많지 아니하며 능한 자가 많지 아니하며 문벌 좋은 자가 많지 아니하도다 [27]그러나 하나님께서 세상의 미련한 것들을 택하사 지혜 있는 자들을 부끄럽게 하려 하시고 세상의 약한 것들을 택하사 강한 것들을 부끄럽게 하려 하시며 [28]하나님께서 세상의 천한 것들과 멸시 받는 것들과 없는 것들을 택하사 있는 것들을 폐하려 하시나니 [29]이는 아무 육체도 하나님 앞에서 자랑하지 못하게 하려 하심이라

즉 위 말씀처럼 하나님의 자녀로 부르심을 받은 사람들은 대부분이 연약한데 이것이 교회의 특징인 것입니다.

아담과 하와의 첫째 아들이 가인이었고 둘째가 아벨이었습니다. 아벨은 "허무하다"라는 뜻인데, 하나님께 제사를 드려 하나님께서 아벨의 제사만 받으시자 아벨은 형 가인으로부터 돌로 맞아 허무하게 죽었습니다. 이후에 하나님은 아담의 아들 셋을 통하여 에노스를 주셨는데 이때 비로소 여호와의 이름을 불렀습니다. 이 에노스는 "죽어야 할 존재, 약한 존재"라는 뜻입니다.

아브라함은 우상을 만들고 섬기는 집안에서 부르심을 받은 사람이었습니다. 그리고 하나님께서 아브라함에게 이삭을 주시겠다고 말씀하셨을 때, 아브라함의 아내 사라는 비웃었습니다. 그 가운데서 태어난 사람이 이삭이었습니다. 또 야곱은 속이는 자였습니다.

심지어 다윗은 집안에서도 가볍게 취급을 받은 존재였습니다. 사무엘이 이

스라엘의 왕으로 세워질 자에게 기름 부음을 하려고 할 때 이새는 그 아들 일곱을 모두 지나가게 하였음에도 다윗은 없었습니다. 사무엘이 이새에게 "네 아들들이 다 여기 있느냐"라고 물어보자 이새가 사무엘에게 "아직 막내가 남았는데 그는 양을 지키나이다"라고 이야기를 했습니다. 이렇듯 다윗도 그러하였습니다.

예수님은 이 땅에 오셨을 때 천지를 창조하신 분이셨지만, 태어나실 때는 여관에 방 한 칸 얻지 못하여 말구유에서 태어나셨습니다.

그래서 하나님 안에 있는 자들은 본래 연약합니다. 그래야만 하나님의 택하신 자녀를 통해서 나오는 믿음과 선함이 누구의 영광이 되는 것입니까? 이 모든 영광과 강함은 바로 하나님의 것입니다. 그래서 교회 안에서 형제자매들이 때로는 연약해 보이지만 이것이 본래 하나님의 뜻이라는 것입니다.

모든 영을 분별하여야 함

로마서 16장 17절부터 20절까지 보겠습니다.

> [17]형제들아 내가 너희를 권하노니 너희가 배운 교훈을 거슬러 분쟁을 일으키거나 거치게 하는 자들을 살피고 그들에게서 떠나라 [18]이같은 자들은 우리 주 그리스도를 섬기지 아니하고 다만 자기 배만 섬기나니 교활한 말과 아첨하는 말로 순진한 자들의 마음을 미혹하느니라 [19]너희의 순종함이 모든 사람에게 들리는지라 그러므로 내가 너희로 말미암아 기뻐하노니 너희가 선한 데 지혜롭고 악한 데 미련하기를 원하노라 [20]평강의 하나님께서 속히 사탄을 너희 발아래에서 상하게 하시리라 우리 주 예수의 은혜가 너희에게 있을지어다

하나님의 택하신 거룩한 무리들이 있는 교회가 든든하게 서야 하는데, 항상 사탄이 방해합니다. 그런데 예전에는 사탄이 교회 밖에서 공격했다면 오늘날은 교회 안에서 분쟁을 통해 대부분의 교회가 갈라집니다. 이렇게 갈라지는 것 자체가 전부 바로 "선악" 때문에 그렇게 되는 것입니다.

로마서를 기록할 당시에는 "영지주의자"들처럼 "나는 하나님에 대해 특별한 지식을 가지고 있으니 나를 따르라"고 말하며 사람들을 미혹했습니다. 올바른 신앙은 예수님이 십자가에서 보잘것없이 보여지더라도 그 예수님만 바라보아야 하는데, 이단들은 마치 예수님 외에 무언가 더 있는 것처럼 사람들을 현혹했던 것입니다.

그래서 우리 교회 안에서도 교회가 든든히 서려면 자신이 계속 낮은 위치로 가야만 하고, 성경을 가르치고자 할 때는 구약과 신약을 그리스도 안에서 정확하게 이해한 상태에서 전해야만 우리는 행위로 나아가지 아니하고 믿음으로 더욱 나아갈 수 있는 것입니다.

신비의 계시를 따라 된 복음

다음으로, 로마서 16장 25절부터 27절까지 읽겠습니다.

> [25]나의 복음과 예수 그리스도를 전파함은 영세 전부터 감추어졌다가 이제는 나타내신 바 되었으며 영원하신 하나님의 명을 따라 선지자들의 글로 말미암아 모든 민족이 믿어 순종하게 하시려고 알게 하신 바 그 신비의 계시를 따라 된 것이니 [26]이 복음으로 너희를 능히 견고하게 하실 [27]지혜로우신 하나님께 예수 그리스도로 말미암아 영광이 세세무궁하도록 있을지어다

25절에 "신비의 계시"라고 기록되어 있고, 오늘 설교의 제목도 "신비의 계

시를 따라 된 복음"입니다. 이 신비하다는 것, 헬라어로는 "미스테리온"인데 이는 이해할 수 없는 것을 가리키는 것이라기보다는, 하나님의 영원한 섭리에 의하여 숨겨지고 가려졌던 것을 말합니다.

그 당시의 바리새인들을 생각해 보시기 바랍니다. 같은 모세오경, 곧 율법을 가지고 성경을 봤는데도 그들은 이 그리스도를 발견하지 못했습니다. 이것이 의미하는 바는, 하나님은 예수님이 오시기까지 그것들을 가려놓았다는 것입니다.

왜 이것을 하나님이 숨겨놓았겠습니까? 지금도 "내가 보혜사다, 내가 예수다"라고 하는 사람들이 넘쳐나는데, 구약에서부터 언급했다면 얼마나 많은 사람들이 나타나서 세상을 현혹했겠습니까? 곧 사탄이 이 구원의 역사에 얼마나 많은 방해를 놓았겠습니까? 그래서 하나님이 숨겨놓았고 가려놓았던 것입니다.

베드로전서 1장 10절에서부터 12절을 같이 보겠습니다.

> [10]이 구원에 대하여는 너희에게 임할 은혜를 예언하던 선지자들이 연구하고 부지런히 살펴서 [11]자기 속에 계신 그리스도의 영이 그 받으실 고난과 후에 받으실 영광을 미리 증언하여 누구를 또는 어떠한 때를 지시하시는지 상고하니라 [12]이 섬긴 바가 자기를 위한 것이 아니요 너희를 위한 것임이 계시로 알게 되었으니 이것은 하늘로부터 보내신 성령을 힘입어 복음을 전하는 자들로 이제 너희에게 알린 것이요 천사들도 살펴보기를 원하는 것이니라

지성소에 있는 언약궤를 생각해 보십시오. 언약궤는 시은좌라고 하는 덮개가 있고 그 위에 두 그룹(천사)이 아래를 보고 있습니다. 언약궤를 감싸고 있는 두 그룹조차도 언약궤 안에 있는 하나님의 말씀을 보고 싶었지만

신비의 계시에 따른 복음

가려져 있었던 것입니다.

창세기 15장 17절의 "해가 져서 어두울 때에 연기 나는 화로가 보이며 타는 횃불이 쪼갠 고기 사이로 지나더라"라고 되어 있습니다. 하나님은 아브라함과 언약을 맺으실 때 홀로 그 쪼갠 고기 사이를 지나셨습니다. 이는 예수님이 세상의 모든 죄짐을 홀로 짊어지시고 골고다의 언덕길을 지나는 것과 같은 모습인 것입니다. 이렇게 함으로써 하나님은 천사에게도 그 구원의 사역을 담당케 하지 아니하시고 오직 하나님 홀로 이를 담당하셨습니다.

사탄도 바로 이러한 하나님의 지혜를 도저히 알 수가 없었습니다. 그래서 골로새서 2장 15절에는 "통치자들과 권세들을 무력화하여 드러내어 구경거리로 삼으시고 십자가로 그들을 이기셨느니라"라고 기록되어 있습니다. 사탄도 예수님만 십자가에서 못 박게 하면 영원히 자기가 권세를 차지할 것이라고 생각을 했던 것입니다. 그런데 하나님은 오히려 그 자리에서 우리의 죄를 심판하시고 부활하게 하심으로써 새 하늘 새 땅을 이루신 것입니다. 이렇게 함으로써 사탄이 아담과 하와에게 거짓말로 속인 그 사탄의 지혜를 굴복시키시고 오직 하나님의 지혜만이 굳게 서게 된 것입니다.

그래서 우리는 "하나님께서 모두 다 하셨습니다. 주님! 영광 받으십시오. 우리가 이렇게 큰 은혜를 받아도 되겠습니까?" 하면서 우리는 그 영광을 전부 하나님께 돌리는 것입니다. 이것이 바로 로마서 16장 27절의 말씀인 것입니다.

> 27지혜로우신 하나님께 예수 그리스도로 말미암아 영광이 세세무궁하도록 있을지어다

아멘!

부록

특별설교

영적인 세계에 대한 이해

에베소서 6장 10절부터 20절입니다.

> [10]끝으로 너희가 주 안에서와 그 힘의 능력으로 강건하여지고 [11]마귀의 궤계를 능히 대적하기 위하여 하나님의 전신갑주를 입으라 [12]우리의 씨름은 혈과 육을 상대하는 것이 아니요 통치자들과 권세들과 이 어둠의 세상 주관자들과 하늘에 있는 악의 영들을 상대함이라 [13]그러므로 하나님의 전신갑주를 취하라 이는 악한 날에 너희가 능히 대적하고 모든 일을 행한 후에 서기 위함이라 [14]그런즉 서서 진리로 너희 허리띠를 띠고 의의 호심경을 붙이고 [15]평안의 복음이 준비한 것으로 신을 신고 [16]모든 것 위에 믿음의 방패를 가지고 이로써 능히 악한 자의 모든 불화살을 소멸하고 [17]구원의 투구와 성령의 검 곧 하나님의 말씀을 가지라 [18]모든 기도와 간구를 하되 항상 성령 안에서 기도하고 이를 위하여 깨어 구하기를 항상 힘쓰며 여러 성도를 위하여 구하라 [19]또 나를 위하여 구할 것은 내게 말씀을 주사 나로 입을 열어 복음의 비밀을 담대히 알리게 하옵소서 할 것이니 [20]이 일을 위하여 내가 쇠사슬에 매인 사신이 된 것은 나로 이 일에 당연히 할 말을 담대히 하게 하려 하심이라

오늘 설교의 제목은 "영적인 세계에 대한 이해"입니다. 저는 오늘, 제 경험과 여러 간접적인 사례들을 통해 영적인 세계가 지금 이 세상에서 어떻게 작동하고 있는지를 가능한 한 자세히 설명드리고자 합니다. 특히 요한복음을 바르게 이해하기 위해서는 성령에 대한 올바른 이해가 필요합니다. 성령을 제대로 알지 못하면 우리는 요한복음을 눈으로 분명히 읽었음에도 불구하고 그것이 멀리 떠 있는 듯한 느낌을 받게 됩니다.

오늘 에베소서에서 읽은 말씀도 마찬가지입니다. 분명히 글자 그대로 성경을 읽었지만, 마음에 와닿지 않을 수 있습니다. 왜냐하면, 이것은 영적인 세계의 일로서 눈에 보이지 않기 때문입니다. 그래서 오늘은 귀신들의 세계, 그리고 하나님께서는 어떻게 역사하시는지를 중심으로 말씀드리고자 합니다.

이 부분은 우리가 인생 가운데 어려움을 당할 때도 동일하게 적용되는 원리입니다. 재정적으로 고난을 당했을 때, 혹은 마음에 염려가 가득할 때도 마찬가지입니다. 이러한 모든 상황 속에서 오늘 말씀은 우리에게 큰 도움이 됩니다. 따라서 이 말씀을 늘 곁에 두시고, 마음이 이상하다고 느껴질 때마다 읽고 묵상하시기를 바랍니다.

인간의 본질은 무엇인가?

이제 인간의 본질이 무엇인지에 대해 먼저 살펴보아야 하겠습니다. 우리는 겉으로 보기에 육체가 본질인 것처럼 생각할 수 있습니다. 육체가 있으니 이를 통해 움직이고 신경세포와 신경계를 통해 몸이 작동하며, 다섯 가지 감각기관으로 외부 세계를 받아들이기 때문입니다.

그래서 육체가 우리의 본질처럼 느껴질 수 있습니다. 그러나 성경은 우리에게 분명히 말씀하십니다. 하나님께서 흙으로 사람을 지으신 후 그 자체로 생령이 된 것이 아니라 하나님의 생기를 그 코에 불어 넣으셨기에 생령이 되었습니다. 그렇다면 우리의 본질은 무엇입니까? 바로 하나님의 생기가 흙에 담겨 생령이 되었기에 하나님의 입 기운이 우리의 본질입니다.

이것을 우리는 어떻게 알 수 있을까요? 요한복음 14장 8절부터 9절을 보면 "빌립이 이르되 주여 아버지를 우리에게 보여 주옵소서 그리하면 족하 겠나이다 예수께서 이르시되 빌립아 내가 이렇게 오래 너희와 함께 있으되 네가 나를 알지 못하느냐 나를 본 자는 아버지를 보았거늘 어찌하여 아버 지를 보이라 하느냐"라고 기록되어 있습니다.

예수님의 본질은 무엇입니까? 단순히 인간의 육체, 곧 흙으로 지어진 몸이 아니라 하나님입니다. 예수님은 성령으로 잉태되어 오신 하나님이시기 때 문에, 곧 하나님 그분이십니다. 이 말씀을 통해 우리는 인간의 본질이 무 엇인지 정확히 이해할 수 있습니다.

예수님께서는 "아버지가 보고 싶으냐? 아버지는 이러이러한 분이시다. 너 희는 지금은 보이지 않겠지만, 이런 분이시다"라고 말씀하지 않으셨습니다. 오히려 "나를 본 자는 아버지를 보았거늘 어찌하여 아버지를 보이라 하느 냐"라고 말씀하셨습니다. 즉 예수님의 본질은 곧 하나님이시며, 예수님을 통해 아버지를 본 것이라고 말씀하신 것입니다.

이제 예수님께서 어떻게 살아가셨는지를 잘 살펴보아야 합니다. 예수님은 하나님이시지만 천지를 창조하신 삼위일체 하나님이 육체 안에 한정될 수 가 없으셨기에 육체로 계신 동안에는 늘 아침과 저녁마다 기도하시며 살아 가셨습니다. 피곤하실 때는 길을 가시다가도 졸리시고, 잠시 쉬시는 모습 도 보이셨습니다.

예수님은 하나님으로부터 받은 말씀으로 육체를 통제하며 이 땅에서의 삶 을 살아가셨습니다. 즉 육체를 따르지 않고 하나님으로부터 연결되어서 사 셨던 것입니다. 그러므로 우리는 예수님의 삶을 통해 인간이 본래 어떻게 살아야 하는지를 알 수 있습니다.

영적인 세계에 대한 이해

하나님께서 아담에게 생기를 불어넣으심으로 그가 생령이 되었습니다. 그렇다면 아담은 어떻게 살아야 했습니까? 하나님으로부터 오는 말씀과 하나님과의 교제를 통해 자신의 육체와 마음을 다스리며 이 땅을 다스려야 했습니다. 이는 하나님께서 인간을 그렇게 창조하셨기 때문입니다.

사람들은 이를 가리켜 "영이 혼과 육체를 지배한다"라는 표현을 사용하기도 합니다. 그러나 혼과 육체의 구분에 대한 다양한 해석과 논쟁이 있기 때문에, 저는 그렇게 표현하지는 않겠습니다.

죄로 말미암아 육체가 영혼을 지배함

분명한 것은 인간은 하나님으로부터 오는 말씀과 능력을 받아서 자신의 육체를 통제하고 다스리도록 창조되었다는 것입니다. 이것이 본래의 질서입니다. 그런데 이 질서가 뒤바뀌게 된 사건이 있습니다. 바로 아담이 선악과의 열매를 먹은 일입니다.

아담이 선악과의 열매를 먹자마자 자신의 벗었음이 부끄럽다는 사실을 인식하고, 몸을 가리며 하나님께서 부르실 때 숨어버렸습니다. 즉 하나님의 말씀에 더 이상 귀를 기울이지 않게 되었고, 결국 영적으로 죽은 상태가 되어버렸습니다. 원래는 하나님의 말씀을 받아서 그 말씀으로 육체를 다스려야 했지만 이 질서가 끊어져 버렸습니다. 그 이후로 인간의 삶은 어떻게 되었습니까?

에베소서 2장 2절부터 3절을 보겠습니다.

> [2]그때 너희는 그 가운데서 행하여 이 세상 풍조를 따르고 공중의 권세 잡은

자를 따랐으니 곧 지금 불순종의 아들들 가운데서 역사하는 영이라 ³전에는 우리도 다 그 가운데서 우리 육체의 욕심을 따라 지내며 육체와 마음이 원하는 것을 하여 다른 이들과 같이 본질상 진노의 자녀이었더니

이제는 무엇이 우리를 지배합니까? 육체의 욕심, 그리고 육체와 마음이 원하는 것이 우리를 지배하게 되어버린 것입니다. 본래 하나님의 말씀이 우리의 삶을 주도해야 했는데 그 질서가 완전히 거꾸로 되어버린 것입니다.

본래 인간은 하나님으로부터 말씀과 능력을 받아 자신의 육체를 지배함으로써 온 피조세계를 다스리도록 창조되었습니다. 그러나 죄를 범한 이후, 이 질서가 거꾸로 되어버렸습니다. 이제는 내 육체와 내 마음이 원하는 것이 오히려 나의 영을 억누르게 되었습니다.

중독자들을 보면 이 사실을 쉽게 이해할 수 있습니다. 스스로 "끊어야지, 끊어야지" 결심하지만, 도박하는 사람은 "손목이 잘리면 발가락으로 도박을 한다"고 하지 않습니까? 마약도 마찬가지입니다. 끊어야 한다는 걸 알면서도 어느 순간 보면 자기도 모르게 다시 그것을 하고 있습니다.

이처럼 인간은 육체가 정신을 완전히 지배하는 상태로 바뀌어 버렸습니다. 이것이 바로 죄로 인해 벌어진 일입니다. 하나님으로부터 오는 생명의 공급이 끊어졌기 때문입니다. 그 이후로 세상에 어떤 일이 일어났는지 함께 살펴보겠습니다.

본래 하나님께서 세상을 창조하시고, 인간을 통해 이 피조세계를 다스리도록 하셨습니다. 그런데 사탄이 아담과 하와에게 다가와 유혹하였습니다. "네가 이것을 먹는 날에는 눈이 밝아져 하나님처럼 될 것이다." 이 말을 들은 아담은 누구의 말을 받아들였습니까? 하나님의 말씀이 아니라 사탄의

영적인 세계에 대한 이해

말을 받아들였습니다.

본래 아담은 하나님께서 이 피조세계를 다스리라고 만든 존재입니다. 그러나 아담이 사탄의 말을 받아들이는 순간, 사탄이 아담을 지배하게 되었고 그 결과 이 세상은 사탄의 지배 아래 놓이게 되었습니다.

그래서 사탄이 이 세상에서 "공중의 권세 잡은 자"가 되어버린 것입니다. 이로 인해 지금 이 세상에는 수많은 자연재해와 질병, 귀신 들림이 존재합니다. 그런데 사람들은 이런 현실 앞에서 하나님의 존재를 오해합니다.

예를 들어, "하나님, 왜 내 아들이 저 배 안에서 죽어가고 있을 때 아무 일도 하지 않으셨습니까?" "유대인들이 500만 명이나 학살당할 때, 하나님은 어디에 계셨습니까?" 이러한 질문은 이 세상에 대한 본질적인 이해가 부족하기 때문에 생기는 것입니다.

아담이 사탄에게 마음을 내어주는 순간 이 세상에 대한 지배권이 사탄에게 넘어가 버렸습니다. 사탄이 "공중 권세 잡은 자"가 되어 이 세상을 장악해 버린 것입니다. 이러한 사실은 마태복음 4장과 누가복음 4장에서도 잘 드러납니다.

예수님께서 인간으로 이 땅에 오셨을 때, 사탄은 예수님을 시험하였습니다. "만일 내게 엎드려 경배하면 이 모든 것을 네게 주리라." 만일 그것이 거짓이었다면 예수님께서 "거짓말하지 마라"고 말씀하셨을 것입니다. 그러나 예수님은 그렇게 말씀하지 않으셨습니다. 예수님은 "사탄아 물러가라 기록되었으되 주 너의 하나님께 경배하고 다만 그를 섬기라"고 말씀하셨습니다. 이 장면은 사탄이 실제로 세상의 권세를 쥐고 있음을 드러냅니다.

우리도 동일한 원리를 따라가야 합니다. 죄로 인해 아담이 자신의 마음을 사탄에게 내어주었습니다. 마음을 내어주면 사실 모든 것을 내어준 것이나 다름없습니다. 그렇게 하여 사탄은 하나님께서 아담에게 다스리라고 맡기신 이 피조세계를 장악해 버린 것입니다.

에베소서 2장 2절을 다시 보겠습니다.

> [2]그때 너희는 그 가운데서 행하여 이 세상 풍조를 따르고 공중의 권세 잡은 자를 따랐으니 곧 지금 불순종의 아들들 가운데서 역사하는 영이라

이 말씀처럼 피조세계는 지금 사탄의 권세 아래 흘러가고 있는 상태입니다. 그러므로 인간은 이제 육체를 따라 살게 되었습니다. 전도서 3장 18~20절을 보면 이렇게 말씀하십니다.

> [18]내가 내 마음 속으로 인생들의 일에 대하여 이르기를 하나님이 그들을 시험하시리니 그들이 자기가 짐승과 다름이 없는 줄을 깨닫게 하려 하심이라 하였노라 [19]인생이 당하는 일을 짐승도 당하나니 그들이 당하는 일이 일반이라 그들의 호흡이 같으니 사람이 짐승보다 뛰어남이 없음은 모든 것이 헛됨이로다 [20]다 흙으로 말미암았으므로 다 흙으로 돌아가나니 다 한 곳으로 가거니와

이제 인간은 짐승과 다를 바 없는 존재가 되어버렸습니다. 본래는 하나님으로부터 능력을 받아 피조세계를 다스리는 존재였으나 하나님과의 연결이 끊어지자 결국 짐승과 같이 되어버린 것입니다.

전도서에서는 "사람이 죽으면 그 혼이 하늘로 올라가고, 짐승이 죽으면 그 혼이 땅으로 내려가는 것을 누가 알겠느냐"고 말합니다. 이것은 아무도 모

영적인 세계에 대한 이해

른다는 것입니다. 사람이 죽으면 영혼이 높이 올라갈 것 같고, 짐승과는 다를 것이라고 생각하지만, 성경은 "너는 그렇게 생각하겠지만 결국 짐승과 다르지 않다"라고 말씀하시는 것입니다.

예수님의 오심과 질서의 회복

그렇다면 예수님께서 왜 이 땅에 오셨겠습니까? 그것은 바로 이 뒤바뀐 질서를 다시 되돌리기 위해서였습니다. 이해가 되시겠습니까? 우리의 마음은 태어날 때부터 이미 죄 아래에 있었으며, 사탄의 영향 아래 놓여 있었습니다. 우리는 "이렇게 살아야지", "저렇게 해야지" 생각하지만, 실제로는 항상 육체의 지배를 받으며 살아갑니다.

하지만 예수님의 삶을 보면 그렇지 않습니다. 예수님은 늘 기도하시며 하나님으로부터 말씀과 능력을 받으셨습니다. 그리하여 귀신을 쫓아내시고 병든 자를 치유하셨습니다. 복음을 전하시고, 폭풍과 같은 자연재해도 잠잠케 하셨으며, 심지어 죽은 자도 살리셨습니다. 이 모든 일은 예수님께서 우리에게 본이 되시기 위해 행하신 것입니다.

그러므로 우리는 어떻게 살아야 하겠습니까? 그리스도인들은 예수님께서 어떻게 사셨는지를 보면 됩니다. 그분의 삶이 곧 우리의 본입니다. 이해되시지요? 그래서 우리가 어떤 상황에 처했을 때 "내가 이 상황에서 어떻게 해야 할까?"라는 질문을 던진다면, 가장 먼저 해야 할 일은 예수님께서 그 상황에서 어떻게 하셨는가를 살펴보는 것입니다.

사탄의 본질

지금까지 우리는 인간의 본질에 대해 살펴보았습니다. 이제는 "공중의 권세 잡은 자", 곧 사탄이 어떤 존재인지에 대해 더 깊이 나누고자 합니다. 사실 이 말씀을 준비하는 과정이 매우 어려웠습니다.

사탄이 얼마나 억압을 강하게 하는지, 평소와는 다르게 저 역시도 여러 생각에 사로잡혀 많이 힘들었습니다. 그러니 여러분께서도 이 말씀을 주의 깊게 들으시길 바랍니다. 만약 여러분이 어떤 상태에서 억압을 받고 있다는 느낌이 들면, "아, 지금 내가 사탄에게 속고 있구나"라는 사실을 즉시 알아차리시길 바랍니다.

에스겔 28장 1~9절을 보겠습니다.

> [1]여호와의 말씀이 내게 임하여 이르시되 [2]인자야 너는 두로 왕에게 이르기를 주 여호와께서 이같이 말씀하시되 네 마음이 교만하여 말하기를 나는 신이라 내가 하나님의 자리 곧 바다 가운데에 앉아 있다 하도다 네 마음이 하나님의 마음같이 교만할지라도 너는 사람이요 신이 아니거늘 [3](보라 네가 다니엘보다 지혜로워서 은밀한 것을 아무도 네게 숨길 수 없도다) [4]네 지혜와 총명으로 재물을 얻었으며 금과 은을 곳간에 쌓았으며 [5]네 큰 지혜와 네 무역으로 재물을 더하고 그 재물로 말미암아 네 마음이 교만하였도다 [6]그러므로 주 여호와께서 이같이 말씀하셨느니라 네 마음이 하나님의 마음같이 교만하였으니 [7]그런즉 내가 이방인 곧 여러 나라의 강포한 자들을 너를 치러 오게 하리니 그들이 칼을 빼어 네 지혜의 아름다움을 쳐서 헝클며 네 영화를 더럽히고 [8]또 너를 구덩이에 빠뜨려서 네가 바다 가운데에서 죽임을 당한 자의 죽음을 당하게 하리라 [9]네가 너를 죽이는 자 앞에서도 내가 하나님이라 말하겠느냐 너를 치는 자 앞에서 사람일 뿐이요 신이 아니라

이 말씀은 단순히 역사적 인물인 '두로' 왕을 넘어, 사탄의 본질을 묘사하는 상징적인 예언으로 해석됩니다. 그는 자신이 하나님과 같은 존재라고 착각하지만 결국 심판 아래 놓이는 피조물일 뿐입니다.

영적인 세계에 대한 이해

⁹ …… 신이 아니라 ¹⁰네가 이방인의 손에 죽기를 할례받지 못한 자의 죽음같이 하리니 내가 말하였음이니라 주 여호와의 말씀이니라 하셨다 하라

이 부분은 조금 설명이 필요합니다. '두로'와 '시돈'은 이스라엘의 북쪽 해안가에 위치한 도시입니다. 이 지역은 무역이 활발하여 매우 부유하였습니다. 외세가 침입해도 해상 요새가 튼튼하였기에 쉽게 무너지지 않았습니다. 그러한 안정성과 부유함으로 인해 두로 왕은 매우 교만해졌습니다. 자신을 하늘처럼 높이며 스스로 신이라 여긴 것입니다.

이에 하나님께서 선지자를 통해 말씀하십니다. "너는 사람이니라." 하나님께서 두로 왕에게 직접 말씀하시는 것입니다. "내가 이방 민족들을 보내어 너를 무너뜨릴 것이다." 두로 왕은 실제로 이 땅에 존재했던 한 국가의 왕이었습니다.

그런데 11절 이하에서는 매우 특별하고 신비한 말씀이 이어집니다.

¹¹여호와의 말씀이 내게 임하여 이르시되 ¹²인자야 두로 왕을 위하여 애가를 지어 그에게 이르기를 주 여호와께서 이같이 말씀하시되 너는 완전한 도장이었고 지혜가 충족하며 온전히 아름다웠도다 ¹³네가 옛적에 하나님의 동산 에덴에 있어서 각종 보석 곧 홍보석과 황옥과 금강석과 황옥과 홍마노와 벽옥과 청보석과 남보석과 녹보석으로 단장하였음이여 네가 지음을 받던 날에 너를 위하여 소고와 비파가 준비되었도다 ¹⁴너는 기름 부음을 받고 지키는 그룹임이여 내가 너를 세움이여 네가 하나님의 성산에 있어서 화염석 사이에 왕래하였도다 ¹⁵네가 지음을 받은 날로부터 네 모든 길에 완전하더니 마침내 네게서 불의가 드러났도다

이 말씀은 단순히 인간 왕의 교만을 말하는 수준을 넘어섭니다. 에덴을 언급하며, '지키는 그룹', 즉 천사였던 존재를 가리키고 있습니다. 하나님께

서 기름 부으신 천사가 처음에는 완전하였지만, 마침내 불의가 드러났다는 것입니다. 이것은 인간의 죄가 아닌, 하늘의 반역을 뜻합니다. 이 본문을 통해 우리는 '공중의 권세 잡은 자' 곧 사탄의 정체를 간접적으로 알 수 있습니다.

두로 왕이 부유하게 되고 교만에 빠졌던 근본적인 이유는 그 뒤에서 그 나라를 지배하던 사탄의 세력이 그의 마음을 지배하고 있었기 때문입니다. 보이지 않는 영적 세력이 역사하고 있었던 것입니다. 참으로 신비롭지 않습니까?

다니엘서에서도 이와 유사한 사건이 나타납니다. 다니엘서 10장 11절부터 14절을 보겠습니다.

> [11]내게 이르되 큰 은총을 받은 사람 다니엘아 내가 네게 이르는 말을 깨닫고 일어서라 내가 네게 보내심을 받았느니라 하더라 그가 내게 이 말을 한 후에 내가 떨며 일어서니 [12]그가 내게 이르되 다니엘아 두려워하지 말라 네가 깨달으려 하여 네 하나님 앞에 스스로 겸비하게 하기로 결심하던 첫날부터 네 말이 응답 받았으므로 내가 네 말로 말미암아 왔느니라 [13]그런데 바사 왕국의 군주가 이십일 일 동안 나를 막았으므로 내가 거기 바사 왕국의 왕들과 함께 머물러 있더니 가장 높은 군주 중 하나인 미가엘이 와서 나를 도와 주므로 [14] 이제 내가 마지막 날에 네 백성이 당할 일을 네게 깨닫게 하러 왔노라 이는 이 환상이 오랜 후의 일임이라 하더라

다니엘이 기도하자, 그 기도는 하늘에서 즉시 응답되었습니다. 하나님의 응답을 전하기 위해 천사가 내려오는데 그 길을 바사국 군주가 막습니다. 그래서 천사가 21일 동안 그곳에 머무르게 됩니다. 이때, 미가엘 군주, 즉 천사장이 와서 그 바사국 군주를 물리칩니다. 그리고 나서야 응답이 다니

영적인 세계에 대한 이해

엘에게 전달됩니다. 이 사건은 '바사'라는 나라 위에도 그 나라를 지배하는 공중의 권세자가 존재한다는 사실을 보여줍니다.

이것은 오늘날 우리 인간에게도 동일하게 적용됩니다. 계속해서 안 좋은 생각들, 미움, 자기 의로움이 내 안에서 올라온다는 것은 지금 내 위에 있는 영적 세력이 나를 지배하고 있다는 증거입니다. 이것이 바로 영적인 실재입니다.

그러므로 에베소서 6장 12절 말씀을 함께 보시겠습니다.

> [12]우리의 씨름은 혈과 육을 상대하는 것이 아니요 통치자들과 권세들과 이 어두움의 세상 주관자들과 하늘에 있는 악의 영들을 상대함이라

우리의 싸움은 육체적인 싸움이 아닙니다. 성경은 명확하게 영적 계급 구조를 말하고 있습니다. '통치자들', '권세들', '어둠의 세상 주관자들', '하늘에 있는 악의 영들' 순으로, 하늘의 악한 세력이 존재한다는 것입니다. 앞서 언급한 '바사' 왕국의 사례와도 일치합니다.

사람이 신앙을 갖고 믿음을 가지기 시작할 때 이상하게도 내 안에서 분노와 울분이 올라올 때가 있습니다. 그것은 나의 본성이 아니라 사탄에게 내 마음을 열어주었기 때문입니다. 그래서 우리는 항상 기도해야 합니다. 기도를 통해 그 문을 닫고 하나님께 우리의 영을 맡겨야 합니다.
기도가 막히고 내 속사정을 정확히 알 수 없을 때가 있습니다. 그럴 때 우리는 기도하기가 어렵습니다. 바로 그럴 때 방언 기도가 매우 유익합니다. 방언은 내 영이 하나님께 드리는 기도입니다. 방언은 소리가 예쁘고 고운 것이 중요한 것이 아닙니다. 내가 기도하고 싶은데 무슨 말을 해야 할지 모

르겠고, 속은 막막하고 답답할 때가 있습니다. 그럴 때 어느 순간 내 안에서 방언이 터져 나옵니다. 그렇게 강하게 방언 기도를 하고 나면 내 마음 속 깊은 부분이 회복됩니다.

그러므로 우리는 단순히 혈과 육을 상대하는 것이 아닙니다. "나는 왜 이럴까?", "저 사람은 왜 저럴까?", "어떻게 저런 일이 있을 수 있을까?"라고 생각하지만, 사실 그것은 눈에 보이지 않는 하늘의 악한 영들의 지배 아래 있기 때문입니다.

이것이 내 자신의 것이 아니라는 것을 가장 잘 알 수 있는 방법이 있습니다. 예수님께서 이 땅에 오셔서 하신 사역들을 보십시오. 귀신 들린 자들을 자유롭게 하셨고 귀신으로 인해 병든 자들을 고쳐주셨으며 애통한 자들도 회복시키셨습니다.

그리고 요한계시록 21장 4절을 보면 천국에 대해 이렇게 말씀하십니다.

> ⁴모든 눈물을 그 눈에서 닦아 주시니 다시는 사망이 없고 애통하는 것이나 곡하는 것이나 아픈 것이 다시 있지 아니하리니 처음 것들이 다 지나갔음이라

예수님은 천국의 실재를 이 땅 가운데로 가져오신 분입니다. 우리는 늘 어떤 고통이나 슬픔, 두려움을 '내 것'이라 여깁니다. 그러나 그것은 결코 내 것이 아닙니다. 그 순간 사탄이 나의 생각과 감정을 지배하고 있는 것입니다. 그러므로 우리가 형제자매가 고통 가운데 있는 것을 볼 때 우리는 단순한 위로가 아니라 그들을 위해 악한 영들을 대적하는 기도를 드려야 합니다.

영적인 세계에 대한 이해

왜냐하면 우리의 싸움은 혈과 육을 상대하는 것이 아니기 때문입니다. 이처럼 영적인 세계는 하나의 질서와 체계를 따라 흐르고 있습니다. 저는 여러분도 아시다시피, 변호사로 일하다가 어느 날 하나님께서 저에게 영적인 세계를 실제로 경험하게 하셨습니다. 처음에는 너무 신비했습니다. 어떤 분과 함께 기도할 때 그분의 마음이 제게 훅훅 들어오는 것을 느꼈습니다. '이게 도대체 뭐지?'라는 생각이 들었습니다. 교제를 하다 보면 그 사람이 숨겨둔 죄가 제 마음속으로 들어오는 거예요. "당신, 이런 죄 짓지 않았습니까?"라는 말이 저절로 나오기도 했습니다. 저로서는 이해할 수 없는 세계였습니다.

또 어떤 분은 저에게 전화가 와서는 "목사님, 제 귀에서 자꾸 죽어, 죽어, 죽어라고 해요"라고 하는 것입니다. 그래서 그분을 빨리 집으로 오라고 하여 영적인 세계에 대하여 이야기를 해 주고 예수님의 이름으로 그 악한 영을 꾸짖었더니 하나님께서 그 영을 쫓아내어 주셨습니다. 그 뒤 그분이 저에게 "목사님 제 입에서 뭐가 훅 나갔어요"라고 하면서 정신이 맑아지고 평안해졌습니다.

이런 경험은 저에게 너무 신비한 세계였습니다. 도대체 이게 무슨 세계일까? 하는 질문이 들었습니다. 그래서 그때는 정말 기도를 많이 했습니다. 지금은 목사이지만 그때보다는 기도 시간이 줄어든 것이 사실입니다.

그래서 요즘에는 아침마다 저도 다시 회복을 위해 노력하고 있습니다. 기도방을 조용히 준비해 놓고 혼자 묵상하며 기도하다가, 다른 사람의 방언 기도 소리를 듣다가 보면 저도 모르게 동화되어 함께 기도하게 됩니다. 그렇게 영적인 감각을 회복해 가는 중입니다.

귀신들은 사람이나 짐승에게 들어가고자 함

그런데 우리는 이런 질문을 할 수 있습니다. '왜 귀신들은 사람의 몸에 들어오고 싶어 하는가?' '왜 자기들끼리 활동하면 될 텐데, 왜 굳이 사람에게 들어오려고 하는가?' 이 질문에 대한 해답을 우리는 마가복음에서 찾을 수 있습니다.

이제 마가복음 5장 1절부터 15절까지 살펴보겠습니다.

> [1]예수께서 바다 건너편 거라사인의 땅에 이르러 [2]배에서 나오시매 곧 더러운 귀신 들린 사람이 무덤 사이에서 나와 예수를 만나니라 [3]그 사람은 무덤 사이에 거처하면서 아무도 쇠사슬로도 맬 수 없게 되었으니 [4]이는 여러 번 고랑과 쇠사슬에 매였어도 쇠사슬을 끊고 고랑을 깨뜨렸음이러라 그리하여 아무도 그를 제어할 힘이 없는지라 [5]밤낮 무덤 사이에서나 산에서나 늘 소리 지르며 돌로 자기의 몸을 해치고 있었더라 [6]그가 멀리서 예수를 보고 달려와 절하며 [7]큰 소리로 부르짖어 이르되 지극히 높으신 하나님의 아들이여 나와 당신이 무슨 상관이 있나이까 원하건대 하나님 앞에 맹세하고 나를 괴롭히지 마옵소서 하니 [8]이는 예수께서 이미 그에게 이르시기를 더러운 귀신아 그 사람에게서 나오라 하셨음이라 [9]이에 물으시되 네 이름이 무엇이냐 이르되 내 이름은 군대니 우리가 많음이니이다 하고 [10]자기를 그 지방에서 내보내지 마시기를 간구하더니 [11]마침 거기 돼지의 큰 떼가 산 곁에서 먹고 있는지라 [12]이에 간구하여 이르되 우리를 돼지에게로 보내어 들어가게 하소서 하니 [13]허락하신대 더러운 귀신들이 나와서 돼지에게로 들어가매 거의 이천 마리 되는 떼가 바다를 향하여 비탈로 내리달아 바다에서 몰사하거늘 [14]치던 자들이 도망하여 읍내와 여러 마을에 알리니 사람들이 그 일을 보러 와서 [15]예수께 이르러 그 귀신 들렸던 자 곧 군대 귀신 지폈던 자가 옷을 입고 정신이 온전하여 앉은 것을 보고 두려워하더라

이것이 바로 귀신 들린 자의 이야기입니다. 그렇다면, 왜 귀신들이 사람에

영적인 세계에 대한 이해

게 들어가고 싶어 하는가? 제가 과거 재판에서 소송대리를 하던 시절 무당을 증인으로 신문해야 했던 일이 있었습니다.

그래서 제가 재판에 들어가기 전에 궁금한 점들을 많이 물어보았습니다. "왜 무당들은 작두를 타나요?" "작두가 잘 들면 위험하지 않습니까?" 등등 질문했습니다. 그때 무당이 한 말에서 정말 우리 그리스도인을 부끄럽게 할 정도로 정성을 열심히 드린다는 것을 들었습니다. 무당들은 큰 제사를 준비할 때는 두물머리와 같은 신성한 곳으로 느껴지는 곳에 가서 일주일 동안 금식하며, 흰 옷을 입고 새벽마다 가서 기도한다고 했습니다.

그리고 작두를 타는 이유는 귀신이 자기의 존재를 과시하고 드러내려 한다는 것입니다. 그래서 무당들은 더 큰 귀신을 받아야 한다며 자꾸 유혹을 받는다고 했습니다.

그런데 무당들은 굿을 하고 점을 쳐서 돈을 많이 벌면 그다음에는 아프기 시작합니다. 그러면 또 더 큰 귀신을 받으라며, 더 능력 있는 무당을 찾아가 돈을 주고 '장군신'을 받는다고 하였습니다.

사탄이나 귀신이 우리 눈에 보이지 않으면 우리는 그 존재에 크게 신경 쓰지 않습니다. 하지만 사람에게 들어가면 어떻게 됩니까? 쇠사슬도 끊고 상식 밖의 행동을 하게 됩니다. 그러면 사람들은 두려움에 사로잡히게 됩니다. "와, 저 안에 들어가 있는 귀신, 진짜 무섭다." 그렇게 귀신은 자신을 드러내고 싶어 하는 것입니다. 자기를 드러낼 공간, 즉 집이 필요한 것입니다. 그래서 귀신들은 항상 사람에게 들어가길 원합니다.

오늘 본문에서도 돼지 떼 2천 마리가 몰사한 것을 보십시오. 사람들은 그 장면을 보고 두려워했습니다. 그 상황을 보고 예수님을 믿고 따라가야 마땅한데 도리어 그 두려운 감정에 휘말리고 맙니다.

사탄은 바로 그 두려움을 노립니다. 그리하여 귀신들은 항상 사람의 육체를 통로로 삼아 일하려고 합니다. 그래서 꿈에 나타나서 부모님의 모습을 하고 말합니다. "너는 왜 제사를 지내지 않느냐?" "너 조상들 다 굶겨 죽이려고 하느냐?" 이렇게 말하면서, 우리의 육체를 건드리는 것입니다.

성령의 통치하심을 위한 회개

그렇다면 이제 반대로 한번 생각해 봅시다. 우리는 성령을 받았습니까? 여러분, 성령을 받으셨습니까? 예수님께서 하나님 아버지께 기도하여 보내신 그 성령 하나님이 우리 안에 계시다는 것을 알고 계시죠? 그렇다면 그 성령 하나님 또한 당신을 우리에게 드러내시기 위하여 육체를 필요로 하십니다.

왜냐하면 복음을 전하려면 사람을 통해 일하셔야 하기 때문입니다. 하나님은 복음 전하는 사명을 천사들에게 맡기지 아니하였습니다. 예수님도 인간의 육체를 통해서 일하셨습니다. 그런데 우리는 마귀에게는 생각을 쉽게 내어주면서도 예수님께서는 우리 안에서 일하실 수 없도록 마음을 닫고 있는 것입니다. 어떻게 하면 예수님께 내 몸을 내어드릴 수 있습니까? 내 생각들을 하나하나 말씀 앞에 비추어 보고 그릇된 생각들을 무너뜨려야 합니다.

제가 설교 중에 여러분을 책망하거나 회개를 권면할 때, 여러분의 마음에서 거슬림이 올라온다면 그 마음의 밭이 바로 돌밭입니다. 그럴 때마다 우

영적인 세계에 대한 이해

리는 그 마음을 하나님께 가지고 나아가야 합니다. "하나님, 제가 이런 마음을 가지고 있어서 지금 당신께서 제 안에서 일하실 수 없군요. 이 마음을 비우게 하시고, 주님이 제 안에서 온전히 일하실 수 있도록 해주십시오." 이렇게 기도하며 나아가야 합니다.

그래서 우리의 육체가 사탄의 도구가 아니라 주님의 손에 붙잡힌 도구가 되도록 우리의 육체를 쳐서 말씀에 복종케 해야 합니다. 제가 여러분에게 계속해서 "회개하십시오"라고 말하는 이유는 다른 데 있는 것이 아닙니다. 예수님이 우리 안에서 일하실 수 있는 조건을 만들기 위함입니다. 예수님께서도 말씀하셨습니다. "회개하라. 천국이 가까이 왔느니라." 후회와 회개는 다릅니다. 회개는 돌이켜 삶을 고치는 것으로서 반드시 행함이 뒷받침되는 것입니다.

오늘 본문에 나오는 귀신 들린 자를 보십시오. 그는 예수님이 누구신지를 알고 있었습니다. 오늘날에도 그런 사람들이 많습니다. "나 예수님 믿어요." "예수님이 우리의 죄를 없애주셨잖아요." 이 모든 것을 머리로만 알고 있는 것입니다. 그렇다면 그 귀신과 다를 게 무엇입니까? 우리의 신앙은 그런 것이 아닙니다. 우리의 육체를 쳐서 복종시키고, 예수님께서 온전히 일하실 수 있도록 그분께 자신을 드려야 하는 것입니다.

그래서 예수님께서 요한복음 14장 21절에서 이렇게 말씀하십니다.

> [21]나의 계명을 지키는 자라야 나를 사랑하는 자니 나를 사랑하는 자는 내 아버지께 사랑을 받을 것이요 나도 그를 사랑하여 그에게 나를 나타내리라

예수님의 계명이 무엇입니까? 사랑입니다. 내가 하나님을 사랑하고 이웃을

사랑하려면 나를 향한 욕망을 내려놓아야 합니다. 또 형제자매를 사랑하려면 내가 가지고 있는 판단을 내려놔야 합니다. "하나님, 주님께서 주신 사랑으로 형제자매를 사랑할 수 있게 해주십시오. 그리고 세상을 향한 내 마음의 문을 닫게 하여 주옵소서." 이렇게 기도하며 내려놓아야 합니다. 그럴 때 우리는 예수님의 영이신 성령이 우리의 거듭난 영에 거주하시면서 우리의 임금으로 영을 통하여 육체와 혼을 지배하시는 것입니다. 그렇게 되어야만 우리는 성령으로 충만해지고 산 제물이 되어 예수님의 도구로 쓰임 받게 되는 것입니다.

생각을 타고 들어오는 사탄

그렇다면, 사탄은 어떻게 우리의 몸에 들어옵니까? 잘 보십시오. 요한복음 13장 2절을 보겠습니다.

> ²저녁 먹는 중에 마귀가 벌써 시몬의 아들 가룟 유다의 마음에 예수를 팔려는 생각을 넣었더라

가룟 유다는 원래 예수님께서 로마를 물리치고 세상 왕으로 오셔서 유대의 왕이 되실 것이라고 기대했을 것입니다. 그래서 자신도 높은 자리를 차지하길 바랐습니다. 그런데 예수님께서 하시는 말씀을 들어보니 자꾸만 "죽으러 간다, 고난을 받는다"는 이야기만 하시는 겁니다.

그때 가룟 유다의 마음속에는 "우리가 바라는 메시아가 아닌가 보다"라는 불신이 이미 자리 잡고 있었던 것입니다. 그리고 사탄은 그 마음속에 '예수를 팔려는 생각'을 넣은 것입니다. 이것이 무엇과 같은지 한번 잘 생각해 보십시오. 사탄이 하와에게 뭐라고 말했습니까? "하나님이 참으로 너희에게 동산 모든 나무의 열매를 먹지 말라 하시더냐"라며 불신을 심어주었습니다.

영적인 세계에 대한 이해

그리고 하와가 말씀에 굳건히 서지 않은 것을 보고서는 "너희가 결코 죽지 아니하리라 너희가 그것을 먹는 날에는 너희 눈이 밝아져 하나님과 같이 되어 선악을 알 줄 하나님이 아심이니라"고 속였습니다. 이렇게 사람의 탐심, 곧 원하는 생각을 타고 들어오는 것입니다. 그래서 귀신들은 우리가 가만히 있는데 갑자기 훅 들어오는 것이 아닙니다. 하나님께서는 그렇게 영적인 세계가 우리의 받아들임 없이 들어오지 않도록 하셨습니다. 참 신비한 일입니다.

신내림을 받는 사람들을 보면 어디 점집에 가서 "당신 신내림 받아야 합니다"라는 말을 듣는 경우가 있습니다. 그런데 그때 그 사람이 "저는 안 할 겁니다" 하고 거절하면, 귀신이 들어오지 못합니다. 그래서 귀신이 어떻게 유혹하느냐면, 협박을 합니다. "네가 신내림을 받지 않으면 네 자식이 죽는다." 이렇게 자식을 붙잡고 협박하는 겁니다. 그래서 많은 사람이 결국 그 신내림을 받아들이게 됩니다.

하나님께서는 이 부분에 대해서도 방어 장치를 마련해 두셨습니다. 귀신이 들어오는 통로는 반드시 내 생각을 통해서입니다. 또한 귀신이 처음 들어올 때와 자리 잡는 과정은 서로 다릅니다. 지금 이 순간에도 우리는 여러 생각들을 받습니다. 정확히 영들이 생각을 넣어주는 것입니다. 하지만 내가 오늘처럼 말씀을 듣고, 영적으로 건강하면 "아, 이건 사탄이 주는 생각이구나" 하고 흘려보낼 수 있습니다.

그러나 내가 어떤 큰 충격이나 상실감에 부딪히게 되면 그때부터는 그 생각에 집착하게 됩니다. "왜 내 인생은 이럴까?" "왜 저 사람은 나에게 그렇게 했을까?" 이렇게 생각이 하나하나 내 머릿속에 자리 잡기 시작합니다. 그러면 스트레스가 찾아오게 됩니다. 이 상태는 귀신 들림이 아니라 영적으로 눌린 상태입니다. 그런데 이 상태가 계속 심해지면 자신이 생각하는 것이 진짜인 것처럼 느껴지면서 그 생각이 내 육체를 완전히 지배하게 됩니다. 이것이 바로 귀신 들림입니다.

그래서 어떤 사람은 이렇게 말합니다. "내 안에 어머니가 들어와 있어요." "돌아가신 아버지가 제 안에 계세요." 왜 그렇게 느낄까요? 그 사람이 먼저 그런 생각을 하고 있기 때문입니다. "돌아가셨는데 얼마나 힘드셨을까…" 그 생각을 마음에 품고 있으니, 그 생각을 따라 어떤 존재가 들어오는 것입니다. 그리고는 귀신이 "그래, 내가 그랬다"라고 말하는 것처럼 느끼게 됩니다. 마치 정말 어머니가 혹은 딸이 그 사람 안에 들어온 것처럼 느끼는 겁니다. 그렇게 사람은 완전히 사로잡히게 되는 것입니다.

그래서 귀신 들린 사람들이 이상한 사람들이 아닙니다. 그렇다면 그리스도인들은 귀신에 들리지 않습니까? 들릴 수 있습니다. 귀신은 지금 어디를 지배한다고 했습니까? 육체입니다. 육체는 혼과 연결되어 있습니다. 하나님의 성령은 우리의 영에 거하십니다. 옛사람의 죽었던 영이 부활하여 거기에 성령께서 임하시는 것입니다.

그러나 우리의 육체와 혼은 아직도 사탄의 영향 아래 놓여 있습니다. 그래서 하나님을 믿는 사람들도 정신을 잃거나 귀신에게 들릴 수 있는 것입니다. 이것은 전혀 이상한 일이 아닙니다.

귀신을 물리치기 위해서는 어떻게 해야 하는가?

그렇다면 이제 우리는 이런 문제들에 대해 어떻게 대응해야 합니까? 귀신 들린 사람에서 귀신을 내쫓는 방법을 알아야 할 것입니다.

영적인 세계에 대한 이해

저도 개인적으로 귀신 들린 사람을 세 번 정도 접한 경험이 있습니다. 그때 그분들이 "목사님, 이런 소리가 들립니다. 이런 증상이 있습니다."라고 말할 때 저는 어떻게 했는지 여러분께 말씀드리겠습니다. 여러분도 잘 들으시길 바랍니다. 앞으로 기도에 힘쓰시는 분들은 저와 함께 팀이 되어 축사 사역도 하실 수 있도록 잘 들어주시길 바랍니다.

저는 그런 영적인 소리를 들으면 먼저 기도합니다. 어떤 기도를 하느냐 하면 이렇습니다.

"하나님, 주님. 제가 무슨 능력이 있겠습니까? 저는 그냥 연약한 인간에 불과합니다. 그런데 주님, 주님께서 시험을 받으실 때 '사탄아 물러가라'고 말씀하시니 사탄이 떠나갔습니다. 주님, 당신이 일하여 주옵소서. 저는 아무것도 아닙니다. 주님, 저에게 온전한 믿음을 주시고 주님께서 일하여 주옵소서."

이렇게 기도하며 나를 완전히 비워내려고 합니다. 예수님처럼 되는 기도를 드리는 것이 아니라 철저하게 나를 비워내는 것입니다. 저도 귀신 들린 사람들을 만나면 압니다. 눈빛이 다릅니다. 느껴지는 감각도 다르고 아주 음침한 감정이 확 밀려옵니다. 안수를 하면 몸이 꿀렁꿀렁 움직입니다. 그래서 제 마음이 비워지지 않으면 제가 두려움에 압도당할 수 있습니다. 그 두려움은 바로 사탄이 주는 것입니다.

그래서 저는 철저히 비워냅니다. "주님, 주님께서 일하시면 됩니다. 저는 다만 주님이 일하시는 대로 외치겠습니다." "나사렛 예수의 이름으로 명하노니, 악한 영들아 떠나가라!" 저는 이렇게 외칩니다. 그렇게 함으로써 제 마음 깊은 곳부터 철저히 낮아집니다. 다른 비결은 아무것도 없습니다.

하나님께서 믿음을 주셔서 그 믿음의 능력을 통해 일할 뿐입니다. 제가 어떻게 귀신을 쫓아내고 병든 사람을 안수하여 어디가 아픈지를 알아내고 치유하겠습니까? 저에게는 아무런 능력이 없습니다. 이 모든 것은 예수님의 능력입니다. 그래서 저를 비워내는 것입니다.

물 없는 곳으로 다니며 쉬기를 구하는 귀신의 세계

그런데 귀신을 쫓아낸 이후에는 또 하나의 문제가 발생합니다. 귀신들이 나간 후 어떤 현상이 일어나는지를 보아야 합니다. 마태복음 12장 43~45절 말씀을 함께 보겠습니다.

> [43]더러운 귀신이 사람에게서 나갔을 때에 물 없는 곳으로 다니며 쉬기를 구하되 얻지 못하고 [44]이에 이르되 내가 나온 내 집으로 돌아가리라 하고 와보니 그 집이 비고 청소되고 수리되었거늘 [45]이에 가서 저보다 더 악한 귀신 일곱을 데리고 들어가서 거하니 그 사람의 나중 형편이 전보다 더욱 심하게 되느니라 이 악한 세대가 또한 이렇게 되리라

어떤 분들이 이렇게 말씀하십니다. "목사님, 저 지금 너무 힘듭니다. 죽고 싶은 생각이 계속 들어요. 뭔가가 들어온 것 같습니다. 저 좀 도와주세요." 저는 그런 말씀을 들을 때, 오히려 그것이 아주 좋은 신호라고 생각합니다.

왜냐하면, 그분의 마음이 예수님의 능력으로 역사하시기를 원하고 있다는 증거이기 때문입니다. 그 마음이 하나님 앞에 열려 있기 때문에 아주 좋은 상태입니다. 그런 분들에게는 반드시 하나님의 역사가 일어납니다.

그런데 그 다음이 중요합니다. 이런 분들에게는 교회 안에서 하나님의 말

영적인 세계에 대한 이해

씀이 심겨져야 합니다. 귀신이 나간 뒤에 다시 들어오지 않도록 그 마음이 하나님의 말씀으로 채워져야 한다는 말입니다.

'물 없는 곳'이라는 것은 광야와 같습니다. 얼마나 척박합니까? 귀신들은 이렇게 척박한 곳, 곧 내 마음이 척박한 상태인 곳을 찾아다닙니다. "나는 왜 이럴까, 왜 내 인생은 이 모양일까?" 이러한 마음속의 황폐함을 따라 귀신은 다시 찾아옵니다.

그리고 귀소 본능, 다시 말해 귀신은 떠났던 집을 다시 돌아오고 싶어 합니다. 돌아와 보니, 그 집이 오히려 더 정돈되어 있습니다. "아이구야, 더 좋아졌네!" 하면서 이전보다 더 악한 귀신을 데리고 다시 들어옵니다.

그래서 귀신이 떠난 후에 "목사님, 저 다시 안 좋아졌어요. 기도 좀 해주세요." 이렇게 말하는 경우가 생기는데 이것은 대부분이 처음보다 더 어려운 상태에 처할 수 있습니다. 왜 그러한지 이어서 설명드리겠습니다. 기도를 구하는 것은 참 좋은 일입니다. 그러나 계속해서 귀신이 나갔다가 다시 들어오고를 반복하게 되면 문제가 됩니다. 내 안에 하나님의 말씀, 곧 생수의 말씀이 가득 차 있어야 합니다.

그래야 사탄이 다시 생각을 집어넣으려고 할 때 이렇게 선언할 수 있습니다. "사탄아 물러가라! 나사렛 예수의 이름으로 명하노니 썩 물러가라! 너 지금 내게 거짓말하고 있는 것이 아니냐!" 이렇게 내 마음에 믿음이 충만히 채워져 있다면, 사탄은 다시 들어올 수 없습니다.

그런데 귀신이 떠나갔습니다. 그런데 시간이 지나면서 내 생각이 또 약해졌습니다. 혹시 또 들어오면 어쩌지? 그 생각을 따라가면 이미 사탄은 내 안에 들어와 있는 것입니다.

외국의 유명한 축사와 치유 사역자들, 예를 들면 케네스 해긴 목사님, 또 스미스 위글스워스 목사님 같은 분들도 동일하게 말씀하셨습니다. "귀신이 나가고 나면 반드시 교회로 가서 말씀으로 채워져야 한다"고 말입니다.

왜 그렇습니까? 교회에서 함께 기도하면 성령의 충만한 임재 안에 있기 때문에 악한 영들이 쉽게 접근하지 못합니다. 그래서 "교회로 오십시오" 하고 권면하는 것입니다.

하지만 이것이 참 어렵습니다. 사탄이 그 마음을 단단히 붙잡고 있기 때문입니다. 사탄은 사람들이 단순히 교회에 가는 것을 그렇게 무서워하지 않습니다. 겉으로만 그리스도인, 즉 형식적인 신앙생활을 하는 사람을 사탄도 두려워하지 않습니다. 오히려 좋아합니다. 사람들이 믿고 있다고 착각하게 만들 수 있기 때문입니다.

하지만 성령이 일하시고 능력이 나타나는 교회는 다릅니다. 사람들이 쉽게 가지 못하게 만듭니다. 왜냐하면, 그곳에 가면 자신들이 쫓겨날 것을 알기 때문입니다.

마가복음 5장 18절부터 20절의 말씀을 보겠습니다.

[18]예수께서 배에 오르실 때에 귀신 들렸던 사람이 함께 있기를 간구하였으나 [19]허락하지 아니하시고 그에게 이르시되 집으로 돌아가 주께서 네게 어떻게 큰 일을 행하사 너를 불쌍히 여기신 것을 네 가족에게 알리라 하시니 [20]그가 가서 예수께서 자기에게 어떻게 큰 일 행하셨는지를 데가볼리에 전파하니 모

영적인 세계에 대한 이해

예수님께서는 귀신 들렸다가 나은 사람이 예수님과 함께하기를 원하셨음에도 예수님은 가족에게 알리라고 하셨습니다. 왜 이렇게 말씀하셨을까요? 자신이 귀신 들렸던 것을 아는 가족들 앞에서 이렇게 간증하는 것입니다. "어머니, 제가 귀신 들렸던 거 아시죠? 그런데 예수님이 오셔서 저를 자유케 하셨어요. 예수님은 정말 하나님의 아들이셨습니다. 예수님은 나의 구세주이십니다." 이렇게 자신이 간증을 나누는 동안 그 사람의 영이 성령으로 충만해지는 것입니다. 그리고 그러한 모습을 보면서 복음이 전하여지는 것입니다. 결국 말씀이 마음속에 충만해야만 다시는 귀신이 우리 마음속에 자리를 잡지 못하는 것입니다.

글을 끝맺으며

지금까지 내용을 정리해 보겠습니다. 우리 인간의 본래 모습은 영이 중심이 되어 육체를 지배하는 것이었습니다. 하지만 아담이 사탄에게 마음을 내어준 순간 사탄은 아담이 다스려야 할 영역을 빼앗았습니다. 그리하여 사탄은 공중의 권세를 잡은 자가 되어버렸습니다.

그리고 이 사탄은 항상 스스로 높아지고 싶어 하기에 육체를 통해 역사하기를 원합니다. 자신을 드러내고 싶어 하는 것입니다. "내가 이런 존재다, 나는 예수보다 크다!" 이런 마음으로 사람들에게 겁을 주며 우리의 생각을 따라 들어오고 싶어 하는 것입니다.

그러므로 우리는 예수님께서 우리 안에서 일하시도록 해야 합니다. 예수님께서 일하시면 사탄은 꼼짝도 하지 못합니다. 이것은 우리 삶의 모든 영역에 적용이 되는 것입니다.

원래 하나님의 창조 목적에는 병이 없었습니다. 이는 천국에는 병이 없는 것을 보면 알 수 있습니다. 그런데 우리가 육체적으로 조금만 아파도 "병원 한번 가봐야 하는 것 아닌가?" 이런 말이 나옵니다. 하지만 이제는 그리스도인에게 그런 말이 먼저 나와서는 안 됩니다. 먼저 이렇게 말해야 합니다. "우리 함께 기도합시다." 왜냐하면 그 병이 공중의 권세 잡은 자로 말미암아 온 것일 수 있기 때문입니다. 그리고 하나님이 일반은혜로 주신 병원의 진료를 받을 때에도 믿음으로 받아야 하는 것입니다. "하나님, 이 진료를 통하여 저의 몸이 온전케 되도록 은혜를 더 하여 주십시오"라고 기도해야 하는 것입니다. 그래서 우리는 더 간절히 기도해야 합니다.

또 어떤 분은 경제적으로 어렵고 굶어 죽을 지경에 있다고 말합니다. 하지만 하나님은 원래 우리에게 복을 주시고 번성하라고 하셨습니다. 그렇다면 지금 이런 형편은 사탄이 우리를 억압하고 누르고 있는 상태입니다. 그러므로 기도해야 합니다.

그리고 이제 마지막으로, 우리가 반드시 붙들어야 할 말씀이 있습니다. 이것만 나누고 말씀을 정리하겠습니다. 마가복음 11장 24절 합독하겠습니다.

> [24]그러므로 내가 너희에게 말하노니 무엇이든지 기도하고 구하는 것은 받은 줄로 믿으라 그리하면 너희에게 그대로 되리라

받은 줄로 믿으라는 것입니다. 이것이 바로 우리의 믿음입니다. 제가 거의 평생 안경을 썼습니다. 노안과 난시 때문에, 1년에 안경값만 100만 원이 들

영적인 세계에 대한 이해

었습니다. 그래서 하나님께 기도했습니다. "하나님, 도저히 이 상태로는 신학공부를 할 수 없습니다. 신학을 해야 하는데, 예수님께서 눈먼 자도 눈을 뜨게 하셨는데 저쯤이야 얼마든지 낫게 하실 수 있습니다."

기도할 당시에는 시력이 돌아오지 않았습니다. 그렇지만 저는 그때부터 안경을 벗어버렸습니다. 왜냐하면, 받은 줄로 믿었기 때문입니다. 시력이 회복된 후에 안경을 벗는 것은 믿음이 아닙니다. 믿음은 없는 것을 있는 것으로 믿는 것입니다. 그러므로 귀신을 쫓아낼 때도, 내 안에 질병이 있을 때도, 내 삶에 억압이 있을 때도 마찬가지입니다. 기도하고 난 후에는 받은 줄로 믿어야 합니다. 그다음부터는 받은 사람답게 살아야 합니다. 그 믿음의 걸음을 내디딜 때, 하나님께서 역사하시는 것입니다. 아멘!

도피성이 되게 하라

오늘은 민수기 35장 9~28절을 읽도록 하겠습니다.

⁹여호와께서 또 모세에게 말씀하여 이르시되 ¹⁰이스라엘 자손에게 말하여 그들에게 이르라 ¹¹너희가 요단강을 건너 가나안 땅에 들어가거든 너희를 위하여 성읍을 도피성으로 정하여 부지중에 살인한 자가 그리로 피하게 하라 ¹²이는 너희가 복수할 자에게서 도피하는 성을 삼아 살인자가 회중 앞에 서서 판결을 받기까지 죽지 않게 하기 위함이니라 ¹³너희가 줄 성읍 중에 여섯을 도피성이 되게 하되 ¹⁴세 성읍은 요단 이쪽에 두고 세 성읍은 가나안 땅에 두어 도피성이 되게 하라 ¹⁵이 여섯 성읍은 이스라엘 자손과 타국인과 이스라엘 중에 거류하는 자의 도피성이 되리니 부지중에 살해한 모든 자가 그리로 도피할 수 있으리라 ¹⁶만일 철 연장으로 사람을 쳐 죽이면 그는 살인자니 그 살인자를 반드시 죽일 것이오 ¹⁷만일 사람을 죽일 만한 돌을 손에 들고 사람을 쳐 죽이면 이는 살인한 자니 그 살인자는 반드시 죽일 것이오 ¹⁸만일 사람을 죽일 만한 나무 연장을 손에 들고 사람을 쳐 죽이면 그는 살인한 자니 그 살인자는 반드시 죽일 것이니라 ¹⁹보복하는 자는 그 살인한 자를 자신이 죽일 것이니 그를 만나면 죽일 것이요 ²⁰만일 미워하는 까닭에 밀쳐 죽이거나 기회를 엿보아 무엇을 던져 죽이거나 ²¹악의를 가지고 손으로 쳐 죽이면 그 친 자는 반드시 죽일 것이니 이는 살인하였음이라 피를 보복하는 자는 살인자를 만나면 죽일 것이니라 ²²악의가 없이 우연히 사람을 밀치거나 기회를 꾸미지 않고 무엇을 던지거나 ²³보지 못하고 사람을 죽일 만한 돌을 던져서 죽였을 때 이는 악의도 없고 해하려 한 것도 아닌즉 ²⁴회중이 친 자와 피를 보복하는 자 간에 이 규례대로 판결하여 ²⁵피를 보복하는 자의 손에서 살인자를 건져내어 그가 피하였던 도피성으로 돌려보낼 것이요 그는 거룩한 기름 부음을 받은 대제사장이 죽기까지 그곳에 거주할 것이니라 ²⁶그러나 살인자가 어느 때든지 그 피하였던 도피성 지경 밖에 나가면 ²⁷피를 보복하는 자가 도피성 지경 밖에서 그 살인자를 만나 죽일지라도 피 흘린 죄가 없나니 ²⁸이는 살

인자가 대제사장이 죽기까지 그 도피성에 머물러야 할 것임이라 대제사장이
죽은 후에는 그 살인자가 자기 소유의 땅으로 돌아갈 수 있으니라

우리는 이 도피성에 대한 이야기를 참 많이 들어왔습니다. 한국의 옛 역사
에서도 이와 비슷한 제도들이 있었다고 배웠습니다. 어떤 사람의 인권을
보호하고 형벌의 과중함을 막아내는 좋은 제도라고 평가되곤 했습니다.

그러나 현대에서는 이스라엘도 그렇고 우리나라도 이런 도피성 제도는 존
재하지 않습니다. 그렇다면 왜 하나님께서는 구약 시대에 이 제도를 두셨
을까요? 만약 이 제도가 구약 시대에만 끝날 것이었다면, 굳이 성경에 이
렇게까지 자세히 기록할 필요가 없었을 것입니다.

하나님께서는 민수기뿐 아니라, 신명기 19장 1~13절까지, 또 여호수아 20
장 1~9절까지도 도피성에 대해 말씀하고 계십니다. 성경의 여러 장을 할
애하면서 도피성 이야기를 반복하고 계신 것입니다.

도피성에 대한 일반적인 이해

그러므로 우리는 "왜 하나님께서 이 도피성을 허락하셨는가"를 제대로 이
해해야 합니다. 이 점을 이해하면, 성경 전체의 역사가 한눈에 들어옵니다.
오늘 이 도피성 말씀을 통해 여러분 각자가 자신의 위치를 돌아보시길 바
랍니다. 그리고 하나님께서 어떻게 인류의 역사를 이루어 가시는지를 깊이
느껴보시길 바랍니다.

이 도피성에는 여러 가지 규례들이 있습니다. 예를 들어 앞으로도 계속 살
펴보겠지만, 어떤 사람이 산에서 나무를 베다가 도끼질을 하던 중 도끼날
이 빠져서 옆에 있던 사람이 죽는 일이 발생했다고 합시다. 사람이 죽었다

면, 누구나 마음속에 큰 두려움을 느낍니다. 왜냐하면, 사람은 하나님의 형상을 따라 지음 받았기 때문입니다.

그래서 교통사고를 낸 사람들도, 자신이 사고를 냈던 장소를 다시 지나갈 때마다 마음이 너무 괴롭다고 고백합니다. "내가 사람을 죽였다"는 사실이 마음을 무겁게 누르는 것입니다.

이처럼 도끼를 들고 나무를 패다가 누군가가 죽었을 경우 당시 사람들은 어떻게 했을까요? 도피성이 요단강을 기준으로 동쪽에는 위쪽부터 바산 골란, 베셋, 길르앗 라모 세 곳이 있었고, 서쪽에는 게데스, 세겜, 헤브론 세 곳이 있었습니다. 그래서 모두 여섯 곳이 정해져 있었습니다.

만일 부지중에 사람을 죽이는 일이 발생했다면, 이 사람은 가까운 도피성으로 전속력으로 달려가야 했습니다. 그리고 그곳 성읍의 장로들에게 외칩니다. "저는 어느 지방에 살고 있는 '아무개'라는 사람입니다. 지금 이런 일로 인해 도피성을 찾고자 합니다." 이렇게 외치면, 성읍의 장로들은 그 사람을 안으로 데려와 보호해 줍니다.

왜 그를 보호해 줄까요? 예를 들어, 한 집안의 가장(家長)이 나무를 패던 도끼에 맞아 죽었다면 그 가족은 그 죽음의 소식을 듣고 분노하게 됩니다. "당신이 우리 아버지를 죽였단 말이야?" 아무리 우연이었다 해도 분노가 솟아오르는 것이 인지상정입니다. 이것이 바로 보복으로 연결되는 것입니다.

구약 시대에는 하나님께서 "고엘"이라 하여 기업을 이어갈 친족들에게 특별한 임무를 맡기셨습니다. 그중 하나가 누군가가 가족을 죽였을 때 고엘로서 반드시 그 사람을 따라가서 죽이라는 명령이었습니다. 그러니 누군가 실수로 사람을 죽이게 되면 그 소식을 들은 고엘은 그를 찾아 죽이러 쫓아오는 것입니다.

그래서 성읍 장로들은 도망쳐 온 사람을 성 안으로 들여보내고, 그가 정말 고의로 사람을 죽인 것인지 아니면 부지중에 과실로 죽인 것인지를 판결하기 위해 심판을 시작합니다.

오늘 우리가 읽은 본문을 보면 고의로 사람을 죽인 경우는 다음과 같습니다. 철 연장으로 사람을 쳐 죽인 경우, 사람을 죽일 만한 돌을 손에 들고 쳐 죽인 경우, 나무 연장을 손에 들고 사람을 쳐 죽인 경우입니다. 또한 신명기에서는 사람이 숨어 있다가 기회를 엿보아 죽이거나 악의를 가지고 손으로 사람을 때려 죽이는 경우, 혹은 미워하는 마음으로 낭떠러지에 밀어 떨어뜨리는 경우도 모두 고의로 간주됩니다. 이런 경우에는 현장 조사까지 하여 사실 여부를 확인합니다.

이렇게 조사한 후 그 사람이 고의로 죽였다고 판단되면 도피성의 장로들은 그를 보복자에게 넘깁니다. 왜냐하면 피를 흘리게 한 죄는 반드시 심판받아야 하기 때문입니다. 그래서 "고엘", 즉 기업을 물을 자손들이 그 사람을 죽이게 됩니다.

그러나 앞서 말한 바와 같이 도끼질을 하다가 날이 빠져서 사람이 죽었다면 이는 고의가 아닙니다. 또는 어떤 사람이 넘어지면서 연쇄적으로 옆 사람에게 영향을 주어 죽음에 이르게 한 경우나 새를 잡기 위해 돌을 던졌는데 새는 맞지 않고 지나가던 사람이 맞아 죽은 경우 등은 모두 우발적 사고, 곧 과실에 해당합니다.

이러한 경우에만 도피성으로 데려갈 수 있습니다. 도피성으로 들어간 사람은 비록 고의는 아니었지만, 과실이 있었던 것이므로 책임을 피할 수는 없습니다. 조금만 더 주의했더라면 사고를 막을 수도 있었기 때문입니다. 그래서 이 사람에게 주어지는 형벌은 자신이 정들었던 고향을 떠나 도피성, 그리고 그 도피성을 둘러싼 경계 내에서만 살아야 한다는 것입니다. 그는 도피성에 있는 대제사장이 죽을 때까지 그곳을 벗어날 수 없습니다. 이것이 도피성에 관한 규례입니다.

도피성에 이르는 길에 대한 규례

이 도피성 제도는 매우 중요합니다. 왜냐하면, 우연히 실수로 사람을 죽였다고 해도 보복자가 그를 죽이기 위해 쫓아오기 때문입니다. 그러므로 누군가 죽었을 때, 도망가는 사람이 도피성을 쉽게 찾을 수 있어야 합니다.

이스라엘 탈무드와 성경 기록에 의하면 도피성에 이르는 길은 매우 반듯하게 닦아 놓아야 했습니다. 돌 하나라도 길에 놓여 있어서는 안 되었고 움푹 팬 곳이 있어도 안 되었습니다. 왜냐하면 도망가는 자가 길에 있는 돌에 걸려 넘어지거나, 웅덩이에 빠져 지체하게 되면 보복자의 손에 죽임을 당할 수 있기 때문입니다. 그래서 도피성에 이르는 길은 아주 깨끗하고 평탄하게 정비해야 했습니다.

또한 도피성으로 가는 길목마다 "미클라트"라는 표지판을 크게 붙여 안내해야 했습니다. 만약 잘못된 길로 접어들기라도 하면, 보복자가 뒤따라와 그를 죽일 수 있기 때문입니다. 그래서 "이 길은 도피성으로 가는 길"이라는 표시가 분명하게 세워져 있어야 했습니다.

그리고 도피성은 반드시 사람이 하루 안에 도착할 수 있는 거리에 위치하도록 여섯 곳이 지정되었습니다. 만일 도피자가 나이가 많거나 지쳐서 걷는 속도가 느리다면 도중에 보복자에게 잡혀 죽을 수도 있기 때문입니다. 그래서 요단강을 기준으로 동쪽에 세 곳, 서쪽에 세 곳, 즉 각각의 지역에서 하루 만에 닿을 수 있는 거리 안에 도피성을 세운 것입니다.

이 도피성 제도는 모든 백성에게 철저히 교육되었습니다. 이스라엘 백성들은 누군가를 죽음에 이르게 하였을 때, "일단 도피성으로 가야 한다"는 사실을 잘 알고 있었습니다. 길에는 어떤 장애물도 없었고 길을 잃지 않도록 표지판도 분명히 되어 있었으며 하루 만에 도착할 수 있었습니다. 이처럼 도피성 규례는 백성들의 삶에 깊이 각인되어 있었습니다.

사람의 생명에 대한 하나님의 주권

그러면 왜 하나님께서 이처럼 도피성을 만들어 두셨을까요? 창세기 9장 6절에 "다른 사람의 피를 흘리면 그 사람의 피도 흘릴 것이니 이는 하나님이 자기 형상대로 사람을 지으셨음이니라."라고 되어 있습니다. 이는 본래 사람, 곧 피조물인 인간에 대한 심판권은 하나님께 있다는 것을 잘 보여주고 있습니다. 하나님께서 "네가 선악과를 먹는 날에는 반드시 죽으리라" 말씀하셨듯이 죽음과 심판에 대한 권한은 하나님께 속한 것입니다.

그런데 만일 사람이 다른 사람을 죽이면 그 심판권을 자기 손으로 행사하는 것이 됩니다. 곧 하나님의 자리를 침범하는 것입니다. 하나님께서 사람을 취할 수 있는 심판권은 본래 하나님의 고유한 권한입니다.

이전에 노아의 홍수심판을 보면 하나님께서 심판권을 직접 행사하셨을 때, 인류는 거의 전멸했습니다. 인간은 본래 죄성을 가지고 있기 때문에 하나님이 다시 심판하신다면 모두 죽을 수밖에 없습니다. 이것이 우리가 기다리고 있는 마지막 심판의 실체이기도 합니다.

그래서 하나님께서는 인류를 보존하시되 인간의 악이 번성하는 것을 막기 위해 국가 제도를 세우셨습니다. 다른 사람을 죽인 자에 대해서는 국가가 그 사람의 피를 흘리게 하도록, 즉 국가가 심판권을 행사하도록 하신 것입니다.

왜냐하면, 인간은 하나님의 형상을 따라 창조되었고, 심판권은 본래 하나님께 속한 것이기 때문입니다. 따라서 고의로 사람을 죽인 자는 반드시 죽이라 하셨습니다. 제가 쓴 『언약신학과 사형제도』라는 책에서도 언급했듯이, 사형제도 자체는 성경이 인정하는 제도입니다.

이제 여러분과 함께 특별한 성경 구절을 살펴보겠습니다. 출애굽기 21장 13절입니다.

> [13]만일 사람이 고의로 한 것이 아니라 나 하나님이 사람을 그의 손에 넘긴 것이면 내가 그를 위하여 한 곳을 정하리니 그 사람이 그리로 도망할 것이며

이 말씀은 매우 특별합니다. 과실로 사람을 죽인 상황을 하나님께서 이렇게 표현하십니다. "나 하나님이 사람을 그의 손에 넘긴 것이면." 마치 그 사람이 죽게 된 것이 하나님의 주권적 섭리 속에서 일어난 일처럼 말씀하십니다.

그러면 이 사람이 죽은 것이 하나님의 잘못입니까? 하나님이 넘기셨기 때문에 그렇게 된 것입니까? 우리는 이런 오해를 할 수 있습니다. 그러나 이

도피성이 되게 하라

말씀을 바르게 이해해야 합니다. 어떤 사람의 수명이 다하면 우리는 "하나님께서 인생을 거두어 가신다", "하나님께서 수명을 여기까지 정하셨다"고 말하는데 바로 이것입니다. 하나님께서 우리 인생의 생사화복을 주관하신다는 것을 성경은 말씀하고 있는 것입니다.

하나님께서 "그 사람을 그의 손에 넘기셨다"는 표현은 하나님께서 의도적으로 사람을 죽도록 넘긴 것이 아니라, 그 사람의 인생 전체를 주관하시며 섭리하고 계신다는 뜻입니다. 그러나 그렇다고 해서 사람의 과실이 면책되는 것은 아닙니다. 잘못한 것은 분명히 잘못한 것입니다. 그래서 하나님께서는 도피성을 두시고 과실로 사람을 죽인 자가 대제사장이 죽을 때까지 그 안에 거하도록 제한하신 것입니다.

도피성 규례를 통하여 알 수 있는 사실

오늘 우리가 이 도피성의 규례를 보면서 몇 가지 중요한 사실을 알 수 있습니다. 첫째, 하나님은 고의범죄와 과실범죄를 분명히 구분하고 계십니다. 고의로 사람을 죽인 경우에는 반드시 사형에 처하게 하셨고, 과실로 죽인 경우에는 도피성으로 피하게 하여 생명을 보존하도록 하셨습니다.

둘째, 도피성을 통하여 우리는 하나님의 은혜를 알게 되는 것입니다. 왜냐하면 우연히 사람을 죽인 그는 도피성에 들어가 성읍의 장로들에게 자초지종을 고백하고 조사를 받은 후 과실로 인한 사건임이 밝혀지면 도피성 안에 거하게 됩니다. 그는 그곳에서 자신의 삶을 돌아보게 됩니다.

분명히 잘못은 했지만, 보복자의 손에 넘겨지지 않고 생명을 보존받은 것을 생각할 때 그는 하나님의 은혜를 깊이 체험하게 됩니다. "하나님께서 나를 은혜로 붙들어 주셨구나"라는 고백이 그 마음에 자리하게 되는 것입니다. 도피성 안에서 그는 은혜 가운데 하나님을 경험하게 되는 삶을 살아갈 수 있습니다.

셋째, 도피성에서의 자유와 대제사장의 죽음은 연결되어 있다는 것입니다. 도피성에 사는 사람은 언제 그곳을 나올 수 있습니까? 대제사장이 죽을 때입니다. 그때 그는 고향으로 돌아갈 수 있습니다. 그러므로 그 사람의 자유는 대제사장의 죽음과 연결되어 있는 것입니다.

이처럼 도피성은 우리에게 생명을 주는 제도입니다. 히브리어로 "미클라트"라고 하는 이 단어는, "피난처, 생명의 장소"라는 뜻을 담고 있습니다.

"클라트"라는 말은, 우리를 거룩하게 하신다는 뜻을 담고 있습니다. 그러므로 도피성은 하나님의 은혜 가운데 살아가면서, "이제 내가 밖으로 나가게 되면 더욱 조심해야겠구나" 하며 스스로 경계하고, 하나님의 법 안에서 자기 삶을 완성해 나가는 장소인 것입니다. 그래서 이것을 "미클라트", "도피성"이라고 부릅니다.

오늘날의 도피성 규례는 어떻게 해석되어야 하는가?

도피성의 의미를 바르게 아는 것이 매우 중요합니다. 오늘날 우리의 현실을 한번 살펴보겠습니다. 현재 우리나라에서는 사형이 선고되긴 하지만, 1997년 이후로는 실제 집행이 이루어지지 않고 있습니다. 그러다 보니 사실상 사형 집행은 중단된 상태입니다.

예전에 사형 집행 전에 신앙 간증을 남긴 사형수들이 있었습니다. 그들이

도피성이 되게 하라

교수형 직전에 남긴 마지막 한마디는 이러했습니다. "저는 이 세상에서 죄를 지었기 때문에 죽습니다. 그러나 여러분에게 꼭 말씀드리고 싶은 것이 있습니다. 예수님을 믿으십시오. 저는 예수님을 믿음으로 구원을 받았습니다. 오늘 저녁 저는 예수님의 품에 안길 것입니다." 이러한 신앙 고백들이 실제로 많이 기록되어 있습니다.

이러한 관정을 볼 때 우리는 한 가지 중요한 사실을 알게 됩니다. 오늘날의 고의범죄는 구약 시대에서 말하는 고의범죄와는 다소 차이가 있다는 점입니다. 물론 살인을 저지른 것은 명백한 고의적인 죄입니다. 그러나 그러한 사람이라도 하나님의 성령의 은혜로 말미암아 죄사함을 받을 수 있다는 것입니다.

오늘날의 고의범죄와 과실범죄는 어떻게 구별되는가?

이것이 오늘날 우리가 신약의 관점에서 고의범죄를 어떻게 이해해야 하는지를 보여주는 것입니다. 그렇다면 신약에서 말하는 고의범죄는 무엇입니까? 이에 대해 히브리서 10장에서 그 의미를 분명히 밝히고 있습니다. 히브리서 10장 26~29절까지의 말씀을 함께 살펴보겠습니다

> [26]우리가 진리를 아는 지식을 받은 후 짐짓 죄를 범한 즉 다시 속죄하는 제사가 없고 [27]오직 무서운 마음으로 심판을 기다리는 것과 대적하는 자를 태울 맹렬한 불만 있으리라 [28]모세의 법을 폐한 자도 두세 사람의 증언으로 말미암아 불쌍히 여김을 받지 못하고 죽었거든 [29]하물며 하나님의 아들을 짓밟고 자기를 거룩하게 한 언약의 피를 부정한 것으로 여기며, 은혜의 성령을 욕되게 하는 자는 당연히 받을 형벌이 얼마나 더 무겁겠느냐 너희는 생각하라

이 말씀에서 26절에 나오는 "짐짓 죄를 범한 즉"이라는 표현이 바로 고의

범죄를 의미합니다. 그런데 이 고의 범죄가 구체적으로 무엇인지에 대한 설명은 29절에 나옵니다. 29절에 의하면 고의범죄란 곧 "하나님의 아들을 짓밟고, 자기를 거룩하게 한 언약의 피를 부정하게 여기며, 은혜의 성령을 욕되게 하는 죄"입니다. 다시 말해, 예수 그리스도의 십자가 보혈을 무시하고 그것을 구약 시대의 짐승의 피와 같이 일시적인 효력만 있는 것으로 여기며, 은혜의 성령의 역사를 모독하는 행위입니다.

히브리서는 유대인 그리스도인들, 즉 유대교에서 예수 그리스도를 믿게 된 자들에게 보내진 편지입니다. 이들은 복음을 통해 예수님께서 우리의 모든 죄를 속하셨다는 진리를 알게 되었습니다. 그리고 그 진리를 거부하고 떠나 다시 율법으로 돌아가려는 유혹 속에 있던 이들에게 히브리서는 강력하게 경고하고 있는 것입니다.

진리를 아는 지식을 표현하는 "에피그노시스"는 진리를 통하여 예수 그리스도를 믿게 되었고, 그 믿음으로 말미암아 마음속을 억눌렀던 죄책감과 심판에 대한 두려움에서 벗어나는 은혜를 실제로 경험한 지식을 의미합니다. 이것이 바로 진리를 받은 자들이 누린 구원의 체험이었습니다.

그런데 이 유대인 그리스도인들이 당시 박해를 받게 되자, 과거 자신들이 익숙했던 유대교로 돌아가려는 경향이 나타나기 시작했습니다. 다시 말해 그들은 짐승을 제물로 드리는 옛 제사 체계로 돌아가고자 했던 것입니다. 이러한 상황에 대해 히브리서 저자가 지금 경고하고 있는 것입니다.

그렇다면 이들이 예수님의 피를 어떻게 여기고 있었던 것입니까? 옛 양과 염소, 송아지의 피처럼 단지 죄를 일시적으로 가리는 정도의 효력밖에 없다고 여겼던 것입니다. 그들은 예수 그리스도의 피를 영원한 속죄가 아니

도피성이 되게 하라

라, 한시적인 제물 정도로 생각했던 것입니다. 그러므로 결과적으로는 예수님의 피를 짐승의 피와 동등하게 여긴 것입니다. 이는 결국 예수 그리스도를 짐승과 같은 존재로 격하시킨 것이며, 심각한 불신앙입니다.

바로 이것이 히브리서 10장 29절에서 말하는 죄입니다:

> [29]하물며 하나님의 아들을 짓밟고 자기를 거룩하게 한 언약의 피를 부정한 것으로 여기며 은혜의 성령을 욕되게 하는 자가 당연히 받을 형벌이 얼마나 더 무겁겠느냐 너희는 생각하라

이와 같이 예수 그리스도의 피를 부정하고 무시하는 것이 바로 "짐짓 죄", 곧 고의 범죄인 것입니다. 이해가 되십니까? 오늘날 우리 그리스도인들에게도 이 시대를 살아가는 모든 이들에게도, 이 "짐짓 죄"는 단 하나뿐입니다.

하나님께서는 세상을 이처럼 사랑하사 독생자 예수 그리스도를 주셨습니다. 그 누구든지 예수님을 믿는 자는 멸망하지 않고 구원을 받도록 은혜를 선포하셨습니다. 그런데 그 은혜를 거부하는 것, 바로 그것이 "짐짓 죄"입니다. 예수 그리스도를 통해서만 속죄를 받을 수 있습니다. 그 외에 다른 어떤 방법으로도 속죄함을 받을 수 없습니다.

그러므로 히브리서 10장 26절은 이렇게 말씀합니다:

> [26]우리가 진리를 아는 지식을 받은 후 짐짓 죄를 범한 즉, 다시 속죄하는 제사가 없고…

예수 그리스도의 속죄 외에는 더 이상 남아 있는 속죄 제물이 없습니다. 그래서 예수 그리스도를 부인하는 것, 이것이 바로 신약시대의 고의범죄, 곧 "짐짓 죄"입니다.

이제 우리가 흔히 말하는 과실범죄, 또는 부주의한 죄는 어떤 것입니까? 여기에서 하나님의 놀라운 섭리가 드러납니다. 아담이 죄를 지은 사건을 생각해 보십시오. 그것은 고의범죄입니까? 아니면 과실범죄입니까? 이 부분에 대해 로마서 7장 14절과 15절의 말씀을 함께 보겠습니다:

> ^{14}우리가 율법은 신령한 줄 알거니와 나는 육신에 속하여 죄 아래 팔렸도다 ^{15} 내가 행하는 것을 내가 알지 못하노니 곧 내가 원하는 것은 행하지 아니하고 도리어 미워하는 것을 행함이라

아담은 하나님 앞에서 죄를 지었습니다. 그는 사탄이 주는 말을 받아들였고, 그 결과 범죄하게 되었습니다. 우리가 보기에는 고의로 죄를 지은 것처럼 보입니다. 그러나 하나님께서 보시기에는 사탄의 꾐에 넘어간 것입니다. 즉, 그는 유혹을 받아 죄에 팔려버린 자가 된 것입니다.

우리가 앞서 이야기했던 고의로 인한 살인자에 대해서도 마찬가지입니다. 그 사람이 사람을 죽였을 때 그는 자신의 의지로 행했다고 생각하지만, 사실은 자기 내면에 있는 죄의 속성, 곧 죄의 본성에 이끌려 그런 행위를 저지른 것입니다. 그는 죄 아래 팔린 자였던 것입니다. 이러한 의미에서 볼 때, 우리가 짓는 죄들은 실제로는 과실, 혹은 죄의 본성에서 기인한 것임을 알 수 있습니다.

나는 내가 죄를 고의로 지었다고 생각했지만, 실상은 내 육체가 죄에 팔린 상태였기 때문에 죄의 속성이 나를 계속 유혹하고 충동질하며 분노하게 만들었던 것입니다. 그래서 나도 모르게 죄를 지은 것입니다. 이해가 되십니까?

예수 그리스도를 예표하는 도피성

한 가지 잘 생각해 보십시오. 사람들은 종종 이런 질문을 합니다. "하나님은 아담이 죄를 지을 줄 아시면서 왜 그대로 두셨는가?"라고 말입니다. 하나님은 아담이 죄를 지을 줄 아셨습니다. 그러나 하나님은 구약 시대 도피성 제도를 통해, 아담이 죄를 지은 이후에도 은혜를 베푸시는 방식을 미리 보여주셨습니다. 하나님은 아담의 범죄를 통해 모든 인류를 죄 아래 가두시고, 우리를 어디로 인도하신 것입니까? 바로 오늘날의 도피성, 곧 예수 그리스도께로 인도하신 것입니다.

그래서 하나님은 인류가 죄 가운데 있게 내버려 두셨습니다. 우리는 죄를 지었지만, 그 죄를 통해 하나님은 모든 인류를 예수 그리스도라는 도피성으로 몰아가셨던 것입니다. 이는 우리를 구원하시기 위한 하나님의 위대한 섭리였습니다. 아담이 죄를 지었을 때 하나님은 그를 즉시 심판하지 않으셨습니다. 오히려 동물을 죽여 가죽옷을 입혀 주심으로써 은혜를 베푸셨습니다. 이는 아담이 고의로 죄를 지은 것이 아니라, 사탄의 유혹을 받아 죄에 팔린 상태에서 지은 죄였음을 보여줍니다.

이것이 바로 우리가 오늘날 말하는 참된 회개입니다. 우리는 자주 하나님 앞에 나아가 이렇게 고백합니다. "하나님, 제가 이런 죄를 지었습니다. 용서해 주십시오." 하지만 그것은 겉으로 드러난 표면적인 이야기일 뿐입니다. 진정한 회개는 이렇게 고백하는 것입니다. "하나님, 제 안에 이런 죄의 본성이 있었음을 제가 이제야 깨닫습니다. 정말 저는 날 때부터 죄인이었음을 고백합니다. 이제 저는 이제 예수 그리스도의 품으로 피하겠습니다."

과거 도피성으로 달아났던 자들이 보복자의 심판을 피하여 그 안에서 생명을 유지했던 것처럼 우리도 죄로 인해 죽을 수밖에 없는 존재였지만 예수 그리스도 안으로 피신함으로써 생명을 얻게 된 것입니다. 하나님께서 당장 나를 심판하셨다면 나는 죽었을 것입니다.

그러나 내가 도피성, 곧 예수 그리스도 안에 피신했기 때문에 심판이 유예된 것입니다. 도피성 안에만 들어가면 심판은 유예가 됩니다. 내 죄와 모든 심판이 예수 그리스도 안에 들어가는 순간 멈추는 것, 이것이 바로 유월절 어린 양의 그림자로 주신 하나님의 계시였습니다.

애굽 땅에 죽음의 사자가 지나가던 그 밤, 양의 피가 문설주와 좌우 문인방에 발라진 집 안에 거하는 자들만 살게 되었던 것처럼 하나님은 도피성 규례를 통하여 그분의 인자하심과 사랑을 보여주셨고, 그 사랑으로 우리 모두를 예수 그리스도께로 이끌고자 하셨던 것입니다.

그러므로 하나님께서 아담이 죄를 짓도록 허락하신 것은 결국 우리에게 예수 그리스도를 주시기 위한 크신 섭리였습니다. 이해가 되십니까? 결국 우리가 구원을 받는다는 것은 다른 것이 아닙니다. 예수 그리스도께서 나의 도피성이 되셔서, 내가 죽어야 할 그 인생을 예수님께서 대신 담당하셨다는 사실을 믿는 것입니다. 이것이 오늘날 우리가 가진 참된 도피성의 의미입니다.

예수 그리스도의 죽음과 참된 자유

그런데 도피성에 들어간 자가 진정한 자유를 얻기 위해서는 한 가지 조건이 있었습니다. 대제사장이 죽어야만 그 사람은 도피성에서 나올 수 있었습니다. 그렇다면 하나님께서는 이 진리를 우리에게 어디에서 보여주셨습

도피성이 되게 하라

니까? 이제 마태복음 27장 15~26절 말씀을 함께 보겠습니다.

> ¹⁵명절이 되면 총독이 무리의 청원대로 죄수 하나를 놓아주는 전례가 있더니 ¹⁶그때에 바라바라 하는 유명한 죄수가 있는데 ¹⁷그들이 모였을 때에 빌라도 가 물어 이르되 "너희는 내가 누구를 너희에게 놓아주기를 원하느냐 바라바 냐 그리스도라 하는 예수냐 하니 ¹⁸이는 그가 그들의 시기로 예수를 넘겨준 줄 앎이더라 ¹⁹총독이 재판석에 앉았을 때에 그의 아내가 사람을 보내어 이 르되 "저 의인에게 아무 상관도 하지 마옵소서 오늘 꿈에 내가 그 사람으로 인하여 애를 많이 태웠나이다 하더라 ²⁰대제사장들과 장로들이 무리를 권하 여 바라바를 달라 하게 하고 예수는 죽이자 하게 하였더니 ²¹총독이 대답하 여 이르되 둘 중에 누구를 너희에게 놓아주기를 원하느냐 이르되 바라바로소 이다 ²²빌라도가 이르되 그러면 그리스도라 하는 예수를 내가 어떻게 하랴 그 들이 다 이르되 십자가에 못 박혀야 하겠나이다 ²³빌라도가 이르되 어찌미냐 무슨 악한 일을 하였느냐 그들이 더욱 소리질러 이르되 십자가에 못 박혀야 하겠나이다 ²⁴빌라도가 아무 성과도 없이 도리어 민란이 나려는 것을 보고 물 을 가져다가 무리 앞에서 손을 씻으며 이르되 이 사람의 피에 대하여 나는 무 죄하니 너희가 당하라 ²⁵백성이 다 대답하여 이르되 "그 피를 우리와 우리 자 손에게 돌릴지어다 하거늘 ²⁶이에 바라바는 그들에게 놓아주고 예수는 채찍 질하고 십자가에 못 박히게 넘겨주니라

이 바라바의 생명은 누구와 연결되어 있었습니까? 예수님의 죽음과 연결 되어 있었습니다. 예수님이 죽으시면 바라바는 살고, 바라바가 죽으면 예 수님이 나올 수 있었던 구조입니다. 도피성 제도에서 도피한 살인자가 자 유를 얻기 위해서는 대제사장이 죽어야 했던 것처럼 바라바의 생명도 예 수님의 희생을 통해 보존된 것입니다.

대제사장이 죽으면 도피성에 있던 자가 자유를 얻게 됩니다. 우리도 마찬 가지입니다. 우리는 모두 죄 아래 갇혀 있던 존재였습니다. 그런데 우리의 자유는 누구와 연결되어 있었습니까? 예수님의 죽음과 연결되어 있었습니

다. 예수님께서 십자가에서 죽으시고 부활하셨습니다. 그러면 우리는 어떤 상태입니까? 자유한 상태입니다. 그래서 성경은 "천국이 이미 임하였다"고 말합니다.

그런데 우리는 여전히 세상에 매여 삽니다. 돈에, 물질에, 권력에 메이고 있습니다. 하지만 하나님은 우리를 어떻게 보십니까? "너희의 영원한 대제사장 되시는 예수께서 죽으셨기에, 너희는 이 땅에 살고 있으나 교회 안에서는 이미 자유한 자다." 그래서 주님은 말씀하십니다. "진리가 너희를 자유롭게 하리라." 천국은 우리가 죽은 후 가는 곳만이 아닙니다. 이 땅에서부터 천국을 살아가면서 들어가는 나라입니다. 우리는 이미 그 나라의 백성으로 부르심을 받았습니다.

사랑하는 형제자매 여러분!

하나님께서 아담이 죄를 지을 것을 몰랐던 것이 아닙니다. 하나님은 그 모든 것을 아시면서도 예수 그리스도 안에서 인류와 동행하시기 위한 계획을 세우셨습니다. 지금도 그 계획은 이루어지고 있습니다.

하지만 우리는 하나님의 큰 섭리를 알지 못하기 때문에, 조금만 인생에 어려움이 오면 하나님을 원망하고, 사람을 미워하고, 분노하게 됩니다. 그러나 하나님의 크신 섭리를 깨달으면, 우리는 "범사에 여호와를 인정하라", "항상 감사하라", "항상 기뻐하라"는 말씀을 이해하게 됩니다.

비록 우리는 잘 알지 못하지만, 하나님은 영원한 섭리를 따라 지금도 우리를 이끌고 계십니다. 그러므로 인생의 어려움 속에서도 일희일비(一喜一悲)할 필요가 없습니다. 믿음이 들어오면 우리는 이렇게 고백할 수 있습니다.

도피성이 되게 하라

"그래, 나의 영원한 도피성 되시는 주님, 지금 나를 예수 그리스도 안에서 자유케 하신 우리 왕이 계시는데, 하나님께서 내 인생을 섭리하고 계시는데 내가 무엇을 두려워하랴. 항상 기뻐해야지." 이러한 마음으로 우리는 신앙생활을 온전히 감당할 수 있는 것입니다.

그렇다면 이제 우리 그리스도인들은 삶을 올바르게 살아가야 합니다. 성령 안에서, 마치 도피성 안에 머물렀던 사람들이 그 은혜 속에 어떻게 살았을지를 생각해 보십시오. 자신의 허물로 인해 누군가가 죽게 되었습니다. 하지만 하나님께서 은혜를 베푸셔서 그 생명을 보존하셨습니다. 그렇다면 그 사람은 "그래, 내가 이런 잘못을 저질렀지만, 하나님께서 나에게 은혜를 베푸셨다. 이제는 이웃을 돕고, 어려운 자를 돌보며, 그 은혜에 보답하며 살아가야지"라고 결단하며, 변화된 삶을 살아야 합니다.

하나님의 자녀라 하면서도 변화가 없는 사람은 아직까지 하나님의 말씀이 마음 깊숙이 심기지 않은 사람입니다. 하나님의 생명이 내 안에 들어왔다면 반드시 생명의 열매가 맺히는 것입니다. 생명의 열매를 맺지 못하는 이유는 하나님의 말씀이 아직 내 마음과 온전히 화합하지 않았기 때문입니다.

그런 분들은 오늘 말씀을 마음에 새기시기 바랍니다. 내게서 그리스도의 열매가 나타나지 않는다면 그것은 내가 하나님의 말씀을 가볍게 여기고 있는 것입니다. "좀 더 살다가… 언젠가 하겠지…"라고 생각하며 말씀을 미루는 태도, 그 자체가 악한 생각이며, 불신앙입니다.

히브리서 12장 6절을 보면, 그러한 사람들에게는 하나님의 징계가 따른다고 말씀하십니다. "주께서 그 사랑하시는 자를 징계하시고 그가 받아들이시는 아들마다 채찍질하심이라 하였으니"라고 기록되어 있습니다. 우리는 지금 선택의 기로에 서 있습니다. 하나님의 징계를 받으며 억지로 이끌려 갈 것인가 아니면 기쁜 마음으로 하나님의 자녀답게 변화된 삶을 살아갈 것인가?

도피성에 피신했던 자들이 그곳에서 하나님의 은혜를 경험하고 대제사장이 죽은 후 가족들과 다시 만나며 은혜의 삶을 간증하던 것처럼, 대제사장의 죽음을 경배하며 기억하였던 것처럼 우리도 이제 정말 하나님의 자녀로서 어떻게 살아갈지의 여부가 지금 우리 앞에 놓여 있습니다. 아멘!

도피성이 되게 하라

생명나무와 선악을 알게 하는 나무

오늘 본문 말씀은 창세기 2장 4~17절입니다.

> ⁴이것이 천지가 창조될 때의 하늘과 땅의 내력이라 여호와 하나님이 땅과 하늘을 만드셨을 때에 ⁵여호와 하나님이 땅에 비를 내리지 아니하셨고 땅을 갈 사람도 없었으므로 들에는 아직 초목이 없었고 밭에는 채소가 나지 아니하였으며 ⁶안개만 땅에서 올라와 온 지면을 적셨더라 ⁷여호와 하나님이 흙으로 사람을 지으시고 생기를 그의 코에 불어넣으시니 사람이 생령이 되니라 ⁸여호와 하나님이 동방의 에덴에 동산을 창설하시고 그 지으신 사람을 거기 두시고 ⁹여호와 하나님이 그 땅에서 보기 좋고 먹기에 좋은 모든 나무가 나게 하시니 동산 가운데에는 생명나무와 선악을 알게 하는 나무도 있더라 ¹⁰강이 에덴에서 발원하여 동산을 적시고 거기서부터 갈라져 네 근원이 되었으니 ¹¹첫째의 이름은 비손이라 금이 있는 하윌라 온 땅을 둘렀으며 ¹²그 땅의 금은 순금이요 그곳에는 베델리엄과 호마노도 있으며 ¹³둘째 강의 이름은 기혼이라 구스 온 땅을 둘렀고 ¹⁴셋째 강의 이름은 히데겔이라 앗수르 동쪽으로 흐르며 넷째 강은 유브라데더라 ¹⁵여호와 하나님이 그 사람을 이끌어 에덴 동산에 두어 그것을 경작하며 지키게 하시고 ¹⁶여호와 하나님이 그 사람에게 명하여 이르시되 동산 각종 나무의 열매는 네가 임의로 먹되 ¹⁷선악을 알게 하는 나무의 열매는 먹지 말라 네가 먹는 날에는 반드시 죽으리라 하시니라

오늘 이 말씀을 선택한 이유는, 곧 크리스마스가 다가오기 때문입니다. 우리 교회에도 성탄 트리가 세워져 있는데, 이 성탄 트리가 언제부터 시작되었는지에 대해서는 여러 논란이 있습니다.

그러나 유래가 무엇이든지 간에, 크리스마스 트리하면 떠오르는, 곧 "예수님의 나무"입니다. 그래서 저는 "생명나무"에 대해 우리가 좀 더 깊이 알아

야겠다는 마음이 들었습니다. 겨울임에도 불구하고 파릇파릇하게 생명이 넘치며, 밤에는 불이 켜져 어둠을 비추는 빛이 되는 아름다운 생명나무, 그러한 의미에서 크리스마스 트리는 단지 장식이 아니라, 생명을 상징하는 표징입니다.

오늘 말씀을 잘 들어보시면, 하나님께서 우리를 향해 가지고 계신 계획이 얼마나 크신지를 감격하게 될 것입니다. 오늘 본문은 하나님의 창조와 그 창조 안에서 인간을 어떻게 계획하셨는지를 보여주는 장면입니다. 하나님의 깊은 섭리를 담고 있는 말씀입니다.

엘로힘의 하나님

창세기 본문 2장 4절을 다시 살펴보겠습니다. "이것이 천지가 창조될 때 하늘과 땅의 내력이니…" 이어서 "여호와 하나님이 땅과 하늘을 만드시던 날에…"라는 말씀이 나옵니다.

그런데 창세기 1장 1절을 보면 "여호와 하나님"이라는 표현은 사용되지 않고, "태초에 하나님이 천지를 창조하시니라"라고만 나옵니다. 그래서 이 부분을 히브리어 원어로 보면, 창세기 1장에서는 "엘로힘"이라는 표현이 사용되고, 창세기 2장 4절에서는 "야훼 엘로힘"으로 다르게 표현되고 있습니다.

이 "엘로힘" 중 "엘"이라는 단어는 매우 강력한 존재를 나타내는 단어입니다. "엘로아"의 복수형이 바로 "엘로힘"인데, 성경에서는 하나님께서 전능하시고 강하신 분이심을 표현할 때 이 단어를 사용합니다.

생명나무와 선악을 알게 하는 나무

비록 복수형 단어이지만, 하나님께서 "창조하시니라"라는 구절에서는 히브리어 원어로 "바라"라고 표현함으로써 단수형 동사가 사용되고 있습니다. 이것은 복수형 명사와 단수형 동사의 조합으로, 삼위일체 하나님의 일체된 사역을 보여주는 아주 중요한 신학적 단서입니다.

즉, 복수의 존재처럼 보이지만 한 인격으로 창조 사역을 하시는 하나님, 삼위일체 하나님이 창세기 첫 장부터 나타나고 있는 것입니다. 그러므로 우리는 성경을 읽을 때 예수님이 등장하는 장면에서는 단지 "성자 하나님"만을 생각해서는 안 됩니다. 그분은 육신을 입고 오신 예수님이시며, 그분을 통해 역사하시는 성부 하나님 그리고 그 말씀이 선포될 때 능력으로 역사하시는 성령 하나님의 삼위일체 하나님이 함께 일하심을 머릿속에 떠올려야 합니다.

그래서 창세기 1장 1절에서 "태초에 하나님이 천지를 창조하시니라"라고 할 때 막연히 "성부 하나님"만을 떠올리는 것은 성경이 말하는 삼위일체 하나님의 개념을 충분히 이해하지 못하는 것입니다. 성부 하나님은 창조의 뜻을 품으시고, 성자 하나님은 그 뜻을 따라 말씀하시며, 성령 하나님은 그 말씀을 따라 역사하십니다. 이 세 위격이 하나로 일하시는 모습이 창세기 1장부터 이미 나타나고 있는 것입니다.

여호와 하나님

그런데 창세기 2장 4절에서는 "여호와 하나님이 땅과 하늘을 만드시던 날에…"라는 표현이 나옵니다. 여기서 "여호와"라는 하나님의 이름이 등장합니다. 이 이름이 갖는 깊은 의미를 살펴보기 위해 이제 출애굽기 3장으로 넘어가겠습니다.

출애굽기 3장 6~8절을 보면 다음과 같습니다.

> ⁶또 이르시되 나는 네 조상의 하나님이니 아브라함의 하나님 이삭의 하나님 야곱의 하나님이라 모세가 하나님 뵈옵기를 두려워하여 얼굴을 가리매 ⁷여호와께서 이르시되 내가 애굽에 있는 내 백성의 고통을 분명히 보고 그들이 그들의 감독자로 말미암아 부르짖음을 듣고 그 근심을 알고 ⁸내가 내려가서 그들을 애굽인의 손에서 건져내고 그들을 그 땅에서 인도하여 아름답고 광대한 땅 젖과 꿀이 흐르는 땅 곧 가나안 족속과 헷 족속과 아모리 족속과 브리스 족속과 히위 족속과 여부스 족속의 지방에 데려가려 하노라

이어서 14절로 가보면, 하나님의 이름에 대한 아주 중요한 계시가 나옵니다.

> ¹⁴하나님이 모세에게 이르시되 나는 스스로 있는 자니라 또 이르시되 너는 이스라엘 자손에게 이같이 이르기를 스스로 있는 자가 나를 너희에게 보내셨다 하라

이 말씀을 영어 성경(NIV)으로 보면 "I AM WHO I AM"이라고 되어 있습니다. 이 표현에는 보어가 생략되어 있습니다. 하나님은 "나는 스스로 있는 자다"라고 말씀하시면서, 그 무엇이든 덧붙일 수 있는 전능하신 분이심을 나타내십니다.

이 원어는 "에흐예 아셰르 에흐예"로 기록되어 있는데, 이 "에흐예"는 "하야"라는 히브리어 동사에서 왔습니다. 이 동사는 영어의 "Be동사"에 해당하며 존재의 의미를 뜻합니다. 하나님은 시작도 끝도 없으신 존재 그 자체이시며, 자존(自存)하시는 분이십니다. 이 이름은 하나님께서 얼마나 영원하고 절대적인 분이신지를 나타내는 신성한 선언입니다.

그래서 "여호와"라는 하나님의 이름이 사용될 때는 오늘 우리가 출애굽기

생명나무와 선악을 알게 하는 나무

에서 읽은 것처럼 언약에 신실하신 하나님이자 전능하신 하나님을 동시에 표현하는 것입니다. 즉 하나님은 약속하시고 그 약속을 끝까지 지켜내시는 신실하신 하나님이라는 뜻을 담고 있습니다.

따라서 창세기 2장 4절에 "여호와 하나님", 즉 "야훼 엘로힘"이라는 표현이 등장하는 것은 전능하신 하나님께서 우리 인간과 언약을 맺으시고 그 언약을 철저히 지키시는 분이심을 드러내는 것입니다. 이 사실을 이해해야만 창세기 2장의 메시지를 제대로 해석할 수 있습니다.

여호와 하나님과 언약관계 속에서의 인간

이제 다시 창세기 2장으로 돌아가 보겠습니다. 창세기 2장 5절입니다.

> ⁵여호와 하나님이 땅에 비를 내리지 아니하셨고 땅을 갈 사람도 없었으므로 들에는 초목이 아직 없었고 밭에는 채소가 나지 아니하였으며 안개만 땅에서 올라와 온 지면을 적셨더라

이 구절만 보면, 창세기 1장의 내용과 서로 모순되는 것처럼 보일 수 있습니다. 왜냐하면, 하나님께서는 창세기 1장에서 셋째 날에 모든 식물과 채소, 그리고 땅에서 나는 것들을 이미 창조하셨다고 기록되어 있기 때문입니다.

그런데 창세기 2장 5절에서는 아직 초목이 없었고 채소도 나지 아니하였다고 말하고 있습니다. 얼핏 보면 마치 창조가 두 번 이루어진 것처럼 보일 수 있습니다.

하지만 창세기 1장은 하나님의 창조 사역에 대한 큰 그림을 보여주고 있습

니다. 전지전능하신 엘로힘 하나님께서 천지를 창조하신 광대한 장면을 보여주는 것이 창세기 1장입니다.

반면, 창세기 2장부터는 "여호와 하나님", 즉 인간과 언약을 맺으시고 특별한 관계를 맺으시는 하나님의 모습을 보여주는 것입니다. 특히 하나님께서 인간을 특별히 사랑하시고 애정을 쏟으시는 장면이 2장에서부터 드러납니다.

그래서 5절에서 "땅을 갈 사람이 없었으므로"라는 표현이 나오는 것입니다. 하나님께서 정말 사람이 없기 때문에 채소를 만드시지 못하거나 비를 내리지 못하셨겠습니까? 그렇지 않습니다. 이것은 하나님께서 인간을 통해서 일하시기를 원하신다는 것을 보여주는 말씀입니다. 하나님은 인간을 통해 하나님의 뜻을 이루기를 기뻐하십니다.

그래서 하나님은 인간과 언약적인 관계를 맺으시며 말씀하십니다. "이제 내가 너의 하나님이다. 너는 나를 따르라. 그러면 복을 받을 것이다." 이것이 창세기 2장에서 선포되고 있는 하나님의 뜻입니다.

이러한 배경을 이해하지 못하면, 창세기 2장에서 왜 같은 내용을 반복해서 기록하고 있는지를 도무지 이해할 수 없습니다. 그러나 하나님은 인간과 동행하시기를 원하시며 인간을 통해 이 세상을 다스리기를 원하신다는 사실을 이 시점에서부터 선포하고 계신 것입니다.

하나님의 형상을 닮은 인간

그리고 창세기 2장 7절을 보면 다음과 같이 기록되어 있습니다.

생명나무와 선악을 알게 하는 나무

⁷여호와 하나님이 땅의 흙으로 사람을 지으시고 생기를 그 코에 불어넣으시니 사람이 생령이 되니라

이제 다시 창세기 1장 26절과 27절로 가보겠습니다.

²⁶하나님이 이르시되 우리의 형상을 따라 우리의 모양대로 우리가 사람을 만들고 그들로 바다의 물고기와 하늘의 새와 가축과 온 땅과 땅에 기는 모든 것을 다스리게 하자 하시고 ²⁷하나님이 자기 형상 곧 하나님의 형상대로 사람을 창조하시되 남자와 여자를 창조하시고

창세기 1장에서도 하나님께서 인간을 창조하신 사건이 분명히 기록되어 있습니다. 그러나 창세기 2장에서는 그 창조의 구체적인 과정을 다르게 표현하고 있습니다.

창세기 1장에서는 하나님께서 땅의 모든 것을 창조하실 때 "흙"을 "아다마"라고 부르고 계십니다. "아담"이라는 이름이 바로 그 흙에서 비롯되었습니다. 히브리어 "아담"은 "붉은"이라는 뜻인데, 이는 "에돔"과도 연결됩니다. 결국 아담과 에돔은 모두 붉은 흙에서 유래된 단어입니다. 짐승을 만드실 때 하나님은 "아다마"라는 일반적인 흙으로 만드셨습니다.

그런데 창세기 2장 7절에 나오는 "땅의 흙"은 히브리어로 "아파르"라고 표현됩니다. 이것은 체로 친 고운 흙을 뜻합니다. 곧, 하나님께서 인간을 만드실 때는 짐승들처럼 거친 흙이 아니라 고운 흙으로 빚으셨다는 뜻입니다. 이는 하나님께서 인간을 얼마나 특별한 존재로 여기시는지를 보여줍니다.

인간은 짐승과는 다른 특징을 가진 존재입니다. 어떤 사람은 털이 많이 나

기도 하지만 대체로 우리 피부와 체형은 섬세하고 조화롭게 만들어졌습니다. 이는 하나님께서 정성스럽고 고운 흙으로 인간을 빚으셨다는 증거입니다. 그리고 그 흙으로 사람을 지으신 다음 하나님의 생기를 코에 불어넣으셨습니다. 그러자 사람이 살아 움직이는 생령이 되었습니다.

창세기 1장에서는 하나님께서 말씀으로 인간을 창조하신 것처럼 보입니다. 그러나 2장에서는 하나님께서 친히 손수 흙으로 빚으시고, 직접 생기를 불어넣으시는 더 친밀하고 구체적인 묘사가 나옵니다. 즉, 사람은 단순히 흙으로만 된 존재가 아닙니다. 육체로 지어졌고, 그 안에 하나님의 영이 들어간 존재입니다. 인간은 이처럼 영적 존재이며 반드시 육체와 영이라는 두 가지 구성 요소를 갖고 있습니다.

그런데 하나님께서 우리에게 생기를 불어넣어 생령이 되게 하셨음에도 불구하고 인간은 결국 하나님을 떠나는 일을 저질렀습니다. 그 순간 인간에게는 영이 떠나고 육체만 남게 된 것입니다. 그래서 하나님께서는 아담에게 이렇게 말씀하셨습니다. "너는 흙이니 흙으로 돌아가라." 하나님의 영은 더 이상 아담 안에 거하실 수 없게 된 것입니다.

그 이유는 마음이 달라졌기 때문입니다. 하나님과 마음이 같지 않기에 하나님께서 함께하실 수 없습니다. 그 결과 인간은 육체적인 존재로 전락하였습니다. 그리고 그 육체에 근거한 자아, 즉 혼적인 존재만이 남게 된 것입니다.

이 점을 전도서는 이렇게 설명합니다. "헛되고 헛되며 헛되고 헛되니 모든 것이 헛되도다." 전도서 기자는 해 아래에서 일어나는 모든 일들을 헛되다고 말합니다. 왜냐하면, 해 아래의 모든 것은 흙에서 나고 흙으로 돌아가

생명나무와 선악을 알게 하는 나무

기 때문입니다.

사람들은 전도서를 읽으며 "이보다 더 깊은 철학이 어디 있냐"고 말하기도 합니다. 그러나 그것은 표면적인 해석일 뿐입니다. 하나님께서 "헛되다"는 말을 다섯 번이나 반복하신 이유는 "너희가 육체를 신뢰하고, 지식을 의지하며, 자아를 따라 사는 삶이 모두 헛되다."는 경고이십니다.

그래서 하나님은 말씀하십니다. "땅 아래를 보지 말고, 하늘 위에 계신 하나님을 바라보라." 이것이 전도서의 핵심 메시지입니다. 그러나 믿지 않는 사람들은 이 전도서를 인생의 철학 정도로 받아들입니다. "세상 다 헛되다. 이런들 어떠하리, 저런들 어떠하리." 하며 체념해 버립니다. 그렇게 하나님의 말씀이 동일하게 임해도 믿는 자와 믿지 않는 자에게는 전혀 다르게 들립니다.

사랑하는 형제자매 여러분!

우리가 하나님을 떠나면 우리에게는 흙밖에 남지 않습니다. 마치 짐승이 본능대로 살아가고, 그 본능 속에서 자아를 가지고 말귀도 알아듣고 먹을 것을 찾아다니는 것처럼 하나님과 단절된 인간도 결국은 그런 존재에 불과하게 됩니다.

하지만 하나님께서 우리에게 생기를 불어넣어 생령이 되게 하신 이유는 우리가 하나님의 말씀에 순종하고, 하나님과 동행하기를 원하셨기 때문입니다.

에덴에 동산을 창설하시고

이제 다시 창세기 말씀을 이어서 보겠습니다. 2장 8절입니다.

> ⁸여호와 하나님이 동방에 에덴에 동산을 창설하시고 그 지으신 사람을 거기
> 두시니라

여기서 "에덴"이라는 단어는 히브리어로 "아단"이라는 어근에서 나왔으며, 이는 "풍요롭게 하다, 즐기다, 기뻐하다"라는 뜻을 내포합니다. 우리가 흔히 말하는 "파라다이스"가 바로 이 에덴 동산을 의미합니다. 하나님께서는 인간을 통해 이 피조세계를 다스리게 하시고 그 가운데서 영광을 받기 원하셨습니다. 그래서 인간을 고운 흙으로 빚으시고 하나님의 생기를 불어넣어 하나님과 교통할 수 있는 생명체, 곧 생령으로 창조하셨습니다.

그리고 그 인간을 바로 이 에덴 동산, 즉 모든 것이 풍성하고 부족함 없는 곳에 두셨습니다. 이곳에는 눈물도 없고, 고통도 없으며, 애통함도, 질병도 없었습니다. 우리가 꿈꾸는 천상의 파라다이스가 바로 이 에덴이었습니다.

하나님은 이처럼 아름다운 곳에 인간을 두시고 그들과 동행하기를 원하셨습니다. 우리가 단지 흙으로 지어진 존재임에도 불구하고, 하나님께서 이토록 큰 애정을 쏟아주시는 이유는 바로 하나님이 사랑이시기 때문입니다. 하나님은 사랑이시기 때문에 인간을 통해 그 사랑을 나누고 또 인간으로부터 영광을 받기 원하시는 것입니다.

생명나무와 선악을 알게 하는 나무

하나님은 그렇게 사랑 안에서 함께 걷기를 원하셨습니다. 하나님의 성품을

한마디로 표현한다면, "하나님은 사랑이시라"는 말씀 외에 다른 표현이 필요 없습니다. 이 사랑이 온전히 동행으로 이어지기 위해서는 마음이 같아야 합니다. 그래서 창세기 2장 9절에서는 이렇게 말씀합니다.

> ^{9}여호와 하나님이 그 땅에서 보기에 아름답고 먹기에 좋은 나무가 나게 하시니, 동산 가운데에는 생명나무와 선악을 알게 하는 나무도 있더라

이 구절에 대해 복음을 전하다 보면 많은 사람이 이렇게 묻습니다. "하나님께서는 인간이 선악과를 먹을 것을 아셨을 텐데, 왜 그 나무를 만드셨습니까? 그리고 왜 그것을 먹었다고 심판하십니까? 그렇게 잔인하신 하나님이 어디 있습니까?" 이것은 믿지 않는 자들이 흔히 던지는 질문입니다.

그러나 여러분, 잘 생각해 보시기 바랍니다. 사랑이라는 것은 마음이 하나되지 않으면 동행할 수 없습니다. 그래서 하나님께서는 수많은 나무들 가운데 생명나무와 선악을 알게 하는 나무도 두셨습니다. 그리고 인간에게 자유의지를 주셨습니다.

왜냐하면, 진정한 사랑은 자유로운 가운데에서만 선택될 수 있기 때문입니다. 자유가 있어야 내가 스스로 하나님을 선택할 수 있고, 내 생각과 내 길을 버리고 하나님의 뜻에 순종할 수 있는 것입니다.

그래서 하나님은 생명나무를 두시며 이렇게 말씀하십니다. "너는 나와 온전히 동행하며, 나의 말씀에 순종하여 영원한 생명의 길을 걸어갈 것이냐? 아니면 네가 옳다고 생각하는 것, 너의 판단과 기준을 따라, 선악을 알게 함에 있어서 나와 대등하고자 하는 존재로 살아갈 것이냐?" 하나님은 이 질문을 아담 앞에 던지셨습니다.

그리고 오늘날 우리에게도 똑같은 선택이 주어지고 있습니다. 그리스도 안에서, 하나님 안에서 우리가 하나님과 동행하려면 다른 방법이 없습니다. 우리가 자아를 계속 붙들고 있는 한 하나님과는 점점 더 멀어질 수밖에 없습니다.

그래서 우리는 끊임없이 회개해야 합니다. 우리가 가지고 있는 "내가 옳다, 그르다"는 판단을 버려야 합니다. 그 판단이 버려지지 않는 한 우리는 하나님과 동행할 수 없습니다. 인간은 하나님이 주시는 생명나무의 열매를 먹어야만 하나님과 동행할 수 있습니다.

우리가 성경을 보면 "선악" 중 "선"은 "토브"라고 하여 본질적인 완전함에 연결되는 것을 의미하며, "악"은 히브리어로 "라"라고 합니다. 이 "라"는 "우두머리 자리에 자신을 앉히는 것"을 의미합니다. 곧 하나님이 계셔야 할 자리에 내 옳고 그름의 판단 기준을 놓고 그 위에 자신을 높이는 것이 악한 것입니다.

내가 높아져 있으면 어떻게 하나님과 동행할 수 있겠습니까? 그러므로 하나님께서 에덴 동산 한가운데에 생명나무와 선악을 알게 하는 나무를 두신 것은 정말로 감사한 일입니다. 이 말씀은 우리가 "나"라는 존재를 벗어버리고 내가 흙으로 지음받은 유한한 존재임을 인정하고 하나님을 따를 때 영원한 생명에 이르게 되며 하나님과 함께할 수 있는 참된 사랑에 들어간다는 것을 선포하시는 말씀입니다.

생명나무의 비밀을 숨기신 하나님

그런데 이 구절들 속에는 매우 특별한 점이 있습니다. 창세기 2장 17절을 보면 다음과 같이 기록되어 있습니다.

> [17]선악을 알게 하는 나무의 열매는 먹지 말라. 네가 먹는 날에는 반드시 죽으리라 하시니라

하나님께서는 선악과를 먹으면 반드시 죽게 될 것이라고 분명하게 말씀하셨습니다. 그런데 생명나무의 열매를 먹으면 어떻게 되는지에 대해서는 하나님께서 명확하게 밝히지 않으셨습니다. 저는 이것이 얼마나 감사한 일인지 모르겠습니다. 생명나무 열매를 먹으면 어떻게 되는지, 창세기 3장 22절에서 그 실마리를 찾을 수 있습니다. 우리 함께 읽어보겠습니다.

> [22]여호와 하나님이 이르시되 보라 이 사람이 선악을 아는 일에 우리 중 하나 같이 되었으니 그가 그의 손을 들어 생명나무 열매도 따먹고 영생할까 하노라 하시고

여기서 분명히 알 수 있는 것은 생명나무의 열매를 먹으면 영생한다는 것입니다. 만약 하나님께서 아담에게 "생명나무의 열매를 먹으면 영생할 것이고, 선악과를 먹으면 영원한 사망의 심판을 받을 것이다"라고 처음부터 선포하셨다면 사탄이 아담과 하와를 어떻게 유혹할 수 있었겠습니까?

사탄은 먼저 하와에게 이렇게 말했습니다. "하나님이 정말 너희에게 아무것도 먹지 말라고 하셨느냐?" 하와는 "다 먹을 수 있는데 선악과만 먹지 말라고 하셨다. 혹시나 죽을까 해서…"라고 대답합니다. 그러자 사탄은 "아니야. 먹으면 눈이 밝아져서 너희가 하나님처럼 될 수 있어. 그리고 생명나무 열매도 먹으면 하나님처럼 영원히 살 수 있어."라고 속였을 것입니다.

만약 이때 하나님께서 생명나무의 열매에 대해 명확히 말씀하셨다면 인간

은 사탄에게 유혹당한 후에는 하나님 앞에 회개할 기회조차 없었을지도 모릅니다. 여러분, 하나님의 말씀이 얼마나 오묘하고 지혜로운지 다시 한 번 깨달아야 합니다. 저 또한 이 말씀을 묵상하며, "왜 하나님께서는 이 말씀을 처음에 아담에게 하지 않으셨을까?"라는 질문을 던졌습니다.

그런데 하나님은 아담에게 여자의 후손을 약속하시고 그 이후 에덴 동산에서 쫓아내셨습니다. 그리고 생명나무의 열매가 무엇인지는 그 이후로 하나님께서 조금씩, 조금씩 계시해 주셨습니다. 그 생명나무의 열매가 오늘날 누구입니까? 바로 예수 그리스도이십니다.

예수님께서는 오병이어의 기적을 베푸신 후, "나는 생명의 떡이라" 하시며, 당신을 참된 생명나무의 열매로 계시하셨습니다. 하나님께서는 성경을 통해 그 생명나무의 열매를 조금씩 그러나 확실하게 보여주고 계신 것입니다.

그야말로, 인간은 예수님을 만나지 않고서는 생명나무의 떡을 먹을 수 없습니다. 그래서 예수님께서 이 땅에 오셨을 때 당시 율법에 능하고 스스로 선악의 기준이 명확하다고 여긴 바리새인들에게는 예수님께서 마치 에덴 동산의 여러 실과나무 중 하나에 불과한 존재처럼 보였던 것입니다.

그들에게는 예수 그리스도의 생명나무의 열매가 허락되지 않았습니다. 그러나 38년 된 병자, 간음하다가 붙잡힌 여자, 문둥병자, 세리처럼 자신을 의지할 희망이 전혀 없는 사람들, 정말로 하나님 앞에 긍휼히 여김을 받을 수밖에 없는 자들에게는 예수님께서 생명나무의 열매를 허락하셨습니다.

사랑하는 형제자매 여러분!

생명나무와 선악을 알게 하는 나무

우리가 하나님을 온전히 믿는다는 것은 다른 것이 아닙니다. 바로, 내가 얼마나 버려지느냐에 따라 믿음이 우리 안에 들어오게 되는 것입니다. 내 자아가 가득한 상태에서 "하나님을 믿습니다"라고 고백해도 하나님은 생명나무의 열매를 허락하지 않으십니다.

하나님은 천사에게는 회개할 기회를 주지 않으셨지만, 우리 인간에게는 육체라는 흙의 존재, 고통받는 존재로 살아가도록 허락하셨기에 다시 회개할 기회를 주신 것입니다.

그래서 우리가 고난 가운데 있을 때, 하나님을 바라보며 "내가 이처럼 무익한 존재이구나. 내가 나를 믿고 살아왔지만, 아무것도 아니었구나"라고 자신이 깨어져야 비로소 하나님의 생명나무 열매, 예수 그리스도의 말씀이 우리 안에 들어오게 되는 것입니다.

사랑하는 성도 여러분!

돈을 많이 벌고 싶으십니까? 그렇다면 돈에 대해 죽으십시오. 그때부터 하나님께서 일하십니다. 병 때문에 고통 중이십니까? 그 병에 대해 내가 손을 들어 항복할 때, 그때부터 하나님께서 역사하십니다. 조금 아프면 병원에 가서 진단을 받고, 머릿속에는 늘 "어디가 안 좋다더라"는 생각으로 가득하다면, 하나님이 일하실 여지가 없는 것입니다.

높아지고 싶으십니까? 그것에 대해서 죽고, 가장 낮은 자리에서 섬겨보십시오. 바로 그 자리에서 하나님께서는 에덴의 모든 복을 숨겨 놓으셨습니다. 하나님의 창조 섭리는 이러합니다. 하나님은 처음부터 에덴 동산을 인간에게 주셨습니다. 그러나 인간이 선악을 알게 하는 나무의 열매를 먹음으로써 하나님을 떠나게 되었습니다.

그 이후, 하나님은 인간이 다시는 에덴에 들어올 수 없도록 하셨지만, 하나님께서 친히 에덴을 떠나서 인간을 따라다니며 당신을 계시하기를 원하셨습니다. 그 계시의 절정이 바로 예수 그리스도이십니다.

이것이 바로 하나님께서 인간을 창조하신 궁극적인 목적입니다. 하나님은 아담이 선악과를 먹고 하나님을 떠났지만, 여호와 하나님은 스스로 신실하신 분이시기에 한 번 말씀하신 언약을 끝까지 완수하시는 분이십니다. 따라서 마지막 날까지도 하나님께서 작정하셨던 에덴을 회복하는 것, 바로 그것이 성경의 역사입니다.

강이 에덴에서 흘러나와 동산을 적시고

창세기 2장 10~14절을 같이 보겠습니다.

> [10]강이 에덴에서 발원하여 동산을 적시고 거기서부터 갈라져 네 근원이 되었으니 [11]첫째의 이름은 비손이라 금이 있는 하윌라 온 땅을 둘렀으며 [12]그 땅의 금은 순금이요 그곳에는 베델리엄과 호마노도 있으며 [13]둘째 강의 이름은 기혼이라 구스 온 땅을 둘렀고 [14]셋째 강의 이름은 히데겔이라 앗수르 동쪽으로 흐르며 넷째 강은 유브라데더라

하나님께서는 에덴에서 흘러나온 이 네 강을 생명의 근원으로 세우셨습니다. 성경에서 "4"라는 숫자는 동서남북, 즉 온 세상을 상징하는 표현으로 자주 사용됩니다. 이 강물은 모든 생명의 근원입니다. 에스겔서에도 이와 같은 말씀이 나옵니다. 하나님의 강이 흘러갈 때 죽었던 모든 것이 살아나는 역사가 일어납니다.

생명나무와 선악을 알게 하는 나무

따라서, 에덴에서 흘러나오는 강은 하나님의 모든 생명의 궁극적인 근원임을 보여주십니다. 그래서 예수님께서 이 땅에 오셨을 때, 사마리아 여인은 남편을 다섯이나 바꾸었고, 지금 함께 사는 남자는 남편도 아니었습니다. 그녀가 얼마나 목마른 인생을 살았겠습니까? "이 남자가 나를 진정으로 사랑해 줄 사람일까? 이 사람이 나의 진정한 남편일까?" 그렇게 다섯 명을 바꾸었고, 여섯 번째는 결혼도 하지 않고 그냥 살고 있었습니다. 실패에 대한 두려움 때문이었습니다.

그 여인에게 예수님께서 말씀하십니다. "내가 주는 물을 마시는 자는 영원히 목마르지 아니하리라." 에덴에서 흘러나오는 생명의 강물, 곧 예수님께서 주시는 말씀을 마셔야만 우리에게 평안이 임하고, 생명이 살아나며, 기쁨이 솟아오르는 것입니다.

이제 다시 창세기로 돌아가 보면, 첫째 강의 이름은 "비손"입니다. 비손이라는 말은 "퍼지다, 증가하다"는 뜻으로 비옥함, 성장, 풍요를 나타냅니다. 에덴에서 나오는 이 강물을 마셔야만 우리가 진정한 부요함을 누릴 수 있다는 뜻입니다. "그는 온 땅을 둘렀으며, 그 땅의 금은 순금이었다." 이것은 그 강물이 얼마나 귀하고 화려한 것인지를 말해주는 것입니다. 물론 이 말씀은 실제 지리적, 역사적 모형으로서의 의미도 담고 있지만 오늘날 우리에게는 영적인 메시지로도 다가오는 것입니다.

둘째 강의 이름은 "기혼"입니다. "구스 온 땅을 둘렀고"에서 알 수 있듯, 기혼이라는 이름 자체가 "둘러싸다, 연합하다"라는 의미를 지닙니다. 우리가 생명수를 마실 때 예수 그리스도 안에서 하나가 되는 역사가 일어나는 것입니다.

셋째 강은 "히데겔", 곧 티그리스강입니다. 이 강은 물살이 매우 빠르게 흐르는 강으로 알려져 있습니다. 그래서 그 빠름, 생명력이라는 뜻을 가지고 있습니다. 이는 하나님의 말씀이 얼마나 역동적인지를 상징하고 있습니다.

넷째 강은 "유브라데"입니다. 유브라데는 "페라트"에서 유래한 것으로서 풍요와 번영을 의미합니다. 그래서 하나님의 에덴으로부터 흘러나오는 생명수의 물을 우리가 마셔야만, 하나님 안에서 참된 부요함을 누릴 수 있으며, 하나님 안에서 진정으로 하나가 될 수 있고, 또한 하나님의 생명을 전파하는 전도의 삶을 감당할 수 있는 것입니다.

요한계시록 22장 1~5절까지 함께 읽겠습니다.

> ¹또 그가 수정같이 맑은 생명수의 강을 내게 보이니 하나님과 어린양의 보좌로부터 나와서 ²길 가운데로 흐르더라. 강 좌우에 생명나무가 있어 열두 가지 열매를 맺되 달마다 그 열매를 맺고 그 나무의 잎사귀들은 만국을 치료하기 위하여 있더라 ³다시 저주가 없으며 하나님과 그 어린양의 보좌가 그 가운데에 있으리니 그의 종들이 그를 섬기며 ⁴그의 얼굴을 볼 터이요 그의 이름도 그들의 이마에 있으리라 ⁵다시 밤이 없겠고 등불과 햇빛이 쓸 데 없으니 이는 주 하나님이 그들에게 비추심이라 그들이 세세토록 왕 노릇 하리로다

에덴이 완전히 성취된 모습이 바로 요한계시록 22장 1절부터 5절에 잘 나와 있습니다. 이 에덴에서 흘러나오는 생명수의 강물을 마셔야 합니다. 그것이 바로 오늘날 우리에게는 예수 그리스도, 곧 생명나무 되시는 예수 그리스도 안에 거하는 것입니다. 예수님 안에서 온전히 하나가 될 때 그 생명수가 우리 안에서 흘러넘쳐 더욱더 큰 부요와 평안을 누리게 되는 것입니다.

생명나무와 선악을 알게 하는 나무

에덴 동산에 두어 경작하며 지키게 하시고

창세기 2장 15~17절을 보겠습니다.

> ¹⁵여호와 하나님이 그 사람을 이끌어 에덴 동산에 두어 그것을 경작하며 지키게 하시고 ¹⁶여호와 하나님이 그 사람에게 명하여 이르시되 동산 각종 나무의 열매는 네가 임의로 먹되 ¹⁷선악을 알게 하는 나무의 열매는 먹지 말라 네가 먹는 날에는 반드시 죽으리라 하시니라

하나님께서 부족한 것이 있으셨습니까? 전혀 없습니다. 그런데도 하나님께서 사람을 친히 "이끌어" 에덴에 두셨다는 것은, 하나님께서 인간과 함께하기를 얼마나 원하셨는지를 보여주는 것입니다. 특히 "그 사람을 이끌어"라고 할 때 "이끈다"는 히브리어 동사는 "라카흐"로 표현하는데 이는 인간을 이끄시는 하나님의 주권을 강조합니다. 즉 하나님이 인간을 "취하여" 에덴에 두심으로써 창조를 신적 계획에 따라 인도하시는 권위를 보여주십니다. 그리고 아담을 "취하여" 에덴에 두신 행위는 언약적 관계를 예표하는 것으로 하나님은 인간이 그분의 공급 안에서 책임을 맡기를 원하셨습니다.

마태복음 9장 38절을 보면 예수님께서 제자들에게 "그러므로 추수하는 주인에게 청하여 추수할 일꾼들을 보내 주소서 하라 하시니라"고 하신 말씀이 있습니다. 예수님은 이제 우리를 그 수확의 기쁨에 동참하자고 초대하십니다. 하나님께서는 천지를 창조하시고 아담에게 이 피조세계를 다스리는 그 기쁨에 함께 참여할 것을 초대하신 것처럼 오늘날 우리에게 동일하게 초대하고 계십니다.

이 세상에는 여전히 믿지 않는 사람들이 많고 영혼이 공허한 자들이 너무

나 많습니다. 또한 아직도 선악의 기준에 사로잡혀 살아가는 이들이 많습니다. 추수할 밭은 널려 있습니다. 예수님께서 우리를 부르시며 말씀하십니다. "내가 너에게 능력을 줄 테니, 나와 동행하면서 이 수확의 기쁨에 함께하자."

사랑하는 형제자매 여러분!

오늘 창세기 말씀을 통해 우리는 하나님께서 인간을 얼마나 귀하게 여기시는지를 분명히 보게 됩니다. 사람은 보기에는 별것 없어 보입니다. 죽으면 흙으로 돌아가는 존재처럼 보이지만 하나님은 이 흙으로 빚은 사람에게 예수 그리스도의 보혈로 정결함을 주시고 하나님의 영을 부어 주셔서 에덴의 충만한 생명의 강이 우리를 통하여 전파되기를 원하십니다.

그 생명의 강이 흐르는 곳마다 죽지 않는 영원한 생명, 열매 맺는 과실, 그리고 수확의 기쁨이 일어나는 것입니다. 그리고 하나님은 우리를 그 기쁨의 현장으로 부르십니다.

사랑하는 성도 여러분!

우리는 지금도 선악의 열매를 먹으면 죽습니다. 육체적으로가 아니라 영적으로 죽는 것입니다. 내 판단과 옳고 그름의 기준으로 교회를 판단하고, 형제를 판단하고, 말씀을 판단하게 되면, 우리는 하나님과 점점 멀어지게 됩니다. 비록 내 생각과는 다르더라도 하나님의 말씀 앞에 나를 죽일 때, 비로소 우리는 하나님과 온전히 하나가 될 수 있는 것입니다. 아멘!

생명나무와 선악을 알게 하는 나무

로마서 설교

오직 의인은 믿음으로
말미암아 살리라

초판 1쇄   2025년 5월 30일

지은이   김청만
발행인   김재홍
교정/교열   김혜린
디자인   박효은
마케팅   이연실

발행처   도서출판지식공감
등록번호   제2019-000164호
주소   서울특별시 영등포구 경인로82길 3-4 센터플러스 1117호(문래동1가)
전화   02-3141-2700
팩스   02-322-3089
홈페이지   www.bookdaum.com
이메일   jisikwon@naver.com

가격   35,000원
ISBN   979-11-5622-938-4   03230